Rafael Mrowczynski

Im Netz der Hierarchien

Rafael Mrowczynski

Im Netz der Hierarchien

Russlands sozialistische
und postsozialistische
Mittelschichten

VS VERLAG FÜR SOZIALWISSENSCHAFTEN

Bibliografische Information der Deutschen Nationalbibliothek
Die Deutsche Nationalbibliothek verzeichnet diese Publikation in der
Deutschen Nationalbibliografie; detaillierte bibliografische Daten sind im Internet über
<http://dnb.d-nb.de> abrufbar.

Zugl. Dissertation Universität Hannover, 2007

Gedruckt mit Hilfe der Geschwister Boehringer Ingelheim Stiftung für Geisteswissenschaften
in Ingelheim am Rhein

1. Auflage 2010

Lektorat: Katrin Emmerich / Sabine Schöller

VS Verlag für Sozialwissenschaften ist Teil der Fachverlagsgruppe
Springer Science+Business Media.
www.vs-verlag.de

Umschlaggestaltung: KünkelLopka Medienentwicklung, Heidelberg
Druck und buchbinderische Verarbeitung: Rosch-Buch, Scheßlitz
Gedruckt auf säurefreiem und chlorfrei gebleichtem Papier
Printed in Germany

ISBN 978-3-531-16960-6

Meiner Mutter Ariana Mrowczynska gewidmet

Danksagung und Vorbemerkung

Die vorliegende Studie wurde im Jahr 2007 als soziologische Dissertation an der Philosophischen Fakultät der Leibniz Universität Hannover zugelassen. Sie konnte nur dank der Promotionsförderung durch die Heinrich-Böll-Stiftung (Förderzeitraum: April 2002 bis März 2005; Fördernummer: 8 – 1377) entstehen. Für den erfolgreichen Abschluss der Arbeit war ebenfalls die fortwährende Unterstützung durch Prof. Dr. Detlev Claussen, Dr. habil. Michael Werz sowie durch das Institut für Soziologie und Sozialpsychologie der Leibniz Universität Hannover von wesentlicher Bedeutung. Heike Litzinger, Kirsten Schützhofer und Bodo Weber haben in der Abschlussphase das gesamte Manuskript sehr aufmerksam gelesen und sprachlich bearbeitet.

Ferner hat eine ganze Reihe von Kolleginnen und Kollegen, Wissenschaftlerinnen und Wissenschaftler mit ihren Anregungen, Kommentaren und Verbesserungsvorschlägen in verschiedenen Arbeitsphasen einen wichtigen Beitrag zur Entstehung dieses Textes geleistet. All diesen Personen, die in alphabetischer Reihenfolge genannt werden, gilt der Dank des Autors, der selbstverständlich die alleinige Verantwortung für den Inhalt, vor allem für die Unzulänglichkeiten, der vorgelegten Dissertationsschrift trägt: John Abromeit, Sergej Belanovskij, Christoph Bestian, Dietrich Beyrau, Gabriella Freitag, Lev Gudkov, Kerstin Jürgens, Aleksandr Kokeev, Leonid Kosals, Gesine Krüger, Astrid Lorenz, Małgorzata Mazurek, Anja Meyerrose, Vitalij Najšul', Oskar Negt, Jan Plamper, Heiko Pleines, Manfred Sapper, Hans-Henning Schröder, Annette Schuhmann, Jens Siegert, Sylvia von Steinsdorff, Stephan Truninger, Vadim Volkov, Volker Weichsel, Victor Zaslavsky.

Grundsätzlich wird die deutsche wissenschaftliche Transliteration russischsprachiger Originalausdrücke und Titel verwendet. Im Falle von Personen, die im Westen unter anderen Transliterationsvarianten ihrer Namen bereits bekannt sind, wurde auf die deutsche Transliteration verzichtet (z.B. Kharkhordin statt Charchordin) oder die gängige Transliteration in Klammern angegeben (z.B. Škaratan [Shkaratan]), wenn ein russischsprachiger Text dieser Person zitiert wird.

Inhalt

Der Anhang mit Datentabellen ist als kostenfreier Download unter der Internetadresse www.vs-verlag.de/onlineplus zu finden.

1 Begriff und Demokratisierungspotential der Mittelschichten

Der Zusammenbruch der staatssozialistischen Einparteienregime in Mittel- und Osteuropa hat weit über die Grenzen der Region hinaus große Demokratisierungshoffnungen geweckt. Die Abschaffung der Machtmonopole der „kommunistischen" bzw. „Arbeiterparteien" und die Pluralisierung des politischen Lebens gehörte zu den zentralen Forderungen aller Protestbewegungen, die sich spätestens in den „Wendejahren" 1989-1991 in praktisch allen Staaten östlich des „Eisernen Vorhangs" – wenn auch mit einer von Land zu Land deutlich variierenden Stärke – formiert haben. Viele Beobachter und Protagonisten dieser epochalen Veränderungen schrieben der sozialen Makrogruppe, die als „Mittelschicht" oder „Mittelklasse" bezeichnet wurde, eine zentrale Bedeutung in den sich anbahnenden Transformationsprozessen der politischen und der sozioökonomischen Institutionen zu (z.B. Domański 1990b: 11, 18; Gajdar 1995: 201; Berezin 1997; Černomyrdin 1999: 4; Pantin 1999: 65; Bakštanovskij/Kiričuk 1999: 5f., 88f., 94; Bakštanovskij/Sogomonov 2000: 5ff.; Mokrzycki 1996; Birle 1999: 205f.; Diligenskij 2002: 11f.). Roland M. Glassman brachte diese Sichtweise besonders prägnant zum Ausdruck:

> "[T]he recent events in Eastern Europe, Russia, and China illustrate the power of the middle class as it becomes a majority class, and shows also the potential of the new middle class as a carrying class for democracy." (Glassman 1995: 380)

Diese These baute auf dem Argument auf, dem zufolge sich die staatssozialistischen Regime mit ihrer Politik einer grundlegenden Gesellschaftsveränderung als besonders erfolgreich bei der Schaffung breiter „Mittelklassen" auf dem Wege der massiven Bildungsexpansion erwiesen hätten. Damit seien allerdings zugleich die wichtigsten sozialen Kräfte geschaffen worden, die in den Jahren 1989-1991 den machtpolitischen Ausschließlichkeitsanspruch dieser Regime grundsätzlich in Frage gestellt haben und bald darauf die autoritären Institutionenordnungen der meisten staatssozialistischen Länder durch zivilgesellschaftlich organisierte Massenproteste zum Einsturz brachten (Glassman 1995: 380).

Diese Bekundungen von Demokratisierungshoffnungen, die in den Um-
bruchsjahren 1989-1991 an eine bestimmte Stratifikationsgruppe geknüpft wurden, gehören zu den neusten Erscheinungen einer bereits lange andauernden und
sehr wechselhaft geführten Debatte in den Sozialwissenschaften. Im ersten Abschnitt dieses Kapitels werden diese intellektuellen Auseinandersetzungen skizziert und ihre Implikationen für die weitere Argumentation herausgearbeitet. Da
aus diesem Abriß ein grundsätzlicher begrifflicher Klärungsbedarf deutlich wird,
behandelt der zweite Abschnitt die soziologischen Konzepte der „Mittelklasse"
und „Mittelschicht". Abschließend werden der politik- und der sozialwissenschaftliche Strang der Mittelschichtsdebatte zusammengeführt. Ihre Bedeutung
für die Untersuchung des Gesellschaftswandels in der UdSSR wird genauer bestimmt.

1.1 Mittelschicht und Demokratisierung: Eine hundertjährige Kontroverse

Politische Soziologen und soziologisch inspirierte Demokratisierungstheoretiker,
sofern sie die besondere demokratisierende Kraft jener Stratifikationsgruppen,
die im Rahmen dieser Untersuchung als „Mittelschichten" bezeichnet werden,
anerkennen und hervorheben wollen, gehen auf der Suche nach den Ursprüngen
dieser Idee meistens bis in die Philosophie der griechischen Antike zurück, um
sich auf die Autorität von Aristoteles zu berufen. Glassmans Schriften sind auch
in dieser Hinsicht geradezu exemplarisch. Dieser Autor weist auf Aristoteles'
besondere Leistungen für die – wie er ausdrücklich betont – empirisch fundierte
Erforschung der gesellschaftlichen Grundlagen von Demokratie hin. Dem gegenüber habe die heute viel umfassender rezipierte politische Philosophie der
westeuropäischen Aufklärung vor allem einen besonderen Beitrag zur Weiterentwicklung der Theorie politischer Institutionen geleistet (Glassman 1995: 384).
    Den zentralen Bezugspunkt für soziologische Demokratisierungstheorien
stellen die Kapitel 11 und 12 des IV. Buchs in Aristoteles' Werk *Politik* dar.
Allerdings gilt es in diesem Zusammenhang klarzustellen, dass der antike Autor
selbst keine besonders positiven Erwartungen mit einer politischen Verfassungsordnung verband, die in der Sprache seiner Zeit als „Demokratie" bezeichnet
wurde. Für ihn war vielmehr die „Politie" (in der deutschen Übersetzung auch
„Verfassungsstaat" genannt) „[d]ie für die Mehrzahl der Staaten möglichst beste
Verfassung" – so die Überschrift des 11. Kapitels des IV. Buches (Aristoteles
1994: 198). Es handelte sich dabei nicht um eine reine Herrschaft der Volks-
mehrheit, da diese Aristoteles zufolge zu einer „Tyrannei" der Massen unter der
Führung von „Demagogen" hin tendiere, sondern um „eine Mischung von Oli-
garchie und Demokratie" (Aristoteles 1994: 193), in der die vorteilhaftesten

Elemente der beiden genannten Modelle miteinander verbunden werden: die Wahl der „Besten" zu Regierenden durch die Gesamtheit der Bürger (Aristoteles 1994: 196). Die Aristotelsche Vorstellung von der „Politie" kommt also – wenn man vom grundsätzlichen Ausschluß der Frauen und der „Unfreien" aus dem politischen Leben des Gemeinwesens absieht – trotz der Unterschiede im Vokabular recht nahe dem Idealtypus dessen, was heute unter der „repräsentativen" oder „parlamentarischen Demokratie" verstanden wird.[1]

Aristoteles' Konzept der „Politie" baute tatsächlich auf Überlegungen zu ihrer gesellschaftlichen Grundlage auf. Der Autor sprach dabei dem mittleren Segment der als dreigliedrig konzipierten Sozialstruktur – in deutscher Übersetzung dem „Mittelstand" – die entscheidende Bedeutung für die Errichtung dieser besonders wünschenswerten Verfassungsordnung zu (Aristoteles 1994: 204). Als das zentrale Kriterium seines Stratifikationskonzepts zog der antike Philosoph den materiellen Wohlstand der Bürger heran (Aristoteles 1994: 200f.).

Glassman war nicht der einzige Autor, der eine Rückbindung der soziologischen Demokratisierungstheorie an die Philosophie der griechischen Antike suchte. Seymour Martin Lipset (1959: 103), der als der wichtigste Autor unter den Vertretern der modernisierungssoziologisch fundierten Demokratisierungstheorie gelten kann, sah zwar einen systematisierenden Aktualisierungsbedarf im Hinblick auf „Aristoteles' Hypothese das Verhältnis zwischen politischen Formen und der Sozialstruktur betreffend", aber er bescheinigte ihr dennoch eine grundsätzliche Gültigkeit.

> "Increased wealth is not only related causally to the development of democracy by changing the social conditions of the workers, but it also affects the political role of the middle class through changing shape of the stratification structure so that it shifts from an elongated pyramid, with a large lower-class base, to a diamond with a growing middle-class. A large middle class plays a mitigating role in moderating conflict since it is able to reward moderate and democratic parties and penalize extremist groups." (Lipset 1959: 83)

Der Text von Lipset läßt allerdings viel stärker als etwa die Publikationen von Glassman erkennen, dass sich der Autor der Einschränkungen bewußt war, welche es zu berücksichtigen gilt, wenn man die Demokratisierungspotentiale einer Gesellschaft anhand ihrer Sozialstrukturanalyse einzuschätzen versucht. „[D]ie optimistische Hoffnung der Liberalen", der zufolge „ein Wachsen des Wohl-

---

[1]   Siehe z.B. die Definition der „Demokratie" bei Lipset (1959: 71): "a political system which supplies regular constitutional opportunities for changing the governing officials. It is a social mechanism for the resolution of the problem of societal decision-making among conflicting interest groups which permits the largest possible part of the population to influence these decisions through their ability to choose among alternative contenders for political office."

stands, der Größe der Mittelklasse, der Bildung oder der anderen verwandten Faktoren die Verbreitung oder Stabilisierung von Demokratie notwendig bedeuten wird", teilte Lipset (1959: 103; Übersetzung RM) nicht. Mit anderen Worten wandte er sich entschieden gegen einen schlichten soziologischen Determinismus, der die Autonomie des „politischen Subsystems" und die Wechselwirkungen, welche zwischen den verschiedenen Sphären des gesellschaftlichen Lebens entstehen, nicht hinreichend berücksichtigt. Sein zentrales Anliegen scheint der Versuch einer Demokratisierungstheorie zu sein, die sich der soziostrukturellen Voraussetzungen der vom Autor als wünschenswert erachteten politischen Ordnung der repräsentativen Demokratie bewußt ist, ohne jedoch die zentrale Bedeutung der Handlungen der einzelnen Akteure aus dem Blick zu verlieren.[2]

Lipset erörterte in seinen Arbeiten zum Thema auch solche historischen Entwicklungen, die einen ernst zu nehmenden Anlass zur Vorsicht beim Verallgemeinerungsschritt von empirisch festgestellten Gleichzeitigkeiten hin zu kausal formulierten Generalaussagen gaben. Er bezog sich dabei vor allem auf Ergebnisse von Untersuchungen, die eine im Vergleich zu anderen soziostrukturellen Faktoren relativ hohe Korrelation zwischen dem Bildungsniveau und der Unterstützung demokratischer Werte feststellten, und wies darauf hin, dass gerade Deutschland und Frankreich vor dem Zweiten Weltkrieg zu den Nationen mit den am besten gebildeten Bevölkerungen zählten. Das hohe Bildungsniveau bewahrte jedoch weder Deutschland vor dem tiefsten antidemokratischen Rückfall des Nationalsozialismus' noch Frankreich vor dem diktatorischen Kollaborationsregime während der deutschen Besatzungszeit (Lipset 1959: 79).

Damit berührte Lipset eine Thematik, die vor dem Aufkommen der modernisierungstheoretischen Soziologie der Demokratisierung in den 1950er Jahren geradezu prägend für die Diskussionen über die Mittelschicht gewesen war: die Bedeutung dieser sozialen Makrogruppe für den Aufstieg der faschistischen Bewegungen in Kontinentaleuropa in den zwei Jahrzehnten zwischen den beiden Weltkriegen. Mitten in der Weltwirtschaftskrise formulierte Theodor Geiger (1930) die These von der „Panik im Mittelstand", mit der er in die bereits seit den Zeiten des wilhelminischen Kaiserreichs anhaltende Debatte der meist sozialistisch beziehungsweise sozialdemokratisch orientierten Gesellschaftswissenschaftler über die politischen Implikationen des allmählichen Sozialstrukturwandels kapitalistischer Gesellschaften eingriff. In dieser Auseinandersetzung ging es darum, ob eine baldige „Proletarisierung" des „neuen Mittelstandes"[3]

---

[2]   "Democracy is not achieved by acts of will alone; but men's will, through action, can shape institutions and events in directions that reduce or increase the chance for the development and survival of democracy." (Lipset 1959: 103)

[3]   Der Begriff wurde in die deutsche Diskussion des späten 19. und des beginnenden 20. Jahrhunderts von Gustav Schmoller (1897) eingeführt.

bevorstehe und ob von dieser Entwicklung ein breites Bündnis der abhängig Beschäftigten gegen „das Kapital" perspektivisch zu erwarten sei. Geigers Position von 1930 kann als eine Art Synthese der beiden Stränge dieser intellektuellen Auseinandersetzung betrachtet werden. Er schloß sich zwar zu diesem Zeitpunkt[4] der Sichtweise an, der zufolge ein „objektives" Verschwinden der Unterschiede zwischen den Angestellten und Arbeitern aufgrund der Rationalisierung und Automatisierung der Büroarbeit tatsächlich bereits weit fortgeschritten gewesen sei. Aber im Unterschied zur auf den ersten Blick ähnlichen Argumentation Karl Kautskys drei Jahrzehnte zuvor erhoffte sich Geiger von dieser Entwicklung nicht, dass das „Stehkragenproletariat" – so wurden Büroangestellte oft in der sozialdemokratischen Literatur dieser Zeit genannt – irgendwann sein „proletarisches Herz" doch entdecken (Kautsky 1899: 133) und sich im Konflikt mit dem „Kapital" auf die Seite der Industriearbeiterschaft schlagen werde. In seiner soziologischen Analyse der erstarkenden nationalsozialistischen „Bewegung" versuchte Geiger die Befunde jener Autoren der Weimarer Zeit zu berücksichtigen, die wichtige Unterschiede zwischen Industriearbeitern und Angestellten konstatierten. Diese Differenzen wurden zum einen im Lebensstil (Suhr 1928a; 1928b; Kracauer 1929/1971) und zum anderen in den Statusvorstellungen gesehen, die durch einen viel häufigeren Kontakt der Angestellten mit Arbeitgebern, durch ihre „Isolation" von der Arbeiterschaft (Speier 1939) sowie durch die Einbindung in die stark hierarchisierten und deshalb den Rang betonenden Arbeitszusammenhänge der „Bürokratie" bedingt sein sollten (Dreyfuss 1933). Gerade diese Unterschiede wären – so Geiger – dafür verantwortlich, dass sich der „neue Mittelstand" während der tiefen Krise des kapitalistischen Wirtschaftssystems nicht der Sozialdemokratie angeschlossen habe, sondern angesichts des ihm „objektiv" drohenden Statusverlusts, angesichts seiner fortschreitenden „Proletarisierung" in „Panik" geraten sei und mehrheitlich die NSDAP unterstützt hätte.

Die These, der zufolge die Mittelschichten und vor allem ihre unteren „proletarisierten" sowie „kleinbürgerlichen" Segmente zu den wichtigsten Hauptträgern der faschistischen Bewegungen gehörten, wurde bereits in den frühen 1920ern in Italien von Luigi Salvatorelli (1923) formuliert.[5] In den 1930er und 1940er Jahren vertrat sie eine ganze Reihe von Autoren auf beiden Seiten des Atlantiks vor allem mit Blick auf das nationalsozialistische Deutschland (Lasswell 1933: 374; Saposs 1935; Fromm 1941: 244; Neumann 1951: vi). Es ist offensichtlich, dass diese Sichtweise im radikalen Gegensatz zur demokratisierungssoziologischen Grundaussage der Modernisierungstheorie steht. Denn bei

---

[4]   Bald wandelten sich Geigers Ansichten, was den „Mittelstand" angeht, sehr grundlegend (Geißler 1985: 398-403).

[5]   Dieser Autor betrachtete den italienischen Faschismus als „den Klassenkampf des Kleinbürgertums" (so Burris (1986: 334), der wiederum nach Renzo de Felice (1977: 129) zitierte).

diesen Autoren gelten die mittleren Stratifikationsgruppen nicht als die gesellschaftliche Hauptantriebskraft der Demokratisierungsbestrebungen, sondern als
die soziale Basis einer antidemokratischen, totalitären Bewegung. Auch wenn
inzwischen die These von der zentralen Rolle der um ihren Status bangenden
„neuen Mittelschichten" als breite soziale Basis faschistischer Diktaturen Konti-
nentaleuropas von der historischen Forschung teilweise revidiert wurde[6], macht
dieser kurze ideengeschichtliche Rückblick deutlich, dass die politischen Quali-
täten, welche von Modernisierungstheoretikern den Mittelschichten mit größeren
oder kleineren Einschränkungen zugeschrieben wurden, noch ein bis zwei Jahrzehnte zuvor alles andere als unumstritten waren.

Auch in der Zeit nach dem Zweiten Weltkrieg mangelte es nicht an sozio-
politischen Entwicklungen, die zahlreiche Autoren an der demokratisierenden
Kraft der „Mittelschichten" zweifeln ließen. Während Lipset (1959: 102) aus
seiner zeitgebundenen Perspektive in „den Umstürzen einer Reihe von Diktaturen" in Lateinamerika noch „die Effekte des Anwachsens der Mittelklasse, des
steigenden Wohlstands und der erhöhten Bildung" sah und deshalb „eine gute
Chance" dafür erkennen zu können glaubte, „daß sich viele lateinamerikanische
Länder in die europäische Richtung bewegen werden", wurden gerade die Entwicklungen der nächsten Jahrzehnte auf diesem Kontinent zum Anlaß für eine
besondere Skepsis gegenüber seiner Grundthese. Die Unterstützung, welche um
die Mitte der 1960er Jahre die Einführung von Militärdiktaturen in Argentinien
und Brasilien unter den in diesen Ländern vergleichsweise zahlreichen Vertretern der Mittelschichten gefunden hatte, veranlasste Guillermo O'Donnell (1973:
124-127) zur grundsätzlichen Kritik an den demokratietheoretischen Implikationen der Modernisierungssoziologie. Ausgerechnet im Erscheinungsjahr seines
Buches schien dieser kritische Blick auf die lateinamerikanischen Mittelschichten durch die gewaltsame Machtübernahme des chilenischen Militärs bestätigt zu
werden. Und bereits fünf Jahre zuvor habe Samuel P. Huntington in seiner Studie *Political Order in Changing Societies* „eine theoretische Grundlage für das
Begräbnis der Modernisierungstheorien" (Thompson 1999: 16) formuliert, indem er argumentierte, dass sich die Entstehung einer aufstrebenden „Mittelklasse" eher destabilisierend als konsolidierend auf die politische Ordnung auswirke
(Huntington 1968: 289f.).

Ein weiteres Phänomen, das zur Skepsis gegenüber der modernisierungssoziologischen Demokratisierungsthese veranlaßt, ist die meistens zentrale Rolle

---

[6]   Hans Gerth (1940) und Karl Dietrich Bracher (1970) haben in ihren Untersuchungen der
beruflich-sozialen Struktur der NSDAP und ihrer Unterstützer keine Überrepräsentanz der Vertreterinnen und Vertreter der „neuen Mittelschichten" feststellen können. Einzig die Zugehörigkeit zur
sozialen Gruppe der kleinen Betriebseigentümer und der Wohnort in kleineren Ortschaften korrelierten auffallend mit den Sympathien für die nationalsozialistische „Bewegung".

des Staates in den Prozessen der „nachholenden Entwicklung". Gerade in vielen „Newly Industrialized Countries" ist ein Großteil der „neuen Mittelschichten" von Anfang an in den autoritären Staatsapparat integriert, der das Ziel der „nachholenden Modernisierung" verfolgt. Dadurch werde die Bereitschaft dieser Bevölkerungsteile zum Aufbegehren gegen die Politik des Regimes wesentlich gedämpft, so die Kritiker. Die Vertreterinnen und Vertreter dieser „Staatsklassen" (Elsenhans 1997) gehören nicht selten zu den eifrigsten Verfechtern des autoritären Modernisierungskurses. Oft sehen sie ihre privilegierte gesellschaftliche Position als hoch geschätzte Experten und Staatsbedienstete gerade durch Demokratisierungsbestrebungen gefährdet. Außerdem hält die Staatsführung in diesen Gesellschaften sehr wirksame Mittel in der Hand, um diejenigen sozialen Gruppen, welche den Vorstellungen der Modernisierungssoziologie zufolge ein besonderes pro-demokratisches und regimekritisches Potential darstellten, zu kontrollieren, ohne dabei zu offen repressiven Mitteln greifen zu müssen: Weil der Staatsapparat in dieser Konstellation als die zentrale und deshalb übermächtige, manchmal sogar als die einzige Instanz der Verteilung von besonders begehrten materiellen Ressourcen sowie Karrierechancen fungiert, verfügt seine Führung über weitreichende Möglichkeiten, um die Angehörigen der Mittelschichten zu kooptieren und ihre politische Konformität zu „erkaufen". Als ein bis heute besonders erfolgreiches Beispiel einer solchen staatlich dirigierten, autoritären Entwicklung wird der südostasiatische Stadtstaat Singapur genannt (Thompson 1999: 34f.).

Diese Problematik ist für die Untersuchung der Mittelschichtsgruppen im Sowjetsozialismus von einer sehr großen Bedeutung, weil in diesem Gesellschaftssystem der parteistaatliche Verwaltungsapparat nahezu ausschließlich die genannten Ressourcen zuteilt. Deshalb wird noch auf diese hier nur sehr skizzenhaft angedeutete Problematik zurückzukommen sein.

Vor dem Hintergrund dieser empirischen Befunde konstatiert Mark Thompson (1999: 38), dass „Modernisierung (...) nicht zwangsläufig zu einer demokratisch gesinnten Mittelschicht [führt]". Neben dem von der Modernisierungstheorie beschriebenen Entwicklungspfad, der in den 1980er Jahren in einer ganzen Reihe von bis dahin diktatorisch regierten „Schwellenländern" wie Südkorea (Koo 1991), Chile und Argentinien tatsächlich eingeschlagen wurde[7], gäbe es noch andere mögliche und historisch feststellbare Szenarien, in denen Mittelschichten nicht als die treibenden Kräfte der Demokratisierung, sondern „[m]anchmal (...) auch [als; RM] ein Gegner der Demokratie" in Erscheinung

---

[7]   Diese „Demokratisierungswelle", die durch den Zusammenbruch der sowjetsozialistischen Regime in Mittel- und Osteuropa zusätzlich verstärkt wurde, veranlasste sogar einige der prominentesten Kritiker der modernisierungssoziologischen Demokratisierungstheorie zu einer zumindest partiellen Revision ihrer Sichtweisen (Huntington 1991; O'Donnell/Schmitter 1986)

treten (Thompson 1999: 19; ähnlich Balzer 1998: 166). Zum einen könne diese Stratifikationsgruppe lediglich als der „Juniorpartner der Bourgeoisie" im Kampf gegen den übermächtigen und undemokratischen Staatsapparat fungieren, der die Entfaltung der unternehmerischen Tätigkeit und damit auch die Ausweitung der abhängig beschäftigten Mittelschichten im nichtstaatlichen Sektor (d.h. jenseits der „Beamtenkaste") hemmt. Zum anderen kann eine solche Allianz der beiden sozialen Makrogruppen den Charakter eines „reaktionären Bündnisses" einnehmen, das sich gegen eine stark mobilisierte und (meistens unter dem revolutionär-sozialistischen Banner) gut organisierte Arbeiterschaft formiert. Der dritte Entwicklungspfad, der von der „Wegemarkierung" der Modernisierungstheorie deutlich abweicht, ist die bereits skizzierte Neutralisierung der Demokratisierungsbestrebungen innerhalb der Mittelschichten durch die Kooptation ihrer Mehrheit in den Staatsapparat und das Wohlfahrtssystem einer technokratischen Modernisierungsdiktatur. Hinzu kommt noch die besondere Möglichkeit für ein solches Regime, staatsunabhängige, d.h. vor allem kleinunternehmerische Mittelschichten durch eine Ethnisierung von sozialen und politischen Auseinandersetzungen zu marginalisieren, wie das z.B. in Malaysia der Fall gewesen ist (Thompson 1999: 36-39). Die Voraussetzung dafür ist, dass sich derartige Differenzen halbwegs glaubhaft konstruieren lassen; mit anderen Worten, dass eine weitgehende Entsprechung zwischen sozioökonomischen Schichtungsgrenzen einerseits und soziokulturellen Unterschieden andererseits feststellbar ist.

Diese kursorische Rückbetrachtung der Debatten über die politischen sowie gesellschaftlichen Veränderungspotentiale der mittleren Stratifikationsmakrogruppen und vor allem der sogenannten „neuen Mittelschichten" verdeutlicht zum einen die Ambiguität der sozialwissenschaftlichen Befunde (Hradil/ Schmidt 2007: 181f.), zum anderen die Wechselhaftigkeit und die Mehrschichtigkeit in den Debatten selbst.

> "An entire history of political sociology could be written on the theme of the 'new middle classes'. (...) [T]he emergence of intermediate strata in advanced industrial societies has been rediscovered more often than the wheel. Moreover, nowhere does the ideological commitment – of what ever variety – found in political sociology appear more transparently than in considerations of this problem." (G. Ross 1978: 163)

1.2 Zur soziologischen Bestimmung von „Mittelklasse" und „Mittelschicht"

Die bisherigen Ausführungen konzentrierten sich auf die Rolle der sozialen Makrogruppe, welche von verschiedenen Autoren zu unterschiedlichen Zeiten als „Mittelklasse", „Mittelschicht" oder sogar als „Mittelstand" bezeichnet wurde, in politischen Veränderungsprozessen. Nun gilt es die soziologischen Kriterien näher zu bestimmen, welche zur Eingrenzung dieser Makrogruppe innerhalb von kapitalistischen Gesellschaften herangezogen wurden. Es sollen ihr Charakter umrissen und die begriffliche Grundlage für die vergleichende Betrachtung der sowjetsozialistischen Gesellschaft geschaffen werden. Wenn von einer „sowjetsozialistischen Mittelschicht" die Rede ist, wenn die Frage erörtert wird, ob die Vertreterinnen und Vertreter der so bezeichneten sozialen Makrogruppe zu Recht oder zu Unrecht als die wichtigsten Hoffnungträger der Demokratisierung im Zerfallsprozeß der sowjetsozialistischen Gesellschaftsordnung angesehen werden, dann ist damit ein Vergleich mit den kapitalistischen Ländern des Westens impliziert. In diesem Abschnitt wird deshalb das Konzept der „Mittelschicht" bzw. der „Mittelklasse" im Mittelpunkt stehen, wie er in den westlichen Sozialwissenschaften mit Blick auf ihre eigenen Gesellschaften kontrovers diskutiert wurde.

Die Begriffe „Mittelklasse" und „Mittelschicht" spielten während des gesamten 20. Jahrhunderts eine zentrale Rolle in der sozialwissenschaftlichen Auseinandersetzung mit der kritischen Gesellschaftstheorie von Karl Marx. Eine Reihe seiner Interpreten hat zwar zurecht darauf hingewiesen, dass sich dieser Autor der Komplexität und Diversität von Klassenverhältnissen bewußt war, die zu seiner Lebzeiten in den „fortgeschrittensten" kapitalistischen Ländern Europas existierten. Aber dennoch läßt sich nicht abstreiten, dass Marx die These vertrat, der zufolge die weitere Entwicklung der „kapitalistischen Produktionsweise" eine zunehmende Polarisierung der Gesellschaft in zwei einander antagonistisch gegenüberstehende Klassen der „Kapitalisten" und „Arbeiter" hervorbringen werde.

Die Entwicklung der kapitalistischen Gesellschaften im 20. Jahrhundert hat diese soziostrukturelle Polarisierungsprognose Marxens, wenn überhaupt, dann nur partiell bestätigt (Rossides 1990: 70-71). Eine Konzentration der „Produktionsmittel mehr und mehr in große Gruppen" (Marx 1894/1988: 892), d.h. die Entstehung von „Wirtschaftskorporationen", hat seit dem späten 19. Jahrhundert tatsächlich verstärkt stattgefunden. Insofern wurden immer mehr Menschen von den „Produktionsmitteln" geschieden und mußten ihren Lebensunterhalt in abhängigen Beschäftigungsverhältnissen verdienen. Ihre Arbeit verwandelte sich damit zunehmend in „Lohnarbeit" (Marx 1894/1988: 892). Allerdings ging damit nicht eine „proletarisierende" Homogenisierung, sondern eine Ausdifferenzierung von Erwerbssituationen der abhängig Beschäftigten einher. Der wirtschaftliche Konzentrationstrend brachte innerhalb der einzelnen Unternehmen immer größere und komplexere Verwaltungshierarchien hervor, die notwendig wurden, um die Funktionsfähigkeit der massiv gewachsenen Produktionsapparate im Inneren wie nach außen zu gewährleisten. Damit wuchs vor allem die soziale Makrogruppe, die von Schmoller (1897) als „neuer Mittelstand" und später als „new middle class" (Mills 1953: 63-76, 289-300[8]) oder „neue Mittelschicht" bezeichnet wurde.

Das „Verhältnis zu den Produktionsmitteln" ist als das wesentliche Differenzierungskriterium zwischen der „alten" und der „neuen Mittelklasse" zu sehen, obwohl viele der Autoren, die diese Unterscheidung trafen, keine Marxisten waren. Als „alte Mittelklasse" wurden Eigentümer von kleinen Unternehmen mit relativ wenigen abhängig Beschäftigten und wirtschaftlich Selbständige (Handwerker, Bauer etc.) bezeichnet. In den Augen von Marx und seinen Anhängern handelte es sich dabei um Überbleibsel aus der Frühphase der kapitalistischen Entwicklung. Die Vertreter dieser sozialen Makrogruppe seien nach dem „Entwicklungsgesetz der kapitalistischen Produktionsweise" (Marx 1894/1988: 892) dazu verdammt gewesen, zwischen immer größeren und immer effizienteren Großunternehmen zerrieben zu werden. Sie galten ihm als dem sozioökonomischen Untergang geweiht. Nichtmarxistische Gesellschaftstheoretiker, auch wenn sie von diesem „entwicklungsgesetzlichen" Szenario nicht überzeugt waren, schienen ebenfalls diese soziale Makrogruppe für eine frühe Erscheinung der kapitalistischen Entwicklung gehalten zu haben, da sie von „alter Mittelklasse" sprachen.

Vertreterinnen und Vertreter der „neuen Mittelklasse" besitzen hingegen kein Produktiveigentum – zumindest nicht in einem Umfang, dass sie von seinen Erträgen leben können. Nach der marxistischen Auffassung sind sie deshalb im Rahmen der „kapitalistischen Produktionsverhältnisse" gezwungen, ihr „lebendiges Arbeitsvermögen", ihre „Arbeitskraft" an diejenigen, die über die entsprechenden materiellen Mitteln zur Verwirklichung dieses Arbeitsvermögens verfügen, also an „Kapitalisten", als „Ware" zu verkaufen (Marx 1867/1962: 192-330, 741-791; Marx 1857-58/1983: 207 ff.). Während aber manche sozialdemokratischen Theoretiker des späten 19. und frühen 20. Jahrhunderts, wie bereits im vorigen Abschnitt angeführt, in dieser Tatsache ein Potential für die Entstehung eines breiten Bündnisses aller abhängig Beschäftigten gegen „das Kapital" erblickten, betrachtete Marx (1862-1863/1972: 576) selbst die „Mittelklasse" als „eine Last auf der working Unterlage". Ihre sozioökonomische Funktion habe darin bestanden, „die soziale Sicherheit und Macht der upper ten thousand [zu; RM] vermehren". Marxens Formulierung gibt keine Anhaltspunkte, um die Vertreterinnen und Vertreter der „neuen Mittelklasse" einfach als ein besonderes Segment des „Proletariats" – als das „Stehkragenproletariat" – zu betrachten und sich der Hoffnung hinzugeben, dass auch seine Vertreter irgendwann ihr „proletarisches Herz" (Kautsky 1899: 133) entdecken würden. Viel mehr scheint Marx diese sozialen Makrogruppen als einen – zugegeben eher nebensächlichen –

---

[8]   In der deutschsprachigen Übersetzung dieses Buches ist – begrifflich unpräzise – vom „neuen Mittelstand" die Rede.

Gegner der „Arbeiterklasse" betrachtet zu haben, da sie zur Machtkonsolidierung der „Großbourgeoisie" beitrügen und selbst – wenn auch in einem sehr bescheidenen Maße – an den Vorteilen beteiligt seien, die sich aus der kapitalistischen „Ausbeutung der lebendigen Arbeitskraft" von den „unmittelbaren Produzenten" ergeben.

In der zweiten Hälfte des 20. Jahrhundert, als es bereits unübersehbar wurde, dass sich die „neue Mittelklasse" zu einem wichtigen Segment der Sozialstruktur in allen Gesellschaften des „organisierten Kapitalismus" entwickelt hatte, entwarfen marxistisch inspirierte Theoretiker mit Blick auf diese soziale Makrogruppe das Konzept der „widersprüchlichen Klassenlage". Etwa ein Viertel der „Arbeitskräfte" in kapitalistischen Gesellschaften der 1970er und 1980er Jahre habe demnach eine sozioökonomische Position eingenommen, in der sie sowohl andere Beschäftigte im marxistischen Sinne ausbeuteten als auch selbst ausgebeutet wurden[9], was allerdings nicht heißt, dass sie alle als Nettoausbeuter anzusehen wären (Wright 1997: 285). Außerdem strebten Vertreterinnen und Vertreter dieser sozialen Makrogruppe trotz der Gemeinsamkeiten ihrer sozioökonomischen Lage mit den physisch Arbeitenden (abhängige Beschäftigung) eine Annäherung an die „Bourgeoisie" an und grenzten sich gleichzeitig von den „Proletariern" ab (Carchedi 1975; Wright 1976; Parkin 1979).

Selbst unter marxistisch inspirierten Gesellschaftswissenschaftlern bleibt diese Auffassung umstritten (Kivinen 1989a: 38-41; 1989b: 69-70). Sie verdeutlicht jedoch, dass sich die Gesamtheit der abhängig Beschäftigten in Gesellschaften des „organisierten Kapitalismus" nicht als eine soziostrukturelle Makrogruppe angemessen auffassen läßt. Ebensowenig adäquat ist es aber, von einer „Mittelklasse" zu sprechen, wenn darunter eine soziale Makrogruppe im mittleren Bereich der Einkommens- und Vermögensstratifikation verstanden wird. Sowohl nach den Marxschen als auch nach den Weberschen Kriterien der Klassenabgrenzung[10] befinden sich die unternehmerisch Tätigen mit mittleren Einkünften

---

[9]   D.h., sie erhielten einen Anteil an den Arbeitsergebnissen der Proletarier, ohne ein Äquivalent im arbeitswerttheoretischen Sinne zu veräußern. Allerdings sei diese Form der Ausbeutung sekundär, da sie den grundsätzlich „ungleichen Tausch" zwischen den Kapitaleigentümern und den Arbeitern zur Voraussetzung hätte. Die privatwirtschaftlichen Büroangestellten erhielten ihre Gehälter aus den Gewinnen, die kapitalistische Unternehmen nur deshalb erzielen könnten, weil sie ihre „produktiven", „wertsetzenden" Beschäftigten einen Teil des Arbeitstages („Mehrarbeitszeit") ohne eine arbeitswerttheoretisch äquivalente Vergütung arbeiten ließen. Gleichzeitig waren aber auch die Angestellten angehalten, ihr „lebendiges Arbeitsvermögen" zu Bedingungen der Kapitaleigentümer einzusetzen und es der von den Eigentumsverhältnissen herrührenden Autorität der „Kapitalisten" während ihrer Arbeitszeit unterzuordnen. Deshalb seien sie nicht nur an der Ausbeutung der Arbeiter mittelbar beteiligt, sondern würden auch selbst ausgebeutet.

[10]   Max Weber (1922/1980: 531) spricht von einer „Klasse", „wo 1. einer Mehrzahl von Menschen eine spezifische ursächliche Komponente ihrer Lebenschancen gemeinsam ist, soweit 2. diese

in einer sozioökonomisch wesentlich anderen Strukturposition als die abhängig Beschäftigten außerhalb des physisch-manuellen Arbeitsaufgabenbereichs. Anthony Giddens (1979: 130) bestimmte deshalb an Max Webers Klassenbegriff anknüpfend „drei Arten von Marktchancen", welche „die Grundlage *eines elementaren Drei-Klassen-Systems* in der kapitalistischen Gesellschaft" bilden: „Eigentum an Produktionsmitteln; Verfügung über Ausbildungs- oder technische Qualifikationen; und Verfügung über manuelle Arbeitskraft." Diese seien in der entsprechenden Reihenfolge jeweils für „eine ‚Ober-‘, ‚Mittel-‘ und ‚Unter-‘ oder ‚Arbeiterklasse‘" konstitutiv.

Dieses Grundkonzept beschränkt sich allerdings auf die Art der Ressourcen, welche im Rahmen der marktvermittelten sozioökonomischen Reproduktionsprozesse eingesetzt werden. Beachtet man zusätzlich die Unterschiede der durch den jeweiligen Einsatz dieser Ressourcen erreichten Einkommens- und Wohlstandsniveaus, ergibt sich ein Differenzierungsbedarf innerhalb der einzelnen Makrogruppen des „elementaren Drei-Klassen-Systems". Bei weitem nicht alle Eigentümer von Produktionsbetrieben erreichen ein Einkommens- und Vermögensniveau, das ihre Verortung im oberen Stratifikationsbereich rechtfertigt. Ein beträchtlicher Teil der Spitzenverdiener erzielt hingegen seine besonders hohen Einkünfte im Rahmen von abhängigen Beschäftigungsverhältnissen – sei es als leitende Angestellte, sei es als hoch qualifizierte Spezialisten. Auch bei weitem nicht alle physisch oder manuell Arbeitenden verdienten in Gesellschaften des „organisierten Kapitalismus" so wenig, dass sie allesamt der Einkommens- und Vermögensunterschicht zuzurechnen wären. Es erscheint deshalb sinnvoll, beide Dimensionen der sozioökonomischen Differenzierung – die „Art der Marktchance" und die aus ihrer Wahrnehmung resultierenden Anteile am gesellschaftlich produzierten und primär vom Marktmechanismus verteilten Reichtum – miteinander zu kombinieren. Für die „Mittelschicht" bedeutet dies eine zweigliedrige Grundstruktur, die der Unterscheidung zwischen der „alten" und der „neuen" Mittelklasse" entspricht.

Die Bezeichnungen „alt" und „neu" sind allerdings inzwischen irreführend geworden. Aus der Vogelperspektive der Sozialstrukturanalyse schienen die unternehmerisch tätigen Personen mit Einkommen und Vermögen im mittleren Stratifikationsbereich entgegen den marxistischen Untergangsprognosen nie verschwunden zu sein. Allerdings hat ihre Zahl in den Gesellschaften des „organisierten Kapitalismus", der sich durch einen hohen Konzentrationsgrad in der Privatwirtschaft und durch eine gewichtige Rolle des Staates im sozioökonomischen Leben auszeichnete, deutlich abgenommen. In der seit den 1970er Jahren sich immer deutlicher abzeichnenden Phase der „Flexibilisierung" kapitalisti-

---

Komponente lediglich durch ökonomische Güterbesitz- und Erwerbsinteressen und zwar 3. unter den Bedingungen des (Güter- oder Arbeits-)*Markts* dargestellt wird (‚Klassenlage‘)."

scher Produktions- und Allokationsbeziehungen nimmt die Zahl von kleinen und mittleren Privatfirmen wieder deutlich zu, wobei allerdings nicht wenige von diesen eigenständigen Wirtschaftsbetrieben durch Ausgliederungen der einstigen Abteilungen von vertikal integrierten Großunternehmen entstanden waren und ferner in vielen „Unternehmensnetzwerken" an Hierarchie erinnernde Differentiale der sozioökonomischen Macht festzustellen sind. Auf jeden Fall erscheinen zahlreiche Eigentümer dieser Unternehmen „neuer" in den Reihen ihrer sozialen Makrogruppe zu sein, als es ein Großteil der in Verwaltungshierarchien angestellten und als „neu" bezeichneten „Mittelklasse" in ihrem Stratifikationssegment ist. Dieses terminologische Problem tritt bei der Betrachtung der postsozialistischen Gesellschaften noch deutlicher zum Vorschein (Kivinen 2004: 147). Um gesellschaftsgeschichtliche Fehlwahrnehmungen zu vermeiden, empfiehlt es sich deshalb, stattdessen zwischen einer „unternehmerischen Mittelklasse [entrepreneurial middle class]" und einer „professionellen Mittelklasse [professional middle class]" zu unterscheiden (Perkin 1990; Bailes 1996: 39f.).

Die soziale Makrogruppe, die anhand ihrer besonderen „Art der Marktchance" in Abgrenzung zur „unternehmerischen Mittelklasse" im mittleren Stratifikationsbereich kapitalistischer Gesellschaften bestimmt wurde, weist eine erhebliche berufliche und sozioökonomische Heterogenität auf. Um diese „Angestellten" als ein einziges Strukturelement der Gesellschaft aufzufassen, müßte man über sehr gewichtige Unterschiede hinwegsehen, die beispielsweise zwischen einem einfachen Sachbearbeiter und einem leitenden technischen Angestellten (Ingenieur in Führungsposition) bestehen (Giddens 1979: 222). Der Begriff „Dienstklasse" (service class) kann in diesem Kontext als ein Differenzierungsversuch gesehen werden. Er wurde von Karl Renner (1953: 211-214) im Rahmen der austro-marxistischen Tradition der Klassenanalyse entwickelt und fand vor allem dank der Arbeiten von Ralf Dahrendorf (1959) und John Goldthorpe (1982: 165-171; 1995: 314-316) den Eingang in die englischsprachigen Diskussionen, in denen er allerdings deutlich „weberisiert" wurde. Dem letzten der drei Autoren zufolge unterscheiden sich die Vertreterinnen und Vertreter der „Dienstklasse" von anderen abhängig Beschäftigten (employees) dadurch, dass sie im Rahmen ihrer beruflichen Aktivitäten entweder „delegierte Autorität" ausüben oder „Fachwissen und Expertise [specialist knowledge and expertise]" anwenden, ohne einer direkten Kontrolle unterworfen zu sein. Sie genießen mit anderen Worten ein hohes Maß an Arbeitsautonomie, die ein Vertrauen seitens des Arbeitgebers zur Voraussetzung habe (Goldthorpe 1982: 169). Der letztere beschäftigt gerade deshalb Personen, die der „Dienstklasse" zuzurechnen sind, weil er entweder nicht in der Lage ist, bestimmte innerbetriebliche Abläufe aus zeitlichen und organisatorischen Gründen selbst zu beaufsichtigen, oder nicht über bestimmtes Wissen sowie bestimmte Erfahrungen verfügt, die für die angemessene Bewältigung von Produktions- und Allokationsaufgaben seines Unternehmens erforderlich erscheinen. Die Leistungen der „Dienstklasse" werden nach den Ergebnissen beurteilt – meistens erst dann, wenn es bereits zu spät ist, um etwas am Verlauf des Arbeitsprozesses zu verändern (Perkin 1996: 150).

Das andere zentrale Merkmal der „Dienstklasse" ist demnach die Art der Vergütung, welche von Renner (1953: 212) als „Sold" oder „Besoldung" und von Goldthorpe als „Gehalt [salary]" bezeichnet wurde. Entscheidend sei nicht nur die Höhe der laufenden monatlichen Zahlungen, sondern vor allem der langfristige Charakter dieser Gratifikationen, die mit entsprechenden Beschäftigungsgarantien verknüpft würden (Goldthorpe 1995: 316). Angesichts der heutigen „Flexibilisierung" von Beschäftigungsverhältnissen bis weit in die hochprofessionalisierten Tätigkeitsbereiche hinein drängt sich allerdings die Frage auf, ob diese Bestimmung noch eine hinreichende Gültigkeit beanspruchen kann (Atkinson 1984; Lash/Urry 1987, 1994; Clegg 1990). Mitte der 1990er Jahre verteidigte Goldthorpe sein Grundkonzept der „Dienstklasse" gegen derartige Einwände mit dem Hinweis darauf, dass die Zählebigkeit der hierarchischen Organisationsstrukturen in den neueren Diskussionen stark unterschätzt werde. Außerdem wies er darauf hin, dass sich die Perspektive der langfristigen, möglichst lebenslanger Beschäftigung (employment) in der jüngsten Zeit in vielen Aktivitätsbereichen der Professionellen in eine Perspektive langfristiger Einsetzbarkeit (employability) zu verwandeln begann (Goldthorpe 1995: 325).

Im Rahmen eines Vergleichs mit der sowjetsozialistischen Gesellschaftsform bietet das Konzept der „Dienstklasse" auf jeden Fall einen guten Anknüpfungspunkt, weil die Arbeitswelt der UdSSR durch eine hochgradige Beschäftigungssicherheit geprägt war und eine hohe Beständigkeit von Arbeitsverhältnissen aufwies. Außerdem soll der Systemvergleich die dem Sowjetsozialismus zeitgenössische Form des „organisierten Kapitalismus" (Kocka 1974; Lash/Urry 1987: 17-83) und nicht die des „flexiblen Kapitalismus" (Bieling (Hg.) 2001) als entscheidenden Bezugspunkt haben.

Eine Reihe von Autoren wies in kritischer Auseinandersetzung mit dem Konzept der „Dienstklasse" auf Trennlinien hin, die innerhalb dieser sozialen Makrogruppe selbst verlaufen: Deren Vertreterinnen und Vertreter nehmen unterschiedliche Funktionen in den Produktions- und Allokationsprozessen wahr. Es sei deshalb treffender, insgesamt „drei verschiedene Mittelklassen" zu bestimmen, deren jeweilige sozioökonomische Stellung auf drei verschiedenen „Ressourcen [assets]" basiere: Eigentum im Falle des „Kleinbürgertums [petty bourgeoisie]", „Organisation oder Bürokratie" im Falle der Manager und schließlich „kulturelles Kapital" im Falle von Professionellen (Savage et al. 1992). Die zuerst genannte Makrogruppe entspricht der „unternehmerischen Mittelklasse" bzw. dem unternehmerischen Segment der Vermögens- und Einkommensmittelschicht. Die beiden anderen fallen hingegen in den Bereich der Rennerschen und Goldthorpeschen „Dienstklasse". Savage et al. (1992) sahen den wesentlichen Unterschied zwischen Managern und Professionellen darin, dass die besondere sozioökonomische Stellung der ersteren durch Organisationsstruktur geschaffen werde und deshalb nicht direkt vererbbar sei. Die einzige Möglichkeit eines intergenerationellen Transfers von Managerpositionen biete die Akkumulation von Eigentum, welches zur Finanzierung einer entsprechenden Bildung für die Nachkommenschaft verwendet werden kann. Professionelle seien hingegen als Individuen Eigentümer ihrer spezifischen „Ressource", d.h. des „kulturellen Kapitals" im Sinne von Bourdieu (1983). Das Bildungssystem sei deshalb von entscheidender Bedeutung für die Reproduktion dieses Segments der „Mittelklasse".

Goldthorpe begegnete dieser Kritik mit dem Hinweis auf „die grundlegende Gemeinsamkeit im Beschäftigungsverhältnis" aller Vertreterinnen und Vertreter der sozialen Makrogruppe, die er als „Dienstklasse" bezeichnete. Er hob in diesem Zusammenhang vor allem die Bedeutung des Vertrauens hervor, welche gewichtiger als die Unterschiede der spezifischen „Ressourcen" sei. Das Übergewicht der einigenden Faktoren werde besonders deutlich, wenn man die Klassenbeziehungen nicht aus einer Individuum-zentrierten, sondern aus einer Familien-zentrierten Perspektive betrachte: dann werde nämlich „eine ‚Fusion' von kulturellen und organisationsmäßigen Ressourcen [cultural and organisational assets]" sichtbar. Sie „gibt den Kindern der Dienstklasse einen allgemeinen Vorteil hinsichtlich der Mobilitätschancen gegenüber Kindern aus allen anderen Klassen" (Goldthorpe 1995: 319). Außerdem sei die individuelle Mobilität zwischen Professionellen- und Verwaltungspositionen den empirischen Untersuchungen zufolge seit der Mitte der 1980er Jahre gewachsen. Dies spreche für eine wachsende Homogenität der „Dienstklasse" (Goldthorpe 1995: 320).

So wichtig die Berücksichtigung der von Savage, Barlow, Dickens und Fielding hervorgehobenen Unterschiede in der Ressourcenbasis und der damit zusammenhängenden Funktion zwischen verschiedenen Segmenten der „professionellen Mittelklasse" ist, scheint Goldthorpes Hinweis auf die hochgradige Durchlässigkeit der aufgrund dieser Differenzen gezogenen Abgrenzung dennoch überzeugend. Die Stellung der Manager beruht nicht nur auf der „Organisationsressource", sondern auch auf Wissen und Fachqualifikation, was im Übrigen von Savage Barlow, Dickens und Fielding selbst durch ihre Betonung des indirekten Charakters der „Vererbung" von Managementpositionen vermittels der finanziell bedingten Bildungsvorteile deutlich gemacht wurde. Um ihre beruflichen Aufgaben angemessen erfüllen zu können, benötigen Manager zumindest Spezialwissen über Organisation, Verwaltung und Führung von menschlichen Arbeitszusammenhängen – eine bestimmte Ausprägungsform des „kulturellen Kapitals" also. Darüber hinaus wird ihnen oft umfangreiches Fachwissen abverlangt, damit sie spezialisierte Betriebseinheiten eines Unternehmens leiten können. Sie müssen die besonderen fachlichen (z.b. technischen) Aufgaben der von ihren geführten (Teil-)Organisation im Detail verstehen, um arbeitsteilige Abläufe angemessen planen und koordinieren zu können. Außerdem helfen ihnen die fachlichen Kenntnisse nicht selten wesentlich dabei, die Anerkennung seitens ihrer Untergebenen als Autoritätsgrundlage zu gewinnen. Deshalb wird die Grenze zwischen professionellen und Managementpositionen intragenerationell vor allem in Richtung von den ersteren hin zu den letzteren überschritten.

Die von Savage, Barlow, Dickens und Fielding hervorgehobene Unterscheidung zwischen der indirekten Vererbung von der „verwalterischen Ressource Organisation" und der vermeintlich direkten Vererbung der „professionellen Ressource kulturelles Kapital" erscheint nicht überzeugend. In beiden Fällen nennen die Autoren Vorteile der Nachkommenschaft auf dem Bildungs- und Qualifikationsweg. Diese Form von Vererbung ist grundsätzlich indirekt in dem Sinne, dass sie den Vertreterinnen und Vertretern der nachfolgenden Generation in hohem Maße Eigenleistungen abverlangt (Perkin 1990: 180), auch wenn ihre tatsächliche Erbringung zweifelsohne von der „bildungsnahen" oder „bildungsfernen" Familiensituation wesentlich begünstigt beziehungsweise erschwert wird. Bleiben jedoch diese Eigenleistungen der Kinder aus, hilft nicht mal das „beste" Elternhaus bei der Erhaltung der sozioökonomischen Makrogruppenzugehörigkeit und der korrespondierenden Stratifikationsposition in der Folgegeneration. Die materielle Stratifikationsposition kann noch dank der direkten Vererbung von ökonomischen Ressourcen unverändert bleiben. Wenn aber ein Kind aus einer wohlhabenden „Dienstklasse"-Familie seinen Bildungs- und Qualifikationsweg (z.B. aus adoleszentem Trotz) abbricht, kann es mit dem materiellen Erbe allein weder ein Manager noch ein Professioneller werden.

Die scharfe Abgrenzung zwischen der verwalterischen und der professionellen Ressource, wie sie von Savage, Barlow, Dickens und Fielding postuliert wurde, gibt ferner Anhaltspunkte für die Auffassung, der zufolge eine direkte Vererbung von sozioökonomischen Positionen gerade im Falle von Managern eher möglich wäre. Wenn der Aufstieg und der Verbleib in einer Managerposition vor allem auf „Organisation", also auf soziale Beziehungen und nicht auf „kulturelles Kapital" in der Form bestimmter verwaltungsspezifischer Qualifikationen zurückzuführen wären, dann würde damit eine besondere Bedeutung von zwischenmenschlichen Beziehungen, also von „sozialem Kapital" im Bourdieuschen Sinne (1983: 190-195) für Managementkarrieren impliziert. Das „soziale Kapital" läßt sich aber viel leichter als das „kulturelle Kapital" direkt vererben – insbesondere in Gesellschaften, in denen den engsten Verwandtschaftsbeziehungen (wie jenen zwischen Eltern und Kindern) eine sehr große vertrauensstiftende Kraft zugeschrieben wird. Wären die spezifischen Ressourcen der Manager und Professionellen wirklich so scharf voneinander getrennt, wie es die These von Savage Barlow, Dickens und Fielding zu implizieren scheint, dann wäre es eigentlich zu erwarten, dass sich in einzelnen Unternehmen häufig „Managerdynastien" herausbilden. Dass dies doch recht selten der Fall ist, läßt sich damit erklären, dass fachliche Qualifikationen auch für Managerkarrieren eine sehr große Bedeutung haben.

Während manche Autoren die Begriffe „Mittelklasse" und „Dienstklasse" praktisch als Synonyme verwenden (Lockwood 1995: 1), weisen andere darauf hin, dass es sich im Falle der „Dienstklasse", lediglich um ein – wenn auch wohl das „mächtigste" – Segment der abhängig beschäftigten „Mittelklasse" handelt (Butler 1995: 28). In seiner kritischen Auseinandersetzung mit Wrights bereits angeführter These von der „widersprüchlichen Klassenposition" dieser sozialen Makrogruppe machte Markku Kivinen auf die unzureichende Differenzierung des Abgrenzungskonzepts aufmerksam, bei dem die „Autonomie im Arbeitsprozess [job autonomy]" einfach mit mentaler Arbeit (mental work) gleichgesetzt werde. Demgegenüber betonte der finnische Soziologe die Notwendigkeit, zwischen verschiedenen Formen dieser Autonomie innerhalb der gesamten Makrogruppe der nicht-manuell Arbeitenden typologisch zu unterscheiden. Die verschiedenen Autonomietypen bieten die Möglichkeit, unterschiedliche „Strategien der Professionalisierung" im Sinne von Michael Burawoys (1985) „politics of production" zu bestimmen. Dabei faßte Kivinen das Phänomen der Autonomie am Arbeitsplatz breiter als Goldthorpe auf: Nicht nur Vertreterinnen und Vertreter der „Dienstklasse", sondern auch Angestellte mit routinemäßigen Aufgaben genießen eine gewisse Autonomie am Arbeitsplatz, welche sie von den manuell Arbeitenden unterscheide. Kivinen zufolge lassen sich im Bereich der nicht-manuellen Beschäftigung sieben verschiedene Formen von Autonomie am Arbeitsplatz bestimmen: (1) professionelle Autonomie, (2) kapitaladäquate Autonomie der Funktionsträger in komplexen Verwaltungshierarchien (Manager), (3) wissenschaftlich-technische Autonomie,[11] (4) Autonomie in der Büroarbeit (office-work autonomy), (5) Autonomie in der Fürsorge und Reproduktion, (6) handwerkliche Autonomie und schließlich (7) Autonomie der Angestellten in kleinen Unternehmen (Kivinen 1989a: 352; 1989b: 62-63). Die Vertreterinnen und Vertreter von Berufsgruppen, für welche die Autonomietypen (1), (2) und (3) charakteristisch sind, sowie Büroangestellte mit Personalführungsaufgaben – d.h. ein Teil der Typusgruppe (4) – bilden zusammengenommen den „Kern der

---

[11]   Der Unterschied zwischen dem Typus (1) und dem Typus (3) scheint der folgende zu sein: (1) die „klassischen" Professionen mit unmittelbaren Klienteninteraktionen (Ärzte, Anwälte usw.); (3) Ingenieure und andere Experten mit wissenschaftlich fundiertem Fachwissen, aber ohne Notwendigkeit der unmittelbaren Klienteninteraktion.

neuen Mittelklasse" (Kivinen 1989a: 354 f.; 1989b: 65). Es handle sich dabei um „eine Klasse für sich [a class of its own]", die keine Merkmale der Arbeiterklasse aufweise (Kivinen 1989b: 70) und deshalb nicht in einer „widersprüchlichen Klassenlage" im Wrightschen Sinne gesehen werden könne (Kivinen 1989a: 356). Die restlichen Autonomiegruppen (5), (6) und (7) sowie den Teil der Gruppe (4) ohne Personalführungsaufgaben faßte Kivinen (1989a: 354 f.; 1989b: 65) zur „Peripherie der Mittelklasse" zusammen. Diese befinde sich zwischen der „neuen Mittelklasse" und der Arbeiterschaft.

Die bisherigen Ausführungen in diesem Abschnitt haben verdeutlicht, dass sich eine ganze Reihe von Abgrenzungslinien im mittleren Bereich von Einkommens- und Vermögensstratifikation einer marktkapitalistischen Gesellschaft feststellen läßt, wenn die Unterschiede in den sozioökonomischen Funktionen von einzelnen Gesellschaftsmitgliedern, in den Ressourcengrundlagen von ihren jeweiligen Erwerbsaktivitäten und folglich in den „Arten" ihrer spezifischen „Marktchance" in die Betrachtung einbezogen werden. Über die eigentumsrechtlich bedingte Distinktion zwischen der „unternehmerischen" und der „professionellen Mittelklasse" hinaus werden die von dem Grad der Arbeitsautonomie sowie vom nicht-manuellen bzw. manuellen Charakter der Erwerbstätigkeit herrührenden Unterschiede sichtbar. Denn auch ein Teil der Arbeiterschaft kann vor allem aufgrund ihrer hohen Qualifikationen Einkommen im mittleren Stratifikationsbereich erzielen.

Einige Autoren fügten noch eine weitere, im Hinblick auf politische Betätigungsziele sowie –formen der „Mittelklasse"-Vertreter besonders relevante Unterscheidung zwischen denjenigen von ihnen, die in der Privatwirtschaft beschäftigt sind, und denjenigen, die in Regierungsbehörden oder im öffentlichen Dienst arbeiten, hinzu. Als wesentliches Distinktionsmerkmal dienten ihnen die jeweiligen Grundauffassungen vom optimalen bzw. erstrebenswerten Verhältnis zwischen grundlegenden Allokationsprinzipien der modernen, auf einer sehr weitreichenden und hochkomplexen Arbeitsteilung beruhenden Vergesellschaftung: Die in Privatunternehmen beschäftigten Vertreterinnen und Vertreter der „professionellen Mittelklasse" tendierten demnach stärker zur Befürwortung von Markttausch, was sie in eine deutliche Nähe zur „unternehmerischen Mittelklasse" und zu den kapitalistischen sowie privatwirtschaftlich-professionellen Segmenten der Oberschicht rückt. Professionelle und Manager im staatlich-öffentlichen Sektor sprächen sich hingegen wesentlich häufiger für den politisch-administrativen Allokationsmodus aus (Dunleavy 1980; Perkin 1996: 10, 52; Hanlon 1998: 45-48). In diesem Zusammenhang wird auf ein sehr wichtiges Paradox hingewiesen: Obwohl die massiven Zuwächse der Zahl und der Lebensqualität von der gesamten „professionellen Mittelklasse" im Laufe des 20. Jahrhunderts und insbesondere während seines (grob gerechnet) dritten Viertels (ca.

1950-1975) wesentlich auf staatliche Regulierungs- und Umverteilungsmaßnahmen – vor allem im Bildungsbereich – zurückzuführen seien, habe sich ein beträchtlicher Teil der abhängig beschäftigten „Mitte" – in erster Linie ihr privatwirtschaftliches Segment – seit den 1970ern in die soziale Basis einer Deregulierungs- und Flexibilisierungspolitik verwandelt, welche den institutionellen Entstehungskontext dieser Makrogruppe zunehmend erodiere (Lash/Urry 1987: 11, 161-162). Diese Überlegungen entstammen einem Versuch, dem Zusammenhang zwischen soziostrukturellen und politischen Veränderungen in kapitalistischen Gesellschaften des 20. Jahrhunderts auf die Spur zu kommen. Sie stehen im Kontext eines weiteren wichtigen Diskussionsstranges, dessen Blick sich ebenfalls auf die soziale Makrogruppe im mittleren Stratifikationsbereich der hochentwickelten kapitalistischen Gesellschaften richtet.

1.3 Mittelschicht und der postindustrielle Gesellschaftswandel

Neben der Kontroverse um die Hauptthese der modernisierungssoziologischen Demokratisierungstheorie, der zufolge Mittelschichten als die „entscheidende Variable von Prozessen des Systemwechsels" hin zur parlamentarisch-repräsentativen Demokratie und Marktwirtschaft anzusehen seien (Becker/Rüland/Werz 1999: 9), gab es in der zweiten Hälfte des 20. Jahrhunderts noch eine weitere Debatte, die sich um diese soziale Makrogruppe drehte und vor allem auf die hochentwickelten Gesellschaften des Westens bezogen war. In diesem Diskurs wurde der „neuen Mittelklasse" die Rolle der Avantgarde auf dem Weg in eine neue post-industrielle und vielleicht sogar eine post-kapitalistische soziale Formation zugesprochen.

Der Begriff der „post-industriellen Gesellschaft" selbst wird vor allem mit Daniel Bell in Verbindung gebracht. In seinem Buch *The Coming of Post-Industrial Society* (1973) zählte dieser Autor das besonders schnelle Wachstum der „Wissensklasse [knowledge class]" – neben einer ganzen Reihe von anderen Entwicklungstendenzen – zu den wichtigsten Anzeichen für den sich anbahnenden Übergang von der fortgeschrittenen Industriegesellschaft hin zu einer neuen sozioökonomischen Formation, die er als „post-industriell" bezeichnete (Bell 1973/2001: 806). Die wachsende Bedeutung dieser sozialen Gruppe, die an manchen Stellen auch als „intelligentsia" bezeichnet wurde, beruhte nicht auf der Exklusivverfügung über Produktiveigentum, sondern – wie es die beiden Bezeichnungen bereits erahnen lassen – auf Wissen und Fertigkeiten (skills; Bell 1973/2001: 812).

"The rise of the new elites based on skill derives from the simple fact that knowledge and planning—military planning, economic planning, social planning—have become the basic requisites for all organized action in a modern society." (Bell 1973/2001: 810)

Bell unterschied in seinen Ausführungen durchaus zwischen dem industriellen und dem kapitalistischen Aspekt der hochentwickelten Gesellschaften. Seine Prognose des fundamentalen Wandels bezog sich in erster Linie auf den ersteren.[12] Jürgen Ritsert (1987: 6) bemerkte allerdings zu recht, dass Bells „Vision (...) eindeutig postkapitalistische Merkmale auf[weist]". Vor allem postulierte der Autor von *The Coming of Post-Industrial Society* eine abnehmende Bedeutung von horizontal abgegrenzten gesellschaftlichen Strukturelementen wie „Klassen" oder „Schichten" gegenüber den entlang vertikal verlaufenden Trennlinien zu unterscheidenden „situses" (Singular „situs"). Er charakterisierte diese als neue „Loci politischer Einbindung [loci of political attachment]" und unterschied ihre fünf institutionellen Formen: (1) Wirtschaftsunternehmen, (2) Regierungsbüros, (3) Universitäten und „Forschungskomplexe", (4) „soziale Komplexe" wie z.B. Krankenhäuser, Sozialzentren etc., schließlich (5) das Militär. Er sagte voraus, dass diese „Situses" „die Organisation der neuen Berufsgruppen in eine kohärente Gesellschaftsklasse verhindern" könnten (Bell 1973/2001: 807) und zu „den Haupteinheiten der politischen Interessenorganisation [the major political-interest units]" würden (Bell 1973/2001: 813f.).

Auch der von Bell (1973/2001: 811) prognostizierte Wertewandel hin zu den „Normen der neuen Intelligenzija", d.h. zur „Professionalität", und der damit allmählich einhergehende Abschied vom „ökonomischen Eigeninteresse" als der zentralen Antriebskraft der gesellschaftlichen Akteure ließen sich als ein postkapitalistisches Motiv in seiner „Vision" interpretieren. Damit deutete dieser Autor recht vorsichtig an, was Alvin W. Gouldner (1980: 40f.) einige Jahre spä-

---

[12]   Glassmans (1995: 292) Einwand, dem zufolge „die neue Produktionsweise [the new mode of production]" auch in der neuen sozioökonomischen Formation „industriell" bleibe, weil „industrielle Produkte und industrielle Produktion" – wenn auch in hochtechnologisierten Fabriken – „weiterhin die Grundkomponenten des Wirtschaftssystems" bilden, trifft nicht zu, weil Bell (1973/2001: 805) ausdrücklich hervorhebt: „The concept of the post-industrial society deals primarily with changes *in the social structure*, the way in which the economy is being transformed and the occupational system reworked" (Kursiv DB). Bell geht es also nicht darum zu bestreiten, dass in der neuen Gesellschaft weiterhin eine massenhafte Produktion von Gütern stattfindet, sondern darum, dass ein zunehmend großer Anteil der Bevölkerung in den Bereichen der Wissenserzeugung und der verschiedenen Dienstleistungen statt direkt in der industriellen Produktion beschäftigt ist. Zutreffend ist hingegen ein anderer Kritikpunkt, der von Glassman (1995: 294) vorgetragen wurde: Ein beträchtlicher Teil der manuellen Produktionsarbeit wird nicht „wegautomatisiert", sondern in andere Länder verlagert. Aus diesem Blickwinkel erscheint Bells Konzept zu sehr an den nationalstaatlichen Rahmen gebunden, den viele Formen sozialer Interaktionen inzwischen weitgehend transzendiert haben, ohne ihn jedoch, wie oft voreilig behauptet wird, gänzlich überflüssig zu machen.

ter in einer zugespitzten Form und deutlich kritischer zum Ausdruck brachte: „Der Professionalismus ist eine der öffentlichen *Ideologien* der Neuen Klasse" (kursiv im Original) und als solcher „ein Kernelement des Anspruchs" dieser aufstrebenden gesellschaftlichen Gruppe „auf Legitimität", weil damit „stillschweigend die Autorität der alten Klasse" d.h. der „Bourgeoisie" in Frage gestellt werde.

Gouldners angeführte These stand im Kontext seiner allgemeinen Gegenwartsanalyse, der zufolge Ende der 1970er Jahre eine „neue Klasse", die sich aus Intellektuellen und technischer Intelligenz zusammensetzte, in allen entwickelten Industriegesellschaften – d.h. sowohl diesseits als auch jenseits des „Eisernen Vorhangs" – im Begriff gewesen sei, sich zur neuen „universellen Klasse" zu entwickeln (Gouldner 1980: 149). Die Bewertung dieses Trends fiel aus Gouldners Sicht ambivalent aus: Einerseits sei die neue Gesellschaftsgruppe „die progressivste Kraft der modernen Gesellschaft" und deshalb „von zentraler Bedeutung für das Maß an menschlicher Befreiung, das in der vorhersehbaren Zukunft möglich ist" (Gouldner 1980: 146). Andererseits wird ihr Aufstieg aber nicht „das Ende von Herrschaft" schlechthin bedeuten, sondern nur „das Ende der Herrschaft der alten Klasse". Die „neue Klasse" werde nämlich selbst zum „Kern einer *neuen* Hierarchie" (kursiv im Original), in der sie die Stellung „eine[r] auf einer neuen Form kulturellen Kapitals gegründeten Elite" einnehmen werde (Gouldner 1980: 147).

> „Selbst da, wo sie alte Ungleichheiten zerstört, errichtet die Neue Klasse stillschweigend eine neue Hierarchie der Wissenden, der Informierten, der Reflektierten und Verständigen." (Gouldner 1980: 149)

An einer anderen Stelle seines Buches charakterisiert Gouldner die „Neue Klasse" als „eine Kulturbourgeoisie, die sich privat die Nutzungsvorteile eines historisch und kollektiv produzierten kulturellen Kapitals aneignet" (Gouldner 1980: 41; die Übersetzung modifiziert von RM nach dem englischen Original).

Etwas andere Akzente setzte Alain Touraine in seiner prognostischen Betrachtung der „postindustriellen Gesellschaft". Er sah die wichtigste Konfliktlinie dieser zu Anfang der 1970er Jahre erst in einer frühen Entwicklungsphase begriffenen Gesellschaftsformation zwischen den „Technokraten" einerseits und den neuen intellektuellen Beschäftigten wie „technische Angestellte, Zeichner, höhere Angestellte, technische Mitarbeiter" andererseits verlaufen. Die „neuen Technokraten" seien diejenigen, die nicht nur über ein komplexes Fachwissen, sondern auch über strategische Entscheidungsbefugnisse verfügen. Bei den neuen intellektuellen Beschäftigten rufe diese Konstellation eine Widerspruchserfahrung zwischen einem Bedürfnis nach einer autonomen Kontrolle ihrer kreativen Produktionsprozesse und der Unterordnungsnotwendigkeit innerhalb der verwaltungshierarchischen Organisation hervor (Touraine 1972: 53-74). Den Pariser Mai 1968 interpretierte Touraine (1972: 92-124) vor dem Hintergrund dieser Überlegungen als einen Vorboten der neuen „postindustriellen Klassenkonflikte".

1.4 Schlußfolgerungen

Soziale Makrogruppen, wie Klassen oder Schichten, sind grundsätzlich keine kohärenten kollektiven oder politischen Akteure. Darauf hat bereits Max Weber ausdrücklich hingewiesen:

> „Eine universelle Erscheinung ist das Herauswachsen einer Vergesellschaftung oder selbst eines *Gemeinschafts*handelns aus der gemeinsamen Klassenlage keineswegs" (Weber 1922/1980: 532-533; kursiv im Original).

Es sind stets nur bestimmte Organisationen bzw. ihre Führungspersönlichkeiten, die mehr oder weniger begründet „den Anspruch (...) erheben, im Namen einer Klasse zu handeln" (Kreckel 2004: 146). Dies gilt für die Mittelschichten in einer besonderen Weise.

> „Die (...) Fragmentierung und heterogene Interessenlage der Mittelklasse macht ihre Mobilisierung und Organisierung besonders schwierig. Es gibt selten Mittelklasse-Verbände, die so dominant sind, wie zum Beispiel Gewerkschaften für die Arbeiterklasse oder Arbeitgeberverbände für die Bourgeoisie. Die Fragmentierung der Mittelklasse spiegelt sich wider in der vielfältigen Verbandslandschaft, die von Mittelstandsmitgliedern gebildet wird" (Thompson 1999: 30).[13]

Mit dieser Zersplitterungstendenz geht die Neigung der Mittelschichtsangehörgen zu Organisationsformen einher, die vor allem auf die Verbesserung der Lebenssituation ihrer Vertreter ausgerichtet sind und deshalb oft als „unpolitisch" angesehen werden.

---

[13]   Dieses Zitat veranschaulicht im Übrigen den nachlässigen Gebrauch von Grundbegriffen der Sozialstrukturtheorie: Mal werden die mittleren Stratifikationsgruppen als „Mittelklasse", mal als „Mittelstand" bezeichnet. Dabei sind „Stand" und „Klasse" keine Synonyme, sondern zwei soziologische Begriffe, die eine strukturelle *differentia specifica* zum Ausdruck bringen. Allgemein zur Begriffsproblematik äußern sich Hradil und Schmidt (2007: 169-172). Allerdings verwenden auch diese Autoren gelegentlich die Ausdrücke „Mittelschicht" und „Mittelstand" synonym.

„Typisch für Mittelklasseorganisationen sind Gruppen, die um bestimmte Personenkreise, Aktivitäten oder soziale Probleme organisiert sind, zum Beispiel Frauengruppen, Selbsthilfeorganisationen, *Professional*-Organisationen, Handelskammern, Menschenrechtsorganisationen und Umweltgruppen" (Thompson 1999: 30).

Diese Tendenz sei damit zu erklären, dass die Vertreterinnen und Vertreter der Mittelklassen aufgrund ihrer Einkommensniveaus nicht über hinreichend materielle Ressourcen verfügten, um jene Probleme, die den Schwerpunkt der genannten Organisations- und Verbandstypen bilden, aus eigener (finanzieller) Kraft zu lösen (z.b. um privat bezahlte Dienstleistungen im Bildungs- oder Sicherheitsbereich zu beziehen). Deshalb schließen sich ihre Angehörigen zusammen, um durch kollektives Handeln eine politische Regulierung des jeweiligen Problemfelds zu erwirken (Thompson 1999: 30).

Thompsons zitierte Schlußfolgerungen erscheinen aus zwei Gründen zweifelhaft. Erstens ließe es sich auch von anderen, großen sozialen Makrogruppen der kapitalistischen Gesellschaften behaupten, dass die für sie besonders charakteristischen Organisationstypen ebenfalls auf die Verbesserung der Lebenssituation ihrer Angehörigen und auf die Verwirklichung von ihren sozioökonomischen Interessen ausgerichtet sind. Sowohl Gewerkschaften als auch Arbeitgeberverbände, die als Beispiele genannt werden, verfolgen explizit derartige Ziele. Was die mittelschichtstypischen Organisationen von denen der Arbeiter und der „Bourgeoisie" unterscheidet, ist ihre noch größere Vielfalt, die jene oben erörterte Ausdifferenzierung dieser Stratifikationsmakrogruppe und die daraus resultierenden Divergenzen der Interessenlagen widerspiegelt.

Zweitens überzeugt es nicht, wenn die genannten Organisationsziele als „unpolitisch" bezeichnet werden. Themen wie Menschenrechte, Gleichberechtigung von Mann und Frau oder Umwelt haben einen ausgesprochen politischen Charakter, da sie, um unter den Bedingungen von marktvermittelten sozioökonomischen Interaktionen nicht ins Hintertreffen zu geraten, einer festen Verankerung im gesetzlichen Rahmenwerk des Marktes bedürfen. Soziale Strukturen, die von Lipset als „intermediäre Organisationen und Institutionen" bezeichnet wurden (Lipset 1959: 84), und gegenwärtig vor allem unter den Stichworten „Zivilgesellschaft" oder „zivilgesellschaftliche Organisationen" in den öffentlichen Debatten hochgradig präsent sind (Cohen/Arato 1992: ix-x; Schrader/Glagow/Gavra/Kleineberg (Hg.) 2000; Morjé-Howard 2003: 34-35), haben bei der stärkeren, wenn auch bis heute noch nicht hinreichenden Einbeziehung der genannten Themenbereiche ins Blickfeld der politischen Entscheidungsträger eine sehr wichtige, oft geradezu eine treibende Rolle gespielt.

In diesem Kapitel wurden zwei Hauptstränge der sozialwissenschaftlichen Debatten über die politische und gesellschaftliche Rolle der Mittelschichten skizziert. Der erste Strang entstand im modernisierungs- und demokratietheoretischen Kontext. Die Teilnehmer dieser Diskussion setzten sich vor allem mit der Frage auseinander, ob ein nachholender Prozeß der sozioökonomischen Modernisierung und ein damit einhergehender Wandel der gesellschaftlichen Stratifikationsstruktur eine Veränderung der politischen Interaktionsformen hin zur Entstehung einer repräsentativen Demokratie nach dem westlichen Vorbild begünstigt. Die Teilnehmer des zweiten Hauptstrangs der Diskussion richteten ihre Blicke auf die hochentwickelten kapitalistischen Gesellschaften des Westens. Sie beschäftigten sich mit der Frage, ob die sich abzeichnenden Strukturveränderungen zu einer weiteren – sei es als emanzipatorisch, sei es als rückschrittlich apostrophierten – Veränderung der politischen und sozioökonomischen Systeme führen werden. Während also die repräsentative Demokratie im ersten Diskussionskontext als ein wünschenswertes Modell betrachtet wurde, richteten die Protagonisten, die in dem zweiten Diskussionskontext standen, einen eher kritischen oder zumindest einen prüfenden Blick auf die im Westen bestehende Institutionenordnung und erörterten die möglichen Pfade ihrer weiteren Evolution.

Für die Problematik, die im Rahmen dieser Studie untersucht werden soll, sind beide Diskussionsstränge von Bedeutung, weil die sowjetsozialistische Gesellschaftstransformation einen doppelten Charakter hatte: Es handelte sich zweifelsohne um einen radikalen Prozeß der „nachholenden Modernisierung", aber zugleich auch um einen Versuch, ein anderes Modell der modernen hochindustrialisierten Gesellschaft aufzubauen – eine welthistorische Alternative zum industriellen Kapitalismus (Plaggenborg 2006). Die beiden Momente waren aufs engste miteinander verflochten. Man kann sagen, dass die sowjetsozialistische Gesellschaftstransformation als ein Projekt der „überholenden" und nicht bloß der „nachholenden Modernisierung" gedacht war. Aus diesem Grund sind die beiden Stränge der Mittelschichtsdiskussionen für die Ausführungen in dieser Studie von Bedeutung.

2 Mittelschichten im postsozialistischen Russland

2.1 Eine soziologische Kontroverse

In grundsätzlicher Übereinstimmung mit den soziologischen Modernisierungs- und Demokratisierungstheorien, die im vorigen Kapitel erörtert wurden, haben viele russische Gesellschaftswissenschaftlerinnen und -wissenschaftler der Herausbildung einer zahlenmäßig starken und sozioökonomisch stabilen „Mittelklasse" eine zentrale Bedeutung für eine nachhaltige Demokratisierung und einen weiteren Fortgang der marktwirtschaftlichen Reformen im postsozialistischen Russland beigemessen (Balobanova 2008: 50). Vor allem die Befürworterinnen und Befürworter des liberalen Transformationskonzepts hofften, dass das rasche Entstehen dieser Stratifikationsmakrogruppe die wichtigste Antriebskraft der weiteren Veränderungen und zugleich den Hauptgaranten ihrer gesellschaftspolitischen Unumkehrbarkeit schaffen würde (Berezin 1997: 57; kritisch dazu: Kosals/Ryvkina 1998: 309f; Gromova/Zaslavskaja 1998/2002: 469). Ende der 1990er Jahre sah Ljudmila Chachulina (1999: 24f; 2001: 71f.) den Herausbildungsgrad der „Mittelklasse" als einen geeigneten Globalindikator an, um den Erfolg bzw. Mißerfolg der postsowjetischen Reformen zu beurteilen. Leonid Grigor'ev und Tat'jana Maleva (2001: 45) betrachteten „[d]ie Entstehung [stanovlenie] der Mittelklasse" gar als „eines der Hauptziele des Übergangs von der Planwirtschaft zur Marktwirtschaft". Ihnen erschienen *„die Entwicklung der Zivilgesellschaft* [graždanskoe obščestvo] *und die Formierung der Mittelklasse* (...) *beinahe synonym"* (Hervorhebung im Original; ähnlich Andrjanov 2004: 5; Simonjan 2008: 39, 42). Ljudmila Beljaeva (2001: 136) hielt das „Problem der Formierung der Mittelklasse" sogar für „identisch" mit dem „Problem des Eintritts [Russlands; RM] in die Gruppe der entwickelten Länder der Welt" (siehe auch: Beljaeva 2007: 4). Auch Ovsej Škaratan (2004a: 176; 2004c: 34) sah zumindest prinzipiell einen ähnlichen Zusammenhang zwischen der Etablierung der „Mittelklasse" als „dem tragenden Gerüst [opornyj karkas] der postindustriellen Ökonomie, der Zivilgesellschaft und des Rechtsstaats" einerseits und den sozioökonomischen Entwicklungsperspektiven der Russländischen Föderation andererseits. Während jedoch die meisten Expertinnen und Experten hinsichtlich der wirtschaftlichen und politisch-soziologischen Bedeutung der „Mittelklasse" für den Verlauf der postsozialistischen Transformation weitgehend überein zu stimmen schienen, gingen ihre Einschätzungen weit auseinander, was die tatsächlichen Fortschritte in der Herausbildung dieser sozialen Makrogruppe in Russland nach 1991 angeht (Radaev 1998: 22; Anurin 2006: 3; 2008: 42).

Auf der einen Seite standen diejenigen, die behaupteten, dass eine „Mittelklasse" in Russland bereits tatsächlich existiere. In diesem Zusammenhang sind an erster Stelle die Mitglieder des Forschungsteams um Michail Gorškov und Natal'ja Tichonova zu nennen. Gestützt auf ihre Anfang 1999 am „Russischen Unabhängigen Forschungsinstitut" (RUFI)[14] durchgeführte empirische Untersuchung kamen sie zu dem Schluss, dass es „in Russland selbst unter den ungünstigen ökonomischen Umständen soziale Schichten gibt, die gemäß den allgemein anerkannten Kriterien (Pro-Kopf-Einkommen, sozialer Status, Konsumstandards, Bildung u.a.) der Mittelklasse zugerechnet werden können" (Gorškov, Tichonova et al. 1999: 232f, 284; Gorškov 2000: 10). Damit widersprachen sie entschieden der zu diesem Zeitpunkt vor allem unter Publizisten und Journalisten weit verbreiteten Ansicht, der zufolge die russische „Mittelklasse", sofern sie überhaupt während der ersten postsozialistischen Reformjahre zumindest in Ansätzen habe entstehen können, infolge der durch die Rubelabwertung Mitte August 1998 ausgelösten Wirtschaftskrise wieder gänzlich verschwunden sei[15]. Nach der Auswertung einer zweiten, im Sommer 2003 durchgeführten „Mittelklasse"-Befragung sahen Gorškov, Tichonova und Kollegen, die ihre gemeinsame Forschungsarbeit zum Thema am „Institut für Komplexe Sozialforschung" der Russischen Wissenschaftsakademie (IKSI RAN) fortsetzten, die russische „Mittelklasse" vom schweren Schlag der Augustkrise 1998 bereits „gänzlich" erholt (Gorškov, Tichonova et al. 2004: 195). Die Umfrageergebnisse vom Oktober 2006 wurden im Rahmen der dritten Studie dieser Forschungsgruppe, die nun im Institut für Soziologie der Russischen Wissenschaftsakademie (IS RAN) angesiedelt ist, als eine grundsätzliche Bestätigung der These interpretiert, dass „während der 15 Reformjahre in Russland eine massenhafte Mittelklasse entstanden" sei – insbesondere in den größeren Städten (Gorškov, Tichonova et al. 2006: 150; deutsch: Buhbe 2007: 1).

---

[14]   Der vollständige Name der oft mit der Friedrich Ebert Stiftung zusammenarbeitenden Forschungseinrichtung lautete in wörtlicher Übersetzung: „Russisches Unabhängiges Institut für Soziale und Nationale Probleme" (Rossijskij nezavisimyj institut social'nych i nacional'nych problem; RNISiNP). In Deutschland ist sie aber als RUFI bekannt geworden.

[15]   Eine Zeitungsjournalistin vertrat z.B. die Auffassung, dass „man die Frage nach der russischen Mittelklasse seit dem 17. August (1998; RM) als rein rhetorisch betrachten kann", weil diese soziale Stratifikationsgruppe seit dem besagten Tag des finanziellen Zusammenbruchs nicht mehr existiere. Sie sprach deshalb von „Opfern einer Fehlgeburt" (Egorova 1998).
Elena Balobanova (2008: 53) weist in ihrer Auswertung der soziologischen Fachpublikationen zwischen 1989 und 2005 darauf hin, dass derartige Behauptungen eine ganze Reihe von Sozialwissenschaftlern dazu angeregt haben, die Verfasstheit der russischen „Mittelklasse" empirisch genauer zu untersuchen.

Auch ein zweites großes Forschungsteam, das unter der Leitung von Tat'jana Maleva (2003) in einer groß angelegten empirischen Studie die russische „Mittelklasse" am Ende des Jahres 2000 (dem Zeitpunkt der Primärdatenerhebung) einzugrenzen und genauer zu beschreiben versucht hatte, hielt in seinem Abschlußbericht fest, dass man auf jeden Fall diese Stratifikationsgruppe in Russland ausmachen könne. Dieser Grundaussage lag allerdings eine ahistorische Auffassung zugrunde, der zufolge es in jeder Gesellschaftsform „Mittelklassen" gebe und lediglich ihr Charakter, ihre Größe sowie ihre Zusammensetzung im historischen Vergleich variierten (Maleva et al. 2003: 30).[16] Dadurch machten sich die Autorinnen und Autoren dieser „Kollektivmonographie" für eine berechtigte Kritik an ihrem geschichtslosen Konzept des Untersuchungsgegenstandes angreifbar. Dennoch handelte es sich um die bisher facettenreichste und methodologisch komplexeste Forschungsarbeit über Russlands postsozialistische Mittelschichten, was auch ihre kritischen Leser zugaben (Kalimullin 2003: 124, 136; Škaratan 2004a: 163; 2004c: 27). Auf die einzelnen Befunde dieser Studie wird deshalb in diesem Kapitel noch häufiger zurückzukommen sein.

Die dritte Forschungsgruppe, die von der Existenz einer beachtenswerten russischen „Mittelklasse" überzeugt ist, entstand im Umfeld des wöchentlich erscheinenden Wirtschaftsmagazins *Ėkspert* (www.expert.ru). Das Projekt „Lebensstil der Mittelklasse" unterscheidet sich jedoch von den beiden zuvor genannten Forschungsteams dadurch, dass es sich zu einem Marktforschungsunternehmen entwickelt hatte. Aus diesem Grund zieht es das verfügbare Einkommen der Haushalte und ein damit korrespondierendes Konsumverhalten auf den Märkten als die beiden zentralen Kriterien für die Auswahl der seit Frühling 2001 zwei mal jährlich befragten Bevölkerungsstichproben heran.[17] Es handelte sich also nicht um repräsentative Untersuchungen der gesamten russländischen Bevölkerung, sondern um gezielte Befragungen jener Gesellschaftsgruppen, bei denen man eine hinreichende Massenkaufkraft vermutet. Allerdings führte das Forschungsteam unter der Leitung von Michail Tarusin (2006) zwischen 2004 und 2005 die Untersuchung „Das wirkliche Russland [Real'naja Rossija]" im Auftrag der Zeitschrift *Ėkspert* durch.

Bereits im Herbst 2000 sahen aber die federführenden Vertreterinnen und Vertreter des besagten Projekts die „russische Mittelklasse" als eine „deutlich

---

[16]   Siehe auch: Interview mit Tat'jana Maleva vom 09.10.2001: „Srednie klassy suščestvujut vsegda i vezde, ich nel'zja uničtožit'" [Mittelklassen existieren immer und überall; es ist unmöglich, sie zu vernichten] im Internet unter: http://www.opec.ru veröffentlicht; Ausdruck vom 03.11.2004, S. 2. Eine ähnlich transhistorische Auffassung ist bei Berezin (1997: 57) zu finden, der die Anfänge der Politik zur Förderung der „Mittelklasse" bis ins Sumerische Reich (2370 vor unserer Zeitrechnung) zurückverfolgen zu können glaubt.

[17]   Siehe: die Selbstdarstellung des Projekts im Internet: www.middleclass.ru/about/index.shtml in russischer Sprache. Abruf am 22.03.2005, 11:15 CET.

abgegrenzte und ziemlich einheitliche Menschengruppe nicht nur nach dem
Einkommensniveau und Sozialstatus, sondern auch hinsichtlich der Denkweise
[obraz myslej] und des Lebensstils" an (Blaženkova/Gurova 2000). Auch wenn
diese „Klasse neuer Menschen (...), die sich komfortabel im Marktumfeld füh-
len" (Gurova/Fadeev 2000: 271), zu Anfang der ersten Amtszeit von Vladimir
Putin (d.h. im Jahr 2000) noch recht klein gewesen sein mag (Blaženkova/Guro-
va 2000), betrachteten die Projektmitglieder ihre Existenz dennoch als „ein positives Ergebnis" der sonst äußerst umstrittenen Systemreformen der El'cin-Zeit.
Denn eine „Mittelklasse" habe es vor 1992 „nie in Russland gegeben" (Guro-
va/Fadeev 2000: 271).

Auf dem anderen der beiden Pole der fortwährenden Diskussion über die
russische „Mittelklasse" positionierte sich Alina Šankina. In ihrem mit „Mittelklasse in Russland: Die Jagd auf Nessie" prägnant überschriebenen Artikel äußerte sie Zweifel daran, dass es in ihrem Heimatland diese Stratifikationsgruppe
gibt und überhaupt geben kann. Sie erhob dabei nicht nur methodologische Einwände gegen die gängige „Mittelklasse"-Forschung, wie sie in Russland prakti-
ziert wird[18], sondern verwies vor allem darauf, dass der Begriff selbst inzwischen
auch im westeuropäischen und nordamerikanischen Gesellschaftskontext ana-
chronistisch geworden sei. Sie begründete diese Auffassung mit der wachsenden
Bedeutung „von Lebensstilen, von kulturellen und anderen nichtmateriellen
Identifikationsmerkmalen der Gruppenzugehörigkeit [identifikatory gruppovoj
prinadležnosti]", woraus die zunehmende „Zerbröselung" der Gesellschaft „in
Subkulturen" [droblenie na subkul'tury] resultiere. Deshalb erschien ihr die russische „Aufholjagd der Mittelklasse [pogonja za srednim klassom]" wie „ein
Versuch, den gestrigen Tag der westlichen Länder einzuholen".[19] Darüber hinaus

---

[18]   Die Autorin erörterte dabei verschiedene Herangehensweisen. Manche Forscherteams scheinen
sich ihrer Auffassung nach zuerst die Frage zu stellen, welche Größe der „Mittelklasse" sie „zufrie-
den machen" würde, und bestimmen danach die Einkommenskriterien. Andere gehen umgekehrt vor:
Sie bestimmen zuerst die Einkommensspanne, die ihnen für eine „Mittelklasse" als sinnvoll erscheint, und ermitteln dann den Anteil von Personen bzw. Haushalten innerhalb dieses Einkommens-
korridors an der russischen Gesamtbevölkerung. Eine dritte Option stellen Untersuchungen dar, die
auf einer repräsentativen Umfrage aller Russländer (rossijanie; alle Bürgerinnen und Bürger Russlands, nicht nur ethnische Russen) basieren und zu ermitteln versuchen, wie hoch der Anteil derjenigen ist, die sich selbst in der „Mittelklasse" bzw. in der Mitte der Gesellschaft verorten. Dann werden
professionelle und sozioökonomische Indikatoren in Beziehung zur Selbstverortung gesetzt.
[19]   Zu dieser Argumentation ist Folgendes kritisch anzumerken: Die „Zerbröselung der Gesellschaft in Subkulturen" oder, genauer gesprochen, die empirische Feststellbarkeit von stärker ausdifferenzierten Milieus – d.h. „Gruppierung[en] von Menschen, die eine ähnliche Mentalität und häufig
auch ein gemeinsames sachliches Umfeld (Region, Stadtviertel, Berufswelt etc.) aufweisen" (Hradil
2004: 278) – bedeutet keineswegs, dass Schichtungs- und Klassenkategorien ihre Bedeutung für die
sozialwissenschaftliche Analyse gänzlich verlieren. Es läßt sich vielmehr beobachten, dass es „typische Unterschichts-, Mittelschichts- und Oberschichts-Milieus" (Hradil 2004: 278) sowie „Lebensstile, die typisch für die Ober-, für die Mittel- oder für die Unterschicht sind" (Hradil 2004: 287) gibt.

konstatierte sie eine fundamentale Differenz im „Entwicklungstypus [tip razviti-ja]" zwischen „Europa" einerseits und „Russland" andererseits. Dieser Unter-schied lasse derartige Begriffsübertragungen wie im Falle der „Mittelklasse" noch zweifelhafter erscheinen (Šankina 2003: 108-110).

Zu letzterem Punkt vertritt auch der renommierte sowjetisch-russische So-ziologe Ovsej Škaratan (Shkaratan) inzwischen eine ähnliche Position: In seinen neueren Publikationen hebt er „wesentliche" Unterschiede zwischen dem „sow-jetisch-postsowjetischen" und dem „europäischen (atlantischen)" „Zivilisations-modell" sowohl hinsichtlich der „institutionellen Struktur" als auch mit Blick auf das „Wertesystem" hervor (Škaratan 2004b: 107; 2005: 5). Durch die Gesell-schaftsveränderungen im postsozialistischen Russland sah er sich dazu veran-lasst, seinen früheren verhaltenen Optimismus hinsichtlich der Entstehung einer „Mittelklasse" gründlich zu revidieren (Škaratan 2004a: 178; 2004b: 106; 2004c: 36). Noch um die Mitte der 1990er Jahre betrachtete er in einer gemeinsamen Veröffentlichung mit Vadim Radaev die sowjetische „Intelligenzija" als eine soziale Gruppe, die sich in einem „schmerzhaften Übergangsprozess" von einer „verschwommenen Gruppe zwischen den Schichten [razmytaja mežsloevaja gruppa]" hin zum „Kern der künftigen Mittelklasse" d.h. zu den „Professio-nals"[20] befunden habe (Radaev/Škaratan 1996: 306). Etwa acht Jahre später kam er jedoch zur Einsicht, dass es „unter den Bedingungen einer spät-etakratischen Gesellschaft [pozdneėtakratičeskoe obščestvo], d.h. im Russland der Gegenwart, eine Mittelklasse als die tragende Konstruktion [opornaja konstrukcija] der Sozi-alstruktur nicht gibt und nicht geben kann" (Škaratan 2004b: 116; 2005: 29). Denn im „etakratischen System, wie es in der UdSSR existiert hatte"[21], und wie es sich im postsowjetischen Russland „direkt" in „Form des nomenklatura-büro-kratischen Quasi-Kapitalismus" fortsetze (Škaratan 2004c: 44; 2003a: 47; 2004a: 191; 2005: 4, 48-49), habe die „soziale Differenzierung (...) keinen Klassencha-rakter". Sie werde vor allem „von den Rängen in der Staatsmachthierarchie [vlastnaja ierarchija] bestimmt" (Škaratan 2004a: 170; 2004b: 107; 2004c: 44; ähnlich: Il'in 1996: 121; Beljaeva 2001: 12ff). Im postsozialistischen „spät-

---

Michael Vester und seine Mitarbeiter kamen in ihrer großen Sozialstrukturstudie ebenfalls zum Schluß, dass sich die scheinbar so vielfältigen Lebensstile „auf eine begrenzte Menge konsistenter und übersichtlicher Mentalitätsmuster zurück[führen]" lassen, „die, analog dem Habitus bei Bour-dieu, die Grundlage für die Herausbildung der Lebensstile bilden und ihrerseits in den sozialen Lagen zumeist ihre Entsprechung finden" (Vester et al. 1993: 241). Auch das in der internationalen Markt-forschung besonders populäre Modell der sozialen Milieus von „Sinus Sociovision" enthält eine konstitutive Schichtungsdimension (www.sinus-milieus.de; Hradil 2004: 279 Abb. 9.3).

[20]   Zur Bekräftigung der West-Ost-Parallele benutzten die Autoren damals in Klammern den englischen Ausdruck „professionals" zusätzlich zu seinem russischen Äquivalent „professionaly".

[21]   Als „Etakratie" [ėtakratija] bezeichnen Škaratan und Radaev (1996: 265 ff.) ein vom Staat dominiertes Gesellschaftssystems (siehe dazu auch Il'in 1996: 121). Die Begriffe „Etakratie" und „etakratische Gesellschaft" werden ausführlich im vierten Kapitel dieser Studie diskutiert.

etakratischen" Russland existierten demzufolge zwar „alle professionellen Kategorien, die den Kern der Mittelklasse im Westen bilden" (Škaratan 2004a: 170; 2004c: 32), da jedoch die Vergesellschaftung, in der diese Berufsgruppen funktionieren, einen grundlegend anderen Charakter habe, könne man nur von einer „illusorischen Mittelklasse" sprechen (Škaratan 2004a: 172; 2003a: 52; 2004c: 33; 2005: 48-49). Mit anderen Worten zweifelt Škaratan (2004a: 172, 178; 2004c: 33, 36) daran, dass der Begriff „Mittelklasse" – und sei es mit allen Einschränkungen hinsichtlich der russischen „Besonderheiten" – dem Kontext westlicher Gesellschaften entnommen und auf Russland sinnvoll übertragen werden könne. Durch die Auswertungsergebnisse einer Ende 2002 durchgeführten empirischen Untersuchung sah er sich in seinen theoretisch formulierten Annahmen bestätigt (Škaratan 2004a: 174-175; 2004b: 116-117; 2004c: 34-35).

Auf Škaratans Analyse des „etakratischen Gesellschaftstypus" und ihr breites Wirken im sozialwissenschaftlichen Denken des postsozialistischen Russland wird im Laufe dieser Untersuchung noch zurückzukommen sein. An dieser Stelle sind lediglich das Ergebnis – eine Mittelklasse könne es im heutigen Russland grundsätzlich nicht geben – und der Unterschied zwischen seiner Position und der von Šankina von Bedeutung: Die letztere hielt, wie bereits dargestellt, nicht nur die Existenz der russischen Mittelklasse für einen „Mythos" (Šankina 2003: 103), sondern zweifelte darüber hinaus auch an der Relevanz des Begriffs selbst für die Gegenwartsanalyse der westeuropäischen und nordamerikanischen Gesellschaften. Škaratan ging nicht so weit. Er beschränkte sich auf die Konstatierung einer „wesentlichen" „zivilisatorischen" Differenz zwischen Russland und dem Westen. Aber anders als viele andere russische Autoren, die auf den ersten Blick eine ähnliche Position zu vertreten scheinen (z.B. Kara-Murza 2002; 2004), ließ er dabei keinerlei Begeisterung für diese „sowjetisch-postsowjetische Zivilisation" erkennen. Im Gegenteil, er unterzog ihre „institutionelle Struktur" und ihr „Wertesystem" einer ausgesprochen kritischen Beurteilung (Škaratan 2004a: 177; 2004c: 36).

Eine Reihe anderer russischer Autorinnen und Autoren stand ebenfalls der These von der Entstehung bzw. Existenz der „russischen Mittelklasse" äußerst skeptisch gegenüber. Allerdings waren für diese Positionen nicht die grundsätzlichen zivilisationstheoretischen Überlegungen, sondern die Befunde ihrer empirischen Untersuchungen ausschlaggebend. So sahen Zinaida Golenkova und Elena Igitchanjan (1998a: 46) in der zweiten Hälfte der 1990er Jahre „keinen Platz für die Mittelklasse" in einer Gesellschaft, in der „Marginalisierungsprozesse" zu einer „starken Polarisierung" d.h. zu einer „Aufteilung in ‚sehr Reiche' und ‚sehr Arme'" geführt haben. Letzteres wurde auch von Bertram Silverman und Murray Yanovitch (1997: 37-55), Tat'jana Zaslavskaja (2004: 158-159) sowie von den späteren Arbeiten Golenkovas (2003: 6, 9) bestätigt.

Den Begriff der „sozialen Polarisierung" prägte in den russischen Diskussionen vor allem Michail Rutkevič (1992; 1997: 9). Er ist korrespondierendes Mitglied der Russischen Wissenschaftsakademie und gehörte in den 1970er und 1980er Jahren zu den Hauptverfechtern der damals offiziell geltenden Theorie der „nichtantagonistischen Zwei-Klassen-Eine-Schicht-Struktur" und der „wachsenden sozialen Homogenität" der sowjetischen Gesellschaft (siehe dazu Kapitel 3 dieser Arbeit). Rutkevič führte die Entstehung der „Kluft zwischen einer Handvoll Reicher und einer überwältigenden Volksmasse, die im Zustand der Armut und des Elends lebt" (Rutkevič 2001a: 26), vor allem auf die „weltgeschichtlich größte Plünderung des Volksbesitzes [narodnoe dostojanie]" zurück, welche in den 1990er Jahren von der russländischen Staatsmacht organisiert worden sei (Rutkevič 1997: 4) und „fast die Hälfte der Bevölkerung Russlands" habe verelenden lassen (Rutkevič 1997: 10). Zwischen dem „oberen Pol" der „großen und mittleren Bourgeoisie", die weniger als 10% der Gesamtbevölkerung ausmachte, und der über siebzigprozentigen „Masse der Werktätigen [massa trudjaščichsja]" am „unteren Pol", blieb zwar noch etwa ein Fünftel der Population. Dieses wäre jedoch Rutkevič zufolge mit dem Begriff der „Mittelklassen" nicht angemessen beschrieben, weil es sehr heterogen gewesen sei, und ferner „keinen stabilen Wohlstand" „unter den Bedingungen des ‚wilden' Kapitalismus und der Verelendung" der breiten Bevölkerung zu erreichen vermochte. Deshalb konnten diese ca. 20% der russischen Bevölkerung nicht die Funktion eines „Garanten der sozialen Stabilität" übernehmen, mit der Mittelschichten in westlichen Ländern von vielen Soziologen und Politikwissenschaftlern in Verbindung gebracht werden (Rutkevič 1997: 14).

2.2 Die Folgen der sozioökonomischen Transformation

Zahlreiche Indikatoren weisen tatsächlich darauf hin, dass ein großer Teil der russländischen Bevölkerung in den 1990er Jahren eine deutliche Verschlechterung der materiellen Lebensbedingungen erfuhr. Mitte 1997 – also noch gut ein Jahr vor dem Einschnitt der Wirtschafts- und Finanzkrise vom August 1998 – sah Natal'ja Rimaševskaja (1997: 64) die russländische Gesellschaft „im Zustand einer tiefen Depression". Zur Begründung ihrer These verwies sie auf eine Reihe von sozioökonomischen Indikatoren, zu denen neben den sinkenden Realeinkommen auch statistische Daten über fallende Ernährungswerte (Rimaševskaja 1997: 55; Schröder et al. 2003: 71), Geburtenrückgang sowie wachsende Zahlen von Erkrankungen und Sterbefällen (Rimaševskaja 1997: 61f.) gehörten. Allein 1992 – d.h. im Anfangsjahr der postsozialistischen Reformen – wurden die Realeinkommen infolge der „schocktherapeutischen" Preisfreigabe mehr als halbiert

(Rimaševskaja 2004: 34). Diese Maßnahme zog auch die Spareinlagen der Bevölkerung aus der Sowjetzeit in Mitleidenschaft, die durch den sprunghaften
Preisanstieg entwertet wurden. Bis 1996 sind die Realeinkommen noch weiter
gefallen, so dass ihr statistisch durchschnittliches Niveau in diesem Jahr bei gerade 40% von dem des letzten Jahres der Existenz der UdSSR (1991) lag. In der
gleichen Periode ging der durchschnittliche Verzehr tierischer Eiweiße um 6%
zurück und näherte sich mit dem statistischen Tageswert von 32g pro Person für
das Jahr 1995 der ernährungswissenschaftlich als kritisch erachteten Marke von
30g pro Tag (Rimaševskaja 1997: 55). Die Lebenserwartung für Männer sank
zwischen 1991 und 1995 von 63,5 Jahren auf 58. Dabei verdoppelte sich vor
allem die Sterblichkeitsrate des arbeitsfähigen Teils der Bevölkerung (Rimaševskaja 1997: 61).

Den Schätzungen von Rimaševskaja (1997: 55-56) zufolge lebten knapp
zwei Fünftel der gesamten russischen Bevölkerung um die Mitte der 1990er
Jahre unterhalb der offiziellen Armutsgrenze („Existenzminimum") (siehe auch:
Ovčarova et al. 1998; Schröder et al. 2003: 71 Tab. 8), die jedoch aufgrund der
Veränderungen in Bestimmungskriterien des Staatlichen Komitees für Statistik
(Goskomstat) wohl eher als die „Grenze des Elends [granica niščety]" zu bezeichnen wäre. Für den gleichen Zeitraum gaben die offiziellen Statistiken nach
der Berücksichtigung von informellen Zusatzeinkünften den Anteil der Gesamtbevölkerung unterhalb des „Existenzminimums [prožitočnyj minimum]" mit
„nur" etwas über 22% bis knapp 25% an.[22] Bis zur Wirtschafts- und Finanzkrise
vom August 1998 wiesen die Armutsangaben des „Goskomstat" eine rückläufige
Tendenz auf. Die Schätzungen auf Grundlage der Erhebungen von „Russia Longitudinal Monitoring Survey" (RLMS) lagen mit knapp 30% für 1995 und 36,3%
im Jahr 1996 (zitiert nach: Schröder et al. 2003: 71) zwischen den offiziellen
Daten und den Berechnungen von Rimaševskaja. Im dritten Quartal des Jahres
1998 begann der krisenbedingte Anstieg des Bevölkerungsanteils unterhalb des
offiziellen „Existenzminimums", bis im ersten Viertel des Jahres 2000 mit
41,2% der höchste Stand erreicht wurde. Während des anschließenden Wirt-
schaftsbooms, der bereits 1999 ansetzte und weitgehend mit der ersten Amtszeit
des neuen Präsidenten Vladimir Putin (faktisch ab dem 1. Januar 2000) zusam-
menfiel[23], ging die offiziell verzeichnete Quote der Armen bis zum dritten Quar-

---

[22]   1994 sollen es nach bereinigten Angaben des Staatlichen Komitees für Statistiken der Russländischen Föderation 22,4%, 1994 – 24,7% und 1996 – 22% aller Bürgerinnen und Bürger gewesen
sein (Ovčarova, et al. 1998; Schröder et al. 2003: 71).
[23]   Nach einem Minus von 5,3% im Krisenjahr 1998 ist das Bruttoinlandsprodukt 1999 den offiziellen Statistiken zufolge um 6,4%, 2000 – rund 10%, 2001 – 5,1%, 2002 – 4,2% und 2003 – 7,3%
gegenüber dem jeweiligen Vorjahr gestiegen. Vgl. *Russlandanalysen*, Nr. 37 vom 17.09.2004, S. 5.
Nach vorläufigen Angaben der amtlichen Statistik wuchs Russlands Wirtschaft im Jahr 2004 um
weitere 7,1%. Vgl. dazu: „GDP Growth Slows as Inflation Picks Up", in: *The Moscow Times*, Nr.

tal 2003 wieder auf knapp 22% zurück. Dies entsprach 31,2 Mio. der russländischen Bürgerinnen und Bürger. Rimaševskaja (2004: 37) wies zwar darauf hin, dass die Einzelindikatoren der offiziellen „Armutsgrenze [čerta bednosti]" zu diesem Zeitpunkt bereits veraltet waren und deshalb spätestens für 2004 nach einer Anpassung an die veränderten Preis-Lohn-Verhältnisse verlangten. Aber das Forschungsteam von Gorškov und Tichonova (2004: 27) kam im Rahmen einer speziellen soziologischen Untersuchung, die in der ersten Hälfte 2003 mit einer eigenen Stichprobenbefragung durchgeführt wurde, zu einem Armenanteil, welcher mit 23,4% nur knapp über den Angaben des Staatlichen Komitees für Statistiken lag (siehe auch: Davydova/Sedova 2004: 42; Fruchtmann 2004: 6). Es gilt deshalb festzuhalten, dass die Zahl derjenigen, die in den ersten drei Jahren des neuen Jahrtausends in Armut lebten, im Vergleich zu den 1990er Jahren deutlich zurückgegangen ist.

Die Tatsache, dass um die Mitte des vergangenen Jahrzehnts mindestens ein Drittel der russischen Bevölkerung unterhalb der Armutsgrenze oder sogar im Elend lebte, hing Rimaševskaja zufolge nicht nur mit dem Einbruch der Realeinkommen nach der Preisfreigabe durch die Reformregierung unter Egor Gajdar zusammen, sondern auch mit einer beschleunigten Einkommensausdifferenzierung infolge der Abschaffung zentralisierter Wirtschaftsverwaltung und der Entstehung privater sowie privatisierter Unternehmen: Verdiente das am besten bezahlte Zehntel der sowjetischen Gehaltsempfänger im Jahr 1985 – d.h. am Anfang der Gorbačev'schen „Perestroika" – etwa 3,5 Mal mehr als das unterste Zehntel in der Einkommensstratifikation, so verfünffachte sich diese Differenz innerhalb von nur zehn Jahren. Das Fünftel der am besten verdienenden Erwerbstätigen (einschließlich Unternehmer) teilte dann nach offiziellen Angaben des Staatlichen Komitees für Statistiken etwa die Hälfte der gesamtwirtschaftlich erfassten Einkünfte unter sich auf (Rimaševskaja 1997: 58; Schröder et al. 2003: 66, 67 Abb. 1). Hingegen erhielten die zwei Fünftel am anderen Ende der Einkommensskala Arbeitsvergütungen, die geringer waren als das offiziell festgelegte Existenzminimum. Das Armutsproblem in der Bevölkerung wurde zusätzlich durch mehrmonatige Verspätungen bei der Auszahlung von Löhnen und Gehältern (vor allem im Staatssektor) sowie von Altersrenten verschärft. Ende 1996 summierten sich diese Schulden nach den offiziellen Schätzungen auf 47 Trillionen Rubel, was zu diesem Zeitpunkt ca. neun Mrd. US-Dollar entsprach (Rimaševskaja 1997: 58).

---

3 129 vom 22.03.2005, S. 6. So hat das Bruttoinlandsprodukt der Russländischen Föderation im Jahr 2004 das Niveau von 1992 zum ersten Mal, wenn auch noch knapp, überschritten. In den nachfolgenden drei Jahren (2005-2008) setzte sich das Wachstum auf vergleichbarem Niveau von 6,5% bis gut 8% p.a. fort (vgl. *Russlandanalysen*, Nr. 180 / 2009, S. 11).

Für diese enormen Einkommensdifferenzen waren sehr starke Unterschiede zwischen einzelnen Regionen (bis zu vierzehnfach), vor allem aber die Unterschiede zwischen dem neu entstandenen Privatsektor und den oft darbenden Staatsbetrieben von großer Bedeutung (Rimaševskaja 1997: 58; 2004: 36). Tichonova (1999: 6) zufolge zeichnete sich Russlands Sozialstruktur in den 1990er Jahren durch eine „‚Koexistenz' von zwei parallelen Schichtungssystemen" aus, „die den beiden Hauptsektoren der Wirtschaft – dem staatlichen und dem privaten Sektor – entsprechen". Die Erwerbstätigkeit in einer der beiden Wirtschaftssphären sei im ersten Transformationsjahrzehnt „zum entscheidenden Stratifikationskriterium" geworden, weil sich der „Grad der Einbezogenheit in die neuen Wirtschaftsbeziehungen (...) direkt im Einkommensniveau niederschlägt" (Tichonova 1999: 20; ähnlich: Golenkova 2003: 10; Golenkova et al. 2003: 82; Zaslavskaja 2004: 156-157). Um dieser Problematik wirklich gerecht zu werden, müsste man allerdings nicht einfach von einer „parallelen Koexistenz", sondern viel mehr von einer hochkomplexen Verflechtung der beiden genannten „Sektoren" der Volkswirtschaft sprechen (Stark 1996; Steiner 2000: 28).

In der sowjetsozialistischen Periode machten „gering Abgesicherte [maloobespečennye]" (so der offizielle Euphemismus für Arme in der UdSSR) etwas weniger als einen Drittel der gesamten Unionsbevölkerung aus (Rimaševskaja 2004: 34). Zu den Besonderheiten der ersten postsozialistischen Jahre Russlands gehörte demgegenüber vor allem das Phänomen der „neuen Armen", zu denen diejenigen wurden, die „ihrer Bildung und Qualifikation, ihrem Sozialstatus und ihrer demographischen Lage nach früher nie zu den unteren Schichten der Gesellschaft gehörten" (Rimaševskaja 1997: 56f.; 2004: 36; auch Silverman/Yanovitch 1997: 49-55). Bis 1997 hätten sich – so Rimaševskaja – nicht mehr als zwanzig Prozent aller Bürgerinnen und Bürger Russlands an die postsozialistische Realität soweit anpassen können, dass sie etwa fünf Jahre nach dem endgültigen Zusammenbruch des Sowjetsozialismus und der Auflösung der UdSSR zu den Reformgewinnern zu zählen wären. Gut einem Viertel gelang diese Adaptation gar nicht, und es sei nicht abzusehen, dass sich dies in Zukunft ändern könnte. Die absolute Bevölkerungsmehrheit von ca. 55% sah Rimaševskaja (1997: 57) „in einer Art Wartehaltung" verharren. Sie machte den künftigen „Erfolg der Reformen gerade von Verhalten und Orientierung dieser ‚Mitte'" abhängig.

Das Problem der nichtexistenten „Mittelklasse" bestand für Rimaševskaja (1997: 59-60) in der zweiten Hälfte der 1990er Jahre darin, dass die einzelnen Vertreterinnen und Vertreter des Bevölkerungsfünftels mit einem monatlichen Pro-Kopf-Einkommen zwischen (umgerechnet) 100 und 1.000 US-Dollar dazu tendierten, entweder in die materiell wohlhabende Oberschicht aufzusteigen oder in die Masse der Verarmten herabzusinken. So habe sich in der Gesellschaftsstruktur des postsozialistischen Russland ein „schwarzes Loch" anstelle einer

„Mittelklasse" gebildet. Als eine weitere Folge der beschriebenen „Einkommens-
polarisierung" seien „quasi ‚zwei Russland'" entstanden mit „zwei Konsum-
märkten, die sich nicht nur durch Preise, sondern auch hinsichtlich der Konsum-
warenpalette wesentlich voneinander unterscheiden". Das Forschungsteam um
Hans-Henning Schröder (Forschungsstelle Osteuropa an der Universität Bremen)
kam retrospektiv zu einem ähnlichen Schluss, dem zufolge das „Ergebnis des
[russischen; RM] Übergangs zum Markt und Demokratie (...) eine Spaltung der
Gesellschaft" war (Schröder et al. 2003: 68). Was die Frage nach der Existenz
der Mittelschicht angeht, waren die Bremer Wissenschaftlerinnen und Wissenschaftler in ihrem Urteil jedoch deutlich zurückhaltender als Rimaševskaja:

> „Am Ende der Jelzin-Ära stellte die sogenannte Mittelschicht keinen bestimmenden
> Faktor der politischen und gesellschaftlichen Entwicklung dar." (Schröder et al.
> 2003: 69)

Diese Formulierung impliziert, dass es die besagte makrosoziale Stratifikationsgruppe dennoch gab.

2.3 Quantitative Schätzungen

In einigen vor der Wirtschafts- und Finanzkrise im August 1998 durchgeführten
empirischen Studien wurde der Anteil der Mittelschicht an der russischen Gesamtbevölkerung auf 20% bis 25% geschätzt (Zaslavskaja 1996: 11, 13 Tab. 5.;
Gromova/Zaslavskaja 1998/2002: 477; Chachulina 1999: 33; Tichonova 1999:
23-24; Gorškov 2000: 7 Tab. 1; Avraamova/Ovčarova 2000: 55; BEA 2000:
118-119; Grigor'ev/Maleva 2001: 54-56; Zdravomyslov 2001: 81). In vereinzel-
ten Fällen reichten diese Schätzungen sogar bis hin zu 30-35% aller russischen
Familienhaushalte (Berezin 1997: 61). Andere Autorinnen und Autoren hielten
diese Zahlen für „etwas zu optimistisch" (Beljaeva 1999: 73) und rechneten
weniger als ein Zehntel (6–9%) der Population dieser Stratifikationsgruppe zu
(Golenkova/Igitchanjan 1998a: 48f.; Trusova 2001: 99 Tab. 31). Manche „Opti-
mistinnen" und „Optimisten" schränkten selbst ihre Schätzungen durch Bemer-
kungen ein, dass sie zu einem beträchtlichen Teil Personen einbezogen hätten,
deren sozioökonomische Charakteristika erheblich von denen der Mittelklasse-
angehörigen in Nordamerika oder Westeuropa abwichen. So verortete das Forschungsteam des „Büros für Wirtschaftsanalysen" (BEA) unter der Leitung von
Tat'jana Maleva anhand der unterschiedlichen Datensammlungen aus der zwei-

ten Hälfte der 1990er Jahre[24] zunächst zwar etwa ein Fünftel bis ein Viertel der russischen Familienhaushalte im „Kern der Mittelklasse" zu. Die Autoren wiesen allerdings darauf hin, dass diese Untersuchungseinheiten mindestens drei von insgesamt fünf komplexen Kriterien erfüllten.[25] Erhöhte man die Aufnahmeschwelle in den „Kern der Mittelklasse" von drei auf vier Kriterienkomplexe, wäre der Anteil der Mittelklasse-Haushalte mehr als halbiert (8-12%). Die „ideale Mittelklasse", deren Vertreter alle fünf Komplexmerkmale aufwiesen, machte dieser Schätzung zufolge nur 1-2% der russischen Familienhaushalte aus (BEA 2000: 119 Abb. 2; Grigor'ev/Maleva 2001: 56 Abb. 3).

Ljudmila Beljaeva (1999: 74-76; 2001: 158-176), die auf der Grundlage der Erhebungsergebnisse vom Juni 1998 ein Fünftel der Befragten als „Leute der Mitte [srednie]" bezeichnete, teilte diesen Stichprobenteil nach der ausführlichen Datenauswertung in drei anteilmäßig ungleiche Untergruppen auf: Nur 3,4% der Gesamtbevölkerung (d.h. deutlich weniger als ein Fünftel der „Mitte") konnten ihrer Einschätzung zufolge als „ideale Mittelklasse" bezeichnet werden, weil sie in ihrer sozioökonomischen Charakteristik den westlichen „Vorbildern" ähnelten. Weitere 6% der Befragten ließen sich zu einer „russischen Mittelklasse" zusammenfassen, derer Vertreterinnen und Vertreter vor allem nach den Qualifikations- und Berufskriterien dem von Beljaeva definierten Ideal dieser Stratifikationsgruppe entsprachen – allerdings oft nicht hinsichtlich ihrer sozio-ökonomischen Lage. Daraus resultierte oft die Notwendigkeit einer Zweitbeschäftigung außerhalb des eigentlichen Qualifikationsbereichs, was häufig mit einer Entwertung von Bildung bzw. Qualifikation und einem Gefühl der „Überflüssigkeit" verbunden war. Mehr als die Hälfte der „Mitte" – d.h. 11,4% der russischen Bevölkerung – bezeichnete diese Forscherin lediglich als „mittlere Masse".

Die Finanz- und Wirtschaftskrise im Augustkrise 1998 stellt eine wichtige Zäsur in der Transformationsgeschichte des postsozialistischen Russland dar (Schröder et al. 2003, S. 50-53). Sie hatte zwar nicht, wie oft behauptet wurde (Egorova 1998; Schulus/Wolkow 1999), ein gänzliches Verschwinden der russischen Mittelschichten zur Folge, aber sie verkleinerte merklich ihren sowieso schon recht bescheidenen Anteil an der Gesamtbevölkerung. Das Forschungsteam von Gorškov und Tichonova (damals RUFI) hat festgestellt, dass der Anteil derjenigen, die sich selbst in der „eigentlichen Mittelklasse" (d.h. auf den Skalenstufen 4 bis 6 gemäß einem vierschichtigen Stratifikationskonzept; vgl. Anhang I.1) verorteten, zwischen Juli 1998 und Februar 1999 von 24% auf 18,3% – d.h. um fast ein Viertel – zurückgegangen ist. Die „obere Mittelklasse" (die Per-

---

[24]   Die Studie wurde in den Jahren 1998-1999 im Auftrag der russischen Regierung durchgeführt (Grigor'ev/Maleva 2001: 45 Fn. *).
[25]   Diese Komplexkriterien waren mit denen, die später in der eigenständigen empirischen Studie unter Malevas Leitung zur Anwendung kamen (Maleva et al. 2003), nicht identisch.

sonen auf den drei Stufen am oberen Ende der zehnstufigen Selbstverortungsskala) ist im gleichen Zeitraum sogar auf ein Drittel des Anteils (von 3,3% auf 1,1%) zusammengeschrumpft, den sie im Sommer 1998 vor der Augustkrise hatte.[26] Ferner ermittelte Tichonova, dass sich fast die Hälfte (48,8%) derjenigen, die sich vor der Augustkrise in der „oberen Mittelschicht" sahen, Anfang 1999 in der „eigentlichen Mittelschicht" verortete. Nur knapp zwei Fünftel (39,7%) der Vertreterinnen und Vertreter der subjektiven „oberen Mittelklasse" behaupteten, dass sie ihre hohe Stratifikationsposition durch die Periode der wirtschaftlichen Turbulenzen hindurch haben behaupten können. Die „eigentliche Mittelschicht" (nach subjektiven Kriterien) wies bereits eine höhere Stabilität ihrer Selbsteinschätzung hinsichtlich der Schichtzugehörigkeit auf. Etwa zwei Drittel (65,6%) derjenigen, die sich rückblickend für den Juli 1998 auf den Skalenstufen 4 bis 6 verortet haben, wiederholten diese Einschätzung auch für den Februar 1999. Ein knappes Drittel (31,4%) derselben Makrogruppe von 1998 vertrat allerdings die Ansicht, dass es während der Krisenzeit auf die Skalenstufen abgerutscht ist, welche von den RUFI-Forscherinnen und -Forschern zunächst zur „unteren Mittelklasse" und später zur Schicht „unterhalb der Mitte" zusammengefasst wurden. Die Einschätzungen der stratifikatorischen Selbstverortung der beiden unteren Schichten wiesen im Gegensatz zu den beiden zuvor genannten Makrogruppen eine deutlich stärkere Stabilität in der Krisenzeit auf. Fast drei Viertel (71,2%) von denjenigen, die sich im Sommer 1998 unterhalb der Mittelschicht gesehen haben, blieben bei dieser Einschätzung auch im Februar 1999. In der „Unterschicht" (auch als „Arme" bezeichnet) haben fast alle Befragten (97,5%) keine Veränderung ihrer Position auf der Stratifikationsskala gesehen (Tichonova 1999: 32 Abb. 9).

Es gilt zu betonen, dass all diese Veränderungen anhand eines einzigen Kriteriums – nämlich der Selbstverortung der Befragten – ermittelt wurden. Allerdings ergaben andere Untersuchungen, dass die schichtspezifischen Verschiebungen der stratifikatorischen Selbstwahrnehmung mit anderen Faktoren korrelierten. So betraf die Minderung der Realeinkommen, welche sich in August und September 1998 durch die sturzartige Abwertung der russischen Nationalwährung gegenüber dem US-Dollar ergab, im überproportionalen Maße die oberen und mittleren Stratifikationsgruppen. Chachulina (1999: 31) stellte fest, dass Vertreterinnen und Vertreter der Mittelschicht häufiger als Befragte aus niedrigeren sozialen Makrogruppen die Finanzkrise als Ursache für ein geringeres Einkommen und für die Unsicherheit des Arbeitsplatzes nannten.

---

[26]   Die vergleichenden Berechnungen des Autors der vorliegenden Studie basieren auf Daten aus folgenden Quellen: Gorškov et al. 1999: 245 Tab. 1; Gorškov 2000: 7 Tab. 1; Tichonova 1999: 26 Tab. 2; Gorškov, Tichonova et al. 2004: 136 Tab. 48. Siehe auch: Anhang I.1.

Zugleich verfügten aber die Vertreter dieser Makrogruppe über mehr „Stoß-dämpfer", um die Phase der ökonomischen Kontraktion zu überstehen. Als wich-tigste Bewältigungsstrategien der „Mittelklasse" wurden Hilfe unter Verwand-ten, Einschränkungen im Konsum und gelegentlicher Nebenerwerb genannt (Chachulina 1999: 31). Das Forschungsteam von Maleva wies ferner darauf hin, dass die Personen aus der Mittelschicht auch am ehesten über genügend wirt-schaftliche Kompetenz und Weitsicht verfügten, um den heraufziehenden Wäh-rungszusammenbruch voraussehen und entsprechende Vorsorgemaßnahmen – vor allem die Umschichtung ihres Vermögens in krisensicherere Wertaufbewah-rungsmittel – ergreifen zu können (BEA 2000: 121-140).

Die Augustkrise hat die labilen russischen Mittelschichten zweifelsohne hart getroffen. Einige Beobachter wiesen allerdings (zumindest nachträglich) da-rauf hin, dass sich durch die Währungsabwertung neue Chancen für die länger-fristige Konsolidierung und allmähliche Ausweitung dieser Stratifikationsmak-rogruppe ergeben haben (Balzer 2001: 381; Zdravomyslov 2001: 81). Vor allem wurde die inländische Industrieproduktion jenseits des exportorientierten Roh-stoffsektors angekurbelt, weil importierte Güter verteuert wurden (Åslund 1999). Längerfristig ließ dieser Trend breitere Bevölkerungsschichten zumindest partiell an den positiven Auswirkungen der bisherigen Strukturreformen und an dem Wirtschaftsaufschwung zum Jahrhundertwechsel teilhaben. Am Anfang der ersten Amtszeit von Vladimir Putin sollte wieder etwa ein Fünftel aller Fami-lienhaushalte im Landesdurchschnitt und sogar gut 30% in den Städten der „Mit-telklasse" zuzurechnen sein (Maleva et al. 2003: 216 Tab. 90, 220 Tab. 91). Bei diesen Angaben, die detailliert im Anhang I.2 aufgeführt sind, handelte es sich um die Schätzungen des Forschungsteams von Maleva, das dank seiner beson-ders originellen Herangehensweise ein umfassendes und aufgrund seiner metho-dologischen Grundlagen überzeugendes „Portrait" der russischen Mittelschichten am Ende des ersten postsozialistischen Jahrzehnts zu zeichnen vermochte.

Die quantitativen Schätzungen von Maleva et al. (2003) wurden durch die gut zweieinhalb Jahre später (Erhebung im Juli 2003) durchgeführte IKSI-Studie ziemlich genau bestätigt. Nach der Korrelation der Selbstverortungsergebnisse mit anderen „objektiven" Indikatoren kamen Gorškov, Tichonova et al. (2004: 252) auf einen zwanzigprozentigen Anteil des „‚Kerns' der Mittelklasse" an der gesamten Landesbevölkerung. Allerdings ist diese Forschungsgruppe nach der Auswertung einer weiteren Repräsentativumfrage, die im Oktober 2006 stattge-funden hatte, etwas zurückhaltender bei ihren Schätzungen geworden: Nun rech-nete sie lediglich 14% der russländischen Gesamtbevölkerung und 18% der Er-werbstätigen der „Mittelklasse" zu. Unter Stadtbewohnern habe der entsprechen-de Anteil 20-22% betragen (Gorškov, Tichonova et al. 2006: 11; Buhbe 2007: 1). Das Forschungsteam unter der Leitung von Michail Tarusin (2006: 6-7, 49, 67) berechnete hingegen auf der Grundlage einer Ende 2004 bis Anfang 2005 durchgeführten Repräsentativbefragung von ca. 15.000 Personen einen Anteil der Mittelklasse von gut einem Viertel der russländischen Gesamtpopulation. Genauso hoch (25,5%) lag die Schätzung von Elena Avraamova (2008: 28-29), die sich allerdings nicht auf eine für die gesamte russländische Bevölkerung repräsentative Umfrage stützte, sondern auf Ergebnisse einer Untersuchung, die im Mai und Juni 2007 unter städtischen Familien in vier Regionen des europäischen Landesteils (Moskau, Nižnyj Novgorod, Vologda und Ivanovo) durchgeführt worden war.

Ein wesentlicher Unterschied zwischen den Untersuchungen unter der Leitung von Maleva sowie Avraamova einerseits und den Studien von Gorškov, Tichonova et al. sowie Tarusin et al. andererseits besteht darin, dass die beiden ersteren Forschungsteams private Haushalte untersucht haben und die beiden letzteren Individuen als Grundeinheiten betrachteten. Dennoch erlaubt eine gewisse numerische Konvergenz der Ergebnisse anzunehmen, dass die Schätzungszahlen einen realistischen Anteil dieser Stratifikationsgruppe von ca. einem Fünftel der Gesamtbevölkerung darstellen – vorausgesetzt, dass die Kriterien der „Mittelklasse"-Zugehörigkeit insgesamt auf den besonderen Kontext der postsozialistischen Transformationsgesellschaft zugeschnitten werden.

Ovsej Škaratan äußerte, wie bereits angeführt, weitaus mehr Skepsis hinsichtlich des Anteils von Personen, die sich aus seiner Sicht sinnvollerweise der „Mittelklasse" während der ersten Amtszeit von Präsident Putin zurechnen ließen. Nach der Auswertung einer im November 2002 durchgeführten Repräsentativbefragung (Škaratan 2003: 54; 2004b: 114) kam er zu dem Schluss, dass Befragte, die „den Merkmalkomplex der Mittelklasse aufweisen [charakterizujutsja sindromom srednego klassa]", lediglich 2,1% der erwerbstätigen Bevölkerung Russlands ausmachten (Škaratan 2004a: 176; 2004b: 116; 2004c: 34; 2005: 31). Damit lag seine Schätzung bei etwa einem Zehntel der Prozentzahlen, welche die Forschungsteams von Maleva für Ende 2000 und von IKSI RAN (Gorškov, Tichonova u.a.) für das Jahr 2003 präsentiert haben. Die Differenz im Vergleich zu den nur wenige Jahre später ermittelten Ergebnissen von Tarusin et al. (2006: 67) und Avraamova (2008: 29) war sogar zwölffach. Da die russische „Mittelklasse" Škaratans Darstellung zufolge geradezu verschwindend klein erschien und die Wahrscheinlichkeit eines derart tiefgreifenden Wandels in der Sozialstruktur innerhalb von einer so kurzen Zeitspanne gegen Null tendiert, stellt sich die Frage, wie diese enorme Divergenz zu erklären ist.

Sicherlich fiel dabei vor allem die Tatsache ins Gewicht, dass Škaratan die Aufnahmeschwelle in die Reihen der „Mittelklasse" besonders hoch ansetzte: Nur wenn eine Person alle fünf von seiner Forschungsgruppe formulierten Komplexkriterien[27] erfüllte, wurde sie dieser Stratifikationsgruppe zugerechnet. Im Vergleich zur zweiten Untersuchung des Teams von Maleva (Erhebung im November 2000) zog also die Forschungsgruppe unter der Leitung von Škaratan zum einen mehr komplexe Kriterien (fünf statt nur drei) heran, und zum anderen mussten diese alle gleichzeitig erfüllt sein, damit eine Person der „Mittelklasse" zugerechnet wurde. Maleva et al. bestimmten hingegen innerhalb der Gesamtstichprobe mehrere „Mittelklasse"-Segmente, die sich durch unterschiedliche Verdichtungen von idealtypischen Merkmalen auszeichneten (siehe die Abbildung im Anhang I.2). Es ist ferner interessant, die von Maleva und ihren Kollegen vorgelegten Schätzungsergebnisse der sekundären Datenauswertung für die letzten Jahre des zwanzigsten Jahrhunderts in Erinnerung zu rufen. Man wird dabei feststellen, dass bei der gleichzeitigen Anwendung von allen fünf Kriterien, die dieses Forschungsteam damals in seine Betrachtung einbezogen hatte, der Anteil des „Mittelklassekerns" an der Gesamtbevölkerung zwischen 1% und 2% lag (BEA 2000: 119 Abb. 2; Grigor'ev/Maleva 2001: 56 Abb. 3). Diese Schätzung ist nahe an der Prozentzahl, die einige Jahre später das Forschungsteam unter der Leitung von Škaratan ermittelte.

Ein ähnliches Bild ergibt sich bei einer kritischen Betrachtung der Daten, die von Tarusin et al. (2006:67) vorgelegt wurden. Nach der Auswertung der Ergebnisse seiner Ende 2004 / Anfang 2005 durchgeführten Repräsentativbefragung von ca. 15.000 Personen unterteilte dieses Forschungsteam die gesamte russländische Bevölkerung in insgesamt zwölf Stratifikationsgruppen („Cluster") und faßte anschließend drei davon zur „oberen Mittelklasse" mit einem Anteil von 9,9% der Gesamtstichprobe sowie weitere zwei zur „mittleren Mittelklasse" (15,5%) zusammen. In der „oberen Mittelklasse" fanden sich jene Personen, die einem der folgenden drei Cluster zugeordnet wurden:

1. „White Collars-1 [belye vorotnički-1]" setzten sich aus „Topmanagern", „Besitzern kleiner Unternehmen" sowie „hochqualifizierten Spezialisten" zusammen und hatten einen Anteil von 1,8% an der Gesamtstichprobe. Ihre monatlichen Einkünfte betrugen nach den Fragebogenangaben im Durchschnitt 25.000 Rub., was zu diesem Zeitpunkt 2.206,53 USD PPP entsprach.[28] Ihr deklariertes Familieneinkommen lag im monatlichen Durchschnitt bei 35.000 Rub. (3.089,14 USD PPP) (Tarusin et al. 2006: 52).

---

[27]   Es handelte sich dabei um die folgenden Kriterienkomplexe: „materielle Lage", „Bildung", „beruflicher Status", „Lebensqualität" und „Selbstidentifikation". Für die Auflistung der einzelnen Teilkriterien innerhalb jedes Komplexes und für die Anteile der Personen, die diese erfüllten, an der Gesamtstichprobe siehe: Škaratan 2004a: 174-175 Tab. 3; 2004b: 117 (Tab.); 2004c: 35 Tab. 2; 2005: 30-31.
[28]   In Klammern wurden die Beträge in „international dollars" d.h. Einheiten der internationalen Kaufkraftparität (USD PPP) angegeben. Diese Berechnungen des Autors dieser Studie erfolgten auf

2. „White Collars-2 [belye vorotnički-2]", d.h. „Manager mittlerer Ebene" mit einem durchschnittlichen individuellen Monatseinkommen von 8.000 Rub. (706,09 USD PPP) und einem Familieneinkommen von 14.000 Rub. (1.235,66 USD PPP). Ihre Vertreterinnen und Vertreter stellten 5,4% der Gesamtstichprobe (Tarusin et al. 2006: 53).
3. „Blue-Collars-1 [sinye vorotnički-1]", d.h. „hochqualifizierte Arbeiter" mit einem durchschnittlichen Monatseinkommen pro Befragten von ebenfalls 15.000 Rub. (1.323,92 UDS PPP) und einem Anteil von 2,7% an der Gesamtstichprobe. (Keine Angaben zum Familieneinkommen der Vertreter dieses Clusters.) (Tarusin et al. 2006: 58)

Die „mittlere Mittelschicht" wurde aus zwei Clustern zusammengesetzt:

1. „Light-Blue-Collars-1 [golubye vorotnički-1]", zu denen „Intelligenzija" und „Angestellte" (vor allem Lehrer und Ärzte) gezählt wurden. Ihr Anteil an der Gesamtstichprobe betrug 10%. Das individuelle monatliche Durchschnittseinkommen lag bei 5.600 Rub. (494,26 UDS PPP) und das entsprechende Familieneinkommen erreichte im Durchschnitt 12.500 Rub. (1.103,27 USD PPP) (Tarusin et al. 2006: 55).
2. „Blue-Collars-2 [sinye vorotnički-2]", d.h. „qualifizierte Arbeiter im Privatsektor" mit einem Stichprobenanteil von 5,5%, einem individuellen Durchschnittseinkommen von 9.000 Rub. (794,35 UDS PPP) und einem Familieneinkommen von 15.000 Rub. (1.323,92 USD PPP) pro Monat (Tarusin et al. 2006: 59).

Auf dieser Grundlage wurde dann der Anteil der gesamten „Mittelklasse" an der russländischen Bevölkerung in Höhe von 25,4% errechnet. Eine „untere Mittelklasse" wurde aus nicht angeführten Gründen nicht bestimmt, was eigentlich bei der Unterteilung in eine „obere Mittelklasse" und eine „mittlere Mittelklasse" zu erwarten wäre. Allerdings betrachtete Tarusins Forschungsteam die „Lernenden" (3,3%) und „Blue-Collars-3" (10,8%) als weitere Vertreterinnen und Vertreter der „Zone des Wohlstandes [zona blagopolučija]", die insgesamt knapp zwei Fünftel (39,5%) der Stichprobe erfassen sollte.

Selbst wenn man berücksichtigt, wie die Autorinnen und Autoren der Studie ausdrücklich betonen, dass die tatsächlichen Einkünfte der Befragten um schätzungsweise 25% höher als die angegebenen waren (Tarusin et al. 2006: 67), ist das Bild, das sich bei der kritischen Prüfung dieser Daten ergibt, weitaus weniger optimistisch im Hinblick auf die sozioökonomische Stärke und vor allen auf die

---

der Grundlage der Konversionsrate, die für das Jahr 2004 auf der Internetseite des Internationalen Währungsfonds mit 11,33 Rubel pro 1 USD PPP angegeben wurde. Siehe: http://www.imf.org/.

Konsistenz der russischen „Mittelklasse" als die Schlußfolgerungen des Forschungsteams. Vor allem ist es unübersehbar, dass die nur 1,8% der Stichprobe
umfassende Stratifikationsgruppe der „White Collars-1" sich sehr deutlich von
allen anderen Einkommensschichten abhebt. Deshalb erscheint es nicht nachvollziehbar, warum sie zusammen mit den erheblich weniger verdienenden
„Blue-Collars-1" und „White-Collars-2" zur „oberen Mittelklasse" zusammengefaßt wird.

Zieht man zum Vergleich die Armutsgrenze in den USA heran, wie dies
systematisch im Anhang I.3 (Spalten VIII-XI) durchgeführt wurde, stellt man
ferner fest, dass nur „White-Collars-1" und „Blue-Collars-1" nach dem Kriterium der Kaufkraftparität (USD PPP) deutlich (3,4 mal bzw. 2,1 mal) über dem
Wert von 9.645 USD lagen. Dieser Betrag wurde im Jahr 2004 als die Armutsgrenze gemäß dem individuellen Jahreseinkommen für die Vereinigten Staaten
von Amerika ermittelt. „White-Collars-2" (1,1) und „Blue-Collars-2" (1,2) überschritten die US-amerikanische Armutsgrenze nur recht knapp. Vertreterinnen
und Vertreter aller anderen „Cluster" lebten auch nach der Berücksichtigung der
Kaufkraftunterschiede zwischen der Russischen Föderation und den Vereinigten
Staaten in Armut. Nimmt man die US-amerikanische Armutsgrenze für eine
vierköpfige Familie zum Maßstab (19.300 USD Jahreseinkommen), so lagen nur
die „White-Collars-1", d.h. gerade mal 1,8% der Befragten, deutlich über diesem
Niveau – nämlich um den Faktor 2,4. Die Familien der russländischen „White-
Collars-2" und „Blue-Collars-2" erreichten gerade die US-amerikanische Ar-
mutsobergrenze. Alle anderen „Cluster", für die die Angaben zum Familieneinkommen vorgelegt wurden, blieben deutlich darunter. Der Anteil der „White-
Collars-1" in der „optimistischen" Studie von Tarusin et al. (1,8%) ähnelt auffallend dem „pessimistischen" Befund des Forschungsteams unter Škaratans Leitung (2,1%).

Weitere Anhaltspunkte für die Skepsis im Hinblick auf die optimistischeren
Schätzungsergebnisse liefert eine Untersuchung von Alina Trusova, die zwar
noch auf den Erhebungsdaten aus der El'cin-Zeit basiert, aber ein Grundproblem
der empirischen Sozialstrukturforschung in einer postsozialistischen Transformationsgesellschaft verdeutlicht. Die Autorin wertete die Datensätze des „Russian
Longitudinal Monitoring Survey" (RLMS) für den Zeitraum 1994–1998 aus. Im
Rahmen dieser Langzeituntersuchung werden jährlich immer die *gleichen* Haushalte befragt (http://www.cpc.unc.edu/rlms/). Trusova kam zum Schluss, dass die
Zusammensetzung der russischen „Mittelklasse" bereits vor der Augustkrise
1998 trotz ihres recht konstant bleibenden Anteils von 7-8% aller Haushalte
dennoch sehr instabil gewesen sei. Jedes Jahr fanden sich nämlich über drei
Fünftel der Familien, welche im Vorjahr zum (deutlich enger als z.B. bei Maleva
und ihren Kollegen gefassten) „Kern der Mittelklasse" gehörten, in einer anderen

Stratifikationsgruppe wieder. Die allermeisten von ihnen sanken in die untere Schicht herab, während andere Familienhaushalte wiederum in die „Mittelklasse" aufstiegen. Nur ein Zehntel jener Haushalte, die nach den Ergebnissen der ersten ausgewerteten Erhebungsrunde (1995) im „Kern der Mittelklasse" zu verorten waren, behielt diese Zuordnung kontinuierlich bis zum Ende der vierjährigen Untersuchungsperiode (Trusova 2001: 106). Dieser Befund scheint also die bereits zitierte Einschätzung von Rimaševskaja (1997: 59) zu bestätigen, der zufolge sich die schmale russische Mittelschicht in der Zeit vor der Augustkrise durch eine extrem hohe Instabilität auszeichnete.

In der Untersuchungsperiode war Trusovas Ergebnissen zufolge eine besonders hohe Volatilität jenes „Mittelklasse"-Segments zu beobachten, das nach dem Komplexkriterium der materiellen Lage der Haushalte bestimmt wurde. Diese Makrogruppe machte zwar im vierjährigen Durchschnitt etwa 28,5% der vom RLMS erfassten Haushalte aus (Trusova 2001: 92 Tab. 14), aber nur 17% der Haushalte wurden in allen vier Erhebungsrunden durchgehend in der „Mittelklasse" verortet. Die Zusammensetzung dieser sozialen Makrogruppe veränderte sich von Jahr zu Jahr um durchschnittlich 48% (Trusova 2001: 106 Tab. 40). Mit anderen Worten heißt dies, dass beinahe die Hälfte aller Haushalte, die den Ergebnissen einer RLMS-Erhebungsrunde zufolge die materiellen Kriterien für die Zuordnung zur russischen „Mittelklasse" erfüllten, irgendwelche von diesen die Zuordnung begründenden Eigenschaften innerhalb der darauffolgenden zwölf Monate verloren. Die überwältigende Mehrheit sank in die „untere Klasse" herab (Trusova 2001: 93 Tab. 15-17), die ihrerseits mit deutlich über zwei Dritteln stets die absolute Mehrheit der erfassten Haushalte ausmachte[29].

Die „Mittelklasse"-Segmente, welche nach den Kriterienkomplexen der „Selbstidentifikation" bzw. des „professionellen Qualifikationsstatus" konstruiert wurden, wiesen – nicht überraschend – eine größere Stabilität auf. Im Falle des ersteren verblieben immerhin 35% der 1995 zugeordneten Familienhaushalte während der gesamten Untersuchungsperiode innerhalb dieser Makrogruppe. Die jährliche Fluktuation betraf durchschnittlich 37% der Haushalte (Trusova 2001: 106 Tab. 40), wobei der Vergleich von Daten für 1997 und 1998 einen Anstieg auf 43,3% ergab (Trusova 2001: 98 Tab. 29). Das gemäß dem „professionellen Qualifikationsstatus" eingegrenzte „Mittelklasse"-Segment war vergleichsweise am stabilsten (Trusova 2001: 96). Die Hälfte (51%) aller Haushalte, die 1995 dieser Gruppe zugeordnet wurden, gehörten dazu ununterbrochen im Verlauf der gesamten Untersuchungsperiode. Die durchschnittliche jährliche Veränderung

---

[29] 1995 wurden 73% aller untersuchten Haushalte von Trusova (2001: 92 Tab. 14) in der „unteren Klasse" gemäß dem Kriterienkomplex der „materiellen Lage" verortet. 1996 waren es 70%, 1997 – 69,6% und 1998 – 67,5%. Die „obere Schicht" überschritt in der gleichen Periode nicht mal 2% der untersuchten Stichprobe.

der Zusammensetzung lag bei „nur" 24% (Trusova 2001: 98 Tab. 29). Das zuletzt genannte Ergebnis überrascht nicht, denn anders als im Falle der
Kriterienkomplexe der „materiellen Lage" sowie und der „Selbstidentifikation"
werden die besonderen Qualifikationsmerkmale der „Mittelkasse" („kulturelles
Kapital" im Sinne von Bourdieu [1983: 185-190]) zwar nur langsam erworben,
können aber dann auch nicht so schnell verloren gehen (Maleva et al. 2003: 142
En. 7). So besehen erscheint eher die Fluktuation, die jährlich etwa ein Viertel
der Haushalte aus dieser Gruppe betraf, überraschend hoch. Sie ist sicherlich
zum großen Teil dadurch zu erklären, dass Trusova nicht nur „Professionals"
(Personen mit hohen Qualifikationen), sondern auch Privatunternehmer sowie
„Selbstbeschäftigte" ungeachtet ihrer Bildungs- bzw. Qualifikationsabschlüsse
hinzuzählte. Unter den Bedingungen einer hochgradigen sozioökonomischen
Volatilität, wie sie in den 1990er Jahren in Russland zu beobachten war, veränderte sich die Situation der Klein- und Kleinstunternehmer sehr schnell: Innerhalb eines Jahres konnten viele von ihnen den Unternehmerstatus verlieren, während andere – sei es freiwillig, sei es aus Not – zu neuen „Selbstbeschäftigten"
wurden. Außerdem konnte sich der berufliche Status einer abhängig beschäftigten Person trotz einer hohen Qualifikation verändern.

Trusovas Auswertung der RLMS-Daten wurde leider nicht auf die Jahre
nach der Augustkrise 1998 und auf Putins erste Amtszeit ausgedehnt[30], obwohl
diese Langzeitbefragungen der russischen Haushalte bis heute stattfinden. Deshalb fehlt eine gesicherte Grundlage für eine Aussage darüber, ob sich die russische Mittelschicht inzwischen tatsächlich etwas stabilisiert hat, wie einige Autorinnen und Autoren behaupten (Al'terman 2003; Gorškov, Tichonova et al.
2004; Tarusin et al. 2006). Alle späteren (wie auch früheren) Untersuchungen,
die in diesem Kapitel zitiert wurden, bieten nämlich nur „Momentaufnahmen"
der Sozialstruktur auf der Grundlage von jeweils neu zusammengestellter Stichproben (Trusova 2001: 105).

Bei der Betrachtung der meisten Schätzungen des Anteils der russischen
„Mittelklasse" gilt es grundsätzlich zu bedenken, dass es sich um die mittlere
Stratifikationsmakrogruppe einer Transformationsgesellschaft handelt. Ihre Charakteristik ist mit derjenigen der westlichen Mittelschichten bei weitem nicht
identisch. Im nachfolgenden Unterkapitel soll deshalb auf die Besonderheiten
dieser Stratifikationssegmente der russischen Gesellschaft näher eingegangen
werden.

---

[30]   Dass die Untersuchung nicht fortgesetzt wurde, bestätigte Alina Trusova (inzwischen Alina
Pišnjak) am 08.08.2005 in ihrer Antwort auf eine E-Mail-Anfrage des Autors dieser Studie.

2.4 Qualitative Merkmale

In diesem Unterkapitel werden vor allem die Ergebnisse der Studie von Maleva et al. herangezogen. Tagir Kalimullin (2003) hatte durchaus Recht, als er seine Besprechung dieses Forschungsberichts mit „Wovon die Soziologen träumen..." überschrieben hatte. Die Untersuchung, deren Datengrundlage mit einer Repräsentativumfrage der gesamten russischen Bevölkerung im November 2000 geschaffen wurde, bietet ein sehr detailliertes und facettenreiches Bild der mittleren Stratifikationsmakrogruppe. Die Angaben der Befragten beziehen sich auf den Vormonat Oktober.

2.4.1 Bildung und Qualifikation

Ein hohes Bildungs- und Qualifikationsniveau gehörte zu den zentralen Kriterien bei der Eingrenzung der russischen Mittelschicht durch das Forschungsteam von Maleva. Deshalb ist Tatsache, dass nach der Auswertung von Erhebungsergebnissen eine dreifache Überrepräsentation von Personen mit einem Hochschulabschluss im „Kern" dieser Stratifikationsmakrogruppe (62,4% gegenüber 20,9% in der Gesamtstichprobe) festgestellt wurde, alles andere als überraschend (Maleva 2003: 257, 258 Tab. 106). Auch der „Halbkern" der mittleren Stratifikationsgruppe wies mit fast der Hälfte (48,8%) der darin verorteten Befragten, die studiert hatten, ein deutlich höheres Bildungsniveau als der Bevölkerungsdurchschnitt auf. Personen mit wissenschaftlichen Titeln (Promotion oder Habilitation[31]) waren sogar fünf Mal so häufig in den Reihen des „Kerns" (6,9%) zu finden wie in der Bevölkerung insgesamt (1,3%).

Die Vertreterinnen und Vertreter der beiden Segmente der russischen „Mittelklasse" verbrachten mit den statistischen Durchschnittswerten von 15,3 Jahren („Kern") bzw. 14,3 Jahren („Halbkern")[32] eine deutlich längere Zeit in den Bildungsinstitutionen als die Gesamtheit aller Befragten, deren Ausbildung statistisch gesehen bereits nach knapp zwölf Jahren (11,9) beendet war (Maleva et al. 2003: 258 Tab. 106). Ferner gaben die Informationen darüber, wieviel Zeit seit dem Erlangen des ersten (und in einigen Fällen eines zweiten Bildungsabschlus-

---

[31] In Russland entspricht der Doktor-Titel in etwa der deutschen Habilitation. Personen, die ihre erste eigenständige wissenschaftliche Arbeit „verteidigt" haben, bekommen den Titel des „Kandidats" verliehen (Yablokova 2006: 1).

[32] Zur Bestimmungsmethode des „Kerns" und „Halbkerns der Mittelklasse" siehe die Abbildung im Anhang I.2.

ses) durch befragte Personen vergangen war[33], einen Anhaltspunkt für die Feststellung, dass die Bildungsqualifikationen der mittleren Stratifikationsgruppe
aktueller als die der restlichen Bevölkerung gewesen waren (Maleva et al. 2003:
257).

Den größten Anteil unter den russischen Akademikern stellten Absolventen
der technischen Studienrichtungen. Sie machten ziemlich genau ein Drittel
(33,6%) aller Studierten innerhalb der Stichprobe aus. Auch im „Kern" (36,2%)
und im „Halbkern" (31,7%) der „Mittelklasse" waren sie am zahlreichsten vertreten. Die zweitgrößte Absolventengruppe in der Gesamtbevölkerung bildeten
den Ergebnissen der Befragung zufolge diejenigen, die ihr Studium an einer
geisteswissenschaftlichen Fakultät abgeschlossen hatten (29,8% der Hochschulabsolventen). Im „Halbkern der Mittelklasse" war ihr Anteil mit 30,9% etwa
gleich wie in der Gesamtstichprobe, aber im „Kern" waren sie recht deutlich
unterrepräsentiert (21,8%). Dafür stellten sie jedoch etwa ein Drittel der studierten Befragten sowohl aus der „Peripherie der Mittelklasse" (32,6%) als auch aus
der Stratifikationsgruppe „unterhalb der Mitte" (33,3%) (Maleva et al. 2003: 265
Tab. 109). Der Großteil dieser Personen arbeitete als Lehrerinnen und Lehrer.
Diese Berufsgruppe gehörte im hohen Maße zu den sozioökonomischen Verlie-
rern der postsozialistischen Transformation. Ökonomen und Juristen zusammengenommen waren hingegen Ende 2000 überproportional in der mittleren Stratifikationsgruppe der russischen Gesellschaft vertreten. Sie stellten ein Viertel
(25,5%) der Akademiker im „Kern" und ein Fünftel (20,3%) im „Halbkern",
während ihr Anteil an den Hochschulabsolventen innerhalb der Gesamtstichprobe bei 18,2% lag. Personen, die ein naturwissenschaftliches Studium absolviert
hatten, waren ebenso häufig in der „Mittelklasse" wie in der Gesamtbevölkerung
zu finden. In allen Fällen lag ihr Anteil etwas über einem Zehntel der jeweils
betrachteten Gruppe (11,7% des „Kerns", 11% des „Halbkerns" und 11,5% der
Stichprobe) (Maleva et al. 2003: 265 Tab. 109).

Die Tatsache, dass das Bildungs- und Qualifikationsniveau selbst als ein
wichtiger Stratifikationsfaktor wirksam ist, stellt ebensowenig eine russisch-
postsozialistische Besonderheit dar wie der Umstand, dass zugleich ein Rück-
kopplungseffekt zwischen der Schichtzugehörigkeit einerseits und den Bildungs-
sowie Qualifikationschancen andererseits besteht (Berger 2005: 8-11; Hradil
2004: 159-163). Die Vergleiche der internationalen Forschungsergebnisse zeigen, dass die „soziale Vererbung" von Bildungsvorteilen eine ganz zentrale Rolle in der Reproduktion der gesellschaftlichen Schichtungsstruktur spielt (Bourdieu 1983: 185-190). Dieser Phänomenkomplex wurde auch in den Forschungs-

---

[33]   „Kern" – 18,8 Jahre seit dem ersten und 12,7 Jahre seit dem zweiten Bildungsabschluss;
„Halbkern" – 18,7 Jahre und 14,6 Jahre; Stichprobe – 22,5 bzw. 18,4 (Maleva et al. 2003: 258 Tab.
106).

ergebnissen des Teams von Maleva deutlich. In der „aggregierten Mittelklasse" gab es im Jahr 2000 drei bis vier Mal mehr Personen, deren Eltern bereits einen Hochschulabschluss vorweisen konnten, als in der Gesamtstichprobe. So gaben 42% des „Kerns" und 26,7% des „Halbkerns" dieser Stratifikationsmakrogruppe an, dass ihre Väter ein Hochschulstudium absolviert hatten, während der Anteil solcher Personen an der Bevölkerung insgesamt nur knapp ein Zehntel (11,9%) überschritt. Die Korrelation zwischen der Stratifikationsverortung einer/eines Befragten und dem Bildungsniveau der Mutter war ähnlich, wenn auch die Anteile etwas geringer ausfielen, was mit der insgesamt niedrigeren formal zertifizierten Bildung der Frauen aus der Elterngeneration zusammenhing. 35% des „Kerns", 24% des „Halbkerns", aber nur 10% aller Befragten stammten aus Elternhäusern, in denen die Mutter ein Hochschuldiplom erlangt hatte (Maleva et al. 2003: 258 Tab. 106).

Aus der tabellarischen Erfassung der Gesamtergebnisse zum Zusammenhang zwischen Stratifikationsposition und Bildungsniveau der Eltern im Anhang I.4 wird ersichtlich, dass die beiden Variablen quer durch die gesamte Schichtungsstruktur deutlich miteinander korrelierten. Etwa drei Fünftel der untersten Stratifikationsgruppe stammten aus einer Familie, in der beide Elternteile auf ihrem Bildungsweg nicht über die Grundschule hinaus gekommen waren (60,6% der Väter und 64,4% der Mütter), während etwa der gleiche Anteil der Personen, die dem „Kern der Mittelklasse" zugeordnet wurden, den Familien entstammte, in denen beide Partner entweder Hochschulbildung (43,5% der Väter und 40,1% der Mütter) oder mittlere Spezialistenausbildung (20,4% der Väter und 22,6% der Mütter) vorweisen konnten (Maleva et al. 2003: 261 Tab. 107).[34] Nach den Vorstellungen der offiziellen sowjetischen Soziologie bildeten die beiden Qualifikationsgruppen zusammengenommen die „Schicht" der „sozialistischen Intelligenzija" (siehe dazu die weiteren Ausführungen im dritten Kapitel der vorliegenden Studie).

Neben der bereits erwähnten, hochgradigen Korrelation zwischen dem Bildungsniveau der Eltern und dem sozialen Status der befragten Person wird aus dieser Tabelle ebenfalls ersichtlich, dass in den Ehen und Partnerschaften der Elterngeneration eine starke Bildungsparität (mit einem leichten Vorteil für Männer) durch alle untersuchten Gesellschaftsschichten hindurch vorherrschte (Maleva et al. 2003: 260). Diese Befunde veranlassten die Autorinnen und Autoren des Forschungsberichts zur folgenden Schlussfolgerung:

---

[34]   Die geringfügigen Unterschiede zu den vorigen Angaben bezüglich des Anteils der Sprösslinge aus Akademikerfamilien am „Kern der Mittelklasse" sind damit zu erklären, dass in dieser Auswertung von Befragungsergebnissen die Eltern mit abgeschlossener und nicht abgeschlossener Hochschulbildung zu einer Gruppe vereint wurden.

„Bereits vor 40-50 Jahren (denn das Durchschnittsalter unserer Probanden betrug 47,7 Jahre) wurden die Prämissen jenes Bildes der Ungleichheit geschaffen, welches heute zum Vorschein kommt. Diese Ungleichheit wird durch die Bildungsunterschiede bestimmt, die auf soziokulturelle Besonderheiten der Familien zurückzuführen sind." (Maleva et al. 2003: 259-260)

Auch die räumliche Verteilung der Bevölkerung spielt eine große Rolle in der Schichtung der russischen Gesellschaft. Dem Forschungsteam unter der Leitung von Maleva ist es gelungen, einem der zentralen Faktoren dieser räumlichen Stratifikation im Bildungsbereich auf die Spur zu kommen. Ihre Untersuchung ergab, dass deutlich über ein Viertel (28,8%) der Personen, die im „Kern der Mittelklasse" verortet wurden, und 16,7% derjenigen, die zum „Halbkern" gehörten, ihren mittleren allgemeinen Schulabschluss (nicht mit der mittleren Spezialistenausbildung zu verwechseln) entweder in Moskau oder in St. Petersburg (früher Leningrad) erlangt hatten. In der Gesamtstichprobe machten solche Befragten hingegen weniger als ein Zehntel (8%) aus. Etwa ein Viertel des „Kerns" (23,7%) sowie des „Halbkerns" (26,4%) besuchte eine entsprechende Schule in einem Regionalzentrum. Der landesweit durchschnittliche Anteil solcher Schulabgänger war auch in diesem Falle deutlich niedriger und betrug 18,2%. Erst auf der Ebene der lokalen Zentren (Bezirksstädte) und in den Kleinstädten entsprachen die Prozentzahlen der dortigen Absolventen innerhalb der beiden Segmente der „Mittelklasse" in etwa dem Stichprobenniveau.[35] Ein Drittel aller Befragten (33,8%) hat ihren mittleren Schulabschluss in einer ländlichen Gegend erlangt. In den Reihen des „Kerns der Mittelklasse" stellten sie aber nur ein Zehntel und in denen des „Halbkerns" gerade 16,7% (Maleva et al. 2003: 263 Tab. 108). Diese Zahlen machen deutlich, dass Schulen in großen urbanen Zentren und vor allem in den beiden Hauptstädten ihren Absolventen Bildungsvorteile verschafften, die deren Chancen auf eine gesichert hohe Stellung in der sozialen Stratifikation – als solche kann die Zugehörigkeit zum „Kern der Mittelklasse" gelten – um bis zu dreieinhalb Mal (28,8% gegenüber 8%) erhöhten.

Man kann ferner davon ausgehen, dass es zwischen den Gesellschaftsschichten ebenso wie zwischen Personen, die Schulen in unterschiedlich großen Siedlungszentren besucht hatten, nicht nur die statistisch ermittelten Unterschiede hinsichtlich des erreichten Niveaus, sondern ebenfalls signifikante Differenzen in der Qualität von Bildung und Qualifikation gab. Allerdings war das methodologische Instrumentarium des Forschungsteams von Maleva nicht besonders gut geeignet, um diese Art von Differenzen zu erfassen. Als einen Hinweis

---

[35] Lokale Zentren: 27% des „Kerns", 28,9% des „Halbkerns" gegenüber 28,1% in der Gesamtstichprobe; Städtchen: 10,6% des „Kerns", 11% des „Halbkerns" und 10,8% der Stichprobe (Maleva et al. 2003: 263 Tab. 108).

auf die qualitativen Bildungs- und Qualifikationsunterschiede deuteten die Autorinnen und Autoren der zitierten Studie die Korrelation zwischen der Anzahl der Jahre, die befragte Personen für ihre Bildung aufgewandt hatten, und den durchschnittlichen Höhen des jeweils erzielten Monatseinkommens zum Zeitpunkt der Erhebung. Demnach erbrachte jedes Bildungsjahr einer Person, die zum „Kern der Mittelklasse" gezählt wurde, 466,50 Rubel (68,27 USD PPP) an monatlichen Einkünften.[36] Für den „Halbkern" wurde ein Wert von 229,90 Rubel (33,65 USD PPP) pro Jahr, für die „Peripherie der Mittelklasse" von 162,80 Rubel (23,83 USD PPP) und für die Stratifikationsgruppe „unterhalb der Mittelklasse" von 128,80 Rubel (18,85 USD PPP) errechnet. Im Falle einer Person, die in der „Unterklasse" verortet wurde, steigerte jedes Ausbildungsjahr das Einkommen um gerade 112,70 Rubel (16,49 USD PPP), während der Durchschnitt der gesamten Stichprobe 211,50 Rubel (30,95 USD PPP) pro Jahr betrug (Maleva et al. 2003: 270 Tab. 112). Der eindeutig größte Abstand bestand zwischen dem „Halbkern" und dem „Kern der Mittelklasse". Dieser Befund veranlasste die Autorinnen und Autoren der Studie zu der Einschätzung, dass vor allem die zuletzt genannte Stratifikationssubgruppe über eine besonders hochqualitative Bildung verfügte, welche den Anforderungen der neuen und sich schnell wandelnden sozioökonomischen Wirklichkeit angemessen war, was wiederum einen monetär messbaren Erfolg auf dem Arbeitsmarkt bzw. im Rahmen einer selbständigen Wirtschaftstätigkeit ermöglichte (Maleva et al. 2003: 272).

Auf der anderen Seite hat die Untersuchung von Maleva et al. gezeigt, dass nur etwa ein Drittel der Personen mit einem hohen Niveau formal zertifizierter Bildung und Qualifikation auch hinreichend materiell abgesichert war, um dem „Kern" oder dem „Halbkern der Mittelklasse" zugerechnet werden zu können. Damit hing das Problem zusammen, dass viele der vorhandenen Qualifikationen, die angesichts des Durchschnittsalters der Befragten größtenteils in der sowjetsozialistischen Periode erworben wurden, nicht den Anforderungen des postsozialistischen Arbeitsmarktes entsprachen.[37] Die als Charakteristikum der „Mittelklasse" in westlichen Gesellschaften geltende Verknüpfung von einer hohen Qualifikation mit einer gehobenen Stellung im Berufsleben, einer entsprechenden materiellen Vergütung und der Selbstverortung in der gesellschaftlichen Mitte wurde im postsozialistischen Russland während des ersten Transformationsjahrzehnts nicht erreicht, konstatierte Mark Urnov (1998: 46) und verwies auf das Konzept der „Statusinkonsistenzen" von Gerhard Lenski (1973: 124-127).

---

[36]   In Klammern wurden die Beträge in „international dollars" d.h. Einheiten der internationalen Kaufkraftparität (USD PPP) angegeben. Diese Berechnungen des Autors dieser Studie erfolgten auf der Grundlage der Konversionsrate, die für das Jahr 2000 auf der Internetseite des Internationalen Währungsfond mit 6,833 Rubel pro 1 USD PPP angegeben wurde. Siehe: http://www.imf.org/.

[37]   Siehe Interview mit Tat'jana Maleva vom 09.10.2001, S. 6f.; Angaben siehe: S. 37, Fn. 16.

Eine signifikante Erweiterung der russischen „Mittelklasse" und vor allem ihres professionellen Segments innerhalb eines kurzfristigen Zeithorizonts erschien einigen russischen Soziologen lediglich durch eine wesentliche Veränderung der sozioökonomischen Rahmenbedingungen möglich. Denn nur so könnten Personen, deren Bildungs- und Qualifikationsprofile nicht so gut den derzeitigen gesellschaftlichen Anforderungen entsprachen, in die sozioökonomischen Interaktionen besser und nachhaltiger eingebunden werden (Grigor'ev/Maleva 2001: 59ff.; Beljaeva 2001: 175). Diese Argumentation vermag allerdings nicht zu überzeugen. Wenn viele Qualifikationen durch den Systemwandel im hohen Maße entwertet wurden, dann wird dieses Problem nicht durch einen konjunkturellen Aufschwung gelöst. Das Wirtschaftswachstum würde nämlich im Rahmen eines sozioökonomischen Interaktionssystems stattfinden, in dem ein Teil der alten Qualifikationen weiterhin nicht so wertvoll wäre, wie zur Zeit ihrer Aneignung während der sowjetsozialistischen Periode angenommen. Deshalb wäre zwar unter Umständen eine Verbesserung der sozioökonomischen Lage der von diesem Problem betroffenen Personen denkbar. Aber sie dürfte sich wohl eher aus erleichterten Erwerbsmöglichkeiten außerhalb des Qualifikationsbereichs ergeben.

2.4.2 Erwerbsformen und Beschäftigungsverhältnisse

Aus der Betrachtung der verschiedenen Untersuchungen, die im Laufe der 1990er und in der ersten Hälfte der 2000er Jahre durchgeführt wurden, ist die Schlussfolgerung zu ziehen, dass sich die sozio-professionelle Zusammensetzung der russischen Mittelschicht im Laufe der Transformationsperiode zugunsten der abhängig Beschäftigten veränderte. Aus den frühesten diesbezüglichen Daten, die von Gromova und Zaslavskaja für die Zeit zwischen 1993 und 1997 (d.h. vor der Augustkrise) anhand der VCIOM-Erhebungen ermittelt wurden, ging hervor, dass „Klein- und Halbunternehmer [melkie predprinimateli i polupredprinimateli]"[38] in der besagten Untersuchungsperiode durchschnittlich knapp die Hälfte (47%) aller Mittelschichtsvertreterinnen und -vertreter stellten. In den einzelnen Jahren lag dieser Anteil sogar bei rund 50% (1995) oder noch etwas höher (53% im Jahr 1993) (Gromova/Zaslavskaja 1998/2002: 483 Tab.

---

[38]   Als „Halbunternehmen" wurden Personen bezeichnet, die ihren Lebensunterhalt teilweise dank selbständiger Wirtschaftstätigkeit und teilweise im Rahmen eines Beschäftigungsverhältnisses verdienten. In Anbetracht der in den 1990er Jahren weit verbreiteten Lohnzahlungsrückstände (insbesondere in staatlichen Betrieben) war die Arbeit in einem Anstellungsverhältnis von der ökonomischen Selbständigkeit oft kaum zu trennen, weil viele Beschäftigte ihre Arbeitsplätze für eigenständige Erwerbsaktivitäten nutzten, um irgendwie „über die Runden zu kommen".

30), wobei sich diese Angaben mit den Zahlen in einer früheren Publikation von Zaslavskaja (1996: 12 Tab. 4) zum gleichen Thema nicht ganz deckten, weil darin der Anteil der „Unternehmer" an der Mittelschicht im Jahr 1993 auf lediglich 40% geschätzt wurde. Den Rest der Mittelschicht stellten demnach die Vertreterinnen und Vertreter der folgenden sozial-professionellen Gruppen: „hochqualifizierte Spezialisten", die den durchschnittlichen Anteil von gut einem Fünftel (21%) stellten, zugleich aber ihre Vertretung in der hier erörterten mittleren Stratifikationsmakrogruppe während der fünfjährigen Untersuchungsperiode von gerade einem Zehntel (11%) im Jahr 1993 auf deutlich über ein Viertel (28%) im Jahr 1997 erhöhen konnten; „Beschäftigte der Verwaltungsstrukturen", deren Anteil an der Mittelschicht im Gegenteil kontinuierlich von einem knappen Viertel (23%) auf ein Zehntel (10%) gesunken ist; schließlich „Berufssoldaten", für die zwar ähnlich wie für die vorige sozio-professionelle Gruppe ein durchschnittlicher Anteil von 16% errechnet wurde, die aber zwischen 1993 und 1997 ihre Vertretung in der Mittelschicht um sieben Prozentpunkte (von 13% auf 20%) ausbauen konnten (Gromova/Zaslavskaja 1998/2002: 483 Tab. 30).

Als Schlussfolgerung aus ihrer Schichtungskonstruktion und Datenauswertung hielten Gromova und Zaslavskaja fest, dass der Kern der russischen „Proto-Mittelklasse" um die Mitte der 1990er Jahre nicht aus „Professionellen", sondern vor allem aus Vertretern der „Geschäftsschicht [biznes-sloj]" (Zaslavskaja 1994) – das heißt aus Kleinunternehmern, Selbständigen sowie aus Managern in der Produktion und im Handel – bestand (Gromova/Zaslavskaja 1998/2002: 484). Allerdings zeigen die zitierten Zahlen (siehe Anhang I.5 und I.6) ebenfalls, dass der Anteil dieser sozio-professionellen Gruppen an der Mittelschicht tendenziell abnahm, während abhängig beschäftigte Spezialisten mit höheren Qualifikationen sowie Berufssoldaten, von denen viele auch (meistens militärisch-technische) Hochschulbildung vorweisen konnten, verstärkt in dieser Stratifikationsmakrogruppe vertreten waren.

Da einige sozial-professionelle Gruppen, die zu Sowjetzeiten zu den „Mittelschichten" gezählt worden waren, von Gromova und Zaslavskaja in der „Basisschicht" verortet wurden, ist auch dieses Stratifikationssegment in seiner Zusammensetzung genauer zu betrachten. Das besondere Interesse gilt dabei den Segmenten der „Massenintelligenzija" und der „Halbintelligenzija", zu der vor allem „Angestellte [služaščie]" ohne Spezialistenausbildung gezählt wurden.[39] Im Durchschnitt der Jahre 1993-1997 machten diese beiden Segmente mehr als ein Drittel (36%) der „Basisschicht" aus (Gromova/Zaslavskaja 1998/2002: 483 Tab. 30), in der wiederum die überwältigende Mehrheit von knapp 70% der gesamten erwerbstätigen Bevölkerung Russlands konzentriert war (Gromova/Za-

---

[39]   Die Unterscheidung zwischen „sozialistischer Intelligenzija im engeren Sinne" und „Angestellten-Nichtspezialisten" wird ausführlich im dritten Kapitel diskutiert.

slavskaja 1998/2002: 481 Tab. 29; Zaslavskaja 2004: 302-305). Gleichzeitig ließen die von den beiden Autorinnen ermittelten Daten einen Trend hin zu einem Rückgang des Anteils der „Massenintelligenzija" und zu einem Anstieg des Anteils der „Halbintelligenzija" an der hier betrachteten Stratifikationsmakrogruppe erkennen. Auch der Anteil der Industriearbeiter – der am zahlreichsten vertretenen sozio-professionellen Gruppe am Anfang der Untersuchungsperiode (35% der „Basisschicht" im Jahr 1993) – zeigte bis 1997 eine deutlich rückläufige Tendenz: Er sank auf 23%. Gleichzeitig verzeichneten Gromova und Zaslavskaja eine starke Expansion der sozial-professionellen Gruppe, die sie als „Massenberufe in Handel und Service" bezeichneten. Während ihre Vertreterinnen und Vertreter im Jahr 1993 gerade ein Fünftel der „Basisschicht" stellten, lag ihr Anteil im letzten Jahr der betrachteten Periode bereits eindeutig über einem Drittel (35%) (Gromova/Zaslavskaja 1998/2002: 483 Tab. 30).

In diesen Trends spiegelte sich der Strukturwandel der russischen Wirtschaft im ersten Jahrzehnt der postsozialistischen Transformation: der Rückgang der Produktion sowie die Verlagerung eines beträchtlichen Teils der wirtschaftlichen Aktivität der Bevölkerung in die Sphäre des Warenverkehrs. Dadurch kam es einerseits zur Ausdünnung der Reihen der sozial-professionellen Gruppen der „Massenintelligenzija" und der „Industriearbeiter" und andererseits zum Anstieg der Beschäftigtenzahl im Handels- und Dienstleistungsbereich.

Alle Untersuchungen, die sich auf andere Grundprämissen hinsichtlich der Kriterien zur Bestimmung von „Mittelklasse"-Angehörigen stützten, ergaben, dass nicht Unternehmer, sondern verschiedene Arten von abhängig Beschäftigten die Mehrheit der mittleren Stratifikationsmakrogruppe der russischen Gesellschaft bereits in den 1990er Jahren stellten. Trusova zufolge betrug der Anteil der Unternehmer-Haushalte, die gemäß dem Komplexkriterium des „professionellen Qualifikationsstatus" im Mittelklasse-Kreis verortet wurden, etwa 1% aller in ihre Grundstichprobe aufgenommenen RLMS-Datensätze aus den Jahren 1995-1998.[40] Hingegen machten Haushalte der Befragten, die auf Spezialistenposten mit einer erforderlichen Hochschulbildung beschäftigt waren, und nach dem besagten Komplexkriterium in den „Mittelklasse-Kreis" aufgenommen wurden, jeweils zwischen 27,7% und 29,4% der Grundstichprobe aus (Trusova 2001: 95 Tab. 20).

Nach den Erhebungsergebnissen aus dem Jahr 1998, die von Beljaeva vorgelegt wurden, waren die Unternehmer zwar die am stärksten überrepräsentierte sozioökonomische Gruppe sowohl in der „idealen Mittelklasse" (25% gegenüber dem Anteil von 6,9% an der Gesamtstichprobe) als auch in der „russischen Mit-

---

[40] Dabei ist allerdings zu berücksichtigen, dass die RLMS-Datensätze für eine überproportional häufige Erfassung von „sozioökonomisch passiven" d.h. an die post-sozialistischen Verhältnisse schlecht angepassten Haushalten bekannt sind (BEA 2000: 264; Trusova 2001: 82).

telklasse" (12,8%), aber wie die in Klammern angeführten, auf das jeweilige Segment der „Mitte" bezogenen Prozentzahlen verdeutlichen, blieben sie in beiden Fällen eine Minderheit. In der „idealen Mittelklasse" standen sie anteilsmäßig immerhin an erster Stelle (relative Mehrheit) gefolgt von „technischen Spezialisten", „Managern der mittleren Ebene" (zusammengenommen 20,8% des Segments gegenüber 14,4% der Gesamtstichprobe) sowie „Beschäftigten im Dienstleistungsbereich", die ebenfalls ein gutes Fünftel (20,8%) dieser Gruppe ausmachten und darüber hinaus die dritthöchste Überrepräsentanz darin gegenüber ihrem Anteil von 10,2% an der Gesamtstichprobe aufwiesen. Den zweiten Platz gemessen an der prozentuellen Überrepräsentanz in der „idealen Mittelklasse" belegten „Buchhalter, Bankmitarbeiter u.ä.", die nur 4% der Gesamtstichprobe, aber 12,5% des hier betrachteten Stratifikationssegments stellten. Abhängig Beschäftigte machten also Beljaeva zufolge exakt drei Viertel der „idealen Mittelklasse" im Jahr 1998 aus (Beljaeva 2001: 171 Tab. 43).

Gut ein Viertel (25,2%) der „russischen Mittelklasse" bestand nach Beljaevas Erhebung aus „Industriearbeitern", die jedoch gemessen an ihrem Stichprobenanteil von 35,2% deutlich unterrepräsentiert waren. Mit jeweils 23,4% gab diese Autorin die Anteile der „technischen Spezialisten" sowie der „Manager der mittleren Ebene" zum einen und der „humanistischen Intelligenzija" zum anderen an, wobei die letztere Makrogruppe bei einem Anteil von 20,5% an der Gesamtstichprobe deutlich geringer überrepräsentiert war als die Zusammenfassung der beiden ersteren. Die zweithöchste Überrepräsentanz in der „russischen Mittelklasse" wiesen „Führungskräfte von Staatsbetrieben und Aktiengesellschaften" auf, die in diesem Stratifikationssegment 2,1%, aber in der Stichprobe lediglich 1,2% ausmachten. Seltsamerweise sollen sie in der „idealen Mittelklasse" gar nicht vertreten gewesen sein (Beljaeva 2001: 171 Tab. 43).

Die Befunde lassen sich folgendermaßen zusammenfassen: die vorwiegend im privatwirtschaftlichen Bereich tätigen Berufsgruppen wie Unternehmer, Buchhalter, Bankangestellte oder Angestellte im Dienstleistungsbereich waren deutlich stärker als andere sozioökonomische Gruppen in den russischen Mittelschichten vertreten (Beljaeva 1999: 76). Zdravomyslovs (2001: 80) Beobachtung, der zufolge das Unternehmertum im postsozialistischen Russland besondere Möglichkeiten der sozioökonomischen Aufwärtsmobilität im ersten Transformationsjahrzehnt geboten habe, scheint also auch durch die besonders hohe Überrepräsentanz der wirtschaftlich Selbständigen in der „russischen Mittelklasse" und vor allem in der „idealen Mittelklasse" bestätigt zu werden. Gleichwohl wies Beljaeva (2001: 142) darauf hin, dass unternehmerische Tätigkeit – insbesondere im Bereich der „Selbstbeschäftigung" – keine Garantie für eine sozioökonomisch gesicherte Lebenssituation darstellte.

Das Team von Gorškov und Tichonova stellte Anfang 1999 ebenfalls eine deutliche Mehrheit der abhängig Beschäftigten in den Reihen der „eigentlichen Mittelklasse" fest: „Spezialisten" (das heißt Personen mit einer mittleren oder höheren Spezialistenausbildung) machten nahezu ein Drittel (30,1 %) und qualifizierte Arbeiter mehr als ein Fünftel (22,2 %) dieser Stratifikationsgruppe aus, während „Manager" (rukovoditeli) nur 12,9% und Unternehmer, welche andere Personen beschäftigten, lediglich 12,1% stellten (Tichonova 2000: 22).

Vier Jahre später (2003) waren „qualifizierte Arbeiter" (22,6%) dem IKSI RAN zufolge die zahlenstärkste sozio-professionelle Makrogruppe in der russischen „Mittelklasse". Den zweithöchsten Anteil wiesen „Rentner" mit 14,7% auf, wobei sie jedoch angesichts des Anteils von 28,4% an der Gesamtstichprobe in dem hier betrachteten Stratifikationssegment sehr stark unterrepräsentiert waren. „Spezialisten mit Hochschulbildung" und „Beschäftigte des Dienstleistungssektors" stellten mit 14,6% bzw. 14,1% der Befragten nicht nur einen beträchtlichen Teil dieser Stratifikationsmakrogruppe, sondern waren auch – gemessen an ihren Anteilen an der Gesamtstichprobe (9,1% bzw. 10,8%) – deutlich überproportional vertreten. Besonders häufig in der mittleren Stratifikationsmakrogruppe verorteten sich allerdings „Freiberufler" bzw. „Selbstbeschäftigte [samozanjatye]" (2,1% der „Mittelklasse" gegenüber 0,9% der „restlichen Bevölkerung"), Mitarbeiter der Rechtsschutzorgane und Berufssoldaten (5,8% gegenüber 2,8%), ferner Unternehmer, die Lohnabhängige beschäftigten (3,7% gegenüber 1,9%), Manager der mittleren Verwaltungsebene (5% gegenüber 2,6%) sowie Studierende (4,7% gegenüber 2,5%) (Gorškov, Tichonova et al. 2004: 170 Tab. 57). Die Anteile dieser sozioökonomischen Makrogruppen an der „Mittelklasse" fielen aber dennoch bescheiden aus, weil sie auch in der Gesamtstichprobe nicht besonders zahlreich waren, wie man an den angeführten Prozentzahlen sehen kann (Anhang I.7).

Maleva et al. (2003: 284 Tab. 123) hielten hingegen am Anfang des neuen Jahrhunderts fest, dass Angestellte und „ingenieurtechnische Beschäftigte" (ITR) zusammengenommen die absolute Mehrheit (57,4%) sowohl der „aggregierten Mittelklasse"[41] als auch ihres „Kerns" (51,4%) ausmachten, was gegenüber nur zwei Fünfteln (42%) der Stichprobe eine in beiden Fällen recht deutliche Überrepräsentation bedeutete. Manuelle Arbeiter (rabočie) waren hingegen bei einem Anteil von 13,1% der „aggregierten Mittelklasse" und 6,7% des „Kerns" deutlich unterrepräsentiert, da sie mit 46,7% die beinahe absolute Mehrheit aller Befragten stellten.

Vor dem Hintergrund dieser deutlichen Mehrheit von Angestellten und „ingenieurtechnischen Beschäftigten" (ITR) in den Reihen der russischen „Mittel-

---

[41]   Als „aggregierte Mittelklasse" bezeichneten Maleva et al. die Zusammenfassung des „Kerns" und der drei „Halbkern"-Segmente der Mittelklasse. Siehe dazu: Anhang I.2, insbes. die Abbildung.

klasse" (70,5%) (Maleva et al. 2003: 284 Tab. 123), waren zugleich Erwerbstätige mit Personalführungsaufgaben überproportional in dieser Stratifikationsgruppe vertreten (Maleva et al. 2003: 307). Beinahe ein Viertel (24,2%) des „Kerns" und immerhin knapp ein Fünftel der „aggregierten Mittelklasse" setzten sich aus Managern der mittleren Ebene (Abteilungsleiter) zusammen. Ein Zehntel (10,4%) der gesamten Stratifikationsmakrogruppe und sogar 17,7% ihres „Kerns" stellten Führungskräfte, die ein ganzes Unternehmen leiteten. So betrug der Anteil der Personen, die im Rahmen ihrer Erwerbstätigkeit Personalführungsaufgaben wahrzunehmen hatten, zusammengenommen etwas über zwei Fünftel (41,9%) des „Kerns" und immerhin ein knappes Drittel (29,5%) der „aggregierten Mittelklasse", während er in der Gesamtstichprobe nur geringfügig ein Zehntel überschritt (11,3%) (Maleva et al. 2003: 284 Tab. 123).

Was die Branchenstruktur angeht, waren Beschäftigte des Bildungssystems (15,8% der „aggregierten Mittelklasse" bzw. 13,4% der Stichprobe), des Einzelhandels (9,5% bzw. 9,8%), des Bauwesen und Transports (zusammengenommen 8,4% bzw. 12,8%) sowie des Gesundheitswesens (6,7% bzw. 7,8%) am zahlreichsten in der „Mittelklasse" vertreten (Maleva et al. 2003: 282 Tab. 121, 307). So war fast ein Drittel (32,6%) aller Angestellten des Bildungswesens in der „aggregierten Mittelklasse" zu finden. Auf der anderen Seite bedeutete dies, dass die Zwei-Drittel-Mehrheit (67,4%) der Beschäftigten in diesem Bereich trotz ihrer meist hohen Qualifikation (Hochschulabschluß als Lehrer), sich knapp zehn Jahre nach dem Ende des Sowjetsozialismus unterhalb der qualitativ bestimmten „Mittelklasse"-Positionen befand. Betrachtet man die Verteilung der Beschäftigten des Bildungswesens auf die Stratifikationsgruppen, in die das Team von Maleva die gesamte Stichprobe aufgeteilt hat, wird man feststellen, dass die meisten von ihnen (42,6%) der „Peripherie der Mittelklasse" zugeordnet wurden – das heißt einer Makrogruppe, deren Vertreterinnen und Vertreter nur eines der Komplexkriterien erfüllten, zusätzlich aber nach einer Reihe weiterer Einzelkriterien dem „Halbkern der Mittelklasse" recht nahe waren. (Es ist davon auszugehen, dass in diesem Fall das Kriterium des „beruflich-sozialen Status" für die Stratifikationseinordnung der meisten Beschäftigten des Bildungswesens in der „Peripherie der Mittelklasse" ausschlaggebend war, weil Lehrerinnen und Lehrern meistens einen Hochschulabschluß vorweisen müssen.)

2.4.3   Die Bedeutung der Eigentumsformen

Am Ende des 20. Jahrhunderts unterschied sich die russische „Mittelklasse" nach der Auffassung des Teams unter Gorškovs und Tichonovas Leitung von ihren westlichen Pendants durch einen, verglichen mit westlichen Ländern, höheren Anteil der Beschäftigten in der Staatsverwaltung und im staatlichen Sektor sowie dadurch, dass Unternehmer und Manager in deutlich geringerem Maße in ihren Reihen vertreten waren (Gorškov 2000: 11; Gorškov, Tichonova et al. 2006: 151; Buhbe 2007: 1). Zu diesem Zeitpunkt stellten aber die RUFI-Wissenschaftlerinnen und –Wissenschaftler dennoch ein Übergewicht der Beschäftigten in der Privatwirtschaft innerhalb der „Mittelklasse" fest (Tichonova 1999: 20). Einen ähnlichen Zusammenhang zwischen der Eigentumsform der arbeitgebenden Organisation und der Position einer Person in der gesellschaftlichen Stratifikation konstatierte auch Beljaeva (1999: 76) auf der Grundlage ihrer Datenerhebung von 1998. Im Jahr 2003 sah das Forschungsteam von Gorškov und Tichonova hingegen keine Anhaltspunkte mehr, um die Beschäftigung in Wirtschaftseinheiten mit einer bestimmten Eigentumsform als einen signifikanten Indikator für die Wahrscheinlichkeit der Zugehörigkeit einer Person zur „Mittelklasse" anzusehen. Den Erhebungsergebnissen vom Juli 2003 zufolge war rund die Hälfte (50,6%) der befragten Vertreterinnen und Vertreter der hier erörterten Stratifikationsmakrogruppe – ebenso wie die Hälfte (50,8%) der restlichen Bevölkerung – in staatlichen Betrieben beschäftigt. 18,5% der Befragten, die der „Mittelklasse" zugeordnet wurden, arbeiteten in privatisierten Wirtschaftseinheiten und weitere 17,5% in Privatunternehmen (inkl. marktorientiert produzierende Landwirtschaftsbetriebe, sogenannte „Farmen"), die nach 1991 neu gegründet wurden. Die entsprechenden Anteile an der „restlichen Bevölkerung", zu der das IKSI-Team in dieser Aufstellung sowohl die Befragten oberhalb als auch unterhalb der mittleren Stratifikationsstufen zusammengefasst hatte, betrugen 23,2% bzw. 13,3%. „Freiberuflich" (samozanjatye) arbeiteten 4,7% der „Mittelklasse" und 3,9% der „restlichen Bevölkerung" (Gorškov, Tichonova et al. 2004: 172, Diagr. 26). Vor diesem Hintergrund sprachen die Forscherinnen und Forscher des IKSI RAN im Jahr 2003 von einer „‚Expansion'" der Mittelschicht in die „Staats- und Haushaltssphäre [gosudarstvenno-bjudžetnaja sfera]", welche sich seit ihrer ersten „Mittelklasse"-Studie von 1999 (noch am RUFI durchgeführt) vollzogen hätte (Gorškov, Tichonova et al. 2004: 172). („Haushaltssphäre" ist im Russischen die Gesamtbezeichnung für den Wohlfahrtssektor, die kommunale Wohnwirtschaft, das Gesundheits- und Bildungswesen, die – oft eher schlecht als recht – aus dem Staatshaushalt finanziert werden.) In den nächsten drei Jahren scheint sich dieser Trend fortgesetzt zu haben: Den Umfrageergebnissen vom Oktober 2006 zufolge waren 54% jener Personen, die die Forschungsgruppe unter der Leitung von Gorškov und Tichonova (2006: 19) der „Mittelklasse" zugeordnet hat, im staatlichen Sektor beschäftigt.

Auch das Team von Maleva stellte bereits einige Jahre zuvor fest, dass eine deutliche Mehrheit (57,2%) der „aggregierten Mittelklasse" in staatlichen Einrichtungen oder Betrieben beschäftigt war. Dennoch lag der Anteil dieser „staatsabhängig Beschäftigten" niedriger als in der Gesamtstichprobe (62,5%). Außerdem war etwas mehr als die Hälfte (51,2%) des „Kerns der Mittelklasse" im nichtstaatlichen Sektor zu finden, was deutlich höher gegenüber den knappen zwei Fünfteln (37,5%) der Gesamtheit der im Rahmen dieser Untersuchung erfassten Personen war. Trotz des Übergewichts der Angestellten des Staates ließen sich also die Vertreterinnen und Vertreter der russischen „Mittelklasse" eher als die der anderen Schichtungsgruppen im Privatsektor und insbesondere in den „neu" (das heißt nach 1991) gegründeten Unternehmen finden. Dort arbeiteten gut ein Fünftel (21,7%) der „aggregierten Mittelklasse" und deutlich über ein Viertel (28,8%) ihres „Kerns", während der Anteil an der Gesamtstichprobe bei lediglich 14,1% lag (Maleva et al. 2003: 282 Tab. 120, 307).

2.4.4 Erwerbsaktivität

Die russische Mittelklasse zeichnete sich der Forschungsgruppe unter Malevas Leitung zufolge durch eine deutlich höhere Erwerbsaktivität als die Gesamtbevölkerung aus. Drei Viertel (76,4%) der „aggregierten Mittelklasse" und sogar 80,3% ihres „Kerns" gingen im letzten Quartal 2000 einer regulären Erwerbstätigkeit nach. Unter der Gesamtheit der Befragten war es hingegen nur etwas über die Hälfte (52,9%). Von diesen erwerbstätigen Befragten gaben wiederum 93,4% an, dass sie in einem abhängigen Beschäftigungsverhältnis standen. Auch in der „Mittelklasse" und in ihrem „Kern" machte diese Kategorie der Erwerbstätigen eine überwältigende Mehrheit von 86,2% bzw. 77,3% aus.[42] Dennoch wird aus diesen Angaben ersichtlich, dass vor allem diejenigen Personen, welche die höchste Konzentration an Mittelklassemerkmalen aufwiesen, deutlich stärker zu unabhängigen Erwerbsformen neigten. So bezeichnete sich knapp ein Fünftel (19,5%) der Erwerbstätigen aus dem „Kern der Mittelklasse" als „Unternehmensbesitzer". Im „Halbkern der Mittelklasse" waren es hingegen nur 1,9%. Für

---

[42]   In einem Interview aus dem Jahr 2001 gab Maleva den Anteil der abhängig Beschäftigten an der „Mittelklasse" noch höher, nämlich mit 97%-98% an. Sie sah damals darin einen wesentlichen Nachteil für die Festigung dieser Stratifikationsgruppe in Russland, weil es sich dabei fast ausschließlich um Personen handelte, die lediglich über „Humankapital", aber über kein Produktiveigentum verfügte, was ihre Bereitschaft zu einer Auswanderung steigerte. Vgl. Interview mit Tat'jana Maleva vom 09.10.2001, siehe S. 37, Fn. 16.

die „aggregierte Mittelklasse" ergab sich so ein Anteil von 8,6%. In der Gesamtstichprobe machten „Unternehmensbesitzer" 2,7% aus, was verdeutlicht, dass
unternehmerische Aktivität, wenn überhaupt, dann vor allem für einen Teil des
„Kerns der Mittelklasse" charakteristisch war (Maleva et al. 2003: 278 Tab. 117
und 118).

Vor dem Hintergrund dieser Angaben überrascht es zunächst, dass Einkünfte aus „unternehmerischer Tätigkeit" dennoch gut einem Fünftel (21,6%) der
Haushalte im „Halbkern" zuflossen. Auch in der Gesamtstichprobe war der Anteil der Familienbudgets, die (zumindest teilweise) aus dieser Quelle gespeist
wurden, doppelt so hoch (5,4%) wie die Prozentzahl der Erwerbstätigen, die sich
als Eigentümer eines Unternehmens bezeichneten. Im Falle des „Kerns der Mittelklasse" fiel diese Diskrepanz (22,6% zu bereits genannten 19,5%) hingegen
ungleich geringer aus (Maleva et al. 2003: 314, Tab. 134). Sicherlich trägt die
Tatsache, dass es sich im ersteren Falle um Angaben von erwerbstätigen Einzel-
befragten und im letzteren um Anteile an der Gesamtzahl der erfassten Haushalte
handelte, zu einer Erklärung dieses Unterschieds bei: Ein Teil der Unternehmensbesitzer lebte sicherlich als „Alleinernährer" in einem gemeinsamen Haushalt mit nichterwerbstätigen Personen zusammen. Andererseits aber ist es davon
auszugehen, dass nicht wenige verheiratete oder unverheiratete Partner, die beide
gleichzeitig (und nicht selten gemeinsam im Rahmen eines Familienunterneh-
mens) einer selbständigen Wirtschaftstätigkeit nachgingen, ebenfalls in der Befragung erfasst wurden. Deshalb dürfte der Anteil der Haushalte, die sich aus der
unternehmerischen Tätigkeit (teil)finanzieren, den Anteil der unternehmerisch
tätigen Personen nicht so signifikant übersteigen, wie es vor allem innerhalb des
„Halbkerns der Mittelklasse" der Fall zu sein schien. Um diese mehr als zehnfa-
che Diskrepanz (21,6% „unternehmerischer Einkünfte" aber nur 1,9% „Unternehmensbesitzer") zu erklären, muss man den Blick auf die Besonderheiten des
postsozialistischen Kapitalismus richten.

Die Daten, welche von Malevas Forschungsteam erhoben wurden, geben
Anhaltspunkte zur Annahme, dass ein Teil der Personen, die offiziell abhängig
beschäftigt waren, „nebenbei" noch anderen Formen von Erwerbsaktivitäten
nachging, welche sich – zumindest zum Teil – als unternehmerisches Handeln
auffassen ließen und dementsprechend gewinnartige Einkünfte erbrachten.
Durchschnittlich wurden die Haushalte der Befragten aus mehr als zwei (2,23)
verschiedenen Einkommensquellen gespeist. Der „Kern" und der „Halbkern" der
Mittelklasse lagen mit Werten von 2,9 bzw. 2,7 noch deutlich über diesem
Durchschnitt, wobei einschränkend hinzugefügt werden muss, dass viele der
aufgelisteten Einkommensquellen (z.B. Altersrenten, von denen fast die Hälfte
aller erfassten Haushalte mit unterstützt wurde, oder „Hilfe der Verwandten" –
immerhin 17,4% der Stichprobe) nicht auf eine gegenwärtig stattfindende Er-

werbstätigkeit zurückzuführen waren (Maleva et al. 2003: 314, Tab. 134). Dennoch enthält die Fachliteratur über postsozialistische Adaptationsstrategien der Bevölkerung zahlreiche Hinweise darauf, dass abhängige Beschäftigung (meistens in einem darbenden Staatsbetrieb) nicht selten mit Aktivitäten kombiniert wurde, welche als eine schattenhafte Form der Selbstständigkeit (und in einigen Fällen sogar des Unternehmertums) zu bezeichnen wären (Zaslavsky 2001: 205f.). Deshalb gibt es gute Gründe zur Annahme, dass die überraschende Diskrepanz zwischen der Zahl der Haushalte, die sich durch Einnahmen aus unternehmerischer Tätigkeit mitfinanzierten, und der Zahl der Unternehmenseigentümer zu einem guten Teil mit derartigen schattenhaften Praktiken zu erklären ist.

Die Haushalte der „aggregierten Mittelklasse" in Malevas Erhebung bezogen ihre Einkünfte am häufigsten (wenn auch in den meisten Fällen nicht ausschließlich) in Form eines „Arbeitsentgelts [zarabotnaja plata]". In dieser sozialen Makrogruppe waren es 88,6%, in ihrem „Kern" sogar 91,2%, während der entsprechende Anteil in der gesamten Stichprobe bei lediglich 65,5% lag. (Hier sind die Unterschiede zu den Anteilen der abhängig Beschäftigten unter den Erwerbstätigen der jeweiligen Stratifikationsmakrogruppe deutlich geringer.) Zu den weiteren wichtigen Formen der Einkünfte der „Mittelklasse"-Vertreterinnen und -vertreter gehörten „Zusatzverdienste [prirabotki]", die 26% der Haushalte im „Kern" und sogar 27,1% jener im „Halbkern" erzielten, während es in der Gesamtstichprobe nur 13,9% waren. Allerdings muss man an dieser Stelle hinzufügen, dass zwei Fünftel (39,9%) der Haushalte, die nur ein Komplexkriterium erfüllten und deshalb der „Peripherie der Mittelklasse" zugeschrieben wurden, ihre budgetäre Lage durch eine zusätzliche Erwerbstätigkeit neben dem Hauptberuf aufbesserten (Maleva et al. 2003: 314 Tab. 134). Aus dieser Zusammenstellung wird deutlich, dass die Mehrfachbeschäftigung zwar deutlich häufiger in den mittleren Stratifikationsmakrogruppen und in ihren Peripherien als in der Unterschicht zu beobachten war, aber eher die unteren Segmente der „Mitte" auszeichnete. Sie brachte auch keine Einkommensvorteile. Denn am besten verdienten doch die Vertreter der „Mittelklasse" (insbesondere ihres „Kerns"), die nur eine Erwerbsquelle (das heißt eine gut bezahlte Stelle oder ein eigenes prosperierendes Unternehmen) hatten (Maleva et al. 2003: 308).

Was die Flexibilität der Beschäftigungsverhältnisse angeht, stellten Maleva et al. (2003: 288 Tab. 126) fest, dass Vertreterinnen und Vertreter der russischen „Mittelklasse" etwas häufiger nur befristete Arbeitsverträge erhalten hatten. Die Zahl der befristeten Arbeitsverhältnisse war aber nicht viel größer als in der Gesamtstichprobe. Knapp ein Fünftel (19,6%) derjenigen, die im „Kern der Mittelklasse" verortet wurden, und 16,4% der „aggregierten Mittelklasse" gaben an, dass sie auf der Grundlage eines befristeten Arbeitsvertrages erwerbstätig waren. In der Gesamtstichprobe waren diejenigen, die Gleiches mitgeteilt haben, mit

12,1% und unter den Personen aus unteren Schichten mit 10,6% vertreten. Man kann auf dieser Grundlage die verhaltene Aussage treffen, dass die Flexibilisierung der Arbeitsverhältnisse stärker die Mittelschichten und damit auch die höheren Einkommensgruppen der Gesellschaft betraf. Dennoch stellten diejenigen, die ihre Arbeitskraft im Rahmen eines unbefristeten Beschäftigungsvertrages verkauften, eine deutliche Mehrheit in allen Stratifikationsschichten. In der gesamten Stichprobe machten sie gut drei Viertel (76,8%), in der „aggregierten Mittelklasse" über zwei Drittel (68,6%) und in ihrem „Kern" immerhin drei Fünftel (61,2%) aus.

Im Hinblick auf die Verbreitung informeller Absprachen im Rahmen der Beschäftigungsverhältnisse ließen sich Ende 2000 noch weniger Unterschiede zwischen den einzelnen Stratifikationsgruppen der russischen Gesellschaft ausmachen. Deutlich über ein Drittel der Arbeitnehmer aus jeder Makrogruppe gab an, dass er mündliche Absprachen mit seinem Arbeitgeber hinsichtlich der Modalitäten der Arbeitsweise (režim raboty) und / oder bezüglich der Urlaubszeiten getroffen hätte. In beiden Fällen lag der „Kern der Mittelklasse" mit 36,9% beziehungsweise 36,3% nur sehr geringfügig unter den Anteilen von 37,9% beziehungsweise 37,3%, welche für die gesamte Stichprobe ermittelt wurden. In der „aggregierten Mittelklasse" waren mündliche Urlaubsabsprachen sogar etwas häufiger (38,5%) anzutreffen als in der Gesamtheit aller befragten Arbeitnehmerinnen und Arbeitnehmer (37,3%). Die mündliche Regelung der Arbeitsvergütung war insgesamt etwas seltener. Aber immerhin 30,3% aller Befragten gaben zu, dass ihre Entlohnung auf diese Art und Weise geregelt wurde. In der „aggregierten Mittelklasse" war dieser Anteil wieder nur etwas geringer (29,5%). Der Unterschied zum „Kern der Mittelklasse", in dem 29% der Befragten diese Angabe machten, fiel also nicht wirklich signifikant aus.

Etwas deutlicher zeichneten sich die Unterschiede zwischen den einzelnen Stratifikationsmakrogruppen ab, wenn es um die Bewertung der informellen (mündlichen) Beschäftigungsvereinbarungen ging. Eine absolute Mehrheit, die von der beidseitigen Nützlichkeit solcher Absprachen (das heißt sowohl für den Arbeitnehmer als auch für den Arbeitgeber) überzeugt war, gab es durch alle Gruppen hindurch. Allerdings vertraten diejenigen, die im „Kern der Mittelklasse" verortet wurden, deutlich seltener (58,2%) diese Auffassung als Personen aus dem „Halbkern" (68,9%) oder in der Gesamtheit der Befragten (63,3%). Interessanterweise war die Meinung, dass derartige informelle Regelungen vor allem für die Arbeitnehmer von Vorteil seien, gerade im „Kern der Mittelklasse" häufiger (25,3%) anzutreffen, als in den anderen Segmenten der von Maleva et al. konstruierten Stratifikationsstruktur. Denn in der „aggregierten Mittelklasse" waren es knapp ein Fünftel der Befragten (19,4%) und in der gesamten Stichprobe mit 17,8% noch weniger, die sich diese Sichtweise zu Eigen gemacht hatten.

Davon, dass mündliche Absprachen vor allem für Arbeitgeber Vorteile bedeuteten, waren eher – wenn auch bei weitem nicht mehrheitlich – die Vertreter der unteren Stratifikationsmakrogruppen überzeugt. Immerhin ein Fünftel (20%) ihrer Vertreterinnen und Vertreter machte eine solche Angabe. In der „aggregierten Mittelklasse" waren es lediglich 15,9% und im „Kern" 16,5% (Maleva et al. 2003: 289 Tab. 127). Aus dieser Verteilung kann man vorsichtig schließen, dass die Vertreterinnen und Vertreter der russischen „Mittelklasse" etwas bessere Verhandlungspositionen hatten als Personen, die in den unteren Stratifikationsgruppen verortet wurden. Deshalb neigten sie etwas häufiger dazu, in ungeschriebenen Beschäftigungsvereinbarungen einen Vorteil zu sehen. Allerdings ließe sich dieser Befund auch dahingehend interpretieren, dass diese Differenz zumindest zum Teil aus der überproportionalen Vertretung der Unternehmer in der mittleren Stratifikationsmakrogruppe resultierte, die die ganze Problematik umgekehrt sahen. Insgesamt ergaben diese Daten das Bild einer Arbeitswelt, die in einem recht hohen Maße durch informelle Abmachungen reguliert wurde und in der die Zustimmung zu solchen Regelungsweisen weit verbreitet war (Maleva et al. 2003: 290).

2.4.5 Einkommen und materielle Situation

Die laufenden Einkünfte der Vertreterinnen und Vertreter der russischen Mittelklasse waren den Ergebnissen des Forschungsteams von Maleva deutlich höher als die der Personen, welche in niedrigeren Stratifikationsgruppen verortet wurden. Mit durchschnittlich 6.691 Rubel (979,20 USD PPP) monatlich verdienten die Befragten aus dem „Kern der Mittelklasse" an ihrem ersten Arbeitsplatz 2,79 Mal mehr als der Durchschnitt der Stichprobe, für den ein Monatseinkommen von gerade 2.402 Rubel (351,50 USD PPP) ermittelt wurde. Der „Halbkern" lag allerdings mit 3.030 Rubel (443,44 USD PPP) deutlich unter denjenigen, die die höchste Konzentration der „Mittelklasse"-Merkmale aufwiesen. Bezog man zusätzlich die Einkünfte aus regulären (Zweitarbeitsstelle) wie irregulären (Gelegenheitsjobs) Zusatzverdiensten in die Betrachtung ein, dann erhöhte sich der Durchschnittsverdienst des „Kerns" auf 7.596 Rubel (1.111,65 USD PPP), was eine 2,84-malige Differenz zum Durchschnitt der Gesamtstichprobe (2.671 Rubel bzw. 390,90 USD PPP) ergab. Besonders interessant ist jedoch, dass diejenigen Vertreterinnen und Vertreter des „Kerns der Mittelklasse", die ihr Einkommen ausschließlich aus einer Quelle bezogen, zwar mit durchschnittlich 6.850 Rubel (1.002,49 USD PPP) etwas weniger verdienten, als ihre mehrfach beschäftigten Kolleginnen und Kollegen, aber dennoch einen besonders großen Einkommensvorteil (das 2,9-fache) gegenüber der Gesamtheit aller Befragten, die

nur eine Einkommensquelle hatten, erreichen konnten. Dieser Befund gibt Anhaltspunkte zur Annahme, dass es sich dabei um besonders gut bezahlte Beschäftigungsverhältnisse handelte. Eine extrem hohe Erwerbsaktivität, bei der eine
Hauptbeschäftigung mit einem zusätzlichen Arbeitsplatz und Gelegenheitsjobs
kombiniert wurde, führte zwar vor allem innerhalb des „Kerns der Mittelklasse"
zu einer deutlichen Steigerung des monetären Einkommens auf durchschnittlich
9.400 Rubel (1.375,68 USD PPP) im Monat, aber der Vorteil sowohl gegenüber
der Gesamtstichprobe (1,34-fach) als auch gegenüber den unteren Stratifikationsmakrogruppen (2,26-fach) fiel deutlich bescheidener aus, als bei denjenigen,
die ihre Kräfte auf ein einziges, dafür aber verhältnismäßig besser vergütetes
Beschäftigungsverhältnis konzentrieren konnten (Maleva et al. 2003: 298-300
Tab. 131 und 132). Daraus lässt sich die allgemeine Schlussfolgerung ziehen,
dass eine besonders starke Neigung zur Mehrfachbeschäftigung nicht auf die
vermeintlich weite Verbreitung von „Workoholismus" unter den besonders gut
qualifizierten und vergüteten Erwerbstätigen zurückzuführen war, wie oft behauptet. Sie resultierte vielmehr aus den Versuchen derjenigen, die sich ihrer
sozioökonomischen Stellung mit gutem Grund nicht sicher waren, diesen durch
Zusatzbeschäftigungen und Gelegenheitsjobs doch zu halten oder ein wenig zu
verbessern. Diese Hypothese wird auch von der Beobachtung unterstützt, dass
die Einkünfte aus regulären und irregulären Zusatzbeschäftigungen durch alle
Stratifikationsgruppen dieses Befragtensegments hindurch höher als das Einkommen am „primären" Arbeitsplatz waren (Maleva et al. 2003: 298 Tab. 131).

Nach der Berücksichtigung der regionalen Unterschiede in Preisniveau und
Lebenshaltungskosten ergab sich für den Herbst 2000 ein monatliches Durchschnittseinkommen von 4.600 Rubel (673,20 UDS PPP) pro Mitglied eines „Mittelklasse"-Haushalts. In der Schicht „unterhalb der Mitte" lag dieser Wert bei
1.573 (230,21 USD PPP) Rubel und in der „Unterklasse" bei gerade 936 (136,98
USD PPP) Rubel. Der Durchschnitt der Gesamtstichprobe betrug mit 2.084 Rubel (305 USD PPP) nicht mal die Hälfte des monatlichen Pro-Kopf-Einkommens
der „aggregierten Mittelklasse" (Maleva et al. 2003: 319, Tab. 136). Was allerdings alle Stratifikationsgruppen verband, war die Einschätzung, dass das Pro-
Kopf-Einkommen in ihren Haushalten etwa drei Mal höher hätte sein müssen,
um ein „normales Leben" zu ermöglichen. (Dahinter kann man eine starke, sozioökonomische Unzufriedenheit vermuten.) Die Vertreterinnen und Vertreter der
„Mittelklasse" waren in dieser Hinsicht noch zurückhaltend: Die Diskrepanz
zwischen ihrem gewünschten und ihrem tatsächlichen Einkommen pro Haushaltsmitglied betrug „nur" 2,72 Mal (12.534 Rub. d.h. 1.834,33 USD PPP zu
4.600 Rub.) während sie in der Gesamtstichprobe bei fast exakt drei Mal (2,99)
und in der Unterschicht sogar bei 3,2 Mal lag (Maleva et al. 2003: 319, Tab. 136
und eigene Berechnungen).

Die Befragten, die Malevas Forschungsteam zufolge die „Mittelklasse" der russischen Gesellschaft konstituierten, verdienten nicht nur deutlich besser als diejenigen, die in den niedrigeren Stratifikationsgruppen verortet wurden. Sie leisteten auch mit ihren Steuerzahlungen einen signifikanten Beitrag zur Finanzierung des öffentlichen Haushaltes. Wenn es in Russland am Anfang des neuen Millenniums eine breite sozioökonomische Basis für das Steueraufkommen (d.h. abgesehen von den hochgradig konzentrierten extraktiven Industrien) gab, dann war sie demzufolge in dieser Gesellschaftsschicht zu suchen. Dennoch blieb diese Basis nicht wirklich beeindruckend, wenn man bedenkt, dass nur ein knappes Viertel (23,3%) der „aggregierten Mittelklasse" angab, dass es im letzten Jahr eine Steuererklärung eingereicht hätte. In der Gesamtstichprobe betrug dieser Anteil lediglich 8,4% und er erreichte diesen Wert sowieso hauptsächlich dank der mittleren Stratifikationsgruppe. In der Schicht unterhalb der Mitte gab es nur 5,5% Personen, die eine Steuererklärung abgegeben haben. In der Unterschicht lag der entsprechende Anteil bei gerade einem halben Prozent (Maleva et al. 2003: 325 Tab. 138).

Zwei Drittel (66,6%) aller von der Befragung Malevas erfassten Haushalte verfügten über eine eigene Wohnung und weitere 30,3% über ein eigenes Haus. Die erstere Wohnform war – auf den ersten Blick vielleicht verblüffend – deutlich charakteristischer für die „Mittelklasse" als für niedrigere Stratifikationsmakrogruppen. 87,2% des „Kerns" und 83,8% der „aggregierten Mittelklasse" lebten in einer Wohnung, während nur 12% bzw. 13,9% dieser Makrogruppen über ein Haus verfügten. Fast die Hälfte (48%) der Unterschicht hingegen hatte ein eigenes Haus (Maleva et al. 2003: 345 Tab. 147). Die Forscher erklärten diesen Befund damit, dass eigene Familienhäuser in Russland vor allem für „provinzielle" Ansiedlungen – insbesondere für Dörfer, das heißt für Ortschaftstypen, in denen überproportional viele Vertreterinnen und Vertreter der unteren Gesellschaftsschicht lebten – charakteristisch waren (Maleva et al. 2003: 344). In den allermeisten Fällen handelte es sich dabei um alte, selbst gebaute Häuser der (ehemaligen) Kollektivbauern. Sie sind deshalb mit westlichen Einfamilienhäusern nicht zu vergleichen.

Die quantitativen Parameter der ersten (und meistens einzigen) Wohnstätte ließen hingegen keinen signifikanten Unterschied zwischen den einzelnen Stratifikationsmakrogruppen erkennen[43], obwohl die durchschnittliche Zahl von Zimmern und die Wohnfläche kontinuierlich von der untersten bis zur höchsten der

---

[43]   Eine ganze Reihe von Autorinnen und Autoren hat darauf hingewiesen, dass Wohnverhältnisse – zumindest in ihrer quantitativen Dimension – keine großen Schichtungsunterschiede innerhalb der russischen Bevölkerung erkennen ließen (Chachulina 1999: 30; Byzov 2000: 44; Gorškov, Tichonova et al. 2004: 145).

erfassten Schichten anstiegen.[44] Etwas deutlicher traten die Unterschiede zwischen den einzelnen Stratifikationsgruppen dann hervor, wenn man nicht die Erstwohnung, sondern solche Objekte wie ein Grundstück mit oder ohne ein Datschenhäuschen oder eine Zweitwohnung in die Betrachtung einbezog (Maleva et al. 2003: 346 Tab. 148).

Die meisten russischen Haushalte (52,8%) haben ihre Hauptwohnung kostenfrei vom Staat erhalten. Die „aggregierte Mittelklasse" und insbesondere ihr „Kern" lagen in dieser Hinsicht mit 48,1% bzw. 46% etwas unter dem gesamtgesellschaftlichen Durchschnitt. Entsprechend häufiger nannten Vertreterinnen und Vertreter dieser Bevölkerungsgruppen den Kauf (20,8% des „Kerns" und 17,3% der „aggregierten Mittelklasse" gegenüber 13,8% der Stichprobe) oder den „Tausch" (17,9% des „Kerns" und 13,4% der „aggregierten Mittelklasse" gegenüber 8,4% der Stichprobe) als die Art und Weise, auf die sie zum Besitz ihrer derzeitigen Wohnung gelang waren. Wenn man allerdings bedenkt, dass mit „Tausch" oft eine Vereinbarung zwischen zwei Familien gemeint sein dürfte, die ihnen zu Sowjetzeiten zugeteilten Wohnungen zu tauschen, sprechen diese Zahlen dafür, dass die wichtigsten Vermögenswerte, über welche die meisten russischen „Mittelklasse"-Familien verfügten, mehrheitlich aus der Zeit vor 1991 stammten (Maleva et al. 2003: 345 Tab. 147).

2.5 Gesellschaftspolitisches Engagement

Nach knapp zehn Jahren der postsozialistischen Transformation unterschied sich die russische „Mittelklasse" kaum von der Gesamtheit der Bevölkerung, was das politische und gesellschaftliche Engagement angeht: Der Umfrage von Maleva und ihren Kollegen zufolge herrschte Ende 2000 in Russland eine geradezu überwältigende Passivität aller Gesellschaftsschichten vor. Nur 2% der Befragten gaben an, dass sie in einer „gesellschaftlichen Organisation" aktiv seien. Auch die Tatsache, dass die entsprechenden Anteile im „Kern der Mittelklasse" (4,4%) und in ihrem „Halbkern" (4,8%) etwa zwei bis zweieinhalb Mal höher als im Stichprobendurchschnitt waren, ließ die mittlere Stratifikationsgruppe kaum als einen Hort des gesellschaftspolitischen Aktivismus erscheinen. Eine bloß passive Mitgliedschaft in solchen Organisationen war ebenfalls ausgesprochen selten. Gerade ein Zwanzigstel (5,1%) des „Kerns" und lediglich 3,1% des „Halbkerns"

---

[44] Ein Haushalt im „Kern der Mittelklasse" hatte im statistischen Durchschnitt 2,57 Zimmer in einer Wohnung mit einer Gesamtfläche von 58,6 qm zur Verfügung. Im „Halbkern" – 2,44 Zimmer und 51,9 qm; in der „aggregierte Mittelklasse" – 2,48 Zimmer und 54,4 qm; in der „Peripherie der Mittelklasse" – 2,39 Zimmer und 48,5 qm; die „Unterklasse" – 2,03 Zimmer und 40 qm; in der Gesamtstichprobe – 2,32 Zimmer und 47,5 qm (Maleva et al. 2003: 345 Tab. 147).

machten eine entsprechende Angabe, womit sie aber noch deutlich über dem Bevölkerungsdurchschnitt von gerade 2,3% lagen. Einzig die Gewerkschaften schienen sich noch über beachtliche Mitgliederzahlen erfreuen zu können. Immerhin bezeichnete sich etwa ein Drittel der „Mittelklasse" (34,7% des „Kerns" und 31,4% des „Halbkerns") und ein knappes Viertel aller Befragten (24,4%) als „Gewerkschaftsmitglieder". Allerdings blieb der Großteil von ihnen offensichtlich passiv. Denn zur Teilnahme an gewerkschaftlichen Aktivitäten waren nur 5,5% des „Kerns", 6,2% des „Halbkerns" und lediglich 3,8% der gesamten Stichprobe laut ihren Bekundungen bereit (Maleva et al. 2003: 383 Tab. 164). Diese Diskrepanz lässt sich sicherlich damit erklären, dass es sich vorwiegend um Mitgliedschaften in den aus der Sowjetzeit überkommenen Gewerkschaftsorganisationen handelte, die vielerorts auch nach 1991 bestehen blieben und zumindest zum Teil ihre alte Funktion als die zentrale Verteilungsstelle für betriebliche Sozialleistungen – wenn auch meistens auf einem nur sehr bescheidenen Niveau – weiterhin wahrnahmen. In der Sowjetzeit wurden die meisten Beschäftigten „automatisch", das heißt aufgrund ihrer bloßen Betriebszugehörigkeit, zu Mitgliedern von Organisationen, die sich „Gewerkschaften" nannten.[45] Dort, wo nach dem Systemkollaps diese Organisationen weiterhin existierten, blieben auch viele Menschen in ihren Reihen, ohne dass damit irgendeine wirkliche gesellschaftspolitische Aktivität verbunden gewesen wäre. „Unabhängige Gewerkschaften", die in den „Perestrojka"-Jahren oder später entstanden sind, stellen bis heute nur eine Minderheit der russischen Gewerkschaftsmitglieder (Morjé Howard 2003: 67). Auf jeden Fall machen all die Angaben deutlich, dass die postsozialistische Mittelschicht etwa zehn Jahre nach dem Beginn der tiefgreifenden Systemtransformation ebensowenig wie die russländische Gesamtbevölkerung eine Massenbasis für die viel beschworene Zivilgesellschaft darstellt (Al'terman 2003: 2). Zaslavskaja (2004: 302) sprach in diesem Zusammenhang von einem „asozialen Syndrom". Andere Untersuchungen haben dieses Bild bestätigt (Petuchov 2000: 27, 29f; Morjé Howard 2002; 2003).

Im Gegensatz zur verschwindend geringen Aktivbeteiligung der russländischen Bevölkerung am gesellschaftspolitischen Leben waren die Angaben der Befragten zur Teilnahme an den Wahlen geradezu beeindruckend. Die „Mittelklasse" bekundete auch in diesem Falle eine etwas höhere Bereitschaft zur Partizipation an repräsentativ-demokratischen Entscheidungsverfahren als der Rest der Bevölkerung. Aber die deklarierte Wahlbeteiligung lag in allen Schichten und bezogen auf Urnengänge auf allen politischen Ebenen bei über zwei Dritteln. Die Präsidentschaftswahlen zogen diesen Angaben zufolge eindeutig die meisten

---

[45]   Die Tatsache, dass sich „gesellschaftliche Massenorganisationen", die in der UdSSR als „Gewerkschaften [profsojuzy]" bezeichnet wurden, von gleichnamigen Organisationen in westlichen Ländern wesentlich unterschieden, wird ausführlicher im fünften Kapitel dieser Studie thematisiert.

Wahlberechtigten in die Wahllokale. 87,2% des „Kerns der Mittelklasse", 83,3% des „Halbkerns" sowie 83,8% der Gesamtsstichprobe hätten sich demnach an der Wahl des Präsidenten beteiligt. In der „Peripherie der Mittelklasse" und in der Schicht „unterhalb der Mitte" lag die angegebene Wahlbeteiligung mit 83,6% bzw. 84,4% sogar ein wenig höher als im „Halbkern" der mittleren Stratifikationsmakrogruppe. Nur die Befragten aus der „Unterklasse" deklarierten etwas seltener den Gang zur Wahlurne, wenn es um die Bestimmung ihres Staatsoberhauptes ging (80,8%) (Maleva et al. 2003: 383 Tab. 164). Diese Rangfolge von Stratifikationsgruppen hinsichtlich der Häufigkeit der Wahlteilnahme ihrer einzelnen Vertreterinnen und Vertreter wiederholte sich auf einem insgesamt etwas niedrigeren, aber dennoch beeindruckenden Niveau im Falle von Wahlen zur Staatsduma-[46], sowie von Gouverneurs-[47] und Bürgermeisterwahlen (mėr)[48].

Die zitierten Befunde sind allerdings mit Skepsis zu betrachten. Denn in der bisherigen Geschichte des postsozialistischen Rußlands lagen die tatsächlichen Beteiligungen sowohl im Falle von Präsidentschafts- als auch von Dumawahlen deutlich niedriger, als die Bekundungen der Befragten gegenüber dem Forschungsteam von Maleva. An den Präsidentschaftswahlen vom 26.03.2000 – damals wurde Vladimir Putin zum ersten Mal gewählt – nahmen 68,6% der Stimmberechtigten teil. Auch bei allen früheren Wahlen des Staatsoberhauptes lag die Beteiligung deutlich unterhalb der hier zitierten Befragungsergebnisse.[49] Die Stimmabgaben für die Staatsduma zogen ebenfalls wesentlich weniger Wahlberechtigte an, als man dies aufgrund der Befragungsergebnisse eigentlich hätte erwarten dürfen. Im Dezember 1999 – also knapp ein Jahr vor der Erhebung – verzeichnete man die bis dahin niedrigste Wahlbeteiligung von 60,4%, die allerdings vier Jahre später (am 07.12.2003) mit 55,6% noch unterboten wurde (*Russlandanalysen*, Nr. 9 / 2003 vom 12.12.2003, S. 6). So entsteht der Eindruck, dass ein beträchtlicher Teil der Befragten gegenüber den Interviewerinnen und Interviewern als gewissenhafter bei der Wahrnehmung von ihren „staatsbürgerlichen Pflichten" erscheinen wollte, als er tatsächlich gewesen war.

In der russischsprachigen Literatur über die Mittelschichten wird oft davon ausgegangen, dass sich diese Stratifikationsmakrogruppe durch ein besonders

---

[46]   77,7% des „Kerns der Mittelklasse"; 73,5% des „Halbkerns der Mittelklasse"; 74,2% der „Peripherie der Mittelklasse"; 77% der Schicht unterhalb der „Peripherie"; 71,5% der „Unterklasse" und 75,1% der Stichprobe (Maleva et al. 2003: 383 Tab. 164).

[47]   74,3% des „Kerns der Mittelklasse"; 66,8% des „Halbkerns der Mittelklasse"; 69,5% der „Peripherie der Mittelklasse"; 72,5% der Schicht unterhalb der „Peripherie"; 71% der „Unterklasse" und 70,8% der Stichprobe (Maleva et al. 2003: 383 Tab. 164).

[48]   74,5% des „Kerns der Mittelklasse"; 68,9% des „Halbkerns der Mittelklasse"; 70,1% der „Peripherie der Mittelklasse"; 74% der Schicht unterhalb der „Peripherie"; 69,2% der „Unterklasse" und 71,6% der Stichprobe (Maleva et al. 2003: 383 Tab. 164).

[49]   Siehe: http://www.russlandanalysen.de/content/media/Praesident19912000.xls (02.10.2005).

ausgeprägtes Bedürfnis nach einer funktionierenden gesetzlichen Regelung des gesellschaftlichen Verkehrs auszeichne (Zdravomyslov 2001: 84). Die Studie von Maleva et al. hat ein vor dem Hintergrund dieser Hypothese sehr interessantes Ergebnis erbracht. Aus der Befragung ging nämlich hervor, dass die russische „Mittelklasse" – und insbesondere ihr „Kern" – deutlich häufiger als der Rest der Bevölkerung zu Relativierungen der gesetzlichen Ordnung neigt. Lediglich eine knappe Hälfte (48,5%) des „Kerns der Mittelklasse" äußerte die Meinung, dass Gesetze bedingungslos zu befolgen seien. Die Mehrheit dieser Stratifikationssubgruppe nannte hingegen unterschiedliche Umstände, die in ihren Augen ein gesetzwidriges Handeln rechtfertigen würden. So war mehr als ein Drittel (36,5%) des „Kerns" nicht bereit, dem Gesetz zu folgen, wenn dadurch die eigenen „Rechte" verletzt würden. Ein ähnlich großer Teil dieser Stratifikationssubgruppe (34,3%) betrachtete Gesetzwidrigkeiten auch dann als gerechtfertigt, wenn diese „dem Wohl der Gesellschaft" zu dienen schienen. Über zwei Fünftel (43,8%) des „Kerns der Mittelklasse" waren bereit, Gesetze zu missachten, wenn sie meinten, diese seien „unvollkommen". Und knapp ein Viertel (24,1%) der Befragten aus dieser Stratifikationssubgruppe artikulierte offen das Verständnis für Gesetzesübertretungen aus partikularen Nützlichkeitsgründen.[50] In anderen Schichten der Bevölkerung war die Neigung zum Rechtsrelativismus weniger ausgeprägt. Dabei nahm sie deutlich ab, je weiter nach unten man sich in der sozioökonomischen Stratifikation bewegte. In der Gesamtstichprobe sprach sich deutlich über die Hälfte der Befragten für eine unbedingte Befolgung der Gesetze aus. In der „Unterklasse" waren es sogar zwei Drittel (66,5%) (Maleva et al. 2003: 387 Tab. 167). (Eine systematische Aufstellung der Ergebnisse ist im Anhang I.8 zu finden.) Die Untersuchungen des Teams von Gorškov und Tichonova gaben Anhaltspunkte für eine ähnlich skeptische Einschätzung der Gesetzestreue innerhalb der russischen „Mittelklasse" (Petuchov 2000: 30; Gorškov, Tichonova et al. 2004: 203-204).

Selbstverständlich handelte es sich bei diesen Angaben um bloße Bekundungen. Deshalb geben die zitierten Befunde kein direktes Bild der tatsächlichen Gesetzestreue der russischen Bürgerinnen und Bürger wieder. Es liegt aber nahe anzunehmen, dass die faktische Situation im Alltag noch weniger erfreulich aus der Perspektive der wirksamen gesetzlichen Regelung war, als dies aus den zitierten Befragungsergebnissen hervorgeht. Sicherlich gab es deutlich mehr solche Befragten, die zwar nicht immer alle gesetzlichen Bestimmungen befolgten, sich aber dennoch gegenüber einem Interviewer für eine bedingungslose Gesetzeskonformität aussprachen, als solche, die das umgekehrte Verhalten an den Tag legten – etwa um „besonders schlau" in der Befragungssituation zu erschei-

---

[50] Es waren mehrere Antworten möglich; deshalb entspricht die Summe der Prozentangaben nicht 100.

nen oder weil sie zwar gerne mal gegen ein Gesetz verstoßen hätten, aber nie den Mut dazu finden konnten. Die Befragungsergebnisse widersprechen zwar nicht direkt der These, der zufolge sich insbesondere die Vertreterinnen und Vertreter der „Mittelklasse" nach Rechtssicherheit sehnten. Sie verdeutlichen allerdings, dass das Problem selbst tief in der sozio-ökonomischen Wirklichkeit der postsozialistischen Periode und in der Alltagspraxis der Gesellschaftsmitglieder verwurzelt war.[51]

Mit diesen Befunden korrespondiert ein weiteres Ergebnis der Studie von Maleva et al.: Russische Bürgerinnen und Bürger insgesamt, insbesondere aber diejenigen von ihnen, die in der „Mittelklasse" verortet wurden, verließen sich in Situationen, in denen sie ihre Rechte verletzt sahen, eher auf ihre persönlichen Beziehungen als auf staatliche Institutionen. Ein Drittel (33%) des „Kerns der Mittelklasse", 28% ihres „Halbkerns" und ein Fünftel (20,4%) aller Befragten teilten mit, dass sie sich in einer solchen Situation an ihre Freunde oder Bekannten wenden würden. Die Neigung zu dieser Form des Kampfes um eigene Rechte war in den Gesellschaftsschichten „unterhalb der Mitte" deutlich weniger ausgeprägt. Den Umfrageergebnissen zufolge neigten die Vertreterinnen und Vertreter der mittleren Stratifikationsgruppe auch am ehesten dazu, sich an die organisierte Kriminalität zu wenden, wenn sie zu der Ansicht gelangten, dass ihre Rechte verletzt worden seien. Immerhin gaben 6,4% des „Kerns" und 3,7% des „Halbkerns", 3,8% der Peripherie der Mittelklasse, aber nur 2,9% der Stichprobe ganz offen zu, dass sie in einem solchen Konfliktfall mit „informellen Strukturen" oder „Menschen mit Autorität [avtoritetnye ljudi]" Kontakt aufnehmen würden (Maleva et al. 2003: 387 Tab. 166). Beide Ausdrücke sind in Russland gängige umgangssprachliche Euphemismen für organisiertes Verbrechen (Kharkhordin 1999: 307; Volkov 2002: 72). Diese Prozentzahlen mögen auf den ersten Blick nicht besonders hoch erscheinen. Zieht man aber zum Vergleich die Angaben über die Bereitschaft heran, sich im Falle einer Rechtsverletzung an die „Volkspolizei [milicija]" zu wenden, tritt das Problem deutlicher zum Vorschein: Nur 7,4% des „Kerns", 5,7% des „Halbkerns", 6,5% der „Peripherie der Mittelklasse" und 4,8% der gesamten Stichprobe (Maleva et al. 2003: 387 Tab. 166) schienen sich den Schutz ihrer Rechte von derjenigen staatlichen Behörde zu versprechen, welche eigentlich zu diesem Zwecke existiert. Zusätzlich gilt es in diesem Zusammenhang zu berücksichtigen, dass die Neigung, die eine oder die andere Aussage gegenüber einer fremden Person (einem Interviewer) zu machen, sehr unterschiedlich sein dürfte. Es ist aus nachvollziehbaren Gründen davon auszugehen, dass einige Personen, die bereits die besonderen Dienste der „Menschen mit Autorität" in Anspruch genommen haben, bei der Befragung dies nicht zu-

---

[51]   Siehe etwa Berezins (1997: 59) Konstatierung, der zufolge der „Rechtsnihilismus" in Russland „beinahe eine Norm" geworden sei.

gaben. Eine genauere Schätzung dieser Dunkelziffer ist allerdings kaum möglich. Lediglich die bereits konstatierte Nähe der Ergebnisse zu denen hinsichtlich der Bereitschaft, die „Volkspolizei" einzuschalten, lässt unterhalb der sichtbar gewordenen „Spitze" einen beachtlichen Eisberg vermuten. Wichtig ist auch, dass die Vertreterinnen und Vertreter der russischen „Mittelklasse" deutlich häufiger die Hinwendung an Kriminelle als eine angemessene Reaktion auf eine (subjektiv wahrgenommene) Verletzung ihrer Rechte ansahen, als diejenigen, die in den unteren Stratifikationsgruppen verortet wurden. Dies hängt sicherlich größtenteils damit zusammen, dass nur die ersteren über genügend materielle Ressourcen verfügten, um „Gewaltunternehmern" (Volkov) hinreichende Anreize für Sanktionsmaßnahmen bieten zu können.

Die Anrufung eines Gerichts (mit oder ohne Beistand eines Anwalts) wurde von den Vertreterinnen und Vertretern der „Mittelklasse" nur halb so häufig wie das Vertrauen auf persönliche Beziehungen als ein Mittel gegen Rechtsverletzungen genannt. 9,4% des „Kerns" bekundeten die Bereitschaft, im Falle einer Rechtsverletzung sich an ein Gericht ohne Vermittlung eines Anwalts und weitere 5,9% mit einem fachkundigen Rechtsbeistand zu wenden. Im „Halbkern der Mittelklasse" lagen die entsprechenden Anteile bei 11,9% und 3,4%. Interessanterweise zeigten auch die Vertreterinnen und Vertreter der „Peripherie der Mittelklasse" (10%) sowie der Stratifikationsgruppe „unterhalb der Mitte" (8,4%) eine ähnlich ausgeprägte Bereitschaft zum Einschlagen des Rechtsweges ohne einen Anwalt, wie die beiden Subgruppen der „aggregierten Mittelklasse". Der Gang vors Gericht mit einem fachkundigen Beistand war hingegen in diesen Schichten viel weniger verbreitet (3% bzw. 2,1%). Dieser Befund ist sicherlich in erster Linie mit den Unterschieden in der materiellen Situation zu erklären. Aus dem Zahlenvergleich geht deutlich hervor, dass vor allem jene Personen, die im „Kern" der Mittelklasse verortet wurden, deutlich häufiger als alle anderen Gesellschaftsmitglieder auf fachkundigen Rechtsbeistand zurückgriffen (Maleva et al. 2003: 387 Tab. 166).

Beschwerden bei der Betriebsleitung rangierten nach den Beziehungen zu Verwandten und Bekannten an zweiter Stelle unter den Reaktionen auf (subjektiv wahrgenommene) Verletzungen von Rechten. Sie waren am häufigsten im „Kern der Mittelklasse" (19,7%), in ihrem „Halbkern" (17,8%) sowie in der Peripherie (17,1%) anzutreffen und wurden in den niedrigeren Schichten deutlich seltener verzeichnet. Insgesamt erreichte ihre Verbreitung 15,1% (Maleva et al. 2003: 387 Tab. 166). Sicherlich hing die relative Verbreitung dieser Vorgehensform mit bestimmten Arten von Rechtsverletzungen zusammen, die besonders häufig von den Befragten genannt wurden. Etwa die Hälfte (54,7% des „Kerns" und 48,8% des „Halbkerns") von Vertreterinnen und Vertretern der mittleren Stratifikationsgruppen nannte schlechte Qualität von Produkten oder Dienstleistungen, als sie nach den Formen der Verletzungen ihrer Rechte gefragt wurden. Der Anteil der Personen, die auf dieses Problem hinwiesen, nahm bei den Bevölkerungsteilen unterhalb der „Mittelklasse" deutlich ab. Hingegen wurden Verspätungen bei der Auszahlung von Arbeitsgehältern und Renten viel häufiger in den unteren Stratifikationsgruppen genannt, wenn auch Entlohnungsrückstände ebenfalls deutlich über zwei Fünftel (42,7% des „Kerns" und 47% des „Halbkerns") der „Mittelklasse" zu betreffen schienen (Maleva et al. 2003: 385 Tab. 165). Es ist nicht verwunderlich, dass bei dieser Art von Rechtsverletzungen, die am häufigsten genannt wurden, die Betriebsleitungen die primären Adressaten von Beschwerden waren. Allerdings relativiert diese Erkenntnis nicht den bereits festgehaltenen Eindruck, dass sich die Befragten auch in solchen Fällen viel eher auf informelle Praktiken als auf die Rechtswege verließen. Auch das Forschungsteam von Gorškov und Tichonova (RUFI / IKSI RAN / IS RAN) stellte in seinen drei Untersuchungen über die „Mittelklasse" eine starke Tendenz der Vertreterinnen und Vertreter dieser sozialen Makrogruppe zu „individuellen Formen der Anpassung und des Kampfes um ihre Rechte" fest (Gorškov, Tichonova et al. 2006: 120-121). Die russische „Mittelklasse" sei noch kein wirklicher Träger der Gesetzestreue geworden (Gorškov, Tichonova et al. 2004: 227-228).

Die Untersuchung von IKSI aus dem Jahr 2003 verdeutlichte zudem, dass die russische Mittelschicht längst keine Basis für wirtschaftsliberale Reformen mehr darstellt. Fast die Hälfte (46,4%) dieser Gruppe wünschte sich zwar keine vollständige Abschaffung des Marktes, aber dennoch eine stark regulierende Rolle des Staates in der Ökonomie. In der Gesamtbevölkerung waren es hingegen nur 34,4%, wobei sich jedoch weitere 28,5% der Gesamtstichprobe für die vollständige Verstaatlichung der Wirtschaft aussprachen (Gorškov, Tichonova et al. 2004: 190 Diagr. 32). Außerdem wird der Staat von einer seit 1999 weiter gewachsenen Mehrheit der Mittelschicht als die zentrale Instanz angesehen, die für die Anliegen der Arbeitnehmer einzutreten habe (Gorškov, Tichonova et al. 2004: 194 Tab 70).

Putins Politik fand im Juni 2003 – d.h. nach de facto dreieinhalb Jahren im Amt – gerade in der russischen Mittelschicht eine besonders positive Resonanz. 57,5% dieser sozialen Makrogruppe bewerteten sie „eher positiv", während weitere 21,7% die Frage sogar mit „vorbehaltlos positiv" beantworteten. In der restlichen Bevölkerung waren es „nur" 48,6% bzw. 17,5%. Bei der negativen Bewertung des Präsidenten zeigte sich die Mittelschicht entsprechend zurückhaltender als der Rest der russländischen Bürger: nur knapp 1% der „Mitte" und immerhin etwas über 3% der anderen Befragten beurteilten Putins Handeln „zweifelsohne negativ". „Eher negativ" waren knapp 6% der Mittelschicht und ca. 11% der restlichen Bevölkerung gegenüber ihrem Staatsoberhaupt eingestellt

(Gorškov, Tichonova et al. 2004: 210 Diagr. 40). Es waren diese Befunde, die das IKSI-Forschungsteam dazu veranlasst haben, die russische Mittelschicht als das „Rückgrat" der „Putin-Mehrheit" zu bezeichnen (Gorškov, Tichonova et al. 2004: 209). Allerdings wiesen die Forscher um Gorškov und Tichonova (2004: 256) zugleich darauf hin, dass dieser „Putin-Konsens" wohl eher „als eine Art Ausgangsbasis für eine weitere evolutionäre Systemreform des oligarchisch-bürokratischen Gefüges" angesehen wird, denn als das Endergebnis einer politischen Entwicklung.

Die Politik des Kreml am Anfang der zweiten Amtsperiode von Putin schien auf den ersten Blick weiterhin diesen Wünschen der russischen Mittelschichten zu entsprechen: Das Vorgehen gegen den Jukos-Konzern, der grundlegende Umbau der Regierungsstruktur und die jüngsten Vorstöße in Richtung einer weiteren Zentralisierung der Föderation erweckten den Eindruck eines erstarkenden Staates. Der zunehmende Allzuständigkeitsanspruch der viel beschworenen „Machtvertikale" birgt jedoch die Gefahr einer massiven Überlastung der politischen Entscheidungsstrukturen in sich.[52] Zugleich werden jene sozialen Kräfte marginalisiert, die transparentere Formen der gesellschaftlichen Regulation suchen als administrative Netzwerkbeziehungen. Es ist allerdings nicht das Ziel dieser Studie zu erörtern, inwiefern Putins Politik in seiner zweiten Amtszeit den unterstellten Erwartungen der russischen Bevölkerung insgesamt und der Mittelschichten insbesondere gerecht werden konnte.

2.6 Schlussfolgerungen

Die Ergebnisse einer Reihe von empirischen Untersuchungen, die in den 1990er Jahren sowie am Anfang des neuen Jahrhunderts durchgeführt und im Rahmen dieses Kapitels erörtert wurden, machen deutlich, dass Russlands postsozialistische Mittelschicht relativ klein bleibt und in ihrem Lebensstil deutlich von ihren Pendants in Westeuropa sowie Nordamerika abweicht. Darüber hinaus zeigt sich, dass sie nicht unbedingt die Hoffnungen erfüllt, welche in sie von vielen Publizisten sowie einigen Gesellschaftswissenschaftlern in Anlehnung an die modernisierungssoziologische Demokratisierungstheorie gesetzt wurden. Dieser Befund widerlegt allerdings nicht zwingend die These, der zufolge die Stratifikationsgruppe, die aufgrund ihrer sozio-professionellen Charakteristik als „sozialistische professionelle Mittelschicht" bezeichnet werden könnte, zu den treibenden Kräften im Auflösungsprozeß des sowjetsozialistischen Systems gehörte. Denkbar ist eine Entwicklung, in der diese Menschen aus ihrer sozioökonomischen

---

[52]   Vgl. dazu: „There's Little Point if Putin Doesn't Know" (Editorial) in: *The Moscow Times*, Thursday, July 20, 2006, Issue 3457, p. 8.

und politischen Perspektive der 1980er Jahre heraus einen tiefgreifenden Umbau des Sowjetsystems hin zur „Marktwirtschaft" und „repräsentativen Demokratie" mehrheitlich befürworteten, aber von dem faktischen Verlauf der durch die Gorbačevsche „Perestroika" in Gang gesetzten und in den ersten Jahren der Präsidentschaft Jelzins beschleunigten Veränderungen zu einem beträchtlichen Teil enttäuscht wurden.

Mit dieser Hypothese im Hinterkopf soll der Blick in den nachfolgenden Kapiteln auf die sowjetsozialistische Gesellschaftsgeschichte gerichtet werden. Dabei sind die Fragen nach der sozioökonomischen Grundstruktur und nach der Funktionsweise des Wirtschafts- und Gesellschaftssystems in den Vordergrund zu stellen, weil nur ein angemessenes Verständnis des gesellschaftlichen Ganzen die Grundlage für die genaue Bestimmung des besonderen Charakters der „sozialistischen professionellen Mittelschicht" schaffen kann. Dieses Verständnis ist ebenfalls unabdingbar, um eine Reihe von Phänomenen der postsozialistischen Transformationsphase adäquat zu begreifen.

3 Gesellschaftsstruktur des „entwickelten Sozialismus"

3.1 Das Grundkonzept der „Klassen- und Sozialstruktur"

Die offizielle sowjetische Soziologie[53] der Zeit des „reifen Sozialismus" stritt keineswegs ab, dass sich in der UdSSR verschiedene soziale Makrogruppen ausmachen ließen (Kerblay 1983: 206; Churchward 1987: 26; Nove 1975/1979: 204). Die „vollkommene soziale Homogenität [polnaja social'naja odnorodnost']" war das Ziel der gesamten sowjetsozialistischen Gesellschaftstransformation und sollte erst mit dem Übergang zum „Kommunismus" erreicht werden. Michail N. Rutkevič[54], einer der führenden Gesellschaftswissenschaftler der 1970er und 1980er Jahre[55], betonte, dass die Existenz von sozialen Ungleichheiten und sogar expliziten „Klassenunterschieden" „in der ersten Phase des Sozialismus" geradezu „unumgänglich" sei (Rutkevič 1986: 21). Deshalb rekurrierte dieser Autor in seiner Beschreibung der gesellschaftlichen Grundstruktur in der Phase des „entwickelten Sozialismus [razvityj socializm]"[56] auf das marxistisch-leninistische Konzept der sozialen Klassen. Vladimir Lenins (1919/1971: 410) oft zitierter Definition zufolge handele es sich dabei um „große Menschengruppen, die sich voneinander unterscheiden nach ihrem Platz in einem geschichtlich bestimmten System der gesellschaftlichen Produktion, nach ihrem (größtenteils in Gesetzen fixierten und formulierten) Verhältnis zu den Produktionsmitteln, nach ihrer Rolle in der gesellschaftlichen Organisation der Arbeit und folglich nach der Art der Erlangung und der Größe des Anteils am gesellschaftlichen Reichtum, über den sie verfügen". Als das zentrale Abgrenzungskriterium zwischen den beiden, im „entwickelten Sozialismus" weiterhin bestehenden „Klassen" – der „Arbeiterklasse [rabočij klass]" und der „Kolchosbauernschaft [kol-

---

[53]   Zum Begriff „official sociology" siehe: Matthews (1972: xv) und Greenfeld (1991).

[54]   In den deutschsprachigen Publikationen dieses Autors, die in der DDR erschienen sind, wird sein Nachname mit Rutkewitsch transliteriert.

[55]   Zur dominanten Stellung Rutkevičs in der sowjetischen Soziologie der 1970er und 1980er Jahre Shkaratan (1989: 28).

[56]   Synonym wurde auch der Ausdruck „reifer Sozialismus [zrelyj socializm]" verwendet.

choznoe krest'janstvo[57]" – galt deshalb „das Verhältnis zu den Produktionsmitteln" (Rutkevič 1987a: 9, 13, 15; Rutkewitsch/Filippow u.a. 1979: 27, 39).

Obwohl dieser Abgrenzung der sozialen Klassen scheinbar das gleiche Hauptkriterium zugrunde lag, welches Lenin für seine Definition der Klasse in einer kapitalistischen Gesellschaft heranzog[58], sei der Charakter der „sozialen Klassen" im „entwickelten Sozialismus" grundlegend anders gewesen (Rutkevič et al. 1976: 11; Rutkewitsch/Filippow u.a. 1979: 19). Der fundamentale Unterschied zwischen Klassen in der „bürgerlichen Gesellschaft [buržuaznoe obščestvo]" und denen in der „Gesellschaft des entwickelten Sozialismus" rührte daher, dass der bis dahin „antagonistische" Charakter der Klassendifferenzen nach der „Liquidierung der Ausbeuterklassen [likvidacija ėkspluatatorskich klassov]" und der damit einhergehenden „Vernichtung von Interessengegensätzen [uničtoženie protivopoložnosti interesov]" mit dem Sieg der „Großen Sozialistischen Oktoberrevolution" verschwunden sei (Rutkevič 1987a: 20). Das Verhältnis der beiden im entwickelten Sowjetsozialismus verbliebenen sozialen Klassen, deren „Arbeit auf dem gesellschaftlichen Eigentum an Produktionsmitteln basiert[e]", bezeichnete Rutkevič noch im Jahre 1987 als ein „erstarkendes Bündnis [krepnuščij sojuz]".[59] Allerdings wies dieses Bündnis eine besondere Asymmetrie auf: Der „Arbeiterklasse" kam darin die „führende Rolle [veduščaja rol']" zu (Rutkevič 1987a: 9).

Der Ausdruck „erstarkendes Bündnis" knüpfte an die Stalinsche Formulierung von der „freundschaftlichen Zusammenarbeit der Arbeiter, Bauern und der Intelligenzija" an, welche, dieser Auffassung zufolge, auf der Basis einer „moralisch-politischen Einheit der sowjetischen Gesellschaft" stattfand (nach: Rutkevič 1999: 20; siehe auch: Radaev/Škaratan 1996: 222; Churchward 1987: 26). Dieses Konzept, das in der zweiten Hälfte der 1930er Jahre als die offiziell

---

[57]   Manchmal wurde der Ausdruck mit „Kollektivbauern" bzw. „Kollektivbauernschaft" übersetzt (Rutkewitsch/Filippow u.a. 1979: 44).

[58]   Matthews (1972: 33f Fn. 3) hat darauf hingewiesen, dass Lenins Klassendefinition auf kapitalistische und nicht auf sozialistische Gesellschaften zugeschnitten war. Dies wird aus der direkten Fortsetzung der zuvor zitierten Textstelle deutlich: „Klassen sind Gruppen von Menschen, von denen die eine sich die Arbeit der andern aneignen kann infolge der Verschiedenheit ihres Platzes in einem bestimmten System der gesellschaftlichen Wirtschaft" (Lenin 1919/1971: 410). Dennoch wurde sie von der sowjetischen Soziologie in der Phase des „reifen Sozialismus" auch für die Beschreibung der innergesellschaftlichen Verhältnisse als verbindlich angesehen. Noch in der „Perestrojka"-Zeit betonte Rutkevič (1987b: 35) die unveränderte Bedeutung der Leninschen Klassendefinition für die sozialistische Gesellschaft.

[59]   Eine andere gängige Formulierung lautete: „das unzerstörbare Bündnis der Arbeiter, Bauern und der Intelligenzija". Sie stammt aus der Verfassung der UdSSR (zitiert nach: Gladkov u. a. 1980: 28). Rutkewitsch/Filippow u.a. (1979: 61) sprechen ebenfalls vom „unzerstörbaren Bündnis" zwischen der sowjetischen „Arbeiterklasse" einerseits und der „Kolchosbauernschaft" sowie der „Volksintelligenzija" andererseits.

gültige Beschreibung des Verhältnisses zwischen den sozialen Makrogruppen in der sowjetischen Gesellschaft eingeführt worden war und seine Geltung – wenn auch mit gewissen Zusatzdifferenzierungen – bis zum Ende der 1980er Jahre behalten sollte, wurde später umgangssprachlich (und nicht ohne einen spöttischen Unterton) als „Drei-Glieder-Modell [trechčlenka]" bezeichnet (Radaev/Škaratan 1996: 224). Mit „Gliedern [členy]" waren die beiden „nichtantagonistischen Klassen" und die „Schicht" der „Volksintelligenzija" gemeint. Während sich die meisten sowjetischen Gesellschaftswissenschaftler von diesem, einst offiziell vorgeschriebenen, Grundkonzept entweder schon in der „Perestojka"-Zeit oder kurz danach – oft geradezu fluchtartig – verabschiedet hatten, sprach Rutkevič (1999: 20) den einst offiziell geltenden Grundkategorien der sowjetischen Sozialstrukturtheorie, die in den 1970ern sowie 1980ern uneingeschränkt auch seine eigenen waren, auch noch gegen Ende des ersten postsozialistischen Jahrzehnt weiterhin einen Wahrheitskern zu.

Die eigenständige Stellung der Kolchosbauern in der „Sozial- und Klassenstruktur" der Sowjetunion wurde mit dem Verweis auf die Verknüpfung von „staatlichen" (Agrarland, Energieträger etc.) mit den „genossenschaftlichen" (Saatgut, landwirtschaftliche Maschinen, Bauten etc.) Produktivressourcen im Prozess der kollektiv-landwirtschaftlichen Produktion begründet (Rutkevič 1987a: 12). Diese Konstellation unterschied sich von der, in der die „Arbeiterklasse" an der „sozialistischen Produktion" teilnahm, da die letztere Makrogruppe auf der Grundlage des „all-nationalen Eigentums [vsenarodnaja sobstvennost']"[60] an „Produktionsmitteln" – mit anderen Worten in Staatsbetrieben – erwerbstätig war. Folglich wurden die Beschäftigten in den als „Sowchosen [sovchozy]"[61] bezeichneten, staatlichen Landwirtschaftsbetrieben gemäß dem marxistisch-leninistischen Hauptkriterium der Klassenabgrenzung als „die agrarische Abteilung der Arbeiterklasse [agrarnyj otrjad rabočego klassa]" bezeichnet (Rutkevič 1987a: 12). Diese Tatsache ist von entscheidender Bedeutung, um die offiziellen sowjetischen Statistiken über die Anteile der „Arbeiterklasse" und des „Kollektivbauerntum" an der Gesamtzahl der Beschäftigten richtig zu verstehen (siehe Anhang II.1. und Anhang II.2.).

Gewiß waren die offiziellen Aussagen über den selbstverwalteten, genossenschaftlichen Charakter der Kolchosen zu keinem Zeitpunkt für bare Münze zu nehmen.[62] Es bestanden aber dennoch signifikante Differenzen zwischen den

---

[60]   Diesen Ausdruck benutzte Rutkevič (1999: 22) auch nach dem Kollaps des sowjetsozialistischen Systems.
[61]   Das Wort ist eine Abkürzung von „sovetskoe chozjajstvo" d.h. „sowjetischer [= staatlicher] [Land]wirtschaftsbetrieb". Analog wurde mit „kolchoz" der Ausdruck „kollektivnoe chozjajstvo" d.h. „kollektiver [Land]wirtschaftsbetrieb" abgekürzt.
[62]   Kazimierz M. Slomczynski (1998: 94) hat darauf hingewiesen, dass die Unterschiede zwischen beiden Formen des „sozialistischen Eigentums" in der Praxis sehr geringfügig waren.

institutionellen Rahmenbedingungen, innerhalb derer die Vertreterinnen und Vertreter der beiden „sozialistischen Klassen" (im Sinne der „Parteidokumente" sowie der offiziellen sowjetischen Soziologie) ihrer Erwerbsbeschäftigung nachgingen. Die Bedeutung der „privaten" (für familiär organisierten Anbau genutzten) Landflächen und die legale Existenz von „Kolchosmärkten", auf denen Preise keiner Regulierung durch den wirtschaftsverwaltenden Staatsapparat unterlagen, waren die deutlichsten Anzeichen dafür, dass die ideellen Leitlinien des Sowjetsozialismus im landwirtschaftlichen Bereich – trotz aller anfänglichen Erbarmungslosigkeit der Zwangskollektivierung – nie konsequent durchgesetzt werden konnten (Lewin 1991: 26).

Gegenüber „revisionistischen Strömungen" in der osteuropäischen Soziologie, die multifaktorale Konzepte der Sozialstruktur von Gesellschaften staatssozialistischen Typs entwarfen,[63] vertrat Rutkevič (1976: 10; siehe auch: Rutkewitsch/Filippow u.a. 1979: 13f.) den Standpunkt der marxistisch-leninistischen (eigentlich stalinistischen) Orthodoxie: Die Stellung im Produktionsprozeß und insbesondere das Verhältnis der „unmittelbaren Produzenten" zu den „Produktionsmitteln" seien die entscheidenden Kriterien für die Bestimmung von „Klassen" auch in einer „sozialistischen Gesellschaft". Gleichwohl räumte er ein, dass „Klassenunterschiede" (in seinem umgedeutet marxistisch-leninistischen Sinne) nicht der einzige Strukturierungsaspekt einer „Gesellschaft des entwickelten Sozialismus" darstellten. Neben den beiden bereits genannten „Klassen" ließen sich in der Sowjetunion noch „soziale Schichten [socjal'nye sloi]" sowie soziale „Abteilungen [otrjady]" ausmachen. Die Trennlinien dieser Makrogruppen verliefen oft quer zu den als „nichtantagonistisch" aufgefaßten Klassendifferenzen.

---

[63]   In Rutkevičs (1976: 10) Standardwerk von 1976 (die deutsche Übersetzung: Rutkewitsch/Filippow u.a. 1979: 16ff) wurde namentlich nur der tschechoslowakische Autor Pavel Machonin (1969; 1970) genannt. In seinen späteren Publikationen führte Rutkevič (1987b: 36, 47 En. 11) neben Machonin auch den Polen Włodzimierz Wesołowski (1977) als Beispiel eines Soziologen an, der „die Positionen der bürgerlichen Theorie der sozialen Stratifikation" vertreten habe.
Bereits in 1964 kam es anlässlich einer internationalen Konferenz der Soziologen aus den Ländern des „sozialistischen Lagers" zu einer Kontroverse zwischen Michail Rutkevič und den mittelosteuropäischen Gesellschaftswissenschaftlern über die Grundkategorien der Sozialstrukturanalyse der sowjetsozialistischen Gesellschaften. Als wichtigster Opponent von Rutkevič trat der damals noch in der Volksrepublik Polen wirkende Soziologe Zygmunt Bauman auf (vgl. Radaev/Škaratan 1996: 233). Baumans Sichtweise zur Grundstruktur der sowjetsozialistischen Gesellschaften wird in seinem Aufsatz von 1974 zusammengefaßt. Dieser Text erschien allerdings erst nach Baumans erzwungener Emigration aus Polen.

3.2 Die „Schicht" der „sozialistischen Volksintelligenzija"

Die offizielle sowjetische Soziologie betrachtete den „reifen Sozialismus" als ein Stadium in der „gesetzmäßigen" Entwicklung der postrevolutionären Gesellschaft hin zum „Kommunismus", der sich durch die „vollkommene soziale Homogenität", d.h. durch die endgültige Aufhebung der Klassenunterschiede sowie aller anderen sozialen Differenzen, auszeichnen sollte. Zu letzteren zählte auch die Trennung zwischen körperlicher und geistiger Arbeit („Hand- und Kopfarbeit" bei Marx). Im Stadium des „entwickelten" oder „reifen Sozialismus", in dem sich die sowjetische Gesellschaft jedoch seit den späten 1960er Jahren befunden habe, seien die „gesellschaftlichen Produktivkräfte" noch nicht so weit entwickelt gewesen, als dass die Überwindung dieser Trennung bereits möglich gewesen wäre. Daraus resultierte die „gesetzmäßige" Existenz einer gesonderten sozialen Makrogruppe, deren Vertreterinnen und Vertreter „vorwiegend nicht-körperliche Arbeit" leisteten. Sie wurde in den „Parteidokumenten", welche – bis in die Zeit der Gorbačevschen „Perestrojka" hinein – stets den zentralen begrifflichen Bezugsrahmen für die Schriften der offiziellen sowjetischen Soziologie darstellten[64], als „Intelligenzija [intelligencija]" bezeichnet (Rutkewitsch/Filippow u.a. 1979: 114).

Diese sozio-professionelle Makrogruppe schien ihrer sozioökonomischen Funktion nach der „professionellen Mittelklasse" bzw. der „Angestelltenschicht" in den kapitalistischen Gesellschaften entsprochen zu haben. Die sowjetischen Soziologen wiesen sogar explizit darauf hin, dass es auch im Kapitalismus eine „Intelligenzija" gäbe.[65] Zugleich hoben sie jedoch die entscheidende Differenz zwischen der sozialistischen „Volksintelligenzija [narodnaja intelligencija]" und ihren kapitalistischen Pendants hervor. Diese Differenz habe in der inneren Spaltung der betrachteten Makrogruppe im Kapitalismus bestanden: ein Teil sei, der offiziellen sowjetischen Sichtweise zufolge, mit dem „Bürgertum" eng verbun-

---

[64] Greenfeld (1991: 131-133) hat ausgerechnet, dass beinahe ein Viertel (23,8%) aller Zitationen in der einzigen sowjetischen Fachzeitschrift für Soziologie *Sociologičeskie issledovanija* in den Jahren 1974-1986 auf „Klassiker des Marxismus-Leninismus" und auf aktuelle „Parteidokumente" verwies. Häufiger wurde nur aus den Arbeiten der sowjetischen Soziologie zitiert (32,8% aller Literaturangaben). Zum Vergleich führte die Autorin an, dass in den beiden wichtigsten amerikanischen Soziologie-Fachzeitschriften über vier Fünftel aller Verweise sich auf Arbeiten der einheimischen Kolleginnen und Kollegen bezogen: 82,7% in *American Journal of Sociology* und 81,3% in *American Sociological Review*. Eine Art der Zitationen, wie die aus den Werken der „Klassiker" und den „Parteidokumenten" fehlte in den Publikationen der amerikanischen Soziologen gänzlich.

[65] In diesem Zusammenhang wurde häufig Lenins These zitiert, der zufolge bereits im frühen 20. Jahrhundert „eine wachsende Nachfrage nach der Intelligenzija" in den kapitalistischen Ländern zu beobachten war (zitiert nach Aitov 1979: 30). Es ist unschwer zu erkennen, dass der sowjetische Revolutionsanführer in dieser Bemerkung eines der Hauptmotive aus der Diskussion über die „Angestellten" unter deutschen Soziologen in der Spätphase des wilhelminischen Kaiserreichs aufgriff.

den, der andere „proletarisiert" gewesen.[66] Die sowjetische „Volksintelligenzija" zeichne sich hingegen durch ihre Einheitlichkeit aus, weil ihre „Werktätigkeit" auf dem „gesellschaftlichen Eigentum an Produktionsmitteln" beruhe (Rutkevič 1980: 64). Damit wurden alle „konvergenztheoretischen" Prognosen, welche eine allmähliche Annäherung der Gesellschaftsstrukturen diesseits wie jenseits der Systemgrenze voraussagten, kategorisch zurückgewiesen.

Der Begriff der „Intelligenz[ija]"[67] bzw. „Volksintelligenzija" hatte in der offiziellen sowjetischen Soziologie zwei unterschiedlich weit gefaßte Bedeutungen. Zum einen wurde damit die „Gesamtheit der vorwiegend mit geistiger Arbeit Beschäftigten" bezeichnet (Rutkewitsch/Filippow u.a. 1979: 112; Rutkevič 1980: 64; siehe auch: Nove 1975/1979: 197; Giddens 1979: 294; Bailes 1996: 52). Die „Intelligenzija" in diesem weitesten Sinne galt, gemäß Artikel 1 der sowjetischen Verfassung von 1977, als eines der drei „grundlegenden Elemente der Sozial- und Klassenstruktur der sozialistischen Gesellschaft" neben der „Arbeiterklasse" und der „Kolchosbauernschaft" (Rutkevič 1980: 63; Kerblay 1983: 204). Sie war in der Phase des „reifen Sozialismus" die zweitgrößte, sozio-professionelle Makrogruppe nach der „Arbeiterklasse" (Aitov/Nasibullin 1980: 106; siehe auch: Anhang II.1), an deren Seite sie eine wichtige Rolle als „aktiver Erbauer [stroitel'] der kommunistischen Gesellschaft" (Filippov 1977: 162) zu spielen gehabt habe. Zum anderen gab es aber in der offiziellen soziologischen Literatur noch einen deutlich enger gefaßten „Intelligenzija"-Begriff. (Das „Autorenkollektiv" unter Rutkevičs und Filippovs (1979: 41) Leitung sprach deshalb an mehreren Stellen seines einschlägigen Buches von „Intelligenzija im engeren Sinne".) Denn so wurden insbesondere Beschäftigte bezeichnet, welche „beruflich geistige Arbeit [leisteten], die eine hohe Qualifikation, in der Regel Hoch- und Fachschulbildung, erfordert[e]" (Rutkewitsch/Filippow u.a. 1979: 113; Rutkevič 1980: 64). Dieser Definition zufolge entsprach die „Intelligenzija" also dem ebenfalls häufig verwendeten Begriff der „Spezialisten" (Rutkewitsch/Filippow u.a. 1979: 117). Verglichen mit der zuerst genannten, „weiten" Fassung blieben nun „Werktätige mit einer weniger qualifizierten geistigen Arbeit", die

---

[66]   Auch in diesem Punkt scheinen die Argumente aus der „Angestellten"-Diskussion der deutschen Sozialdemokratie des ausgehenden 19. Jahrhunderts und des beginnenden 20. Jahrhunderts nachzuhallen. Siehe erstes Kapitel der vorliegenden Studie.

[67]   In der ostdeutschen Ausgabe des Buches des „Autorenkollektivs" unter der Leitung von Rutkevič und Filippov (1979; Original: Rutkevič 1976) wurde der russische Begriff „intelligencija" mit „Intelligenz" übersetzt. Für die gleiche Übersetzungsvariante dieses Begriffs entschied sich auch Dietrich Beyrau (1993). Im Rahmen der vorliegenden Studie wird die eingedeutschte Version des russischen Wortes („Intelligenzija") durchgehend verwendet, um diese besondere soziale Gruppe zu bezeichnen. Damit soll die semantische Gleichsetzung mit der Intelligenz im psychologischen Sinne vermieden werden, obwohl diese in einigen slawischen Sprachen (z.B. im Russischen und im Polnischen) durchaus gegeben ist. Deshalb werden in den Originalzitaten in den beiden genannten Werken die drei „fehlenden" Buchstaben in eckigen Klammern hinzugefügt.

„keine Fach- oder Hochschulbildung erforderlich" machte (Rutkewitsch/Filippow u.a. 1979: 118f; Rutkevič 1980: 64, 66) und „hauptsächlich durch ausführende Funktionen charakterisiert" war (Rutkewitsch/Filippow u.a. 1979: 144), außen vor. Sie wurden als „Angestellte-Nichtspezialisten [služaščie-nespecialisty]" bezeichnet (Rutkewitsch/Filippow u.a. 1979: 41, 117; Rutkevič, 1987a: 9f; 1999: 24, 28 Fn. 9).

Diese Unterscheidung erinnert an die vom finnischen Soziologen Markku Kivinen (1989a: 352; 1989b: 61 ff.) vorgeschlagene Abgrenzung zwischen dem „Kern der Mittelklasse" und ihren „marginalen Gruppen" in kapitalistischen Gesellschaften. Allerdings zeichnete dieser Autor aufgrund der Differenzen zwischen verschiedenen Formen von „Autonomie im Arbeitsprozess", die für die einzelnen Beschäftigtengruppen der nicht-körperlichen Arbeit charakteristisch waren, ein viel detaillierteres Bild der Binnenstruktur von „Mittelklassen" (siehe erstes Kapitel der vorliegenden Studie).

Als die entscheidenden Kriterien, sowohl für die Eingrenzung der „Volksintelligenzija" im weitesten Sinne, als auch für die Unterscheidung zwischen den „Spezialisten" („Intelligenzija im engen Sinne") und den „Angestellten-Nichtspezialisten" galten, aus der Sicht der offiziellen sowjetischen Soziologie, „die Rolle in der gesellschaftlichen Organisation der Arbeit und [der] durch diese Rolle bedingte[...] *Charakter der Arbeit* (insbesondere der qualifizierten)" (Rutkewitsch/Filippow u.a. 1979: 116; kursiv im Original). Bei der Abgrenzung der beiden Untergruppen innerhalb der „Volksintelligenzija" spielten zusätzlich die Komplexität der Arbeitsaufgaben und die damit korrelierende Einkommenshöhe eine Rolle (Rutkevič 1980: 65). Es handelte sich also um „Elemente der Sozialstruktur", die dem marxistisch-leninistischen Verständnis zufolge nicht als „Klassen" zu bezeichnen waren, da die jeweilige Stellung der sowjetischen „Volksintelligenzija" sowie ihrer beiden Untergruppen in der gesellschaftlichen Arbeitsteilung nicht auf einem besonderen Verhältnis ihrer Vertreterinnen und Vertreter zu den „Produktionsmitteln" beruhte (Rutkewitsch/Filippow u.a. 1979: 130; Filippov 1977: 158; siehe auch: Stepanova 2003: 47; Belen'kij 2004: 99). Ihre Abgrenzungslinien verliefen vielmehr quer zu den Klassengrenzen im marxistisch-leninistischen Sinne. Zur Veranschaulichung wurde auf wesentliche Gemeinsamkeiten hinsichtlich des „Charakters der Arbeit" verwiesen, die zwischen „Spezialisten" in Kolchosen und Sowchosen, trotz der unterschiedlichen Formen des „sozialistischen Eigentums" an Produktionsmitteln, bestanden (Rutkewitsch/Filippow u.a. 1979: 130; Rutkevič 1987a: 13).[68] Andere sowjetische Autoren

---

[68]   Die „Kolchosintelligenzija" war insgesamt nicht besonders zahlreich. Ihre Gesamtzahl belief sich in der zweiten Hälfte der 1970er auf etwa 600.000 Personen (Rutkewitsch/Filippow u.a. 1979: 131; Rutkevič 1980: 67). Die überwältigende Mehrheit von „Spezialisten" und „Angestellten-

nahmen allerdings diese Unterscheidung zum Anlaß, die soziostrukturelle Homogenität aller im Bereich der staatlichen Zentralverwaltung beschäftigten Personen hervorzuheben. Ovsej Škaratan (1970: 100) und Leonid Gordon (1968: 111ff.) vertraten in den frühen 1970er Jahren die Auffassung, der zufolge alle „Werktätigen" in der Sphäre der „materiellen Produktion" – d.h. auch die „Produktionsintelligenzija" und die „Angestellten-Nichtspezialisten" – als Teil der „sozialistischen Arbeiterklasse" anzusehen seien. Rutkevič und Filippov wandten sich gegen diese Sichtweise. Damit werteten sie implizit andere Kriterien der sozialen Ausdifferenzierung gegenüber dem klassenkonstituierenden „Verhältnis zu den Produktionsmitteln" auf.

Das von einem Individuum erreichte Bildungsniveau als solches galt dem „Autorenkollektiv" unter der Leitung von Rutkevič und Filippov nicht als ausschlaggebend für die Verortung dieser Person innerhalb der „Volksintelligenzija", obwohl eine hohe, formal zertifizierte Qualifikation zumindest die erstere der beiden Untergruppen (d.h. die „Spezialisten") unter allen „sozialistischen Werktätigen" auszeichnete. Zur Begründung dieser Sichtweise wurde darauf hingewiesen, dass es auch unter den Bedingungen des „reifen Sozialismus" weiterhin eine recht große Anzahl von Beschäftigten gab, die, ohne ein entsprechendes Qualifikationszertifikat vorweisen zu können, dennoch „Planstellen" besetzten, welche „in der Regel" einen höheren bzw. einen mittleren spezialisierten Bildungsabschluß erforderten. Diese Personen waren meist während der früheren, vom raschen Aufbau der industriellen Infrastruktur geprägten Entwicklungsphase des Sowjetsozialismus in ihre Berufspositionen gekommen. Die erforderlichen Kenntnisse sowie Fähigkeiten hatten sie durch eine langjährige Praxis erworben und konnten sich auf ihren Posten als „Spezialisten" bewähren. Sie wurden aufgrund ihres besonderen Qualifikationsweges als „Praktiker [praktiki]" bezeichnet (Rutkewitsch/Filippow u.a. 1979: 118).[69] Legt man das in diesem Falle funktional bestimmte Kriterium der sowjetischen Soziologie – i.e. den Charakter der faktisch ausgeführten Arbeitsaufgaben – zugrunde, waren diese Beschäftigten als vollwertige Vertreterinnen und Vertreter der „Schicht der Spezialisten", der „Intelligenzija im engeren Sinne" zu betrachten. Es erscheint deshalb theoretisch inkonsistent, wenn das Autorenkollektiv unter der Leitung von Rutkevič und

---

Nichtspezialisten" war in der „volkseigenen" sprich staatlich-zentralverwalteten Sphäre der sowjetischen Ökonomie beschäftigt.

[69]   Moshe Lewin (1991: 59, 61) hebt die zentrale Rolle der „Praktiker" in der Aufbauphase der sowjetsozialistischen Industrialisierung („der Große Durchbruch") hervor. Dies traf sowohl für Führungskräfte und Spezialisten in der Produktion als auch für die parteistaatliche Verwaltung. Noch 1956 hatten über zwei Drittel (68,4%) aller Betriebsdirektoren und etwa ein Drittel (32,9%) der Chefingenieure kein entsprechendes Qualifikationszertifikat vorzuweisen. Einen ähnlichen Trend zur Besetzung von Stellen, die eigentlich hohe fachliche Qualifikationen voraussetzten, mit antrainierten aber loyalen Laien stellte Louise Shelley (1991: 65f) im Bereich der Justiz fest.

Filippov (1979: 121) an einer anderen Stelle von „Praktikern" als „eine[r] Grenz-
schicht zwischen Angestellten und Spezialisten" spricht.

Innerhalb der „Schicht" der „Intelligenzija im engeren Sinne" ließen sich
drei verschiedene Untergruppen ausmachen (Rutkewitsch/Filippow u.a. 1979:
42). Bei ihrer Abgrenzung legten die sowjetischen Soziologen entgegen den
vorausgegangenen Definitionsbestimmungen nur das Bildungs- bzw. Qualifikationsniveau zugrunde. Die unterste und zugleich zahlreichste Untergruppe bestand aus Beschäftigten mit sekundärer Fachausbildung (Rutkewitsch/Filippow
u.a. 1979: 134). Diese machten Mitte der 1970er Jahre knapp drei Fünftel aller
„Spezialisten" aus.[70] In der zweiten Hälfte der 1970er Jahre und in den 1980er
Jahren zeigte dieser Anteil eine deutlich rückläufige Tendenz: 1980 lag er bei
57,8% und 1989a bei 56,5%.[71] Etwas über ein Drittel der „Intelligenzija im engeren Sinne" konnte um die Mitte der 1970er Jahre einen Hochschulabschluß vorweisen.[72] Diese Personen bildeten die zweite Untergruppe innerhalb der gesamten Makrogruppe der „Spezialisten". Ihr Anteil hat im Laufe der 1980er Jahre die
Marke von 40% überschritten (siehe Anhang II.6). Nicht besonders zahlreich,
aber im Zeitalter der „wissenschaftlich-technischen Revolution" als ausgesprochen wichtig angesehen, war schließlich die dritte Untergruppe, die aus „erfahrenen und schöpferisch aktiven Beschäftigten in Wissenschaft, Technik, Kunst,
Publizistik, politischer und wirtschaftlicher Leitung" bestand (Rutkewitsch/Filip-
pow u.a. 1979: 134). Sie machten mit etwa 1,5 Mio. Personen um die Mitte der
1970er etwa 6% der sowjetischen „Intelligenzija im engeren Sinne" aus.[73]

In den 1970er Jahren wurde ein als negativ eingeschätzter Trend in der Ausbildung von „Spezialisten" festgestellt: ein zu schnelles Wachstum der Zahl von
„Spezialisten" mit Hochschulbildung im Verhältnis zur Zahl derjenigen, die
einen mittleren Spezialistenabschluß vorweisen konnten (Rutkewitsch/Filippow
u.a. 1979: 134 f.). Am Ende der 1950er Jahre gab es im Allunionsdurchschnitt
noch knapp 1,5 „Spezialisten" auf Stellen mit mittleren Qualifikationsanforderungen pro Beschäftigtem, dessen Arbeitsaufgaben „in der Regel" einen Hochschulabschluß voraussetzten. Bis zur Mitte der 1970er Jahre sank dieser Indika-

---

[70]   1960 – 59,7%; 1976 – 58,5%. Diese Daten stammen ursprünglich aus: *Narodnoe chozjajstvo
SSSR v 1960 g.*, S. 523 u. 626 sowie: *Narodnoe chozjajstvo SSSR za 60 let*, S. 141 u. 477 (nach
Rutkewitsch/Filippow u.a. 1979: 135 Tab. 17).

[71]   Die statistischen Daten für die gesamte Nachkriegsperiode wurden im Anhang II.6 zusammengestellt.

[72]   Die Schätzungen des Anteils nach: Rutkewitsch/Filippow u.a. (1979: 135 Tab. 17): 1960 –
35,3%; 1976 – 35,5%. Sie stammen ursprünglich aus *Narodnoe chozjajstvo SSSR v 1960 g.*, S. 523
und 626 sowie *Narodnoe chozjajstvo SSSR za 60 let*, S. 141 u. 477.

[73]   1960 – 0,44 Mio. = 5%; 1976 – 1,5 Mio. = 6%. Diese Daten stammen ursprünglich aus
Narodnoe chozjajstvo SSSR v 1960 g., S. 523 und 626 sowie *Narodnoe chozjajstvo SSSR za 60 let*, S.
141 u. 477 (zitiert nach: Rutkewitsch/Filippow u.a. 1979: 135 Tab. 17).

tor auf 1,4 (siehe Anhang II.6). Diese Entwicklung führten Rutkevič, Filippov und ihre Kollegen auf die Tatsache zurück, dass die Hochschule über eine lange Zeit die einzige Option für Schulabgänger der mittleren allgemeinen Bildungseinrichtungen bot, falls diese eine Fortsetzung ihres Bildungsweges gegenüber einem Berufseinstieg bevorzugten. Große Hoffnungen wurden deshalb von besagtem Autorenkollektiv an die Ausweitung des Netzes von Berufsschulen geknüpft (Rutkewitsch/Filippow u.a. 1979: 280). Dennoch setzte sich der negative Trend bis Ende der 1980er Jahre verstärkt fort, so dass 1989 nur noch 1,3 „Spezialisten" mit mittlerer Fachbildung auf einen Akademiker entfielen.[74] Die Folge davon war, dass viele Personen mit Hochschulabschluß angesichts des Mangels an mittleren „Spezialisten" hauptsächlich Arbeitsaufgaben zu übernehmen hatten, für die ihr hohes Qualifikationsniveau gar nicht erforderlich war. Vor diesem Hintergrund erscheint das zuvor zitierte Konzept der inneren Schichtung der „Intelligenzija im engeren Sinne" nur anhand des erreichten Niveaus der spezialistischen Qualifikation als zweifelhaft. Außerdem läßt dieser Befund ein erhebliches Frustrationspotential bei denjenigen hochqualifizierten Gesellschaftsmitgliedern vermuten, die Arbeitsaufgaben unterhalb ihres Ausbildungsniveaus zu verrichten hatten.

Die offizielle sowjetische Soziologie wies auf weitere Differenzierungen innerhalb der sozialen Schicht der „Intelligenzija im engeren Sinne" hin. Im vorigen Abschnitt wurde bereits die Unterscheidung zwischen verschiedenen „Abteilungen" erwähnt. Sie orientierte sich an den Abgrenzungen der einzelnen Makrosektoren der sowjetsozialistischen Wirtschaftsverwaltung (Rutkevič 1987a: 9; 1999: 25). Die größte „Abteilung" wurde als „ingenieurtechnische Intelligenzija", „Produktionsintelligenzija [proizvodstvennaja intelligencija]" oder als „ingenieurtechnische Beschäftigte [inženerno-techničeskie rabotniki; kurz ITR]" bezeichnet. Neben dieser existierten noch die landwirtschaftliche, die wissenschaftliche, die künstlerische, die administrative und die militärische „Abteilungen" der „Intelligenzija" (Rutkewitsch/Filippow u.a. 1979: 132) sowie die „Intelligenzija der Aufklärung und Kultur [prosveščenija i kul'tury]", die sich vor allem aus Schullehrern, Bibliothekaren und Mitarbeitern von diversen Kultureinrichtungen zusammensetzte (Rutkevič 1986: 56ff.). Hinzu kam noch die besondere Gruppe der „medizinischen Intelligenzija".

---

[74]   Die detaillierte Aufstellung der statistischen Daten ist im Anhang II.6 zu finden. Zwar waren die durchschnittlichen jährlichen Wachstumssaldos der Makrogruppe der Spezialisten mit mittlerer Fachausbildung seit den frühen 1950er Jahren stets höher als die der Spezialisten mit Hochschulbildung, aber seit den frühen 1970er Jahre lagen die prozentualen Anteile dieser Wachstumssaldos an der Gesamtzahl der jeweiligen Gruppe im Falle Spezialisten mit Hochschulbildung über dem analogen Wert für die Spezialisten mit mittlerer Fachbildung. Dies bedeutet, dass die zuerst genannte Gruppe verhältnismäßig schneller wuchs.

Eine besonders wichtige Differenzierung innerhalb der Schicht der „Spezialisten" bestand zwischen Personen, die im Rahmen der innerbetrieblichen Arbeitsteilung leitende Positionen besetzten, und denjenigen, die bloß ausführende Funktionen übernahmen (Rutkewitsch/Filippow u.a. 1979: 42f.). Die offiziellen sowjetischen Soziologen postulierten, dass „in der gegenwärtigen Etappe der gesellschaftlichen Entwicklung" der Einsatz von „qualifizierten langjährig erfahrenen Leitungskadern" ebenso notwendig gewesen sei, wie die Trennung zwischen körperlicher und geistiger Arbeit überhaupt (Rutkewitsch/Filippow u.a. 1979: 132). Zugleich wurde aber der „volksnahe" Charakter des sowjetischen Führungspersonals hervorgehoben, indem auf proletarische oder bäuerliche Herkunft der überwältigenden Mehrheit (zwischen 70% und 80%) von Partei- und Staatsfunktionären hingewiesen wurde (Rutkewitsch/Filippow u.a. 1979: 141). Außerdem betonten die Autoren, dass die meisten der mit Leitungsfunktionen betrauten Personen im Rahmen ihrer beruflichen Tätigkeit zugleich auch ausführende Aufgaben zu übernehmen hätten (Rutkewitsch/Filippow u.a. 1979: 137).

Diese Ausführungen machen deutlich, dass die offizielle sowjetische Soziologie bemüht war, den Eindruck zu vermeiden, dass es in der UdSSR eine gesonderte soziale Gruppe gab, deren Mitglieder sich von allen anderen Beschäftigten durch die berufsmäßige Übernahme von Führungsaufgaben scharf unterschieden. Bei Rutkevič, Filippov u.a. (1979: 141) heißt es sogar explizit, dass „die Schicht der leitenden Mitarbeiter in der sozialistischen Gesellschaft ein untrennbarer Teil des Volkes" sei. Damit schienen sie den kritischen Theorien der sowjetsozialistischen Gesellschaftsstratifikation implizit entgegenzutreten (Filippov 1977), auf die im nachfolgenden Kapitel dieser Arbeit ausführlich eingegangen wird.

3.3 Der tradierte Begriff der „Intelligenzija"

Das Wort „Intelligenzija", welches in der offiziellen sowjetischen Soziologie – den „Parteidokumenten" folgend – benutzt wurde, um jene soziale Makrogruppe zu bezeichnen, derer Vertreterinnen und Vertreter aufgrund ihrer hohen, „in der Regel" durch formale Bildungsabschlüsse zertifizierten Qualifikationen besonders komplexe, vorwiegend durch geistige Tätigkeit charakterisierte Rollen im Rahmen der gesellschaftlichen Arbeitsteilung der sowjetsozialistischen „Planwirtschaft" übernahmen (T. Naumova 1996: 82; Stepanova 2003: 47), hat eine bis ins 19. Jahrhundert zurückreichende Vorgeschichte. Allerdings wurde damit in der letzten, durch eine beginnende sozio-ökonomische Modernisierung geprägten Entwicklungsphase des Russländischen Zarenreiches (Rossijskaja carskaja imperija) nicht so sehr eine durch wirtschaftliche und professionelle Faktoren bestimmte Stellung in der Gesellschaftsstruktur umschrieben, sondern vielmehr eine soziale Rolle, welche darin bestand, die „humanistische Kultur" zu bewahren (Magaril 2001: 51) und auf diese Weise „der Gesellschaft [zu] dienen" (Butenko 1998: 131; ähnlich: Elbakjan 2003: 82). Deshalb betrachteten manche bereits in der postsozialistischen Periode publizierenden Experten die sowjetische „Reduktion" des „Intelligenzija"-Begriffs auf rein sozio-professionelle Charakteristika und die daraus resultierende Ausblendung der „kulturell-normativen Sphäre" als seine Entwertung (Stepanova 2003: 52).

Trotz aller Kontroversen, welche das meist als „russische Intelligenzija [russkaja intelligencija]" bezeichnete Phänomen seit gut eininhalb Jahrhunderten hervorruft, besteht dennoch ein weitgehender Konsens, demzufolge die Ursprünge des Begriffs selbst in der zweiten Hälfte des 19. Jahrhunderts zu suchen sind. Schwankungen, welche es diesbezüglich zwischen einzelnen Expertenmeinungen gibt, erscheinen in den meisten Fällen nicht erheblich. Die meisten Autorinnen und Autoren verorten die Etablierung dieses Begriffs in der russischen Sprache entweder in den 1860er (Orlov 2001: 54) oder in den 1870er (T. Naumova 1996: 81; Stepanova 2003: 50) Jahren. Diese Datierungen koinzidieren mit der frühen Phase des tiefgreifenden sozioökonomischen Wandels, welcher durch die Modernisierungsreformen Alexanders II. – vor allem durch die Aufhebung der Leibeigenschaft im Jahre 1861 – und durch die Anfänge der industriell-kapitalistischen Entwicklung des Landes in Gang gesetzt wurde (Belen'kij 2004: 94). Gegen Ende des Jahrhunderts war der Begriff fest in der russischen Sprache etabliert und spielte eine zentrale Rolle in den intellektuellen Debatten über die künftige Entwicklung des Landes. Insbesondere war dies in der politisch turbulenten Zeit um 1905 der Fall. Zu den wichtigsten intellektuellen Beiträgen zu diesem Thema gehört die nach dem ersten russischen Revolutionsversuch entstandene Aufsatzsammlung *Vechi* (*Wegzeichen* 1990), die unter der spätsowjetischen kritischen „Intelligenzija" geradezu einen „Kultstatus" erlangen sollte (Kormer 1989; Davydov 1990). Es handelte sich dabei um einen Versuch der führenden nicht-marxistischen Intellektuellen des späten Zarenreichs, das Phänomen der „russischen Intelligenzija" in seiner gesellschaftsverändernden Bedeutung zu analysieren.

Viele, vor allem russische Autorinnen und Autoren unterstreichen bis heute, dass der Begriff „Intelligenzija" ausschließlich in Rußland Geltung beanspruchen könne (Kormer 1989: 69; T. Naumova 1996: 81). Aus diesem Grund habe er auch nur dort eine breite publizistische und sozialwissenschaftliche Verwendung gefunden (Orlov 2001: 55). In anderen Sprachen hingegen werde er demnach, wenn überhaupt, nur zur Beschreibung der russischen Verhältnisse gebraucht.[75] Diese Auffassung überzeugt nicht, weil der „Intelligenzija"-Begriff erstens in anderen osteuropäischen Ländern (etwa in Polen) nicht nur als solcher („inteligencja" im sozialwissenschaftlichen Sinne) existiert, sondern auch eine eigene gesellschaftsgeschichtliche Fundierung hat (Domański 1990a: 132; Domański: 1990b: 14; Leszkowicz-Baczyński 1997; Borucki 1980; Palska 1994: 15f.; Kozińska-Bałdyga 1996: 84-87; Wesołowski 1996; Mokrzycki 1995; Gołębiowski 1998; Żuk 1999; Jedlicki 2004) und zweitens eine wichtige Rolle in den prognostischen Analysen der „postindustriellen" Entwicklungstendenzen kapitalistischer Gesellschaften von Daniel Bell und insbesondere von Alvin Gouldner spielte. (Was das letztere Argument angeht, gilt es allerdings einschränkend darauf hinzuweisen, dass das „Intelligenzija"-Verständnis der beiden genannten Autoren eher Gemeinsamkeiten mit dem sowjetischen als mit dem vorrevolutionären aufwies.) Dennoch ist die These von der „Eigenartigkeit der russischen Intelligenzija als einem Phänomen der russischen Nationalkultur" (Kondakov 1997: 442) vor allem in der russischsprachigen Literatur häufig anzutreffen. Ekaterina Elbakjan (2003: 82) zufolge gehöre diese soziale Gruppe zu den „Besonderheiten der russländischen Zivilisation [rossijskaja civilizacija]", welche sich u.a. durch die Dominanz der humanistisch Gebildeten[76] verbunden mit ihrer Neigung zum „Dienst an der Gesellschaft" sowie ihrem Streben nach „Verwirklichung ihrer Vorstellungen von Wahrheit und Gerechtigkeit" auszeichne. Einer häufig zitierten Formulierung des Philosophen Nikolaj Berdjaev zufolge strebte die „Intelligenzija" in ihren Ideen, für die sie „ins Gefängnis zu gehen, zur Zwangsarbeit verurteilt oder sogar hingerichtet zu werden" bereit gewesen sei, nach der Vereinigung von „Wahrheit im erkenntnistheoretischen Sinne [pravda-istina]" mit der „Wahrheit als Gerechtigkeitsvorstellung [pravda-spravedlivost']" (nach Stepanova 2003: 51; Übersetzung RM). Aus diesen Bestrebungen ließe sich auch die Hinwendung eines beträchtlichen Teils dieser sozialen Gruppe zum Marxismus während der Spätphase des Zarenreichs erklären (Elbakjan 2003: 82). Zu den gesellschaftlichen Funktionen der „Intelligenzija" im tradierten Sinne zählten ebenfalls die „Artikulation von gesellschaftlichem Bewußtsein und Initiative", die „Schaffung des gesellschaftlichen Gleichgewichts", die „Stimulierung der kulturell-schöpferischen Aktivitäten [tvorčestvo] und des Fortschritts", die „Verteidigung der persönlichen Freiheit" sowie die

---

[75] Zwar scheint es auch in Rußland Autorinnen und Autoren zu geben, welche die These von der Existenz einer „Intelligenzija" in kapitalistischen Ländern vertreten und damit die sozialhistorische oder kulturelle Besonderheit dieses Begriffs implizit zu bestreiten scheinen. Aber sie beziehen sich dabei auf ein Verständnis von „Intelligenzija", das für die offizielle sowjetische Soziologie charakteristisch war (Stepanova 2003: 50).

[76] Aus diesem Blickwinkel müßte die sowjetsozialistische Periode als ein tiefer Zivilisationsbruch erscheinen, weil sie ein deutliches Übergewicht der technischen Intelligenzija hervorgebracht hat (Gudkov 1998b).

Entwicklung von Ideen, die der Gesellschaft den Weg in die Zukunft weisen sollten (Elbakjan 2003: 85).

Der Philosoph Nikolaj O. Losskij sah ein zentrales Charakteristikum der traditionellen „russischen Intelligenzija" in ihrem Kampf gegen die „Spießbürgerlichkeit [meščanstvo]" (nach Elbakjan 2003: 82). In diesem Zusammenhang erscheint es als interessant, dass dieser Ausdruck in die russische Sprache direkt aus dem Polnischen übernommen wurde (Stepanova 2003: 51 in Anlehnung an Pavel Miljukov), wo das gleichlautende Wort „mieszczaństwo" jedoch bis heute als eine (weitgehend) neutrale Bezeichnung der städtischen Schicht von Kaufleuten, Händlern, Handwerkern etc. – mit anderen Worten des „Bürgertums" – fungiert. Mit der Übernahme ins Russische war also eine negative Färbung verbunden. Den Bürgerlichen wurde vor allem die Aufgabe der „volkstümlichen, gemeinschaftlichen Wertvorstellungen [narodnye, obščinnye cennosti]" zugunsten einer individualistischen, egoistischen, auf eigenen Vorteil bedachten Lebenseinstellung vorgeworfen. Diese Begriffsgeschichte legt die Hypothese nahe, dass Gesellschaftsveränderungen, die den (in Negativkategorien so charakterisierten) Wertewandel hervorbrachten, als etwas dem „russischen Wesen" Fremdes aufgefaßt wurde – als etwas, was aus dem Westen, d.h. konkret aus dem zum damaligen Zeitpunkt vom Zarenreich kontrollierten Teil der polnischsprachigen Gebiete ins russische Kernland vordrang. (Während des gesamten 19. Jahrhunderts blieb das Territorium der einstigen „Polnischen Adelsrepublik" unter den Nachbarmächten Rußland, Österreich/-Ungarn und Preußen/Deutschland aufgeteilt.)

Obwohl sich die Kritik der russischen „Intelligenzija" im späten 19. und dem frühen 20. Jahrhundert oft gegen die mit den ersten Ansätzen der kapitalistischen Gesellschaftsveränderung aufkommende „Spießbürgerlichkeit" richtete, obwohl viele ihrer Vertreter häufig die Bereitschaft zum Dienst für das „einfache Volk [narod]"[77] und sogar die „Liebe" zu demselben bekundeten, ist das Verhältnis zwischen diesen beiden sozialen Makrogruppen nicht anders als ambivalent zu charakterisieren. Denn zugleich legten die Vertreterinnen und Vertreter der „Intelligenzija" eine kulturell exklusive Haltung an den Tag: Es waren vor allem die Unterschiede in der Bildung, in der sprachlichen Ausdrucksfähigkeit sowie im allgemeinen „kulturellen Niveau [kul'turnost']", welche die Grenzen dieser sozialen Gruppe im Sinne des tradierten Begriffs bestimmten[78] und folglich eine Distanz zum „einfachen Volk" begründeten. Elbakjan (2003: 84) sprach

---

[77]   Das russische Wort „narod" ähnelt dem deutschen „Volk" darin, dass es sowohl eine große innerlich undifferenziert erscheinende Menschengruppe als auch eine ethno-kulturell definierte Makrogruppe bezeichnen kann. Allerdings ist im Deutschen die letztere Bedeutung stärker ausgeprägt. Deshalb wird das russische Wort „narod", wenn es im Original eindeutig in der ersten Bedeutung benutzt wird, mit dem Ausdruck „das einfache Volk" übersetzt.

[78]   Vgl. die bereits zitierte Liste der Eigenschaften eines „genuinen Vertreters der Intelligenzija" aus einem Aufsatz von Tat'jana Naumova (1996: 82).

deshalb von einer „elitären Ideologie und Psychologie" der „russischen Intelligenzija", deren Vertreter mehrheitlich von ihrer besonderen, geradezu auserwählten Rolle als das Gehirn und Gewissen der Gesellschaft überzeugt gewesen seien. So besehen fungiert der Ausdruck „das einfache Volk" als die Residualkategorie im Rahmen eines Stratifikationskonzeptes, dem die simultane Anwendung der jeweils spezifischen Ausschlußkriterien der „Staatsmachtelite" (vlast') und der „Intelligenzija" zugrunde liegt. Allein schon deshalb ist er stratifikationsanalytisch nicht zufriedenstellend, obwohl er durchaus eine wichtige kollektive Wahrnehmungsweise verdeutlicht.

Mit der Ambivalenz der „Intelligenzija"-Vertreter gegenüber dem „einfachen Volk" hing auch das häufig thematisierte Gefühl der „Schuld" zusammen, das in dieser gesellschaftlichen Gruppe den Wunsch des „Dienstes für das einfache Volk" zusätzlich verstärkt habe. Als zwei (zumindest teilweise alternativ verstandene) Überwindungsformen dieser „Schuld" galten dabei die „Volksaufklärung" und der „revolutionäre Befreiungskampf" (Elbakjan 2003: 85). Diese Ideen sind bis in die Gegenwart hinein lebendig. So präsentierte Sergej Magaril (2001: 56) zu Anfang des 21. Jahrhunderts eine postsozialistische Neuauflage des ersteren Konzepts: Er sah die zentralen Aufgaben der „russischen Intelligenzija" in der staatsbürgerlichen Aufklärung des „einfachen Volkes" und in der Verbreitung der demokratischen politischen Kultur. Diese Erwartung weist eine Analogie auf zu der an die „Mittelklasse" geknüpften Hoffnung der modernisierungssoziologischen Demokratietheorie, die im ersten Kapitel dieser Studie erörtert wurde.

Derartigen Postulaten und den ihnen zugrundeliegenden Vorstellungen von der „Intelligenzija" als dem Denk- und Moralzentrum der Gesellschaft wohnt allerdings eine paternalistische Grundhaltung gegenüber denjenigen inne, die aufgrund von bereits genannten Kriterien als dem „einfachen Volk" zugehörig wahrgenommen wurden (Elbakjan 2003: 87). Innerhalb der „russischen Intelligenzija" selbst gab es natürlich fundamentale Differenzen hinsichtlich der Antwort auf die Frage, welche konkrete Entwicklungsoption die beste für das „einfache Volk" und für das gesamte Land sei. Was jedoch die Gemeinsamkeit der meisten Debatten unter den Vertretern der „Intelligenzija" in der Vergangenheit wie in der Gegenwart ausmacht(e), ist die Tatsache, dass darin die Mehrheit der russländischen Bevölkerung nur als bloßes Objekt unterschiedlicher Umgestaltungs- und Verbesserungsmaßnahmen vorkam und oft bis heute noch vorkommt. Die Wünsche und Bedürfnisse des „einfachen Volkes" wurden selten genauer erkundet und blieben meistens wenig bekannt (Butenko 1998: 132).

Die Ursachen der beschriebenen Ambivalenz der „russischen Intelligenzija" in ihrer Beziehung zum „einfachen Volk" haben einen vor allem soziogenetischen Charakter. Sergej Orlov sah einen engen Zusammenhang zwischen der

Entstehung der sozialen Makrogruppe, die man später als „russische Intelligenzija" oder einfach als „Intelligenzija" zu bezeichnen begann, und dem Aufbau der „Bürokratie" während des Übergangs zur „autokratischen Monarchie [samoderžavie]". Bereits zu Zeiten Peters I. (1689-1725) sei der Staat als „die entscheidende Kraft in der Formung der Sozialstruktur" auf die Bühne der russischen Gesellschaftsgeschichte getreten. Die wichtigste Hervorbringung dieser Entwicklung sei die „Bürokratie" als eine „eigenständige gesellschaftliche Schicht" gewesen, die nach der späteren Einsicht des russischen Rechtstheoretikers Boris Čičerin kein bloßes Instrument der Zarenherrschaft darstellte, sondern sich sehr schnell zu einem „eigenständigen sozialen Organismus" entwickelte (nach Orlov 2001: 52). Diese Tendenz habe dann in den 1860ern einen zusätzlichen Schub durch den Übergang von der „höfischen Bürokratie [dvorjanskaja bjurokratija]" zur „Beamtenbürokratie [činovnič'ja bjurokratija]" erhalten (Orlov 2001: 52).

Mit der Rezeption der sozialistischen Ideen durch den kritisch eingestellten Teil der insgesamt sehr schmalen[79] russischen Bildungsschicht sei die „Intelligenzija" zu einer sozialen Gruppe geworden, die sich in Opposition zur regierenden „Bürokratie" verstand – auch wenn sich bei weitem nicht alle ihre Vertreter zu revolutionären Marxisten entwickelt haben. Die oppositionelle, antimonarchische Grundhaltung verband sich in den meisten Fällen nicht mit der Bestrebung, die „Bürokratie" oder sogar den Staat als solchen abzuschaffen, sondern drückte sich vor allem über den Anspruch aus, den Platz der bisherigen „Bürokraten" einnehmen zu wollen. Deshalb bezeichnet Orlov (2001: 53) die „russische Intelligenzija" als eine „Gegenbürokratie [kontrbjurokratija]", welche das Ziel verfolgt habe, die „regierende Bürokratie" abzulösen, um es dann „besser" zu machen. Dieser Autor verweist auf den bereits erwähnten Sammelband *Wegzeichen*, in dem seiner Interpretation zufolge die „russische Intelligenzija" als eine „neue bürokratische Schicht" angesehen wurde. Demnach strebte sie seit ihrer Entstehung im marginalisierten intellektuellen Milieu des späten Zarenreiches an die Macht, um die „sozialistische Doktrin" zu verwirklichen (Orlov 2001: 55).

Vor dem Hintergrund dieser Überlegungen erschien die Oktoberrevolution Orlov zufolge als eine „gegenbürokratische Revolution [kontrbjurokratičeskaja revoljucija]". Sie habe unter der Führung einer bürokratisch (d.h. streng hierarchisch) organisierten Partei stattgefunden. Die „Gegenbürokratie" der Zarenzeit sei auf diese Weise in der UdSSR zur „herrschenden Bürokratie" geworden, die sich jedoch von der Bürokratie westlichen Typs wesentlich unterschieden habe. Von diesem Blickwinkel aus betrachtet könnte man also sagen, dass sich die Verselbständigung der „Bürokratie" nach 1917 unter veränderten ideologischen Vorzeichen wiederholt habe. Allerdings überrascht Orlov (2001: 55-56) an-

---

[79]   Personen mit einem Hochschulabschluß machten am Beginn des 20. Jahrhunderts etwa 0,2% der Bevölkerung des gesamten Imperiums aus (Orlov 2001: 55).

schließend mit der These, der zufolge, nach der Festigung der Macht, der Versuch des sowjetischen Staates erfolgte, eine Gesellschaft mit einer „westlichen Sozialstruktur" – d.h. einer solchen, in der jedes Segment eine eindeutig bestimmte Stellung habe – zu konstruieren. Aus der „Intelligenzija" selbst seien nun bloße „Spezialisten" im Rahmen eines technokratischen Modells der gesellschaftlichen Entwicklung geworden.

Orlovs Ausführungen thematisierten einen Problemkomplex, der für das Verständnis des Phänomens der „russischen Intelligenzija" von zentraler Bedeutung ist: die besonderen, soziostrukturellen Folgen des von der monarchischstaatlichen Obrigkeit vorangetriebenen Prozesses der nachholenden Modernisierung in herrschaftskonservierender Absicht. Diese zeichnete sich dadurch aus, dass sie eine Effizienzsteigerung der Herrschaftsausübung und später auch eine Veränderung der technologischen Reproduktionsbasis der Gesellschaft hin zur industriellen Fertigung anstrebte, ohne zugleich die Herrschaftsform oder die innergesellschaftliche Machtverteilung grundsätzlich antasten zu wollen. Die Bestrebungen aller russischen Reformer von Peter I. bis Stolypin zielten darauf ab, eine festere und zukunftsfähigere, sozio-ökonomische Basis für die „autokratische Monarchie" zu schaffen, damit diese in der sich verändernden Welt bestehen bleiben und sich international behaupten konnte.

Diese von oben verordneten Systemreformen hatten trotz aller sie begleitenden Kontrollbemühungen tiefgreifende gesellschaftliche Veränderungen zur Folge, die zu einem beträchtlichen Teil von den Initiatoren der Umgestaltungen weder intendiert noch vorhergesehen wurden. Die wohl folgenreichste Veränderung – die Entstehung der „Bürokratie" als einer eigenständigen und mit weitreichenden Machtbefugnissen ausgestatteten Sozialgruppe – wurde bereits genannt. Die teilweise Verselbständigung der „Bürokratie" war aber nicht die einzige unbeabsichtigte Folge der obrigkeitsstaatlichen Reformen im Russländischen Zarenreich. Dazu gehörte ebenfalls das Aufkommen der „russischen Intelligenzija".

Orlovs Ausführungen stellen aber zugleich ein begriffliches Durcheinander dar, das sich vor allem deshalb ergibt, weil der Autor eine allzu ungebrochene Kontinuität zwischen dem Zarenreich und der Sowjetunion zu postulieren scheint. Er changiert implizit – im Übrigen wie viele andere, in der postsozialistischen Zeit zu diesem Thema publizierende Personen – zwischen dem tradierten und dem sowjetischen Begriff der „Intelligenzija": Zuerst heißt es, die „gegenbürokratische" Intelligenzija der Zarenzeit sei nach der Revolution zur neuen „herrschenden Bürokratie" geworden; dann wird aber diese soziale Gruppe in die Ränge der „technokratischen" Spezialisten verwiesen. Außerdem befremdet die These, der zufolge die Sowjetmacht nach ihrer Konsolidierung den Versuch unternommen habe, die sozialen Strukturen auf dem riesigen, vom Russländischen Zarenreich geerbten Territorium hin zum „westlichen" Typus zu verändern. In den nachfolgenden Kapiteln dieser Studie wird ausführlich dargelegt werden, warum die Sozialstruktur sowjetsozialistischer Gesellschaften als grundlegend unterschiedlich von denen marktkapitalistischer gesehen werden muss.

Hinter dem begrifflichen Durcheinander scheint sich das Problem zu verbergen, wie der tiefgreifende Gesellschaftswandel, der sich während der sowjetsozialistischen Periode vollzogen hatte, zu begreifen ist. Eine der wichtigsten soziostrukturellen Hervorbringungen dieser Zeit war eine neue Stratifikationsgruppe, die von der offiziellen sowjetischen Soziologie, wie bereits im vorigen Abschnitt dargelegt, als „Intelligenzija" bzw. „Volksintelligenzija" bezeichnet wurde. Diese Bezeichnung ist jedoch nicht dahingehend mißzuverstehen, dass sie mit der „russischen Intelligenzija" im tradierten Sinne identisch war. Sie wird deshalb im Rahmen dieser Untersuchung als sowjetsozialistische Mittelschicht bezeichnet, was ihrer rein sozial-professionell vorgenommen Eingrenzung viel eher Rechnung trägt.

Die „russische Intelligenzija" hatte sich bereits in der ersten Übergangsphase zum Sowjetsozialismus (1920er Jahre) sehr stark gewandelt. Obwohl die Bestrebung nach einer tiefgreifenden Gesellschaftsveränderung zu ihren konstitutiven Merkmalen gehörte, waren viele ihrer Vertreterinnen und Vertreter mit dem neuen Kurs, der nun von der „Kommunistischen Partei" der Bolschewiken bestimmt wurde, nicht einverstanden. Deshalb ging ein beträchtlicher Teil dieser sozialen Gruppe ins Exil, sofern es ihnen gelang, der entfesselten Gewalt des revolutionären Bürgerkrieges zu entkommen. Viele Personen mit einem Hochschulabschluß und einem entsprechend hohen Qualifikationsniveau, auch wenn sie keine Anhänger des Bolschewismus oder der sozialistischen Ideen waren, zeigten sich dennoch zur Zusammenarbeit mit den neuen Machthabern bereit. Sie wurden zu „bürgerlichen Spezialisten", die vorerst in ihren Positionen verbleiben durften, sofern sie nicht eine offene Oppositionshaltung gegenüber der Sowjetmacht an den Tag legten.

Die Revolution brachte ebenfalls die Aufhebung der Siedlungseinschränkungen für die jüdische Bevölkerung mit sich. Bis 1917 durften Juden nur im westlichen Teil des Zarenreichs hinter der so genannten „Siedlungslinie" leben. Die besagte Veränderung löste massive Wanderungsbewegungen der Juden in Sowjetrußlands Großstädte aus. Der Historiker Yuri Slezkine (2004: 206ff.) argumentierte sogar, dass es im 20. Jahrhundert nicht zwei sondern in Wirklichkeit drei große Emigrationen der osteuropäischen Juden gegeben habe. Neben den Umsiedlungen in die USA und nach Palästina zählt er dazu auch die besagten Wanderungen aus den überbevölkerten Schtetls in die bisher für sie aus administrativ-politischen Gründen unzugänglichen Sowjetmetropolen wie Moskau, Leningrad, Kiev oder Charkov.

Aufgrund der viel höheren Literalisierungsraten im Vergleich zur Bevölkerungsmehrheit hatten die Juden mit dem Wegfall der bisherigen Einschränkungen viel bessere Startvoraussetzungen für eine Karriere in den Bildungsinstitutionen, in hochqualifizierten Berufen und im parteistaatlichen Apparat (inkl. Ge-
heimpolizei). Zusätzlich wurden ihre Aufstiegsaussichten durch die Tatsache
begünstigt, dass die Konkurrenz seitens der nichtjüdischen Bevölkerungsteile
sehr gering war. Ein beträchtlicher Teil der vorrevolutionären „Professionals"
war mit ihren Nachkommen, an die sie ihr „kulturelles Kapital" hätten „vererben" können, wie bereits gesagt, entweder im Bürgerkrieg umgekommen oder
ins Exil gegangen (Slezkine 2004: 222ff.). Erst in den 1930er Jahren – d.h. in der
Phase des „Großen Durchbruchs" – fanden immer mehr Vertreterinnen und Vertreter der von Slezkine als „apollonisch" charakterisierten Mehrheitsbevölkerung
ihren Weg in die Reihen der sowjetischen „Volksintelligenzija". Dies war auch
die Zeit, in der die Bedeutung des Antisemitismus innerhalb des parteistaatlichen
Apparates zu wachsen begann, um ihren Höhepunkt in den späten 1940ern und
frühen 1950ern zu erreichen.

Die häufig anzutreffenden Bestimmungen von gesellschaftspolitischen Aufgaben, die der „Intelligenzija" – meist von ihren Vertreterinnen und Vertretern
selbst – zugedacht wurden, machen deutlich, dass das aus der späten Zarenzeit
tradierte (Selbst-)Verständnis dieser sozialen Makrogruppe eher Gemeinsamkeiten mit dem westlichen Begriff der „Intellektuellen"[80] als mit dem der „Mittelschicht" oder der „Mittelklasse" aufweist. Der zentrale Unterschied bestand nach
Ol'ga Stepanova (2003: 48-49) darin, dass die westliche „Mittelklasse" – bei
allen Demokratisierungshoffnungen, welche modernisierungssoziologisch inspirierte Demokratietheoretiker immer wieder mit dieser Stratifikationsgruppe verbunden haben mögen – keine grundsätzlich gesellschaftskritische Gruppe darstellte, sondern im Gegenteil ein hohes Maß von alltagspraktischer wie weltan-
schaulicher Anpassung an den soziökonomischen Status Quo des entwickelten
Kapitalismus an den Tag legte. Das „rein soziologisch" aufgefaßte d.h. auf seine
sozio-professionelle Dimension beschränkte Konzept der „Intelligenzija", wie es
von der offiziellen sowjetischen Soziologie vertreten wurde, schien hingegen
weitgehend mit dem Verständnis der „Mittelklasse" in westlichen Gesellschaften
zu korrelieren. Allerdings wies Stepanova darauf hin, dass der sowjetische „In-

---

[80] Naumova (1996: 82) wendet zwar ein, dass „nicht jeder Intellektueller [intellectual] ein Mitglied der Intelligenzija [und] nicht jedes Mitglied der Intelligenzija ein Intellektueller" sei. Sie betont,
dass es insgesamt nicht allzu viele Personen in der Gegenwart (1990er Jahre) gäbe, „denen Rußlands
Leiden persönlichen Schmerz bereiten, und die sich durch ihr hohes Niveau der allgemeinen Kulti-
viertheit, genuine Gelehrsamkeit, gute Erziehung, Rechtschaffenheit, Anständigkeit und innere
Vornehmheit auszeichnen." Dies seien die wichtigsten Merkmale der „genuinen Repräsentanten der
Intelligenzija". Die Autorin macht jedoch nicht deutlich, worin der Unterschied dieser stark ideali-
sierten Vorstellung zum Idealbild des „Intellektuellen" bestehen soll.

telligenzija"-Begriff breiter war, weil er auch Personen in den oberen und unteren Stratifikationsbereichen der Gesellschaft umfaßte. So wurden in der UdSSR auch die Führungskader des sowjetsozialistischen Parteistaates zu der „Intelligenzija" gezählt, was Dietrich Beyrau (1993: 76) als „Scheu vor der Prägung eines eigenen Elitebegriffs" und zugleich als Ausdruck einer „Attraktion" interpretierte, „die die alte Inteligenz[ija; RM] auf die Aufsteiger ausübte."

3.4 Veränderungen der sowjetischen „Klassen- und Sozialstruktur"

Das offiziell deklarierte Hauptziel des sowjetsozialistischen Gesellschaftsumbaus und folglich der darin betriebenen „Sozialpolitik"[81] war die Abschaffung der als noch bestehend behaupteten „Klassenunterschiede" und die Herstellung der „vollkommenen sozialen Homogenität". Letztere sollte die kommunistische Gesellschaftsformation charakterisieren (Rutkevič 1987a: 10; Filippov 1977: 161: Škaratan/Rukavišnikov 1977: 63). (Damit sollte das Leninsche Postulat der „Abschaffung der Klassen [uničtoženie klassov]" als Wesensmerkmal des Sozialismus realisiert werden [Lenin 1919/1969: 99].) Mit anderen Worten wurde die „realexistierende" Gesellschaftsordnung des Sowjetsozialismus' als ein notwendiges Transformationsstadium – oder, genauer gesagt, als eine Abfolge von solchen Stadien – in der „gesetzmäßigen Entwicklung" hin zum „Kommunismus" dargestellt. (Dies erfolgte ebenfalls in der Tradition Lenins [1919/1969: 91f.].) Der antagonistische Charakter der Klassenbeziehungen sei zwar mit der „Liquidierung der ausbeuterischen Klassen" bald nach der Oktoberrevolution abgeschafft worden, aber nicht die „Klassenunterschiede" selbst.

Seit den späten 1960er Jahre wurde von der offiziellen sowjetischen Soziologie – den „Parteidokumenten" folgend – der Eintritt in die Phase des „entwickelten" bzw. „reifen Sozialismus [zrelyj socializm]" proklamiert (Rogovin 1984; Zezina 1986). Diese „qualitative Veränderung" wurde in erster Linie auf die gesellschaftlichen Auswirkungen der „wissenschaftlich-technischen Revolution" (naučno-techničeskaja revoljucija, oft mit NTR abgekürzt) zurückgeführt. Da man in dieser „Entwicklung der Sozialstruktur der sozialistischen Gesellschaft zur sozialen Homogenität" hin die Bestätigung der marxistisch-leninistischen Grundannahme von der soziostrukturell umwälzenden Wirkung sah, wel-

---

[81] Der Ausdruck „Sozialpolitik [socjal'naja politika]" hatte in den offiziellen sowjetischen Dokumenten eine deutlich andere, viel umfassendere Bedeutung als im Kontext der westeuropäischen und nordamerikanischen Wohlfahrtsstaaten. Das Hauptziel der sowjetsozialistischen „Sozialpolitik" war nicht weniger als „die Schaffung einer klassenlosen sozialistischen Gesellschaft" (Rutkevič 1987a: 10). Als ein zentrales Ziel der „Sozialpolitik der Kommunistischen Partei" nannte Rutkevič (1986: 19) „die Erziehung eines neuen Menschen [vospitanie novogo čeloveka]".

che sich durch die „Entfaltung der gesellschaftlichen Produktivkräfte" ergeben habe, wurde sie auch häufig als „gesetzmäßig" bezeichnet (Rutkewitsch/Filippow u.a. 1979: 311). Dabei wurden folgende Veränderungstendenzen in der „Klassen- und Sozialstruktur" der sowjetischen Gesellschaft hervorgehoben:

1. Sowohl die absolute zahlenmäßige Stärke als auch der Anteil der „Arbeiterklasse" an der Gesamtzahl der sowjetischen „Werktätigen" waren seit dem Übergang in die Phase des „in Grundzügen errichteten Sozialismus" (1940er-1960er Jahre) deutlich angestiegen. Während kurz vor dem nationalsozialistischen Angriff auf die UdSSR knapp zwei Fünftel (38%) aller Beschäftigten als Angehörige dieser „sozialen Klasse" statistisch erfasst wurden, lag ihr Anteil um 1960 bereits bei gut 55% und kletterte bis zur Mitte der 1980er Jahre auf über drei Fünftel (62,7%) hinauf (siehe Anhang II.1). Dieser Trend veranlasste Rutkevič (1987a: 14) noch in der Anfangsphase der Gorbačev'schen „Perestrojka" dazu, von der „Arbeiterklasse" als „der führenden Kraft im sozialistischen Umbau [pereustrojstvo] der Gesellschaft" zu sprechen.

2. Die zahlenmäßige Stärke der „Kolchosbauernschaft" sowie ihr Anteil an der Gesamtheit der sowjetischen „Werktätigen" sind in derselben Zeit noch deutlicher gesunken. 1940 haben etwa 45% aller Erwerbstätigen in landwirtschaftlichen Kollektiven gearbeitet. Bereits zwanzig Jahre später waren es nur gut ein Viertel (26%). Und im Jahre 1985 verblieben weniger als ein Zehntel (9,6%) der sowjetischen Beschäftigten in den landwirtschaftlichen Genossenschaften (siehe Anhang II.1.).

3. Der Anteil aller Angestellten („Spezialisten" und „Nichtspezialisten") an der Gesamtheit der sowjetischen Beschäftigten sind zwischen 1940 und 1985 von 16% auf knapp 29% gestiegen. Besonders bemerkbar machte sich dieser Trend in den 1960er und in der ersten Hälfte der 1970er Jahre, als sich die Reihen der Angestellten im Durchschnitt um über 900.000 Personen jährlich erweiterten (siehe Anhang II.1.).

Die offizielle sowjetische Soziologie interpretierte die beiden zuerst genannten Trends als klare Anzeichen für die steigende „soziale Homogenität" der Gesellschaft. Denn im Laufe der Jahrzehnte wuchs die Zahl jener „Werktätigen [trudjaščiesja]", die sich „in gleicher Lage hinsichtlich ihres Verhältnisses zu den Produktionsmitteln und hinsichtlich der Art des Erhalts (wenn auch nicht des Umfangs) von materiellen Gütern" befanden (Rutkevič 1987a: 15). Immer mehr Sowjetbürgerinnen und -bürger wurden zu Beschäftigten im unmittelbar staatlich verwalteten Sektor der Ökonomie oder – um es mit den Worten Victor Zaslavskys (1995b) auszudrücken – zu „staatsabhängigen Beschäftigten". Gleichzeitig wurde auf den steigenden Mechanisierungsgrad der landwirtschaftlichen Produktion, ihre „Industrialisierung" (auch in den Kolchosen) hingewiesen. Dadurch sei der Charakter der Arbeit auf dem Land dem in der Industrie immer ähnlicher geworden.

Jenseits dieser vermeintlichen „Annäherung" der beiden „nichtantagonistischen Klassen" wurde auch ein zunehmendes Verschwimmen von Grenzen zwischen anderen sozialen Gruppen der sowjetischen Gesellschaft als Beleg für die „gesetzmäßigen" Fortschritte hin zur „sozialen Homogenität" angeführt. Als die wohl wichtigste Tendenz dieser Art betonten die offiziellen sowjetischen Soziologen den Beitrag der „wissenschaftlich-technischen Revolution" zur allmählichen Aufhebung der Differenzen zwischen „körperlicher und geistiger Arbeit". Durch die zunehmende Automatisierung der industriellen Produktionsabläufe (auch der in der mechanisierten Landwirtschaft) sei die Zahl der Arbeitsplätze gestiegen, an denen körperliche und intellektuelle Produktionsaktivitäten „organisch [miteinander; RM] verbunden" wurden. Daraus resultierte die wachsende Zahl der „Intelligenzija-Arbeiter [raboče-intelligenty]" (Rutkevič 1987a: 20).

Eine deutlich kritischere Sichtweise dieser Entwicklung präsentierte ein anderer sowjetischer Soziologe, Nariman A. Aitov. (1979: 32) Er machte darauf aufmerksam, dass „die Bewegung hin zur vollkommenen sozialen Homogenität der Gesellschaft" zwar „die Haupttendenz der Entwicklung der Sozialstruktur der UdSSR" sei, aber nicht einfach linear verlaufe. Während manche wissenschaftlich-technischen Veränderungen diesen Prozeß tatsächlich beschleunigten, wirkten sich andere Innovationen in diesem Kontext verzögernd aus. Er wies darauf hin, dass in der aus seiner Perspektive gegenwärtigen Entwicklungsphase – d.h. in den späten 1970er Jahren – der „wissenschaftlich-technische Fortschritt" vor allem eine massenweise Einführung von Produktionsfließbändern (konvejerizacija) bedeutete, was eine Vereinfachung der Tätigkeit von einzelnen physisch arbeitenden „Werktätigen" zur Folge hatte. Dadurch ist die Kluft zwischen den körperlich und den geistig Arbeitenden nicht verringert, sondern vorerst erweitert worden. Auch die Erhöhung des Anteils der Arbeiter in der Dienstleistungssphäre gegenüber denjenigen, die in der materiellen Produktion tätig waren – Mitte der 1960er Jahre waren 79,6% aller Arbeiter in der materiellen Produktion beschäftigt, Mitte der 1970er hingegen nur 76,1% –, lief dem allgemein postulierten Veränderungstrend entgegen. Denn im Bereich der Dienstleistungen machten unqualifizierte Arbeiter etwa drei Fünftel aller Personen aus, die mit „überwiegend physischer Arbeit" beschäftigt waren. In der materiellen Produktion lag der analoge Anteil zur gleichen Zeit hingegen bei lediglich 15-20%. Daraus ergab sich für Aitov (1979: 32-33), dass die Veränderungen in der Beschäftigungsstruktur zugunsten des Dienstleistungssektors die Annäherung zwischen der „Arbeiterklasse" und der Schicht der „Intelligenzija" hinsichtlich des

„Charakters der Arbeit" nicht beförderten, sondern eher eine entgegengesetzte Wirkung zeigten.

Auch Rutkevič (1976: 32) blieb nicht ganz unkritisch bei der Betrachtung von sozio-professionellen Veränderungstendenzen, die er im Allgemeinen als einen „Beweis" für die wachsende „soziale Homogenität" der sowjetischen Gesellschaft wertete. Er kam nämlich auf ein Phänomen zu sprechen, das sowohl von der sowjetischen Führung als auch von den offiziellen Soziologen als ein ernsthaftes Problem erkannt wurde: Die Beschäftigung von überqualifizierten Personen – insbesondere von „Spezialisten" mit tertiären Bildungsabschlüssen (in erster Linie von Ingenieuren) – in Positionen, die gar kein so hohes Qualifikationsniveau erforderten. Den Ergebnissen der Volkszählung zufolge gab es 1970 in der UdSSR 2,5 Mio. Personen, die als Arbeiter beschäftigt waren, obwohl sie einen Hochschul- oder Spezialistenabschluss vorweisen konnten. Sie machten etwas über 2,3% aller erwerbstätigen Personen (d.h. einschließlich der Mitglieder von Kolchosen) und 2,8% der Beschäftigten im staatlichen Sektor aus. Einen beträchtlichen Teil von ihnen stellten allerdings ehemalige Studierende, die ihre tertiäre Fachausbildung bzw. Hochschulbildung abgebrochen hatten und ohne einen sekundären Spezialistenabschluss ins Berufsleben eingestiegen waren. Nach Abzug dieser Fälle waren ca. 1,2 Mio. Personen Anfang der 1970er Jahre von dem Problem der Beschäftigung außerhalb ihres erlernten Qualifikationsbereichs betroffen (Rutkevič 1976: 32), was etwa einem Prozent aller Erwerbstätigen und 1,3% aller Beschäftigten im Staatssektor entsprach. Unter den Personen mit einer mittleren Spezialistenausbildung oder Hochschulbildung machten diejenigen, die trotz des Qualifikationsabschlusses auf einer Arbeiterstelle beschäftigt waren, im Jahr 1970 6,7% aus (Stukalov 1974: 9f. zitiert nach Teckenberg 1977: 116). Bis Anfang der 1980er Jahre stieg die Zahl von solchen Fällen auf etwas über 2 Mio. an. Es handelte sich nun um 6,8% aller Personen, die ein entsprechendes Bildungszertifikat vorweisen konnten. In den 1980er Jahren kam es dann zu einer weiteren Verstärkung des hier erörterten Trends. 1985 waren gut 4,3 Mio. Personen mit einer Ausbildung auf „Spezialisten"-Niveau außerhalb ihres Qualifikationsbereichs beschäftigt, was 11,4% aller entsprechend Qualifizierten entsprach. Bis 1989 erhöhte sich dieser Anteil auf knapp 14%. Von dem Problem waren nun beinahe 6 Mio. Beschäftigte betroffen (Anhang II.8).

Es waren vor allem „Spezialisten" mit einer mittleren Fachausbildung, die als Arbeiter eingesetzt wurden. Im Jahr 1980 hatten nur 203.300 Hochschulabsolventen, aber beinahe 1,9 Mio. Personen mit einem sekundären Spezialistenabschluß „überwiegend körperliche Arbeit" zu verrichten. Dies bedeutete eine über neunmalige Diskrepanz (9,3-mal) zwischen den beiden „Spezialisten"-Segmenten. In den nachfolgenden neun Jahren kam es zwar zu einer Halbierung dieses Unterschieds auf etwa 4,5-mal, doch er blieb dennoch eindeutig bestehen. Folglich waren über 730.000 Personen mit Hochschulabschluß und beinahe 5,2 Mio. Menschen mit Zeugnissen einer sekundären Bildungsanstalt für „Spezialisten" als Arbeiter tätig.

Neben der angeblich steigenden „Homogenität" der „Werktätigen" hinsichtlich ihres „Verhältnisses zu den Produktionsmitteln" sowie der vermeintlichen Annäherung der produktiven Tätigkeitsformen in verschiedenen Sektoren der sowjetsozialistischen Ökonomie galt die Konvergenz der monetären Einkommensniveaus als ein weiterer wichtiger Indikator für die allmähliche Überwindung der sozialen Unterschiede in der sowjetischen Gesellschaft. Eine vollkommene Angleichung der Einkommen, unabhängig von den erbrachten Arbeitsleistungen, war nie das erklärte Ziel der sowjetsozialistischen Regimes. Bereits Stalin (1930-1934: 104-105) hat sich vehement gegen die „Gleichmacherei [uravnilovka]" als eine unzulässige Entkopplung von Produktivitäts- und Vergütungsniveaus gewandt. In den nachfolgenden Jahrzehnten wussten die wechselnden Führungsspitzen der UdSSR um die Bedeutung von Lohndifferenzierungen als Leistungsanreiz. Dennoch stand der Versuch, eine gesteigerte Arbeitsproduktivität durch besondere materielle Vorteile anzuregen, in einem ständigen Widerspruch zur Bestrebung, das parteistaatliche Regime vermittels einer Verbreitung und Anhebung des allgemeinen Wohlstandsniveaus der Bevölkerung zu stabilisieren (Heller et al. 1983b: 281ff.; Zaslavsky 1995a: 116-121). Die legitimatorische Fiktion von der „führenden Rolle der sowjetischen Arbeiterklasse" fand ihren realen Niederschlag in der überproportionalen Steigerung der Vergütungsniveaus für relativ wenig qualifizierte Beschäftigte, die physische Arbeit verrichteten. Ex-post formulierten Zaslavsky (1995b: 49f.) und Škaratan (2004a: 92) sogar die These von einem verhängnisvollen „Bündnis" der sowjetischen „Nomenklatura"-Elite mit den gering qualifizierten Arbeitern gegen die Interessen der besser ausgebildeten Professionellen.

Zur Illustration der in der Zeit des „reifen Sozialismus" offiziell geltenden These von der fortschreitenden „Vervollkommnung der Distributionsverhältnisse [soveršenstvovanie otnošenij raspredelenija]" legte Rutkevič (1987a: 26-27) Daten über die Veränderungen der monetären Einkommensniveaus verschiedener Beschäftigtengruppen in ausgewählten Sektoren der sowjetischen Ökonomie vor. Aus diesen Daten ging hervor, dass die Einkommensschere zwischen den Arbeitern einerseits und den „ingenieur-technischen Beschäftigten" andererseits sowohl in der Industrie als auch im Bauwesen weitgehend geschlossen werden konnte. Verdienten die Vertreter letzterer Makrogruppe im Jahr 1940 noch mehr als doppelt so viel, wie die der ersteren (215% in der Industrie und sogar 242% im Bauwesen), betrug die analoge Einkommensdifferenz 1984 lediglich 11% zugunsten der ITR in der Industrie. Im Bauwesen lag das Einkommensniveau des qualifizierten technischen Personals sogar bei lediglich 98% des Arbeitereinkommens. In den Sowchosen waren die Lohnvorteile der „Spezialisten" stets stärker ausgeprägt: 1940 verdienten sie fast zweieinhalb Mal mehr (248%) als die einfachen „Sowchosearbeiter". Bis 1984 konnte diese Lohndifferenz auf 35% zugunsten der „Spezialisten" reduziert werden. Noch drastischere Veränderungen waren allerdings beim Einkommensvergleich zwischen den Arbeitern und den „Angestellten-Nichtspezialisten" des jeweiligen Sektors festzustellen. Lagen die Geldeinkommen der letzteren im Jahr 1940 merklich über denen der ersteren (11% in der Industrie, 46% im Bauwesen und 50% in den Sowchosen), sanken sie bis 1984 ebenso deutlich unter das Entlohnungsniveau der Arbeiter. In der Industrie erhielten „Angestellte-Nichtspezialisten" in diesem Jahr durchschnittlich nur 77% des Arbeitereinkommens, im Bauwesen sogar 68% und selbst in den Sowchosen, wo nicht-manuelle Arbeit immer noch vergleichsweise besser entlohnt wurde, ist das monetäre Einkommensniveau der „Angestellten-Nichtspezialisten" auf 98% des Landarbeitereinkommens gefallen (*Narodnoe Chozjajstvo SSSR v 1984*: 417-418; siehe auch: Teckenberg 1977: 72 Tab. 2 / 14).

Als zweiter wichtiger Indikator für „die Annäherung der Situation der Klassen und sozialen Gruppen" nannte Rutkevič (1987a: 33) den steigenden Anteil der Mittel aus den „gesellschaftlichen Konsumtionsfonds" (obščestvennye fondy potreblenija; kurz OFP)[82] an den Gesamtrealbudgets der sowjetischen Familien. Aus diesen Fonds wurden nicht nur direkte Transferzahlungen an bedürftige Familien (maloobespečennye), sondern auch eine ganze Reihe von „Vergünstigungen (l'goty)" bei der Nutzung der sozialen und kommunalen Infrastruktur wie Wohnungen, Krankenhäuser oder Schulen finanziert (Plaggenborg 2003: 797-801; 2006: 232). Aus diesen Mitteln wurden also auch Beschäftigte in der „Sphäre der nichtmateriellen Produktion" (neproizvodstvennaja sfera) – d.h. medizinisches Personal, Schullehrer, Mitarbeiter von Bildungs- und Kultureinrichtungen etc. – entlohnt. Der Staatshaushalt war die wichtigste Finanzierungsquelle der „gesellschaftlichen Konsumtionsfonds". Aber auch (Staats-)Betriebe leisteten ihren Beitrag dazu (Il'in 1996: 115-116).

Aus den Daten, die Rutkevič (1987a: 30 Tab. 3) dem statistischen Jahrbuch des Staatlichen Planungskomitees von 1984 entnommen hat, ging hervor, dass im besagten Jahr jeder Sowjetbürger (statistisch gesehen) ein Äquivalent von 510 Rubel in Form von „Zuschüssen" und „Vergünstigungen" erhalten habe. Dies stellte eine nominelle Vervierfachung dieses Betrags seit 1960 dar. Im Jahr 1984 machten direkte und indirekte Zuwendungen aus OFP-Mitteln 24,3% des Jahreseinkommens einer städtischen Familie (Arbeiter wie Angestellte) aus. Die

---

[82]   Stefan Plaggenborg (2003: 797-801; 2006: 231-232) übersetzte diesen Ausdruck mit „gesellschaftliche Verbrauchsfonds".

Familien der Kolchosbauern bezogen im gleichen Jahr durchschnittlich 19,2% ihrer (offiziellen) Gesamteinkommen aus den OFPs (Rutkevič 1987a: 31).

Die zitierten Daten erhalten auch interessante Hinweise auf die Veränderungen in der Struktur dieser Aufwendungen. Die Anteile der Ausgaben für Bildungs- und Gesundheitswesen sind zwischen 1970 und der Mitte der 1980er Jahre kontinuierlich, (wenn auch im letzteren Falle recht geringfügig) von 29,3% auf 25,9% bzw. von 15,6% auf 14% gesunken. Gestiegen sind hingegen die Anteile der Fonds, die für die Bezuschussung der sozialen Sicherungssysteme ausgegeben wurden. Der Anteil der staatlichen Ausgaben „für Wohnsubstanz" (na soderžanie žiliščnogo fonda) ist zwischen 1970 und der Mitte der 1980er Jahre um einen Prozentpunkt von 5,3% auf 6,3% gestiegen. Wurden im Jahr 1970 35,7% der OFP-Mittel im Bereich der „sozialen Sicherung" (d.h. vor allem als Zuschüsse an die Rentenfonds) ausgegeben, so lag deren Anteil 1984 bei 41,6% (Rutkevič 1987a: 30 Tab. 3). Es waren vor allem die steigenden Rentenzahlungen, die zu dieser Verschiebung in der Ausgabestruktur der OFPs geführt haben. Zwischen 1961 und 1985 erhöhte sich die Rentnerzahl von knapp 22 Mio. auf beinahe 55 Mio. (*Narodnoe chozjajstvo SSSR v 1984*: 465). Da in den 1990er Jahren die zahlenmäßig starken Alterskohorten ins Rentenalter eintreten sollten, prognostizierte Rutkevič (1987a: 31) eine weiterhin steigende Bedeutung der staatlichen Zuwendungen im Rahmen des sowjetischen Alterssicherungssystems. Bevor es aber soweit war, brachen die Sowjetunion und mit ihr auch das staatssozialistische Rentensystem zusammen. Die überwältigende Mehrheit der Rentner wurde von diesem Vorgang in einer besonders negativen Weise betroffen, weil sie aus Alters- und Gesundheitsgründen die geringsten Möglichkeiten hatte, den durch den Ausfall staatlicher Zahlungen entstandenen Schaden auf dem Wege alternativer Erwerbsaktivitäten zu begrenzen.

Im sechsten Kapitel der vorliegenden Studie wird noch auf die Problematik der Bestimmung von realen Einkommensniveaus unter den besonderen sozioökonomischen Bedingungen der „zentralisierten Wirtschaftsverwaltung" sowjetsozialistischen Typs zurückzukommen sein.

3.5 Die Entwicklungstendenzen der sowjetischen „Volksintelligenzija"

Im Jahr 1960 gab es den offiziellen sowjetischen Angaben zufolge 8,1 Mio. „Spezialisten", was knapp einem Zehntel (9,7%) aller Beschäftigten in der UdSSR entsprach. Bis 1970 hat sich die absolute Zahl der Personen, die Stellen mit höheren oder mittleren spezialisierten Qualifikationsanforderungen besetzten, auf 15,2 Mio. erhöht. Sie machten zu diesem Zeitpunkt 14,2% aller sowjetischen „Werktätigen" aus. Im Laufe der nächsten fünf Jahre ist diese Zahl weiter um gut ein Drittel auf 20,4 Mio. gestiegen. Nun stellten die „Spezialisten" 17,4% aller sowjetischen Arbeitskräfte. Zum Anfang der 1980er Jahre gab es dann 28,6 Mio. Beschäftigte auf Stellen, deren Besetzung „in der Regel" entweder einen mittleren und oder einen höheren Qualifikationsabschluß erforderte. Diese Zahl entsprach fast 23% aller Beschäftigten in der sowjetischen Volkswirtschaft.[83] Während der nachfolgenden zehn Jahre wuchs diese soziale Makrogruppe weiter auf knapp 36,5 Mio. Personen an. Sie stellte damit im Jahr 1989 deutlich über ein Viertel (28,7%) aller Arbeitskräfte (siehe Anhang II.3). Die überwältigende Mehrheit der Personen in beruflichen Positionen, die „in der Regel" eine höhere oder mittlere spezialistische Bildung erforderten, war im „volkseigenen" (d.h. staatlichen) Sektor der sowjetischen Ökonomie beschäftigt: 1960 waren es 7,9 Mio. Menschen oder 97,5% aller „Spezialisten". Innerhalb der nachfolgenden 15 Jahre blieb dieser Anteil unverändert. Die Anteilveränderungen, die zwischen 1970 und 1975 zugunsten der Kollektivlandwirtschaft festgestellt werden konnten, waren geringfügig. Anfang der 1970er waren 14,8 Mio. „Spezialisten", d.h. 97,4% der gesamten sozial-beruflichen Makrogruppe im Staatssektor tätig. Fünf Jahre später ergab sich bei der absoluten Zahl von 19,9 Mio. Personen sogar ein Anteil von 97,6% (Rutkewitsch/Filippow u.a. 1979: 294-295 Tab. 51). Wenn man bedenkt, dass zur gleichen Zeit zwischen 15-20% aller sowjetischen Beschäftigten in der Kollektivlandwirtschaft tätig waren[84], wird die technologische Rückständigkeit dieses Sektors der sowjetsozialistischen Ökonomie deutlich.

Die absolute Zahl der „Angestellten-Nichtspezialisten" ist in den 1960er Jahren deutlich schwächer gewachsen als die der „Spezialisten". In der ersten Hälfte des nachfolgenden Jahrzehnts war sie sogar rückläufig. 1960 lagen die beiden Untergruppen der „Volksintelligenzija im weiten Sinne" etwa gleich auf. Den offiziellen Berechnungen zufolge war zu diesem Zeitpunkt exakt ein Zehntel aller sowjetischen „Werktätigen" mit nicht-physischen Arbeitsaufgaben ohne spezielle Qualifikationsanforderungen beschäftigt. In absoluten Zahlen ausgedrückt handelte es sich um 8,4 Mio. Personen. Bis 1970 erhöhte sich diese Zahl zwar auf 11,4 Mio., aber der Anteil blieb mit 10,7% bereits deutlich unter dem

---

[83]　Für das Jahr 1980 prognostizierte das Soziologenteam um Rutkevič und Filippov einen Anstieg des „Spezialisten"-Anteils auf etwa ein Fünftel (19,6%). Dieses hätte 25,3 Mio. Personen entsprochen. Der wirkliche Anstieg ist also größer gewesen, wobei die Angaben von Rutkevič und Filippov auch für die vorausgegangenen Jahre, für die bereits feste Daten vorlagen, von den Zahlen im statistischen Jahrbuch *Narodnoe chozjajstvo SSSR* nach unten abwichen (vgl. Anhang II.3.).

[84]　Im Jahr 1970 arbeiteten Rutkevič und seinem „Kollektiv" zufolge 20,5% der sowjetischen Bevölkerung in den Kolchosen. Die überwältigende Mehrheit von ihnen als Bauern, ein kleiner Teil als „genossenschaftliche Handwerker". Bis 1977 ist ihr Anteil an der Bevölkerung des Landes auf 15,1% zurückgegangen (*Narodnoe chozjajstvo SSSR v 1977 g.*: 9 nach Rutkewitsch/Filippow u.a. 1979: 48 Tab. 2). Die Aufbereitung der Daten aus verschiedenen Ausgaben des statistischen Jahrbuchs *Narodnoe chozjajstvo SSSR* ergab geringere Anteile der Kollektivbauern an der Gesamtzahl der Beschäftigten: 1970 – 15,5%; 1980 – 10,4%; 1985 – 9,6% und 1989 – 9,1% (Anhang II.1.).

der „Spezialisten". Bis zur Mitte der 1970er Jahre nahm die absolute Zahl der „Angestellten-Nichtspezialisten" bereits ab und betrug nun 11,1 Mio. Personen, was 9,4% aller zu diesem Zeitpunkt in der sowjetischen Volkswirtschaft Beschäftigten entsprach (Rutkewitsch/Filippow u.a. 1979: 294-295 Tab. 51).

In der gesamten Nachkriegsgeschichte der UdSSR stellten die „ingenieurtechnischen Beschäftigten" (ITR) die zahlenstärkste „Abteilung" innerhalb der sowjetischen „Volksintelligenzija". Rechnet man das „agro- und zootechnische Personal" hinzu, machte sie Ende der 1950 ein knappes Viertel (23,4%) der gesamten sozialen Makrogruppe aus. Bis zur zweiten Hälfte der 1970er erhöhte sich dieser Anteil auf 30,9% (*Narodnoe chozjajstvo SSSR za 60 let*: 475; Rutkewitsch/Filippow u.a. 1979: 124f. Tab. 15). Unter den „Spezialisten" machten Vertreterinnen und Vertreter dieser beruflichen Makrogruppe im Jahr 1960 über zwei Fünftel (42,1%) und in der Mitte der 1970er Jahre (1975) sogar fast die Hälfte (48,6%) aus (*Narodnoe obrazovanie, nauka i kul'tura v SSSR*, Moskva 1977: 293; Rutkewitsch/Filippow u.a. 1979: 132 Tab. 16). An zweiter Stelle lag die „wissenschaftlich-kulturelle Intelligenzija", der konstant fast jede fünfte Person (1959 – 19,4%; 1970 – 19,7%; 1977 – 19,5%) aus den Reihen der gesamten „Volksintelligenzija" (inkl. „Angestellte-Nichtspezialisten") zugerechnet werden konnte (*Narodnoe chozjajstvo SSSR za 60 let*: 475; Rutkewitsch/Filippow u.a. 1979: 124f Tab. 15). Die Anteile an der „Intelligenzija im engeren Sinne" betrugen 27,7% im Jahr 1960 und 21% im Jahr 1975 (*Narodnoe obrazovanie, nauka i kul'tura v SSSR*, Moskva 1977: 293; Rutkewitsch/Filippow u.a. 1979: 132 Tab. 16). In den 1980er Jahren sank der Anteil weiter auf etwa 19% (Anhang II.6).

Aus der Aufzählung der Berufsgruppen, deren Anteile im Rahmen dieser Aufstellung zusammengerechnet wurden, geht hervor, dass das Autorenkollektiv unter der Leitung von Rutkevič und Filippov die zwei zuvor voneinander unterschiedenen „Abteilungen" der „wissenschaflichen Intelligenzija" einerseits und der „Intelligenzija der Aufklärung und Kultur [intelligencija prosveščenija i kul'tury]" andererseits zusammengefaßt hatte. An dritter Stelle rangierten in der Nachkriegszeit die „Beschäftigten der Planung und Rechnungsführung". Vor dem zweiten Weltkrieg (1939) bildeten sie mit 23,5% die mit Abstand zahlreichste „Abteilung" innerhalb der sowjetischen „Intelligenzija". Seitdem war ihr Anteil aber rückläufig. Bereits 1959 rutschten sie mit 18,1% an die dritte Stelle ab. Bis 1977 ging ihr Anteil weiter auf 15,1% zurück. Eine ähnliche abnehmende Tendenz zeigte auch – zumindest nach den offiziellen sowjetischen Datenangaben – der Anteil der Leitungsfunktionäre aller Verwaltungsstränge und aller Ebenen (einschließlich der Betriebsleitungen). Vor dem zweiten Weltkrieg (1939) nahm gut ein Zehntel der „Volksintelligenzija" professionelle Leitungsfunktionen wahr. Bis 1959 sank dieser Anteil auf 7,8%. 1970 betrug er 6,5% und 1977 –

5,8%. Der Anteil des medizinischen Personals wuchs zwischen 1939 und 1959 deutlich d.h. von 5,2% auf 8,8% und blieb dann seit Anfang der 1960er Jahre unverändert (*Narodnoe chozjajstvo SSSR za 60 let*, S. 475; Rutkewitsch/Filippow u.a. 1979: 124f Tab. 15). Allerdings ging ihr Anteil unter den „Spezialisten" in der Nachkriegszeit von 18,1% im Jahr 1960 auf 13,4% in der Mitte der 1970er Jahre (1975) zurück (*Narodnoe obrazovanie, nauka i kul'tura v SSSR*, Moskva 1977, S. 293; Rutkewitsch/Filippow u.a. 1979: 132 Tab. 16). Kontinuierlich zurückgegangen ist der Anteil der Angestellten in verschiedenen Zweigen der Dienstleistungssphäre. 1939 waren noch 7,1% der „Beschäftigten mit vorwiegend geistiger Arbeit" in den Bereichen des Handels, der „gesellschaftlichen Speisewirtschaft", der „Versorgung und des Absatzes" sowie der „Beschaffung" tätig. Bis 1959 sank dieser Anteil auf 6% und bis 1977 auf 4,3% (*Narodnoe chozjajstvo SSSR za 60 let*, S. 475; Rutkewitsch/Filippow u.a. 1979: 124f Tab. 15). Das Autorenkollektiv unter der Leitung von Rutkevič und Filippov (1979: 125) stellte auf der Grundlage der präsentierten Daten „zwei Grundtendenzen" „in der Sphäre der geistigen Arbeit" fest: „[D]as Anwachsen des Anteils der Spezialisten im Vergleich zu Angestellten-Nichtspezialisten und die Erhöhung des Anteils der Spezialisten, die in der materiellen Produktion tätig sind".

Unter den „Spezialisten" mit Hochschulbildung war die Dominanz der technisch Gebildeten etwas geringer als unter den „Spezialisten" mit einem sekundären Fachabschluß ausgeprägt. Während in der ersten Gruppe zu Anfang der „Phase des reifen Sozialismus" (1965) ein Drittel (33,3%) dem ITR zuzurechnen war, betrug der analoge Anteil der letzten Gruppe zwei Fünftel (40,2%). Die bereits für die Gesamtheit aller „Spezialisten" konstatierte Tendenz zum Ansteigen des Anteils der technischen „Spezialisten" bis zur Mitte der 1980er Jahre war jedoch in den beiden Untergruppen festzustellen. 1985 konnten deutlich über zwei Fünftel (41,8%) der studierten „Spezialisten" ein technisches Abschlußzertifikat vorlegen. Ihre Fachkolleginnen und -kollegen mit mittlerer Fachbildung stellten fast 47% der entsprechenden „Spezialisten"-Gruppe.

3.6 Sozio-strukturelle Unterschiede zwischen Unionsrepubliken

Die UdSSR war ein hierarchisch gegliederter Föderalstaat, der aus fünfzehn Unionsrepubliken und einer Vielzahl von administrativen Entitäten niedrigeren Ranges bestand. Alle Unionsrepubliken und ein beträchtlicher Teil von Gebietseinheiten niedrigeren Ranges (Autonome Republiken, Autonomiegebiete, Autonome Bezirke) waren ethnonational definiert. Das Gesamtterritorium umfaßte etwa ein Sechstel der festen Erdoberfläche und erstreckte sich über elf Zeitzonen. Dieses Gebiet wurde größtenteils vom Russländischen Zarenimperium geerbt

und umschloß Regionen, die sich sowohl hinsichtlich der natürlichen Lebensbedingungen als auch aufgrund der historisch „gewachsenen" Sozialstrukturen sehr
stark voneinander unterschieden. Die allmähliche Verringerung dieser Diskrepanzen beziehungsweise ihre gänzliche Überwindung mit dem Übergang zum
„Kommunismus" wurde zu einem der zentralen Ziele der sowjetsozialistischen
Gesellschaftstransformation erklärt. Im Jahr 1972 – also etwa zu dem Zeitpunkt,
als die Rede vom Eintritt in die Entwicklungsphase des „reifen Sozialismus"
ihren Höhepunkt erreichte – behauptete der damalige Generalsekretär der
KPdSU Leonid Brežnev, dass sich während der fünfzig Jahren, welche seit der
Gründung der UdSSR 1922 vergangen waren, in allen Unionsrepubliken eine
gleichartige Sozialstruktur herausgebildet hätte (Breshnew 1972/1975: 66). Allerdings wiesen Rutkevič, Filippov und ihre Kollegen (1979: 37) darauf hin, dass
im Rahmen dieser Gleichartigkeit noch „gewisse Unterschiede" zwischen den
einzelnen ethnoterritorial definierten Bestandteilen des Föderalstaates bestanden.

Im diesem Abschnitt wird anhand der offiziellen Daten, die von den sowjetischen Statistikern und Sozialwissenschaftlern zusammengestellt wurden, der
Versuch unternommen, die zitierte Aussage des Generalsekretärs auf ihre Stich-
haltigkeit zu überprüfen. Gab es tatsächlich eine soziostrukturelle Konvergenz
zwischen den einzelnen Unionsrepubliken, wie Brežnev verkündete, oder nahmen die „gewissen Unterschiede" doch zu und die Unionsrepubliken entwickelten sich zunehmend auseinander? Beim Versuch, eine Antwort auf diese Frage
zu geben, werden der Urbanisierungsgrad sowie der Anteil der „Spezialisten" an
der Gesamtzahl der Bevölkerung und an der Zahl der Beschäftigten als Indikatoren herangezogen. Diese Betrachtung erhebt nicht den Anspruch ein allumfas-
sender Vergleich zu sein, sondern konzentriert sich stattdessen auf jene soziostrukturellen Modernisierungsaspekte, die für diese Studie von besonderer Bedeutung sind. Alle in diesem Unterkapitel angeführten Daten wurden den verschiedenen Ausgaben des statistischen Jahrbuchs *Narodnoe chozjajstvo SSSR*
(Die Volkswirtschaft der UdSSR) entnommen und in den Anhängen II.1-II.8
detailliert zusammengestellt.

Zunächst gilt es festzuhalten, dass es in allen fünfzehn Unionsrepubliken im
Laufe der gesamten sowjetsozialistischen Periode sehr tiefgreifende, soziostrukturelle Veränderungen gegeben hat. Sie lassen sich an den makrosozialen Daten
ablesen. Kurz vor dem deutschen Angriff auf die UdSSR lebte nur knapp ein
Drittel (32,5%) der Bevölkerung in den Städten, was allerdings ein bereits hohes
Urbanisierungsniveau gegenüber der Zeit vor der Oktoberrevolution darstellte.
1913 wurden nämlich nur knapp 18% der Bevölkerung auf dem späteren Gebiet
der noch zu schaffenden UdSSR als Stadtbewohner erfaßt. 1940 wiesen die
Aserische SSR mit fast zwei Fünfteln (37%) die höchste und die gerade erst
geschaffene Moldawische SSR mit 13,5% die niedrigste Verstädterung auf. Ins-

gesamt waren die drei großen, überwiegend slawisch bevölkerten Unionsrepubliken und die drei transkaukasischen SSR zum damaligen Zeitpunkt mit jeweils etwa einem Drittel Stadtbevölkerung am stärksten urbanisiert, während in den fünf zentralasiatischen Republiken und in den vier Republiken, die auf den 1939 nach dem „Hitler-Stalin-Pakt" annektierten Gebieten in Mittelosteuropa errichtet wurden, die Verstädterungsrate jeweils bei etwa einem Viertel der Gesamtbevölkerung lag.

In den nachfolgenden Jahrzehnten blieben die RSFSR, die Ukrainische und die Belorussische SSR zusammengenommen die am stärksten urbanisierte Gruppe von Unionsrepubliken. Die Urbanisierungsrate dieser bevölkerungsstarken Gebietseinheiten überschritt die Fünfzig-Prozent-Marke etwa zeitgleich mit dem Allunionsdurchschnitt, d.h. in der ersten Hälfte der 1960er Jahre. Die Volkszählung von 1959 ergab, dass etwa 48% aller Sowjetbürgerinnen und -bürger in städtischen Siedlungspunkten lebten. Sechs Jahre später (1965) erreichte die Urbanisierungsrate im Allunionsdurchschnitt knapp 53%. Allerdings vergrößerte sich in der Zeit zwischen 1940 und 1965 der Abstand zwischen den am stärksten und am wenigsten verstädterten Unionsrepubliken recht deutlich. Im Jahr, das von den offiziellen Rednerinnen und Redner oft als die Anfangszäsur des „reifen Sozialismus" genannt wurde (es war im Übrigen Brežnevs erstes volles Jahr im Amt des Generalsekretärs), lebten mehr als drei Fünftel (61,7%) der estnischen Bevölkerung, aber nur gut ein Viertel (knapp 26%) der moldawischen in Städten. Damit betrug die Diskrepanz zwischen der zum damaligen Zeitpunkt am stärksten und der am geringsten urbanisierten Unionsrepublik nahezu 36 Prozentpunkte. 1940 belief sich die analoge Differenz hingegen auf nur 23,6 Prozentpunkte. In den späten 1960er und frühen 1970er Jahren ließ sich tatsächlich ein ganz geringfügiger Rückgang der Diskrepanz im Urbanisierungsgrad der Unionsrepubliken feststellen. Aber sie blieb erheblich: In der Estnischen SSR lebten in der Mitte der 1970er Jahre über zwei Drittel der Einwohner in einer Stadt, in der Moldawischen SSR nur gut ein Drittel. In der zweiten Hälfte der 1970er Jahre und in den 1980er Jahren öffnete sich die Schere des Urbanisierungsgrades wieder verstärkt, wobei nun die Tadschikische SSR, die nach 1975 sogar eine deutlich rückläufige Verstädterungsrate aufwies, zum unionsweiten Schlußlicht wurde. Am Ende der 1980er Jahre sank die Urbanisierungsrate dieser Sowjetrepublik auf weniger als ein Drittel der Gesamtbevölkerung (32,2%), obwohl sie noch 1975 mit 37,8% gut 1,6 Prozentpunkte über der Verstädterungsrate der Moldawischen SSR lag. Auch in der Turkmenischen Unionsrepublik ging der Urbanisierungsgrad bereits seit der Mitte der 1970er Jahre zurück. In der zweiten Hälfte der 1980er schlossen sich auch die restlichen drei zentralasiatischen Sowjetrepubliken diesem rückläufigen Urbanisierungstrend an, wobei sie bis dahin einen recht unterschiedlichen Urbanisierungsgrad hatten erreichen können. Durch diese

Entwicklung erhöhte sich die Diskrepanz zwischen der am stärksten und am geringsten verstädterten Unionsrepublik bis zum Ende der 1980er Jahre auf 41,6 Prozentpunkte. (Genaue Datenangaben zu Bevölkerungszahlen und Urbanisierungsraten der einzelnen Unionsrepubliken sind den Anhängen II.7.1. und II.7.2. zu entnehmen.)

Die angeführten rein quantitativen Daten lassen erkennen, dass man von keiner soziostrukturellen Annäherung der einzelnen Unionsrepubliken im Verlauf der sowjetsozialistischen Transfomationsperiode sprechen kann. Zwar stieg der Anteil der Stadtbewohner an der Gesamtbevölkerung bis Mitte der 1970er Jahre in allen föderalen Entitäten der UdSSR an, aber das Tempo dieser Prozesse unterschied sich von Republik zu Republik so erheblich, dass man nicht von einer wirklichen Konvergenz sprechen konnte. In den 1980er kam es in den zentralasiatischen Unionsrepubliken – insbesondere in der Tadschikischen SSR und Turkmenischen SSR – zu einer Umkehrung des Verstädterungstrends auf einem Gesamtniveau von weniger als der Hälfte der Bevölkerung (mit der Ausnahme der Kasachischen SSR), während in den drei überwiegend slawisch bevölkerten Großrepubliken und den kleinen baltischen Sowjetrepubliken Urbanisierungsraten zwischen zwei Drittel (Weißrußland, Litauen) und über sieben Zehntel (RSFSR, Lettland und Estland) bis Ende der 1980er Jahre erreicht wurden. In der gesamten Transkaukasischen Region lebten zu diesem Zeitpunkt knapp drei Fünftel (57,6%) in den Städten, wobei es dort eine erhebliche Diskrepanz zwischen der im unionsweiten Vergleich überdurchschnittlich urbanisierten Armenischen SSR (68,4% in 1990) und der Aserischen SSR gab, in der die Verstädterung auf einem Niveau von nur knapp über der Hälfte (54%) der Gesamtbevölkerung während der 1980er Jahre stagnierte.

Erhebliche Unterschiede zwischen den einzelnen „Sozialistischen Sowjetrepubliken" lassen sich ebenfalls beim Blick auf den Anteil von „Spezialisten" an der Gesamtbevölkerung erkennen. In der Mitte der 1980er Jahre gehörten die baltischen Sowjetrepubliken Estland (mit 144 „Spezialisten" pro 1.000 Einwohner), Litauen (143) und Lettland (133) sowie die Russländische Föderative Sozialistische Sowjetrepublik (RSFSR mit 139) zu den Spitzenreitern, die deutlich über dem sowjetischen Durchschnitt von 126,4 „Spezialisten" pro 1.000 Einwohner lagen. Diese Spitze war mit der Ausnahme der Litauischen SSR während der gesamten Periode des „reifen Sozialismus" seit den 1960er Jahren stabil geblieben. Ähnlich verhielt es sich auf den untersten Plätzen, auf denen sich in der Mitte der 1980er Jahre die zentralasiatischen Unionsrepubliken Tadschikistan (knapp 64 „Spezialisten" pro 1.000 Einwohner), Usbekistan (knapp 75), Turkmenistan (75) und Kirgisien (knapp 85) befanden. Die drei zuerst genannten Territorialeinheiten belegten die drei letzten Plätzen bereits Ende der 1960er Jahre, obwohl bis zum Anfang der 1980er Jahre die jährlichen Zuwachsraten der hier betrachteten sozialen Makrogruppe in den zentralasiatischen Republiken deutlich über dem Durchschnittswert für die gesamte UdSSR lagen. Sie starteten aber alle von einem sehr niedrigen Anfangsniveau und da die jährlichen Zuwachsraten in allen Sowjetrepubliken im Laufe der Phase des „reifen Sozialismus" gegenüber den beiden ersten Nachkriegsjahrzehnten erheblich abnahmen, blieb der Anteil der „Spezialisten" an der Gesamtbevölkerung dieser Territorialeinheiten deutlich hinter dem sowjetischen Durchschnitt zurück.

Nach dem „Hitler-Stalin-Pakt" annektierte die UdSSR Gebiete, auf denen Anfang der 1940er Jahre und dann erneut nach dem sowjetischen Sieg über das „Dritte Reich" vier neue „Sozialistische Sowjetrepubliken" (SSR) errichtet wurden: die Estnische, die Lettische, die Litauische und die Moldawische. Die Bevölkerung der ersten beiden von ihnen gehörte zu diesem Zeitpunkt mit 14 bis 15 „Spezialisten" pro 1.000 Einwohner (Sowjetdurchschnitt knapp 12,5) bereits von Anfang an zu den am besten qualifizierten im Vergleich zu allen anderen Gebieten der damaligen Sowjetunion. Litauen und Moldawien lagen hingegen mit 7,2 bzw. 6,7 pro 1.000 Spezialistenanteile auf dem niedrigsten Niveau im gesamtsowjetischen Vergleich. Die entsprechenden Anteile betrugen zu diesem Zeitpunkt 6,9 pro 1.000 in der Tadschikischen SSR und 7,2 in der Kirgisischen SSR. Diese zentralasiatischen Unionsrepubliken waren bis dahin die Schlußlichter innerhalb der alten Grenzen der UdSSR. Die anderen drei zentralasiatischen Republiken wiesen hingegen ein höheres Qualifikationsniveau der Bevölkerung auf.

Die beiden annektierte Republiken (Litauen und Moldawien) waren stark agrarisch geprägt. Dennoch vollzog sich dort – anders als in Zentralasien – ein viel tiefgreifenderer Wandel in der Sozialstruktur. Die Litauische SSR gehörte in der Mitte der 1980er Jahre – wie bereits gesagt – zu den Föderationssubjekten mit einem deutlich überdurchschnittlichen Anteil von „Spezialisten" an der Gesamtbevölkerung. Moldawiens Population blieb zwar auch nach einem knappen halben Jahrhundert der sowjetsozialistischen Gesellschaftstransformation weiterhin recht deutlich unterhalb des Unionsdurchschnitts, was das Qualifikationsniveau angeht, aber der Rückstand – gemessen in Prozentpunkten der Abweichung vom Durchschnittswert der gesamten Union – ist nicht größer geworden. Diese Fälle sowie der von der Weißrussischen SSR, die ebenfalls ländlich geprägt war und bis in die 1970er Jahre hinein ein verhältnismäßig niedriges Qualifikationsniveau der Bevölkerung aufwies, machen deutlich, dass Modernisierungsrückstände unter den Bedingungen des Sowjetsozialismus durchaus partiell aufgeholt werden konnten.

Während der gesamten sowjetischen Nachkriegsperiode vergrößerte sich die Diskrepanz in den prozentuellen Anteilen aller „Spezialisten" an der Gesamtheit der Bevölkerung der Unionsrepubliken. Anfang der 1940er Jahre lagen sie noch höchstens 1,2 Prozentpunkte auseinander, Mitte der 1960er Jahre betrug die Differenz zwischen dem obersten und dem niedrigsten Wert bereits 3,3 Prozentpunkte. Gegen Ende der 1980er Jahre war der Anteil aller „Spezialisten" an der Gesamtbevölkerung der Estnischen SSR mit knapp 14,5% um nahezu acht Prozentpunkte höher als in der Tadschikischen SSR (6,5%), die auch in dieser Hinsicht als das Schlußlicht der gesamten Union zu bezeichnen wäre. (Die für diese Ausführungen relevanten offiziellen sowjetischen Daten wurden im Anhang II.4. zusammengestellt.)

Ein ähnlicher Trend zur steigenden Diskrepanz in den Anteilen der „Spezialisten" an der Gesamtbevölkerung zeigte sich ebenfalls, wenn man die einzelnen Segmente dieser Makrogruppe betrachtete d.h. diejenigen, die auf Stellen mit hochschulzertifizierten Qualifikationsanforderungen beschäftigt waren, und diejenigen, die für die Besetzung von Arbeitsposten „in der Regel" mittlere Fachbildung vorweisen mußten. In der Mitte der 1950er Jahre lag der Anteil der „Spezialisten" in Berufspositionen, welche Hochschulbildung erforderten, bei 1,8% in der Georgischen SSR und bei lediglich 0,7% in den Tadschikischen, Moldawischen und Litauischen SSR. So ergab sich eine Diskrepanz von 1,1 Prozentpunkten. Bis zur Mitte der 1970er Jahre kam es zu einer Verdopplung dieser Diskrepanz auf etwa 2,3 Prozentpunkte. Der Spitzenreiter blieb weiterhin die Georgische SSR mit einem Anteil von 4,8%, gefolgt von der Armenischen SSR und der Estnischen SSR mit Werten von jeweils 4,3%. Die Tadschikische SSR blieb das unionsweite Schlußlicht mit 2,5%. Zehn Jahre später, zu Anfang der Gorbačev'schen „Perestrojka", arbeiteten 6,5% der Einwohner der Georgischen SSR auf Stellen, die mit einem Hochschuldiplom zertifizierte Qualifikationen erforderten. In der Tadschikischen SSR lag der analoge Anteil nicht mal halb so hoch (3,2%). Damit hat sich die unionsweite Diskrepanz hinsichtlich dieses Indikators im Laufe von drei Jahrzehnten auf 3,3 Prozentpunkte verdreifacht.

Noch stärker waren die Unterschiede zwischen den Unionsrepubliken, wenn man die Anteile der „Spezialisten" mit mittleren Fachabschlüssen an der Gesamtzahl der Bevölkerung betrachtet. 1955 lagen der damalige Spitzenreiter, die Estnische SSR mit 1,6%, und das Schlußlicht, die Moldawische SSR mit 0,9%, etwa 0,7 Prozentpunkte auseinander. Zwanzig Jahre später betrug diese Diskrepanz bereits 3,3 Prozentpunkte. Während sich die Estnische SSR mit 6,1% weiterhin an der Spitze behaupten konnte, rutschte die Tadschikische SSR mit 2,8% auf den letzten Platz unter den Unionsrepubliken herab. (Die Moldawische SSR verzeichnete hingegen eine Vervierfachung des hier diskutierten Anteils auf 4%.) Bis zum Anfang der „Perestrojka" vergrößerte sich der Abstand zwischen diesen beiden Unionsrepubliken, die ihre Rangplätze ganz oben bzw. ganz unten beibehielten, auf 5 Prozentpunkte. In der baltischen Unionsrepublik waren zu diesem

Zeitpunkt knapp 8% aller Einwohner als „Spezialisten" mit sekundären Qualifikationsanforderungen beschäftigt. In der zentralasiatischen Unionsrepublik betrug dieser Anteil gerade mal 3%. (Die für diese Ausführungen relevanten Daten wurden im Anhang II.5. zusammengestellt.)

An einer anderen Stelle in diesem Kapitel wurde bereits darauf hingewiesen, dass zwischen der Zahl der „Spezialisten" mit einer mittleren Fachausbildung und denen mit einer Hochschulqualifikation ein als unvorteilhaft eingeschätztes Verhältnis bestand. Auch im Hinblick auf diesen Indikator wiesen die Unionsrepubliken erhebliche Diskrepanzen auf. In der Georgischen SSR, die zuvor als Spitzenreiterin hinsichtlich des Anteils von „Spezialisten" mit Hochschulbildung an der Gesamtbevölkerung genannt wurde, war das Verhältnis dieses Segments der „Intelligenzija im engeren Sinne" zu dem Teil, der auf Stellen mit mittleren Fachqualifikationen arbeitete, besonders ungünstig. Bereits in der Mitte der 1950 Jahre gab es dort mehr „Spezialisten" auf Stellen mit höheren als mit mittleren Qualifikationsanforderungen (0,8 der letztgenannten Gruppe pro einen Vertreter der erstgenannten Gruppe). Bis Ende der 1980er Jahre verschlechterte sich dieses Verhältnis weiter auf 0,7. Ähnlich sah die Situation in den beiden transkaukasischen Nachbarrepubliken Armenien (von 0,9 auf 0,8) und Aserbaidschan (von 1,06 auf 0,9) aus. Dies bedeutete, dass in der transkaukasischen Region jene Beschäftigten, die eigentlich Arbeitsaufgaben mit höheren Qualifikationsanforderungen auszuführen hatten, besonders wenig Unterstützung von fachlichen Hilfspersonal erfahren konnten und folglich, wie aus einigen sowjetischen Studien hervorging, häufiger auch Arbeiten unterhalb ihres eigentlichen Qualifikationsniveaus zu verrichten hatten. Obwohl diese Region, zumindest bis zum Beginn der 1980er Jahre, die höchsten Anteile von hochqualifizierten „Spezialisten" an der Gesamtbevölkerung aufwies, wurden diese Personen oft nicht optimal eingesetzt, weil sie sich viel zu selten auf ihre Kernaufgaben konzentrieren konnten. (Die vollständigen Datenangaben wurden im Anhang II.5. zusammengestellt.)

Diese kursorische Betrachtung der Daten, die von der offiziellen sowjetischen Statistik zum Thema der Urbanisierung und Veränderungen der Zahl von „Spezialisten" bereitgestellt wurden, lassen Zweifel an Brežnevs Behauptung aufkommen, der zufolge eine allmähliche soziostrukturelle Angleichung der einzelnen Unionsrepubliken mit dem Eintritt in die Phase des „reifen Sozialismus" stattgefunden hätte. Ferner läßt sich aus einer ex-post-Perspektive konstatieren, dass sich die Diskrepanzen zwischen den Unionsrepubliken in den 1970er und 1980er Jahren weiter verstärkten anstatt abzunehmen. Die Trends, die sich in der Chruščev- und in der frühen Brežnev-Zeit abzeichneten, setzten sich verstärkt in den beiden Jahrzehnten fort, welche sich 1991 als die letzten in sowjetischer Geschichte erweisen sollten.

3.7 Abschließende Einschätzung

Die Rückbetrachtung der sowjetsozialistischen Periode begann mit der Sichtweise der offiziellen sowjetischen Soziologie in der Phase des „entwickelten" bzw. „reifen Sozialismus". Grund hierfür ist, dass nur die offiziell anerkannten Forschungseinrichtungen makrosoziologisch und gesellschaftsstrukturell relevante Daten in diesem Land erheben konnten. Jeder Versuch, die Sozialstruktur der sowjetischen Gesellschaft zu untersuchen, bleibt deshalb auf die Interpretation dieser Datenaggregate angewiesen. Um den Gegenstand der vorliegenden Untersuchung – d.h. die soziale Makrogruppe, welche als „sozialistische Mittelschicht" bezeichnet wird – angemessen bestimmen zu können, ist es allerdings ebenso wichtig, die begrifflichen Grundkategorien, welche der Erhebung und Aufbereitung dieser Daten zugrunde lagen, kritisch zu prüfen, da sie in einem besonderen sozio-politischen Kontext entstanden sind.

Im nachfolgenden (vierten) Kapitel wird sich die Argumentation deshalb den kritischen Untersuchungen der Struktur sowjetsozialistischer Gesellschaften zuwenden. Obwohl im Fokus dieser Dissertation die sowjetische Gesellschaft und insbesondere ihr russischer Teil stehen, stammen die Analysen, die herangezogen werden, zum Teil aus anderen Ländern des „sozialistischen Lagers". Mit dem Rückgriff auf diese Untersuchungen sollen die Unterschiede, welche zweifelsohne zwischen den einzelnen Gesellschaften sowjetsozialistischen Typs bestanden, keineswegs negiert werden. Die recht hohe sozio-ökonomische Strukturhomologie dieser Gesellschaften in Kombination mit der zum Teil erheblich größeren Forschungsfreiheit, welche Sozialwissenschaften in manchen dieser sozialistischen „Satellitenstaaten" genossen (vor allem in Ungarn und in Polen), läßt eine gesellschaftstheoretische Erweiterung des Blickes auf Mittelosteuropa jedoch als eine Bereicherung erscheinen.

4 Kritische Sichtweisen auf die sowjetsozialistische Gesellschaftsstruktur

4.1 Das Klassenkonzept und die Kritik am Sowjetsozialismus

Das Konzept der sozialen Klassen war von zentraler Bedeutung nicht nur für die Beschreibungen sowjetsozialistischer Gesellschaftsstruktur, die im Rahmen des offiziellen, marxistisch-leninistisch geprägten Wissenschaftsbetriebes vorgelegt wurden, sondern auch für eine ganze Reihe von hauptsächlich marxistisch inspirierten Kritikern des Sowjetsozialismus. Während es sich im Falle ersterer mehr um dogmatische Pflichtübungen handelte, die in den innovativen Arbeiten (als eine ideologische Loyalitätsbekundung des Autors gegenüber der parteistaatlichen Führung) der Analyse neuartiger Phänomene vorangestellt wurden, griffen die Kritiker des Sowjetsystems auf dieses Konzept zurück, um den osteuropäischen Einparteienregimen den Spiegel der marxistischen Gesellschaftskritik vorzuhalten. Der Bezug auf diese Gesellschaftskritik wurde schließlich in den mittel- und osteuropäischen Ländern zu legitimatorischen Zwecken vereinnahmt. In der offiziellen sowjetischen Soziologie war das Konzept der sozialen Klassen, sofern es auf die Gesellschaften des sowjetsozialistischen Typs angewendet wurde, seiner fundamental-antagonistischen Dimension beraubt und durch Formulierungen wie „Klassenbündnis" oder „nicht-antagonistische Klassen" entschärft (Lane 1985: 148). Ivan Szelenyi (1978/9: 55) sprach deshalb von einer „apologetischen und konservativen Klassentheorie". Die antagonistische Dimension stand hingegen im Vordergrund aller Versuche, die sowjetsozialistische Gesellschaft als eine „Klassengesellschaft" kritisch zu analysieren. Die Klassentheorie des Sowjetsozialismus versuchte deshalb in erster Linie die Frage zu beantworten, ob es in der Sowjetunion sowie anderen Ländern des „Ostblocks" eine „neue herrschende Klasse" gab und wie gegebenenfalls ihr Charakter vor dem Hintergrund der besonderen sowjetischen Form sozio-ökonomischer Organisation zu begreifen wäre.

Die Befürchtung, dass es nach einer sozialistischen Revolution zum Entstehen neuer „Klassen" und neuer „Ausbeutungsverhältnisse" kommen könnte, reicht weit in die Geschichte des sozialistischen Denkens zurück. Sie ist sogar deutlich älter als der Sowjetsozialismus selbst. Obwohl der Ausdruck „Neue

Klasse" bezogen auf die Struktur sozialistischer Gesellschaften durch das gleich-
namige Buch des langjährigen politischen Weggefährten von Josip Broz Tito
und später verfolgten Dissidenten Milovan Djilas weltbekannt wurde, läßt sich
das darin vertretene Kernargument selbst fast ein Jahrhundert vor der Veröffentlichung der „Kritik des gegenwärtigen Kommunismus"[85] in den 1950er Jahren
aufspüren. Die damals noch prognostische These, der zufolge es nach der Verstaatlichung aller „Produktionsmittel" zur Entstehung einer „roten Bürokratie"
kommen werde, wurde schon in den frühen 1870er Jahren von Michail Bakunin
formuliert (nach Radaev/Škaratan 1996: 228.). Um 1905 sagte der polnische
Sozialist Jan Wacław Machajski Ähnliches voraus: Nach der Einführung des
Sozialismus sei die Entstehung einer „neuen herrschenden Klasse" zu erwarten
(nach Giddens 1979: 296). Und bereits 1922 machte Nikolaj Bucharin aus Sorge
um die mögliche Entwicklung in der Sowjetunion auf Folgendes aufmerksam:
„ein Teil derjenigen, die aus der Arbeiterklasse hervorgegangen sind, setzt sich
von den Arbeitermassen ab und verfestigt sich in einer Monopolposition. In ihrer
Eigenschaft als ehemalige Arbeiter könnten sie eine Art Kaste werden, die zugleich eine ‚neue Klasse' werden könnte." (nach Nove 1975/1979: 200; Übersetz-
zung RM) Kritische Arbeiten zur sowjetsozialistischen Klassenstruktur, die später – als dieses Gesellschaftsmodell bereits einige Jahrzehnte lang existierte –
vorgelegt wurden, sind zweifelsohne ein wichtiger Indikator dafür, dass die erwähnten Befürchtungen begründet waren.

Der bereits erwähnte Jugoslawe Milovan Djilas dürfte der wohl bekannteste
Vertreter der kritischen Klassentheorie des real-existierenden Sozialismus sein.
In seinem berühmten Buch, das zum ersten Mal 1957 in den USA erschien und
sehr bald sowohl zur weltweiten Bekanntheit seines Autors[86] als auch zu dessen
langjähriger Gefängnisstrafe in Titos Jugoslawien führte, erörterte er die Verwandlung einer aus der „Partei bolschewistischen Musters" hervorgegangenen
„politischen Bürokratie" in eine „neue Klasse" (Djilas 1957: 63f.). Obwohl diese
„neue Klasse" selbst sozial ihren „Ursprung" im „Proletariat" gehabt habe (Djilas 1957: 66), sei sie durch einen „Betrug", den sie nach dem Sieg der sozialistischen Revolutionen gegenüber den Arbeitern beging, zu einer „neue[n] ausbeute-
rische[n] Klasse" geworden (Djilas 1957: 68). Diese Stellung fußte auf der faktisch exklusiven Verfügung der „politischen Bürokratie" über „das verstaatlichte
Eigentum" (Djilas 1957: 70), welches lediglich formell dem gesamten Volk
gehört habe (Djilas 1957: 98).

---

[85]   So der serbo-kroatische Untertitel des Originalmanuskripts: „Kritika sovremenog komunizma".
[86]   Das Buch wurde auch ins Russische übersetzt und kann daher als relativ bekannt gelten. Allerdings war es in der UdSSR mit der Geheimhaltungsklausel versehen (Golenkova/Igitchanjan 1998b:
114).

„Praktisch zeigt sich das Besitzprivileg der neuen Klasse als das ausschließliche Recht, als ein der politischen Bürokratie zugestandenes Parteimonopol, das Nationaleinkommen zu verteilen, die Löhne festzusetzen, die wirtschaftliche Entwicklung zu steuern und über das verstaatlichte und anderes Eigentum zu verfügen." (Djilas 1957: 70f.)

Djilas richtete also seinen Blick – durch und durch in marxistischer Tradition – auf die Eigentumsverhältnisse als das zentrale Kriterium für die Bestimmung der „herrschenden Klasse" in realsozialistischen Gesellschaften. Er berücksichtigte allerdings dabei, dass es sich um eine besondere Form des „Eigentums" handelte – nämlich um ein kollektives Eigentum, „das die Klasse ‚im Namen' des Volkes und der Gesellschaft verwaltet und verteilt" (Djilas 1957: 71). In seinem Versuch, die Gesellschafts- und Herrschaftsstruktur der realsozialistischen Länder auf den Begriff zu bringen, nahm er wesentliche theoretische Veränderungen sowohl am Eigentums- als auch am Klassenkonzept vor, um den besonderen Gegebenheiten des Realsozialismus gerecht zu werden. So stellte er fest, dass „die Besitzprivilegien der neuen Klasse und die Zugehörigkeit zu dieser Klasse (...) auf dem Vorrecht der *Verwaltung* [fußen]" (Djilas 1957: 72) Die Verfügung derjenigen, die der „neuen Klasse" zuzurechnen waren, über das Produktivvermögen und den produzierten Reichtum einer realsozialistischen Gesellschaft erfolgte also demzufolge nicht auf der Grundlage exklusiver Rechtstitel in der Hand einzelner Klassenangehöriger oder freiwilliger, vertragsrechtlich gebildeter Zusammenschlüsse (z.B. GmbH), sondern sei stets – d.h. selbst im Falle von tatsächlichen Individualentscheidungen einzelner Funktionsträger – über die Zugehörigkeit der jeweiligen Entscheidungsträger zum hierarchisch verfaßten Gesamtkollektiv der „politischen Bürokratie" vermittelt gewesen. Mit dieser Besonderheit hing auch ein wesentlicher Aspekt des realsozialistischen „Eigentums" zusammen: Es war als solches nicht vererbbar, weil die Posten innerhalb der „politischen Bürokratie" es nicht waren. Das Einzige, was von der Elterngeneration an die Nachkommen weitergegeben wurde, sei der „Ehrgeiz" gewesen, „sich zu einer noch höheren Sprosse der Leiter aufzuschwingen" (Djilas 1957: 91).

Die „neue Klasse" beschrieb Djilas (1957: 91-92) ferner als eine nach unten offene soziale Makrogruppe, die „tatsächlich aus den niedrigsten und breitesten Schichten des Volkes geschaffen" worden sei. In der frühen Phase war eine hohe Aufwärtsmobilität, die den Eindruck einer strukturellen Offenheit vermittelte, für alle realsozialistischen Gesellschaften charakteristisch. Er wies aber gleichzeitig darauf hin, dass die Offenheit der Parteihierarchie an der Basis mit den Beschwerlichkeiten des Aufstiegs in jene Positionen einherging, die mit tatsächlicher Verfügungsmacht im ökonomischen und politischen Bereich verbunden waren. Erst das Erreichen dieser administrativen „Kommandohöhen" konnte als eine wirkliche Aufnahme in die „neue herrschende Klasse" der „politischen Bürokratie" betrachtet werden.

Die „politische Bürokratie", die über das gesamtgesellschaftliche Produktionsvermögen faktisch verfügte, erschien Djilas deshalb als eine „neue Klasse", weil sie nicht als eine Art sozialen „Relikts" aus der vorrevolutionären Zeit zu begreifen war, sondern als eine genuine Hervorbringung der nachrevolutionären Entwicklungsphase. Diese war von den jeweiligen Führungsorganen der sozialistischen Länder eingeleitet worden, um die Gesellschaften – zumindest vorgeblich – im Sinne der sozialistischen (marxistisch-leninistischen) Zielsetzungen zu verändern. Djilas behauptete, dass die aus dem „Proletariat" entstandene „neue Klasse" ebendieses „Proletariat" „betrogen" habe. Hierin legte er die Interpretation nahe, dass der Aufstieg der Parteispitzen zur „Klassenherrschaft" weitgehend bewusst, ja sogar zielgerichtet vollzogen wurde.

Auch ein anderer Kritiker der realsozialistischen Gesellschaften, dem der Begriff „Klasse" zwar modifizierungsbedürftig, aber letztlich für die Analyse angemessen erschien, spielte mit dem Gedanken, die Entstehung der neuen „Klassenherrschaft" nach der Oktoberrevolution sei mehr als einfach eine Art „List der Geschichte" gewesen. Der aus Ungarn stammende Soziologe Ivan Szelenyi (1978/9: 52f. 66) betrachtete nicht bloß die Führungsebene der Partei- und Staatsbürokratie, sondern „potentiell" die gesamte „Intelligenzija" als „eine neue herrschende Klasse" – zumindest „in statu nascendi". Um dem Schicksal der westlichen akademisch Gebildeten zu entkommen, die im Zuge der kapitalistischen Entwicklung nach und nach auf die Rolle der „Professionals" – das heißt hochqualifizierter Arbeitskräfte im Dienst der Kapitaleigentümer – degradiert worden seien, hätten die radikalen, progressiv orientierten Teile der bildungsbürgerlichen Schicht des Zarenreiches einen zur kapitalistischen Modernisierung alternativen Gesellschaftswandel mit revolutionären Mitteln initiiert. Im Ergebnis hätte diese soziale Makrogruppe nicht nur zum ersten Mal in der Weltgeschichte den Charakter einer sozialen „Klasse" erlangt, sondern gleichsam ihren Aufstieg zur „herrschenden Klasse" eingeleitet (Szelenyi 1978/9: 68).

> "The new society in which *telos* dominates *techne* [so ist Szelenyi zufolge die staatssozialistische Gesellschaft zu charakterisieren; RM] emerged from societies where there existed an 'intelligentsia' properly speaking; where intellectuals consciously articulated their aspirations to occupy a dominant position in the social structure." (Szelenyi 1978/9: 64)

Die „Klassenherrschaft [class power] der Intelligenzija" fußte demnach auf dem „Machtanspruch", der im ökonomischen ebenso wie im administrativen oder kulturellen Bereich mit dem „Monopol teleologischen Wissens" – d.h. mit einem angeblich exklusiven Zugang zu „wissenschaftlich" fundierten Erkenntnissen

über die „historisch notwendige" Umgestaltung sozialer Beziehungen der Zukunft – begründet wurde. Und obwohl die Klassenherrschaft „über die ökonomische Sphäre" hinaus reichte, seien „ihre Grundlagen (...) in fundamentalen Institutionen" zu suchen, „welche die soziale Reproduktion in staatssozialistischen
Gesellschaften garantier[t]en" (Szelenyi 1978/9: 66). Diese seien als „die Institutionen der staatssozialistischen rationalen Umverteilung [redistribution]" zu
charakterisieren (Szelenyi 1978/9: 62). „Die Expropriation des Mehrprodukts
[expropriation of surplus]" sah Szelenyi (1978/9: 61) anstelle des ihm als zu starr
erscheinenden Kriteriums des Eigentums an Produktionsmitteln als entscheidend
für die Bestimmung von Klassen- und Ausbeutungsverhältnissen an. Diese Expropriation habe in den „staatssozialistischen" Ländern einen besonderen, nämlich direkten Charakter gehabt: Während der westliche Wohlfahrtsstaat einen
Teil des kapitalistisch angeeigneten und auf dem Markt „definierten" Mehrwerts
umverteilte, eignete sich der „redistributive sozialistische Staat" die Ergebnisse
aller Produktionsprozesse direkt an (Szelenyi 1978/9: 62).

Dazu gilt es allerdings kritisch anzumerken, dass diese „Aneignung" eigentlich ein integraler Bestandteil eines Verteilungsprozesses durch einen zentralisierten Apparat war, der für sich „das Monopol der rationalen Auswahl der Ziele" gemäß der Maßgabe der „materialen Rationalität"[87] beanspruchte (Szelenyi
1978/9: 63). Deshalb ist es schwer einzusehen, warum Szelenyi diesen Vorgang
stets als „Umverteilung" (redistribution) bezeichnet. Die im kapitalistischen
Wohlfahrtsstaat gegebene Zweistufigkeit der Allokation gesellschaftlicher Pro-
duktionserträge – zuerst ihre Verteilung gemäß den Eigentumstiteln und der
Marktlage einzelner Wirtschaftssubjekte, dann eine korrektive Umverteilung lediglich eines Teils derselben (in Höhe von Steuereinnahmen und Beiträgen für
gesetzliche Sozialversicherungssysteme) nach der Maßgabe sozialpolitischer
Zielsetzungen – fehlte nämlich weitgehend im sowjetsozialistischen Wirtschafts-
modell. Interessanterweise machte Szelenyi (1978/9: 62) selbst auf den Unterschied zwischen der „Umverteilung" (redistribution) im „gegenwärtigen Wohl-
fahrtskapitalismus" und der im „Staatssozialismus" aufmerksam. Deshalb erscheint der Vorschlag von Katherine Verdery (1991/2002: 368), in diesem Zusammenhang von einer „allocative power" statt von einer „redistribution" zu
sprechen, treffender zu sein.[88]

---

[87]   Szelenyi bezieht sich explizit auf den Begriff der „materialen Rationalität" von Max Weber
(1922/1980: 45).
[88]   Ein ähnliches Gegenargument wurde bereits von Heller, Fehér und Markus (1983b: 60) vorgetragen: „[D]er Staat [ist] keineswegs bloß Umverteiler eines Mehrwerts, der unabhängig von seinen
Aktivitäten in traditionell definierten Bahnen produziert wird. Vielmehr ist er der unmittelbare Orga-
nisator des Produktionsprozesses selbst...". Siehe auch die Ausführungen von Jadwiga Staniszkis
(1992: 68) über "producing state".

Es gibt aber ein noch viel grundsätzlicheres Problem im Aufsatz von Szelenyi. Es besteht darin, dass der Begriff „Intelligenzija" nirgends genauer eingegrenzt wird (Lane 1985: 154-155). Die zusammengefaßten Ausführungen dieses Autors könnten nur dann einen eklatanten Widerspruch zur sowjetsozialistischen Realität vermeiden, wenn ihnen der tradierte Begriff der „Intelligenzija" – als die „geistige Führungsschicht" der Gesellschaft – zugrunde läge. Denn weite Teile der sowjetsozialistischen „Volksintelligenzija" waren in die Entscheidungsprozesse der „teleologisch legitimierten" Verteilungsherrschaft nicht eingebunden. Sie erfüllten Aufgaben, die einen ebenso „zweckrationalen" Charakter hatten, wie die der „professionellen Mittelschicht" in kapitalistischen Gesellschaften. In erster Linie wäre hier an die zahlenstärkste Gruppe der sowjetsozialistischen Intelligenzija zu denken – die Ingenieure und anderen technischen Fachkräfte („Produktionsintelligenzija" bei Rutkevič).[89]

Auch die materiellen Vorteile, die Szelenyi (1978/9: 71) der Intelligenzija als „herrschender Klasse" zuschreibt, kamen bei weitem nicht allen zugute, die dieser Makrogruppe gemäß dem offiziellen sowjetischen Begriff zuzurechnen wären: So gehörten Grundschul- und Sekundärstufenlehrer – die zweitstärkste Berufsgruppe innerhalb der sowjetischen Intelligenzija (Gudkov 1998b: 13), die überwiegend aus Frauen bestand[90] – zu den am schlechtesten bezahlten Arbeitskräften. Bergleute und Stahlkocher, also Arbeiter, verdienten dagegen nicht nur das Vielfache der Lehrergehälter, sondern genossen darüber hinaus besondere Vorteile beim Zugang zu defizitären Gütern und Dienstleistungen (Heller et al. 1983b: 120).

Szelenyis These von der Klassenmacht der Intelligenzija scheint also nur auf diejenigen hochqualifizierten „Spezialisten" zuzutreffen, die hauptsächlich über die Organisationsstrukturen der „Kommunistischen Partei" in wichtige Entscheidungspositionen direkter Art (z.B. hohe Planungsbeamte, ZK- oder Politbüro-Mitglieder) wie indirekter Art (z.B. angesehene Wirtschaftsprofessoren) aufgestiegen sind. Von diesen könnte tatsächlich behauptet werden, dass sie sich in der Sphäre der „materialen Rationalität" – wie von Szelenyi (1978/9: 63) verstanden – betätigten. Dagegen erfüllte die Mehrheit der sowjetsozialistischen Intelligenzija „zweckrationale" Aufgaben, und ein beträchtlicher Teil von ihr wurde dafür sogar schlechter entlohnt als Arbeiter in den Branchen, die von der parteistaatlichen Führung als strategisch wichtig angesehen wurden (Lane 1985:

---

[89]   Churchward (1987: 61) gibt für die erste Hälfte der 1980er Jahre den Anteil der Ingenieure und Techniker an der Gesamtzahl der sowjetischen Intelligenzija mit „etwa ein Drittel" an. Die Mehrheit der sowjetischen Intelligenzija bestand, nicht anders als in den westlichen Ländern, aus eng spezialisierten Fachkräften (Churchward 1987: 70; Gudkov 1998b: 13).

[90]   Der Anteil von Frauen unter Lehrkräften lag demnach gegen Ende der 1980er Jahre bei gut 70% (Rimaševskaja zitiert nach Il'in 1996: 229; siehe auch: Lane 1985: 174).

193).[91] Szelenyi (1978/9: 51) wendet sich also einerseits gegen Theorien, welche die Elite bzw. herrschende Klasse im Sowjetsozialismus mit der „(Partei- und Staats-)Bürokratie" identifizieren. (Namentlich werden in diesem Zusammenhang Trockij, Djilas sowie die polnischen Linksdissidenten Jacek Kuroń und Karol Modzelewski genannt.) Aber andererseits scheint für ihn eine leitende Position innerhalb der parteistaatlichen Hierarchie für die Zugehörigkeit zur „herrschenden Klasse" viel ausschlaggebender gewesen zu sein als jene Kriterien, welche für die Bestimmung der „Intelligenzija" – sei es im offiziell-sowjetischen, sei es im tradierten Sinne – entscheidend waren. Weder eine Beschäftigung, die einen tertiären Qualifikationsabschluss „in der Regel" erforderte, noch eine besonders umfassende humanistische Bildung sowie Verinnerlichung eines bestimmten Ethos und Habitus erschienen als hinreichende Bedingungen, um in einer sowjetsozialistischen Gesellschaft in jene Positionen zu gelangen, die man mit Szelenyis Worten als die des „Umverteilers" (redistributor) bezeichnen könnte. Zwar wurden die Kriterien der Zugehörigkeit zur Intelligenzija im offiziell-sowjetischen Sinne zunehmend zur notwendigen Voraussetzung für einen Aufstieg innerhalb der parteistaatlichen Hierarchie, aber bei weitem nicht zur hinreichenden (Nove 1975/1979: 197; Heller et al. 1983a: 120; Il'in 1996: 55f.). Letztlich waren andere Faktoren für den Erfolg innerhalb dieser Hierarchie jedoch stets viel wichtiger. Es erscheint zweifelhaft, ob die Merkmale der Intelligenzija gemäß dem tradierten Begriff überhaupt für die Aufstiegschancen innerhalb der parteistaatlichen Hierarchie von einem genuinen Vorteil waren.

Die zugespitzte These von der „Klassenherrschaft" der Intelligenzija im Sowjetsozialismus lässt sich daher nicht aufrecht erhalten. Dennoch ist das Argument, dem zufolge „die Durchsetzung und Beherrschung der Partei durch Personen mit höherer Bildung" im Laufe der sowjetsozialistischen Geschichte zunehmend zur „Grundlage der Bildung einer ‚neuen Klasse'" zu werden schien (Giddens 1979: 298f.), nicht einfach von der Hand zu weisen. In seinem Buch über die „Klassenstruktur fortgeschrittener Gesellschaften" aus dem Jahr 1973 entwickelte Anthony Giddens eine allgemeine Theorie der „Klassenstrukturierung" (class structuration), die einen gesellschaftstheoretischen Versuch darstellte, auf Veränderungen in der Struktur (vor allem kapitalistischer) Gesellschaften zu reagieren ohne den Klassenbegriff für gänzlich unbrauchbar zu erklären. Der Autor hielt den Kritikern des Klassenbegriffs – wie etwa Nisbet (1959) – entgegen: „Der Kapitalismus ist (...) seinem Wesen nach eine Klassengesellschaft"

---

[91]   Ähnlich argumentierte Nove (1975/1979: 197) gegen die pauschale Charakterisierung der Intelligenzija als die eigentliche „herrschende Klasse" und die Hauptnutznießerin der Privilegien im Sowjetsozialismus. Auch Churchward (1987: 48) wies darauf hin, dass die soziale Gruppe der „Intelligenzija" viel zu umfangreich war, um in ihrer Gänze als herrschende Klasse angesehen zu werden.

(Giddens 1979: 21). Aber selbst wenn es tatsächlich so ist, was folgt daraus für die Analyse der Sozialstruktur von sowjetsozialistischen Gesellschaften?

Giddens (1979: 313-314) betrachtete den „Staatssozialismus" nicht als eine „Überwindung des Kapitalismus", sondern als „eine alternative Art, die Industrialisierung zu fördern oder hohe Raten des Wirtschaftswachstums zu erreichen." Er war sich gleichwohl der grundlegenden Unterschiede zwischen den beiden Gesellschaftssystemen bewusst. Er sah diese Unterschiede vor allem in einer anderen „institutionelle[n] Vermittlung von Macht" begründet. Während die Sphäre ökonomischer Aktivitäten in kapitalistischen Gesellschaften durch das Rechtsinstitut des Eigentums von der Politik deutlich getrennt sei, habe die Wirtschaft der staatssozialistischen Länder unter „der lenkenden Kontrolle der politischen Verwaltung" gestanden. Diese Unterschiede hinderten Giddens aber nicht daran, sein analytisches Instrumentarium zur Bestimmung der „Klassenstrukturierung" auf sowjetsozialistische Gesellschaften anzuwenden. Als Resultat konstatierte er im Allgemeinen einen „relativ niedrigen Grad an Klassenstrukturierung", der allerdings „zu Lasten der menschlichen Freiheiten" gegangen sei und einen „hohen Grad zentralisierter politischer Kontrolle über das ökonomische Leben" zur Folge gehabt habe.

> „Die Abschaffung des Privateigentums begrenzt das Auftreten von Klassenstrukturierung in der staatssozialistischen Gesellschaft ‚an der Spitze' hauptsächlich deshalb, weil sie den Grad begrenzt, in dem die Weitergabe von Vorteilen über die Generationen hinweg monopolisiert werden kann. Auch die Teilung zwischen körperlicher und nicht-körperlicher Arbeit hat in der staatssozialistischen Gesellschaft nicht die gleiche Bedeutung für die Klassenbildung wie im Kapitalismus" (Giddens 1979: 314).

Obwohl eine Art „‚Vererbung' von Ausbildungsvorteilen" innerhalb der besser qualifizierten und ausgebildeten Bevölkerungsgruppen in „staatssozialistischen Gesellschaften" durchaus existierte , wiesen diese aber dennoch Giddens zufolge „ein sehr viel ‚offeneres' System der Elitenmobilität (...) als die kapitalistischen Länder insgesamt" auf. Die Gründe dafür sah er neben der bereits erwähnten „Abschaffung des Privateigentums" darin, dass es im „Staatssozialismus" „ein hohes Maß an ‚negativer Auslese' unter den Söhnen der Angestellten-Intelligenz bei der Rekrutierung für eine Apparatschik-Karriere" gegeben habe (Giddens 1979: 299-301): Dem zufolge funktionierten die Parteistrukturen vor allem als Aufstiegsleiter für Personen „aus recht niedrigen Verhältnissen" (Giddens 1979: 148), während Kinder der Intelligenzija-Familien vorwiegend professionelle Karrieren wählten (siehe auch: Lane 1985: 287; Teckenberg 1989: 59). Folglich betonte Giddens (1979: 214) mit einem kritischen Blick auf Djilas' These von der Entstehung einer „neuen herrschenden Klasse": „Staatssozialistische Gesellschaften haben keine abgesonderte Oberklasse".

4.2 Kritik des Klassenkonzepts in Bezug auf den Sowjetsozialismus

Alle Autoren, deren kritische Analysen der sowjetsozialistischen Gesellschaften als „Klassengesellschaften" bzw. „klassenstrukturierte Gesellschaften" im vorausgegangenen Abschnitt diskutiert wurden, sahen eine signifikante Modifikation des marxistischen Klassenbegriffs als eine notwendige Voraussetzung für diesen theoretischen Versuch an. Allerdings geschah dies jeweils auf eine spezifische Weise. So weitete Djilas einfach den Eigentumsbegriff, den er weiterhin als das zentrale Kriterium zur Bestimmung von Klassenunterschieden betrachtete, auf eine besondere Form der kollektiven, hierarchisch organisierten Verfügung über gesellschaftliche Produktivressourcen aus, wie sie unter Bedingungen einer zentralisierten „Plan"- bzw. „Kommandoökonomie" – zumindest bei der Beschränkung des Blickfelds auf offizielle Entscheidungsprozesse – zu beobachten war. Szelenyi versuchte hingegen der Marxschen Gesellschaftskritik einen Begriff der Klassenverhältnisse abzugewinnen, der von der besonderen Gestalt der kapitalistischen Eigentums- und „Produktionsverhältnisse" unabhängig wäre und somit seine Geltung auch in einer anderen sozioökonomischen Formation als der kapitalistischen beanspruchen könnte. Er argumentierte, dass nicht die eigentumsrechtlich fixierte Ungleichverteilung der „Produktionsmittel" als solche, sondern die darüber vermittelte Praxis der Abschöpfung des „Mehrprodukts" und seine Verwandlung in „Mehrwert" bestimmend für die besondere Gestalt der Klassenverhältnisse in einer kapitalistischen Gesellschaft sei. Folglich sei die exklusive Verfügung über das „Mehrprodukt" der Gesellschaft und nicht die Verfügungsmacht über das Produktivvermögen ausschlaggebend für die Analyse von „Klassenverhältnissen". Seine Interpretation der Marxschen Klassentheorie eröffnete die Möglichkeit, auch Gesellschaften des sowjetsozialistischen Typs als Klassengesellschaften zu begreifen und zu kritisieren, ohne zu sehr die Unterschiede einebnen zu müssen, welche zwischen dem Rechtsinstitut des Privateigentums im Kapitalismus und der besonderen Form kollektiv-administrativer Verfügung im Sowjetsozialismus (auch aus Djilas' Sicht) existierten. Giddens behauptete schließlich, dass das von ihm entwickelte, multifaktorale Konzept der „Klassenstrukturierung", welches nach seiner Auffassung die oft kritisierten Probleme der Klassentheorien von Marx und Weber zu überwinden vermochte, auf „staatssozialistische" Gesellschaften mit einem entscheidenden Erkenntnisgewinn anwenden zu können.

Angesichts des jeweils konstatierten Modifikationsbedarfs am marxistischen wie Weberschen Klassenkonzept stellt sich allerdings die grundsätzliche Frage, ob die unter kritischen Sowjetsozialismus-Forschern unumstrittene Tatsache, dass es in realsozialistischen Gesellschaften in der sozioökonomischen Grundstruktur wurzelnde Differenzen hinsichtlich der Möglichkeiten faktischer Selbstbestimmung gab, mit diesem Konzept überhaupt angemessen analysiert werden kann. Diese Fragestellung berührt zugleich ein zentrales epistemologisches Problem: Sowjetsozialistische Gesellschaften haben zeit ihrer Existenz dazu verleitet, Begriffe, welche im Kontext der Analyse kapitalistischer Gesellschaften entwickelt wurden, auf sie zu übertragen. Dies trifft interessanterweise sowohl für die meisten Apologeten – schließlich berief sich der Großteil von ihnen auf Marx, dessen Hauptwerk aber nicht zufällig den Untertitel „Kritik der politischen Ökonomie" trug – als auch für viele der Kritiker zu.

Die Ursachen für dieses eigentümliche Phänomen sind sicherlich darin zu suchen, dass eine ganze Reihe von grundlegenden Institutionen sowjetsozialistischer Gesellschaften ihrer äußerlichen Form nach erhebliche Ähnlichkeiten mit denen des zeitgenössischen Kapitalismus aufwiesen. Die Existenz des Staates mit seinen Gesetzen, verwaltungshierarchisch organisierten Exekutivorganen, Justiz und Militär sowie die rasante Entwicklung einer komplexen Industrie trugen wesentlich zu diesem Eindruck bei. Gerade im Zeitalter der „fordistischen" Integration kapitalistischer Gesellschaften erschien die Sowjetunion vielen westlichen Beobachtern als dem „organisierten Kapitalismus" nicht unähnlich (Zürcher 1998: 21). Dies lud folglich dazu ein, sowjetsozialistische Gesellschaften mit vertrauten Begriffen zu beschreiben und zu kritisieren. Da aber jede moderne Gesellschaft „wesentlich Prozeß" ist (Adorno 1979: 9), muss sich der Blick auch bei der Betrachtung des Sowjetsozialismus nicht nur auf die institutionellen Grundformen des Staates und der sozioökomischen Reproduktion, sondern auch und vor allem auf jene gesellschaftlichen Interaktionen richten, die innerhalb dieses institutionellen Rahmens stattfanden. Wie es im nachfolgenden Kapitel dieser Studie dargelegt wird, verändert diese Betrachtung das Licht, in dem die scheinbar den westlichen nicht unähnlichen Institutionen des Sowjetsozialismus erscheinen. Fundamentale Unterschiede werden dann noch deutlicher hervortreten (Kordonskij 2000: 223; Škaratan 2004a: 107).

Die Erörterung der sowjetsozialistischen Sozialstruktur eignet sich als ein besonders wirksames Kontrastmittel, um diese Differenzen zu verdeutlichen. Auf den ersten Blick scheint es nämlich in sowjetsozialistischen Gesellschaften durchaus ähnliche soziale Makrogruppen gegeben zu haben, wie im Westen.[92]

---

[92]   Mit besonderem Blick auf die Arbeiten seines finnischen Kollegen Markku Kivinen formulierte Timo Piirainen eine treffende Kritik an der Anwendung von neomarxistischen Ansätzen der Klassenanalyse auf den Sowjetsozialismus sowie postsozialistische Gesellschaften: "[A]n analysis

Vor allem die sowjetsozialistische „Arbeiterschaft" erschien ihrem Pendant in den kapitalistischen Ländern ähnlich: Sie war ebenfalls eine große Masse von Beschäftigten, die ihre physische Arbeitskraft der lenkenden Kontrolle anderer Personen im Rahmen eines hochkomplex-arbeitsteiligen und zunehmend mechanisierten (später auch partiell automatisierten) Produktionszusammenhangs gegen vertraglich im Voraus festgelegte Lohnzahlungen unterordneten. Die Tatsache, dass sie um der eigenen sozio-ökonomischen Reproduktion willen nichts anderes als ihre Arbeitskraft „anbieten" konnten, verstärkte noch diesen Eindruck (Lane 1985: 162). Und wer sich an Evgenij Preobraženskijs Forderung nach einer „sozialistischen ursprünglichen Akkumulation" erinnert, der mag sogar geneigt sein, eine wesentliche Identität der „proletarischen Massen" diesseits wie jenseits der „Systemgrenze" auch im Hinblick auf ihre gesellschaftsgeschichtliche Genese konstatieren zu wollen. Diese Sichtweise lag letztlich jeder Spielart der These vom „Staatskapitalismus" zugrunde.

Nach ihrem Gang ins australische Exil präsentierten drei Schüler von Georg Lukács', Ferenc Feher, Agnes Heller und György Márkus, im Jahr 1983 eine umfassende Kritik dieser These. Sie haben es nicht bei der Feststellung bewenden lassen, der zufolge „die Gesellschaften sowjetischen Typs in ihrer ideologischen und politischen Praxis die Gestalt *antikapitalistischer* Regime annehmen", sondern insistierten darüber hinaus darauf, dass es sich auch tatsächlich um zwei „verschiedene Produktionsweisen und deshalb auch verschiedene Gesellschaftstypen" handelte (Heller et al. 1983b: 40-41). Neben der – bereits von Hillel Ticktin (1978: 49, 51) formulierten – Überlegung, wonach es im Sowjetsozialismus statt des für den Kapitalismus vermeintlich charakteristischen Widerspruchs „zwischen Tauschwert und Gebrauchswert" einen „zwischen dem administrativ verordneten Gebrauchswert des Produkts (als seiner ‚offiziellen' Bewertung) und seinem realen gesellschaftlichen Nutzen" (Heller et al. 1983b: 49)gegeben habe[93], war es vor allem der unvollkommene Charakter der

---

that locates class positions and determines stratification patterns with the individuals' occupational status and his or her position in the labour process as the single criterion may – and is even likely to – produce ambiguous or trivial results when it is applied to a society whose logic differs considerably from that of Western industrial countries, that is, from the logic of the societies for whose analysis the approach was originally designed." Zur Illustration werden Kivinens empirische Befunde zitiert, denen zufolge die Anteile (relative size) der Arbeiterklasse und der Mittelklassen im Westen und in Russland am Anfang der 1990er Jahre ähnlich groß gewesen seien. Anschließend fragte Piirainen rhetorisch: Was folgt aus dieser Beobachtung angesichts der Unterschiede in der sozioökonomischen Funktionsweise der beiden Gesellschaftsmodelle? "From the point of view of stratification research, it is more important to know about the basic processes of power distribution, for instance, how social and economic elites are formed, how status group memberships are assigned, and how privileges and obligations of various social groups are determined." (Piirainen 1998: 316 f.)

[93]   Bei Ticktin (1978: 51), der in diesem Zusammenhang von Feher, Heller und Markus erwähnt wird, heißt es noch schlicht: „a product which has a contradiction within its use-value".

„Trennung der objektiven und subjektiven Produktionsfaktoren" (Heller et al. 1983b: 51), welcher als die wichtigste Besonderheit der sowjetsozialistischen Formation hervorgehoben wurde.

> „[D]ie gleiche Gesellschaftsschicht, welche die objektiven Produktionsfaktoren kontrolliert, [beherrscht] auch den subjektiven Faktor, d.h. den unmittelbaren Produzenten." (Heller et al. 1983b: 52)

Für das Autorentrio waren sowjetische Arbeiter anders als ihre westlichen Pendants nicht wirklich frei im formal rechtlichen Sinne. Zu den wichtigsten Formen der Kontrolle der sowjetsozialistischen Regime über „ihre" Arbeitskräfte zählten neben der Zwangsarbeit, die entweder einen offensichtlichen (GULag unter Stalin, später Umerziehungs- und Strafarbeitslager) oder einen als Militärdienst[94] verdeckten Charakter haben konnte, auch zahlreiche räumliche sowie soziale Mobilitätsbeschränkungen (Heller et al. 1983a: 34; siehe auch: Kornai 1995: 248; Radaev/Shkaratan 1992: 305). Einem „Sowjetbürger" stand nicht grundsätzlich frei, in geregelten Verhältnissen erwerbstätig zu sein, oder sich „irgendwie durchzuschlagen". Wer keine offiziell anerkannte Arbeitsstelle hatte, musste mit Zwangsbeschäftigung rechnen.[95] Dies war die Kehrseite eines Wirtschafts- und Gesellschaftssystems ohne Arbeitslosigkeit (Heller et al. 1983a: 72f; Solnick 1999: 126).[96] Außerdem wurde die Entlohnung von Arbeitskräften im staatlichen Sektor je nach Charakter der Produktionsaktivitäten, Einsatzort, Wirtschafts-

---

[94]   Über die große Bedeutung der Arbeitseinsätze der „Baubatallione" (strojbaty) der sowjetischen Armee im Zuständigkeitsbereich von 21 Branchenministerien während der 1980er Jahre berichtet Steven Solnick (1999: 204).

[95]   Im Jahr 1957 wurde der Tatbestand des „Parasitentums" ins Strafgesetzbuch aufgenommen. Auf dieser sehr vage formulierten Rechtsgrundlage konnte jede Person, die keiner offiziell anerkannten Beschäftigung nachging, zu einer Strafe in einem Arbeitslager verurteilt werden (Andrle 1994: 231; Il'in 1996: 174).
Dabei durften sich die Urheber dieser Regelungen durchaus in Übereinstimmung mit Marx und Engels wähnen, die in ihrem *Manifest der Kommunistischen Partei* den „[g]leiche[n] Arbeitszwang für alle" zu den zehn wichtigsten Maßnahmen zählten, welche in der ersten Phase nach dem Sieg der kommunistischen Revolution einzuleiten wären (vgl. Marx/Engels 1848/1971: 481).

[96]   In Art. 12 der Sowjetverfassung aus dem Jahr 1936 wurde die Verpflichtung jedes Sowjetbürgers zur Erwerbstätigkeit und in Art. 118 der Anspruch auf eine Beschäftigungsmöglichkeit festgelegt. Analoge Bestimmungen waren in abgemilderter Form in den Art. 14, 40 und 60 der Verfassung der UdSSR aus dem Jahre 1977 zu finden (Westen 1988: 348; Solnick 1999: 126). Il'in (1996: 97) konstatierte in diesem Zusammenhang: „In der sowjetischen Gesellschaft wurde die allgemeine Vollbeschäftigung [vseobščaja zanjatost'] als ein wichtiges Mittel zur Gewährleistung der politischen Systemstabilität angesehen." Heller et al. (1983a: 76) weisen allerdings darauf hin, dass es sich bei der Beschäftigungssicherheit um keine Rechtsgarantie, sondern um eine paternalistische Beziehung zwischen dem Staat repräsentiert durch die Betriebsleitung und dem jeweiligen Beschäftigten handelte. Il'in (1996: 163) bemerkte Ähnliches dazu: „Man kann nicht von einer Gleichberechtigung [in der Beziehung zwischen] dem Beschäftigten und dem allmächtigen ‚sozialistischen' Staat sprechen."

branche etc. administrativ festgelegt. Die Bedingungen, zu denen Menschen in den Produktionsprozeß eingebunden wurden, durfte nicht direkt hinterfragt werden. Kollektive Arbeitsniederlegungen wurden – wie 1962 im südrussischen Kohlerevier Novočerkask geschehen (Heller/Nekrich 1982 II: 283-287) – gewaltsam unterdrückt. Nur der individuelle Arbeitsplatzwechsel bot vor allem den besser qualifizierten Beschäftigten eine bescheidene, durch zahlreiche administrative und faktische Beschränkungen der räumlichen Mobilität stark begrenzte Möglichkeit, die eigene sozio-ökonomische Situation zu verbessern. Vor diesem Hintergrund zitierten Feher, Heller und Markus zustimmend aus einem Text von Ivan Szelenyi, in dem es hieß, dass man im Bezug auf sowjetsozialistische Gesellschaften „von keinem Arbeitsmarkt sinnvoll sprechen" (nach Heller et al. 1983a: 34) könne.

Der ungarische Ökonom Janos Kornai kam hingegen zu einer grundsätzlich anderen Einschätzung, was die Existenz des Arbeitsmarktes im „sozialistischen System" angeht. Er bestritt zwar keinesfalls die administrative Kontrolle des wirtschaftsverwaltenden Apparates über die Beschäftigten, wies aber zugleich auf zahlreiche Freiräume hin, die sich für die sozialistischen „Arbeitnehmer" aufgrund der Knappheit von Arbeitskräften während der gesamten sowjetsozialistischen Periode – insbesondere jedoch während der Phase des „reifen Sozialismus" – trotz aller restriktiven Bestimmungen faktisch ergaben.

> „Das Bewußtsein, daß eine Möglichkeit zum ‚Austritt' besteht (...), stärkt den Arbeitern das Rückgrat und macht sie kühner, erlaubt ihnen, ihre Vorgesetzten zu kritisieren und ihren Befehlen zuwiderzuhandeln. In dieser Hinsicht ist der klassische Sozialismus einzigartig, als das einzige System, in dem Vollbeschäftigung und chronischer Arbeitskräftemangel so lange Zeit bestehen." (Kornai 1995: 245)

Diese Beobachtungen veranlassten Kornai (1995: 245) dazu, von „starken Markteinflüssen" in den Beziehungen zwischen Beschäftigten und der untersten Hierarchieebene des wirtschaftsverwaltenden Staatsapparates (d.h. einzelnen Betriebsleitungen) zu sprechen. Er räumte zwar ein, dass es bei der Bestimmung der materiellen Vergütungen für sozialistische „Arbeitnehmer" einen sehr hohen Grad an „bürokratischer" Kontrolle gab, weil sowohl die Nominallöhne als auch die Verbraucherpreise – und damit faktisch die Reallöhne – von der Regierung dekretiert wurden. Er verwies aber zugleich darauf, dass die Knappheit der Arbeitskräfte den Beschäftigten dennoch reale Möglichkeiten eröffnete, ihren Vorgesetzten in den Betrieben eine ganze Reihe von zusätzlichen Vergütungsvorteilen – nicht unbedingt in Geldform – abzuringen. Ferner haben sozialistische „Arbeitnehmer" die Vor- und Nachteile der Beschäftigung in verschiedenen Betrieben gegeneinander abgewogen und notfalls – wenn ihre „Stimmen [voices]" am bisherigen Arbeitsplatz nicht gehört wurden – „mit den Füßen abgestimmt" (Kornai 1995: 253). Mit anderen Worten entschieden sie sich dann für die „Exit"-Option im Sinne Albert Hirschmans (1992).

> „Marktkräfte beeinträchtigen auch langfristige persönliche Entscheidungen, wie die Wahl von Karriere und Wohnort. (...) [D]ie relativen Löhne [werden] stark vom Verhältnis von Angebot und Nachfrage und von der Verteilung der relativen Überschußnachfrage beeinflußt (...). Gleichzeitig üben die relativen Löhne einen starken Einfluß auf das relative Angebot, nämlich die Verteilung des gesamten Angebots nach Berufen, Arbeitsplätzen und Regionen aus." (Kornai 1995: 253)

Die Nominallöhne wurden im Sowjetsozialismus so gut wie nie gesenkt. Um die Vergütung zu differenzieren, bot der Staatsapparat Lohnerhöhungen für jene Berufsgruppen bzw. Betriebsbelegschaften, die besonders motiviert werden sollten. Diese Praktiken hatten allerdings mittelfristig zur Folge, dass Vertreter anderer Berufsgruppen, Branchen und Betriebe im Rahmen von „vertikalen Verhandlungen" ebenfalls mehr Geld sowie Zusatzleistungen forderten. Die Folge war ein Prozess der nachziehenden Erhöhungen von Arbeitsvergütungen. Kornai (1995: 254) bezeichnete ihn als „Froschpromenade [a game of leapfrog]".

Auf die Frage, ob es im Sowjetsozialismus entgegen der zugespitzten Kritik von Feher, Heller und Markus tatsächlich einen Arbeitsmarkt gab und ob folglich doch klassentheoretische Bestimmungen in diesem gesellschaftlichen Kontext zumindest partiell als angemessenen zu betrachten sind, wird noch im abschließenden sechsten Kapitel dieser Studie zurückzukommen sein.

Die Problematik des Marktes und ihr Verhältnis zum Konzept einer tiefgreifenden gesellschaftlichen Umgestaltung waren für das gesamte Buch von Feher, Heller und Markus (1983a: 13), die sich erklärtermaßen eine „neue[...], demokratische[...] und sozialistische[...] Weltordnung" wünschten, von zentraler Bedeutung – und zwar in doppelter Hinsicht: Erstens spitzte sich ihre kritische Analyse des Sowjetsozialismus auf die These zu, der zufolge die Abwesenheit von marktförmig organisierten sozialen Beziehungen letztlich für den irrationalen und repressiven Charakter dieses nach planmäßiger Rationalität strebenden Gesellschaftsmodells ausschlaggebend war.[97] Zweitens forderten sie den Markt im

---

[97]   Demzufolge habe „die absolute Grenze der Rationalisierung des Regimes" darin bestanden, dass es – trotz aller Beschwörung der „Herrschaft der Zukunft über der Vergangenheit" – in Wirklichkeit die wirtschaftlichen Angelegenheiten „nur retrospektiv" zu erkennen vermochte. Denn „ohne eine freie gesellschaftliche Artikulation von Bedürfnissen", die der Auffassung der Autorin und Autoren zufolge eine Marktstruktur impliziert, „kann es keine konsistente soziale Rationalität geben." (Heller et al. 1983a: 263, 243ff.)

Hinblick auf eine künftig zu errichtende demokratisch-sozialistische Gesellschaftsordnung neu und positiv zu bewerten.[98]

Die sowjetsozialistische Gesellschaftsformation war ihrer Auffassung zufolge als Resultat einer radikalen Abschaffung der „bürgerlichen Gesellschaft" im Hegelschen Sinne entstanden. Aber gerade wegen der Unterdrückung dessen, was die Autorin und Autoren selbst als „das empirisch existierende System der Bedürfnisse"[99] bezeichneten (Heller et al. 1983a: 253), blieb die sowjetsozialistische „Diktatur über Bedürfnisse" stets dazu „verdammt", hinsichtlich der Bedürfnisse der von ihr beherrschten Bevölkerung „im Dunkeln zu tappen" (Heller et al. 1983a: 244)[100].

Diese recht vorsichtige Übernahme der Formulierung des ungarischen Autorentrios von der „Delegalisierung des Systems der Bedürfnisse" wurzelt in der Skepsis des Autors dieser Studie hinsichtlich des „bürgerlichen" Charakters jener Gesellschaftsformation, welche der Einführung des Sowjetsozialismus in Russland vorausgegangen war.[101] Das sowjetsozialistische Regime waren vielmehr in der ersten Phase ihrer gesellschaftlichen Umgestaltungen darum bemüht, die von ihnen regierte Gesellschaft trotz der rapiden Modernisierungen vorbei am „System der Bedürfnisse" im Hegelschen Sinne (1821/1995: 346–360) zu steuern. An der Aussagekraft des angeführten Arguments von Feher, Heller und Markus selbst ändert diese Einschränkung allerdings nichts. Denn unabhängig davon, ob die Gesellschaft des späten Zarenreichs als eine „bürgerliche" betrachtet wird oder nicht, brachte die sowjetische Gesellschaft in den 1970er und 1980er Jahren zunehmend das Problem der makrosozialen Koordination hervor. Diesem waren sowohl das Konzept der zentralisierten Wirtschaftsverwaltung als auch die Alltagspraxis der „Kommandoökonomie" immer weniger gewachsen. Feher, Heller und Markus (1983a: 243ff.) haben den Grund dafür vor allem im Verschwinden jeglicher Kalkulationsbasis für sozialpolitische Eingriffe nach der Abschaffung der Märkte gesehen.

Dieses grundlegende Problem des Sowjetsozialismus schlug sich nach den Ausführungen des Autorentrios zunehmend in der Errichtung von regulierten

---

[98] „Die Konzeption eines diese gesellschaftlichen Realitäten [Kapitalismus und Sowjetsozialismus; RM] gleichermaßen negierenden Sozialismus beinhaltet nicht die Verdrängung des Plans durch den Markt, sondern die Transformation von Plan *und* Markt und die Errichtung einer neuartigen Dialektik zwischen ihnen." (Heller et al. 1983b: 114f.)

[99] Der deutsche Übersetzungsvorschlag „das (...) empirisch feststellbare Bedürfnissystem" ignoriert den Bezug des Autorentrios auf den Hegelschen Begriff (1821/1995: 346-360).

[100] In der deutschen Übersetzung fehlt dieser Ausdruck.

[101] Betrachtet man die absoluten Zahlen, so galt das Russländische Zarenreich um 1913 zwar als die fünftgrößte Industriemacht der Welt nach den USA, England, Deutschland und Frankreich. Wenn man jedoch die Berechnung auf der Prokopfgrundlage erstellt, gehörte das Land zu den rückständigsten auf dem gesamten europäischen Kontinent (Gregory/Stuart 1990: 30).

und fragmentierten „Quasi-Märkten" vor allem in Bereichen wie dem privaten Konsum und der Arbeitskräfteallokation nieder. Denn dort stieß die sowjetsozialistische Kommandoökonomie bereits in ihren Anfängen an unüberwindbare Grenzen (Heller et al. 1983a: 264; siehe auch: Osokina 1998a; 1998b: 339-365; 2000; 2001). Aber obwohl diese „Quasi-Märkte" zu wichtigen Stützen dessen wurden, was die Autoren als den „post-stalinistischen Kompromiss" bezeichneten (Heller et al. 1983a: 98), entfalteten sie nicht mal ansatzweise eine selbstregulative Wirkung. Sie blieben stets weitgehend voneinander abgeschottet, und auch der preisbildende Charakter – die zentrale Eigenschaft des Marktes schlechthin – fehlte.[102] Wahrscheinlich deshalb wählten die Autoren die an Friedrich Pollocks (1975: 74, 85ff.) „Staatskapitalismus"-Aufsatz angelehnte Bezeichnung „Quasi-Märkte" bzw. „Pseudo-Märkte" (Heller et al. 1983a: 89, 95).[103] Vor dem Hintergrund der gerade genannten Charakteristika gilt es noch einen Schritt weiter zu gehen und ernsthaft in Frage zu stellen, ob die im Sowjetsozialismus entstandenen offiziellen Austauschmechanismen überhaupt mit dem Begriff „Markt" angemessen zu beschreiben sind.

Diese Problematik ist deshalb für die Frage nach der Sozialstruktur sowjetsozialistischer Gesellschaften von zentraler Bedeutung, weil der Begriff „Klasse" – nicht nur in der Tradition Webers, sondern implizit auch in der marxistischen – unzertrennlich mit dem marktförmigen Charakter sozialer Interaktionen zusammenhängt. Im vorausgegangenen Unterkapitel wurde bereits Giddens' (1979: 132) These erörtert, der zufolge „Klassen" „letztinstanzlich in der ökonomischen Struktur des kapitalistischen Marktes begründet sind." Wenn dem aber so ist, dann stellt sich die grundsätzliche Frage, ob von „Klassen" oder von „Klassenstrukturierung" der Gesellschaft im Sowjetsozialismus sinnvoll gesprochen werden kann. Denn es hat dort auf jeden Fall keinen „kapitalistischen Markt" gegeben, und vielleicht sogar gar keinen Markt.

---

[102]   Auch Kornai (1995: 251) hob die einzigartigen Möglichkeiten der „zentralisierten Verwaltung" hervor, die Höhe und die Entwicklungstendenzen der Reallöhne durch die gleichzeitige administrative Festlegung von Verbraucherpreisen und Nominallöhnen zu kontrollieren.

[103]   Auch Il'in (1996: 180-181) spricht im Kontext dessen, was er als „staatlich-monopolistischen Sozialismus" bezeichnet, von „Pseudomarkt [psevdorynok]", der eigentlich „eine Form der administrativ regulierten Verteilung" darstellte. Es seien die Verwaltungsstellen des parteistaatlichen Apparats gewesen, die darüber entschieden, was in welcher Menge und zu welchem Preis an wen verkauft wurde. Deshalb entstünden durch das Wirken des „sozialistischen Pseudomarktes" keine sozialen Gruppen, die als Klassen im Sinne Max Webers anzusehen wären.

4.3 Die „herrschende Gruppe" im Sowjetsozialismus

Feher, Heller und Markus verknüpften die zuvor vorgestellten Überlegungen über den Charakter der gesellschaftlichen Vermittlung im Sowjetsozialismus mit der für die damalige westliche Linke zentralen Frage, ob in diesem System eine „herrschende Klasse" existierte. Sie kamen dabei zum Schluss, dass es dort zwar eine recht homogene „herrschende Gruppe [ruling group]" gegeben habe, diese aber „prinzipiell anders (...) als eine Klasse [konstituiert]" war (Heller et al. 1983b: 139) und deshalb nicht „als eine Klasse im strengen Sinne" angesehen werden könne (Heller et al. 1983a: 117, Übersetzung RM; ähnlich: Radaev/Shkaratan 1992: 308; Radaev/Škaratan 1996: 231f.). Wie bereits in den kritischen Anmerkungen zu Szelenyis Thesen hervorgehoben wurde, waren „der Zugang zur und der Aufstieg innerhalb" der „Machthierarchie" allem voran „von (...) der Anerkennung eines bestimmten Individuums durch den Apparat selbst" abhängig (Heller et al. 1983a: 113; Übersetzung RM).

> „[D]ie Mitgliedschaft in der Bürokratie [ist] die Vorausbedingung der strukturell begründeten Machtstellung (...), die das Individuum bekleiden kann. (...) Was das Individuum zum Bürokraten macht, ist seine Rekrutierung, Kooption und Assimilation durch den Apparat. (...) In den Sowjetgesellschaften (...) kann jemand nur dann Mitglied des Machtapparats sein, wenn er mit den anderen Bürokraten im Einklang mit den vorgeschriebenen Regeln und Zielsetzungen seines Amtes umzugehen vermag. Er wird sich sonst den bewußten Gegenmaßnahmen der Hierarchie aussetzen, die ihn aus ihren Reihen entfernen wird." (Heller et al. 1983b: 139f.)

Anders als im Falle der Klassenstruktur im marxistischen Sinne, in der es eine (zumindest theoretisch) scharfe Abgrenzung zwischen Eigentümern der Produktionsmittel auf der einen und den Nichteigentümern und deshalb Lohnabhängigen auf der anderen Seite gibt, zeichneten sich die sozioökonomischen Machtverhältnisse in sowjetsozialistischen Gesellschaften durch „das Gradationskontinuum der Aneignung von Produktionsmitteln" aus. Der konkrete Aneignungsbzw. Verfügungsgrad hing „von der Position des Individuums in der Machthierarchie [als] der Wurzel aller Sozialstrukturen" ab (Radaev/Shkaratan 1992: 308; siehe auch Škaratan 2004a: 101f.). Zugleich befanden sich diejenigen Personen, die „solche Funktionsposten besetzten, in einer „völligen Abhängigkeit" von den ihnen übergeordneten Funktionären. Sie waren hinsichtlich ihrer Arbeitsplatzsicherheit von den gesetzlichen Garantien des Arbeitskodex explizit ausgenommen (Škaratan 2004a: 102f.).

Diese Besonderheiten veranlassten das ungarische Autorentrio zum folgenden Fazit bezüglich der Frage nach dem Charakter der „regierenden Gruppe" im Sowjetsozialismus:

„Die Mitglieder des Machtapprates in der Gesellschaft sowjetischen Typs bilden eine soziale Gruppe eigener Art; die Geschichte hält keinen eindeutigen Präzedenzfall bereit; uns fehlt sogar ein geeigneter Terminus, um sie mit einer unmißverständlichen Bezeichnung zu versehen." (Heller et al. 1983b: 140)

Sie bezeichneten jene Gruppe hilfsweise als eine „‚korporativ‘ herrschende Gruppe, derer Spitze die eigentliche herrschende Elite konstituierte" (Heller et al. 1983b: 141, Übersetzung modifiziert von RM; vgl. auch Heller et al. 1983a: 118). Evgenij Starikov (1994: 93) sprach schlicht vom „Apparat" und betrachtete diesen als eine „Schicht" und nicht als „Klasse", weil dessen Position nicht auf Privateigentum beruht habe.

Der britische Marxist Hillel Ticktin stellte bereits in einem 1978 veröffentlichten Aufsatz eine These auf, die an das Fazit von Feher, Heller und Markus erinnert: Demnach gebe es „nichts im Westen, womit die sowjetische Elite identifiziert oder nur sinnvoll verglichen werden könnte" (Ticktin 1978: 55). Als Hauptgründe für diese Eigentümlichkeit der sowjetsozialistischen Führungselite – aber auch aller anderen sozialen Gruppen in diesem Gesellschaftstypus – nennt er „die partielle Kontrolle [der partei-staatlichen Führung; RM] über das Mehrprodukt [surplus product], ihre Politisierung und die Instabilität des politischen Systems" (Ticktin 1978: 54) genannt – vor allem aber die Tatsache, dass es die Position des einzelnen Menschen innerhalb des partei-staatlichen Apparates war, die jegliche Machtausübung und Kontrolle ermöglichte (Ticktin 1978: 43). Die Individuen, die der herrschenden Elite angehörten, verfügten Ticktin zufolge über „keine unabhängige soziale Basis für ihr Privileg oder [für ihre; RM] Mitgliedschaft in der ‚Bürokratie‘. Dass die Verfügungsmöglichkeiten der Parteispitze über das gesellschaftliche „Mehrprodukt" trotz ihres beständigen Allmachtsanspruchs stets begrenzt blieben, führte Ticktin (1978: 41-43) auf informelle Aktivitäten und auf die damit verbundenen Konkurrenzkämpfe zwischen einzelnen Mitgliedern innerhalb des Apparates zurück.

Ticktins letztgenannte These streifte einen besonders interessanten, zugleich aber bis heute sehr wenig erforschten Aspekt der sowjetsozialistischen Wirklichkeit: Den Zusammenhang zwischen der Gesellschaftsstruktur einerseits und der Sphäre informeller sozialer Beziehungen andererseits, die in diesem Gesellschaftssystem weniger außerhalb der offiziellen Institutionen, sondern vor allem innerhalb derselben existierten, mit ihnen sogar unzertrennlich verwachsen waren. Die Erörterung dieser Problematik wird im Zentrum des nächsten Kapitels dieser Studie stehen.

Ticktin selbst verfolgte jedoch nicht weiter diese Spur, die er selbst freigelegt hatte. Stattdessen versuchte er – trotz seiner zuvor dargestellten Argumentation – letztlich doch eine gewisse Analogie, eine vage Ähnlichkeit zwischen der

„sowjetischen Elite" und den dominanten sozialen Gruppen einer kapitalistischen Gesellschaft herzustellen. Er behauptete nämlich, die erstere sei „aus einem Markt geboren" worden und sie würde sich ferner in der Gegenwart (d.h. in den späten 1970er Jahren) eine Entwicklung hin zum Markt wünschen (Ticktin 1978: 59). Letzteres leitete der Autor aus seiner bereits skizzierten These von einer besonders „brutalen", weil informell ausgetragenen Konkurrenz unter den Mitgliedern des partei-staatlichen Apparats ab: Die Intransparenz dieser kompetitiven Bestrebungen hätte dem zufolge bei den sowjetsozialistischen Elitemitgliedern eine Sehnsucht nach einer rechtlich garantierten, individuellen Autonomie (auf exklusiven Eigentumsrechten basierend) und nach geregelten Wettbewerbsverhältnissen erzeugt, wie sie in einer Marktvergesellschaftung bestehen (Ticktin 1978: 43). Dabei sei es diese Elite selbst gewesen, die nach ihrem in der Phase der „Neuen Ökonomischen Politik" (NĖP) vollzogenen Aufstieg zur Macht dem vermeintlichen Hauptmotor ihres eigenen Vorankommens, nämlich dem „Markt", den institutionellen Garaus bereitet und sich gegen die kleinen „Nutznießer der NĖP" – d.h. die Bauern und die Händler – mit einer erbarmungslosen Härte gewandt hätte, um ihre neu erlangte Machtposition nun auf eine grundlegend gewandelte institutionelle Basis zu stellen (Ticktin 1978: 59).

Diese These vermag schon deshalb nicht zu überzeugen, weil sie sowohl die Tiefe als auch die Komplexität jener extrem gewaltsamen Einschnitte, welche die sowjetische Gesellschaft seit dem offiziellen Ende der NĖP von Grund auf verändert haben, weitgehend außer Acht läßt. Es ist in diesem Zusammenhang vor allem daran zu erinnern, dass parallel zur Kollektivierung der Landwirtschaft und zum „Großen Durchbruch" der Stalinschen Industrialisierung immer wieder groß angelegte Säuberungsaktionen im Partei-, Staats- und Sicherheitsapparat stattfanden. Sie gingen unter der Bezeichnung „Großer Terror" als eines der dunkelsten Kapitel in die Geschichte des Sowjetsozialismus ein. Da dieser Einschnitt besonders tief ins „eigene Fleisch" der „sowjetischen Elite" ging, läßt er sich nicht einfach als ein Kampf der erfolgreichsten, zur partei-staatlichen Macht gelangten „NĖP-Nutznießer" gegen ihre weniger erfolgreichen Konkurrenten außerhalb der entstehenden parteistaatlichen „Nomenklatura" begreifen. Im Gegenteil, ein beträchtlicher Teil der Opfer waren die ergebensten Mitglieder der Herrschaftsstrukturen selbst. Viele von ihnen hatten zwar ihre Karrieren als glühende Opponenten der „kleinbürgerlichen" „NEP-Leute" (NĖP-meny) begonnen, sind aber dann später selbst während einer der nächsten Wellen des entfesselten Terrors hingerichtet worden.[104] Sowohl die Eigendynamik des „Großen Terrors" als auch die Hungerkatastrophen, die durch die Zwangskollektivierung hervorgeru-

---

[104] Nove (1975/1979: 198) wies in seinem Aufsatz über die „Nomenklatura" darauf hin, dass es während der Stalin-Zeit „a high death and arrest rate" insbesondere unter Angehörigen dieser sozialen Makrogruppe gab.

fen wurden, widersprechen Ticktins These von einem weitgehend interessen-
geleiteten Übergang von der NÈP hin zur zentralisierten „Planökonomie".

Ticktins zweite These, der zufolge sich sowjetsozialistische Funktionäre in
den unteren Rängen der wirtschaftsverwaltenden Hierarchie – insbesondere die
Betriebsleiter – insgeheim eine rechtliche Sicherung ihrer Machtposition durch
die Einführung exklusiver Eigentumstitel an „Produktionsmitteln" sowie die Zulassung von Marktinteraktionen wünschten, mag aus der heutigen, post-sowjeti-
schen Perspektive geradezu prophetisch erscheinen. Zunehmende Partikularbe-
strebungen der „Nomenklatura"-Vertreter bis hin zur „Raubprivatisierung"
(prichvatizacija)[105] der 1990er Jahre werden häufig als der sozioökonomische
Hauptgrund sowohl für den Untergang des Sowjetsystems als auch für die da-
rauffolgende Wirtschaftsmisere genannt (Timofeev 2000: 78).[106]

Der britische Wirtschaftswissenschaftler Alec Nove (1975/1979: 209) wies
in einem viel beachteten Aufsatz darauf hin, dass Manager sozialistischer Betriebe zwar nach mehr Entscheidungsspielräumen, aber nicht nach einer formalen
Verwandlung ihrer Führungspositionen in rechtliche Eigentumstitel strebten.
Hinsichtlich ihrer individuellen Karriereziele habe der Wunsch nach einer Be-
förderung innerhalb der offiziellen Hierarchie – auf einen Führungsposten in
einem größeren Betrieb oder im Branchenministerium – dominiert (siehe auch:
Heller et al. 1983a: 61). Damit wird die tiefe existentielle Verwurzelung der einzelnen Mitglieder der regierenden und verwaltenden Elite im sowjetsozialistischen Gesellschaftssystem, in seinem hierarchischen Partei- und Staatsapparat
deutlich. Aus diesem Blickwinkel, der dem Autor dieser Studie realitätsnäher erscheint, wären die Privatisierungsprozesse der 1990er Jahre eher als Resultat eines allmählichen, erst während der Gorbačevschen „Perestroika" beschleunigten
Prozesses sozio-institutioneller Erosion der sowjetsozialistischen Gesellschaftsordnung zu sehen und nicht als Ausdruck von lange gehegten Privatisierungs-
wünschen der Nomenklatura.

Noves (1975/1979: 212) Auffassung zufolge wies die „regierende Schicht
[ruling stratum]" der sowjetischen Gesellschaft zwar „manche Charakteristika
einer regierenden Klasse [ruling class]" auf. Seine Erörterung dieser Problematik
lieferte jedoch eher Argumente dafür, warum man die Machtverhältnisse im
Sowjetsozialismus in Klassenkategorien nicht angemessen analysieren kann.

Der Ausdruck „Nomenklatura" selbst, den Nove als Bezeichnung dieser
„regierenden Schicht" benutzte, stammte aus der sowjetischen Verwaltungsspra-

---

[105]   Diese postsowjetisch-russische Wortschöpfung, in der das Substantiv „privatizacija" (Privatisierung) mit dem Verb „prichvatit'" (an sich reißen) fusioniert wird, kann man leider nur unter Ver-
lust der spielerischen Sprachraffinesse mit „Raubprivatisierung" übersetzen.
[106]   Die Auffassung von „Staatseigentum" als „schattenhaftem Eigentum" der Mitglieder der
„Nomenklatura" wird kritisch im fünften Kapitel dieser Studie erörtert.

che und bedeutete zunächst die Liste jener Führungsposten innerhalb des partei-staatlichen Apparats, deren Besetzung zumindest einer ausdrücklichen Zustim-mung des zuständigen Partei-Komitees[107] bedurfte und häufig sogar durch einen direkten Beschluß dieses Gremiums erfolgte. In einem Lehrbuch zum Aufbau der Parteistrukturen aus den frühen 1980er Jahren war die folgende Definition zu finden:

> „Die Nomenklatur – das ist die Auflistung der wichtigsten Ämter [dolžnosti], deren Besetzungen vom zuständigen Parteikomitee (Bezirkskomitee [rajkom], Stadtkomi-tee [gorkom], Gebietskomitee [obkom] usw.) im voraus erörtert und bestätigt wer-den. Angestellte [rabotniki], die zur Nomenklatur eines Parteikomitees gehören, werden ebenfalls nur mit seiner Zustimmung aus ihren Ämtern entlassen. In die Nomenklatur werden Angestellte in Schlüsselpositionen einbezogen." (*Partijnoe stroitel'stvo. Učebnoe posobie*, Moskva 1981: 300, zit. nach Afanas'ev 2000: 147 Fn. 38; Übersetzung RM)

In der gesamten Sowjetunion gab es mehrere Hunderttausend Posten, für die diese Regelungen galten. Viele von ihnen waren offiziell durch „Wahlverfahren" zu besetzen (Rigby 1988: 523).

Als die drei konstitutiven Elemente des Nomenklaturasystems nannte der russische Soziologe Vladimir Il'in (1996: 124) die Liste von Posten im Zustän-digkeitsbereich des jeweiligen Parteikomitees, die Personenliste der Kaderreser-ve dieses Parteikomitees und die „leninistischen Prinzipien der Kaderarbeit", das heißt die Prinzipien der Ämterbesetzung sowie der Kaderrotation. Zu den zentra-len Kriterien zählten neben der „Ergebenheit an die Sache der Partei [predannost' delu partii]" auch professionelle und moralische Charakteristika.

Die „Prinzipien der Kaderarbeit", die dem „Nomenklatura"-System zugrun-de lagen, mögen als „leninistisch" bezeichnet worden sein. T. H. Rigby (1988: 523, 529-530) hob jedoch hervor, dass Lenin selbst ihre Errichtung nicht maß-geblich vorangetrieben hat. Es war Stalin, der nach seiner faktischen Kontroll-übernahme über den Parteiapparat im Jahre 1921 (also noch vor Lenins Ableben) allmählich die strengen Regeln der kooptativen Kaderpolitik durchsetzte. Als das Datum der formellen Einführung von „Nomenklatura" kann allerdings erst der 12. Juni 1923 gelten. An diesem Tag verabschiedete das „Organisationsbüro [orgbjuro]" des Zentralkomitees der Partei den Beschluß über die Grundsätze der Ernennung, Absetzung und des Transfers von Personen in höheren Ämtern. Zu

---

[107] Mit „Partei" ist hier die Organisation gemeint, die in der UdSSR für sich das ausschließliche Recht auf Machtausübung beanspruchte und dieses auch wirksam durchzusetzen vermochte. Für Heller et al. (1983b: 109) war sie, und nicht „das Volk", der eigentliche Souverän in Gesellschaften sowjetischen Typs.

diesem Zeitpunkt war Lenin infolge eines Schlaganfalls bereits kaum mehr in der Lage, einen realen Einfluß auf die politische Entwicklung des Landes auszuüben. Das „Nomenklatura"-System hatte, obwohl es zu den ganz zentralen Institutionen des Sowjetsozialismus zählte, einen nur semi-formellen Status. Das änderte aber nichts an seiner Wirksamkeit. Die „Nomenklatura" funktionierte jedoch in vielen Fällen im Hintergrund, während vordergründig die Ämterbesetzung durch ein „Wahlverfahren" erfolgte. Bevor es jedoch überhaupt zu einer solchen „Wahl" kam, entschied das zuständige Parteikomitee nach dem „Nomenklatura"-Prinzip darüber, welche Kandidatinnen und Kandidaten in die Wahllisten aufgenommen wurden beziehungsweise sich zu einer direkten „Wahl" auf einer Versammlung des „Aktivs" bzw. des „Kollektivs" stellen durften.

Nove (1975/1979: 195) dehnte die Bedeutung des Ausdrucks „Nomenklatura" auf die Personen aus, die derartige Positionen bekleideten, und betrachtete sie als eine geschlossene soziale Gruppe, deren Mitglieder vermittels ihrer Zugehörigkeit zu diesem exklusiven Kreis eine besondere Machtfülle besaßen (ähnlich: Kornai 1995: 39). Seiner Ansicht nach war die gesamte soziale Macht in der sowjetsozialistischen Gesellschaft in „einer zentral organisierten Hierarchie" konzentriert. Auch Rigby (1988: 524) wies darauf hin, dass aufgrund „des Umfangs des Systems [der Nomenklatura; RM]" Personen auf entsprechenden Posten „eine eigene [distinct] *soziale* Kategorie" bildeten. Dies sei eine der Besonderheiten, die den sowjetsozialistischen Gesellschaftstypus unter den modernen Gesellschaften auszeichneten. Im Umkehrschluß folgt daraus, dass jegliche Positionen, welche die Ausübung sozialer Macht ermöglichten, die Zugehörigkeit zu dieser hierarchischen Struktur mit einer fest definierten Mitgliedschaft voraussetzte. Gerade dieser besondere Konstitutionsmodus der „regierenden Gruppe" machte den Feher, Heller und Markus (1983a: 116) zufolge den entscheidenden Unterschied zwischen „Klassengesellschaften", wie sie in den recht unterschiedlichen nationalstaatlichen Rahmen der kapitalistischen Länder bestanden, und den sowjetsozialistischen Gesellschaften aus.

Bereits die bloße Mitgliedschaft in „der Partei" war nicht einfach zu erlangen. Sie bedeutete zwar noch lange nicht die Zugehörigkeit zur „Nomenklatura", war aber eine sehr wichtige, wenn auch keine unumgängliche Voraussetzung dafür.[108] Die Partei spielte die zentrale Rolle nicht nur in der makroökonomi-

---

[108]   Kerblay (1983: 239) führte an, dass Anfang der 1980er Jahre mehr als die Hälfte aller „Nomenklatura"-Posten in der UdSSR mit Mitgliedern der KPdSU oder des VLKSM („Komsomol") besetzt waren. Dies heißt allerdings im Umkehrschluss, dass die andere knappe Hälfte der „Nomenklatura-Funktionäre" (nomenklaturščiki) keine „Partei"- oder „Komsomol"-Mitglieder waren (Andrle 1994: 255). Il'in (1996: 56) machte darauf aufmerksam, dass es unmöglich wäre, alle leitenden Positionen – d.h. solche, die sich auf den „Nomenklatura"-Listen befanden – mit Mitgliedern der „Partei" zu besetzen. Diese Organisation hatte einfach nicht genügend entsprechend qualifizierte Personen in ihren Reihen, was sicherlich zum Teil damit zusammenhing, dass man gerade wegen der deutlichen

schen und makrosozialen Sphäre, sondern auch bis ins individuelle Leben eines einzelnen Menschen hinein – zumal wenn man dessen Chancen für die Verwirklichung der Lebensziele betrachtet. Doch es hatte kein Bürger der UdSSR oder eines anderen sowjetsozialistischen Landes ein Anrecht auf die Aufnahme in die Partei. Wie anhand der Beobachtung von Feher, Heller und Markus (1983a: 117) bereits verdeutlicht wurde, musste ein Einzelner individuelle Leistungen erbringen, um Anerkennung in den Augen der Partei-Mitglieder zu gewinnen. Durch die Aufnahme in die Partei erhielt er überhaupt erst eine Zugangsmöglichkeit zu dieser wichtigsten sozialen „Aufstiegsmaschine". Diesen Rekrutierungsmodus bezeichnete Nove (1975/1979: 198) mit dem Fachausdruck „Kooptation [cooption]" und hob hervor, dass diese Entscheidungsprozesse „dem Auge jeglicher Öffentlichkeit" stets verborgen blieben.

Mit der Aufnahme in die Partei hatte aber – wie bereits angedeutet – der eigentliche Aufstieg zu einer sozial machtvollen Position in der sowjetsozialistischen Gesellschaft erst begonnen. Denn die Behauptung, die Gesamtheit der Parteimitglieder sei die herrschende soziale Gruppe gewesen, würde die Wirklichkeit weit verfehlen. Trotz eines verhältnismäßig restriktiv gehandhabten Zugangs zur Parteimitgliedschaft handelte es sich dabei dennoch um eine Massenorganisation: Für das Jahr 1981 wurde die Zahl der KPdSU-Mitglieder mit beinahe 17,5 Mio. angegeben (Kerblay 1983: 248). Dies entsprach knapp 7% der gesamten sowjetischen Bevölkerung und 14% aller Erwerbstätigen. In der ersten Hälfte der 1970er Jahre traten jedes Jahr etwa 360.000 Menschen der KPdSU bei. Fast ein Drittel derjenigen, die Anfang der 1980er Jahre Mitglied in der „Kommunistischen Partei" waren, wurde nach 1965 aufgenommen. Anfang 1991 zählte die KPdSU 19,2 Mio. Mitglieder, was 6,7% der Gesamtbevölkerung und 15% aller Beschäftigten entsprach. Im Laufe des letzten Jahres in der Geschichte der UdSSR verlor sie dann aber massiv an Mitgliedern (Hain 2006: 178).

Die Masseneintritte in der Zeit des „reifen Sozialismus" waren nicht so sehr auf die Begeisterung für die offiziell verkündeten Zielsetzungen der Partei zurückzuführen, sondern vor allem der Tatsache geschuldet, dass diese Organisation die mit Abstand besten Chancen für einen sozialen Aufstieg bzw. für die Sicherung der erreichten sozialen Position sowie für die Erlangung von materiellen Vorteilen bot. Ein Großteil der KPdSU-Mitglieder genoss allerdings, nur geringfügige Vorteile verglichen mit jenen Bevölkerungsgruppen, die nicht in der Partei waren, und sah sich in Krisenzeiten oft mit den gleichen Alltagsproblemen konfrontiert. Die Aufnahme in die Partei ist deshalb mit dem Aufstieg in

---

Überrepräsentation der „Intelligenzija" in den Reihen der Partei (Matthews 1972: 218-219; Lane 1982: 117 Tab. 4.5) stets um die Erhöhung des Anteils der Arbeiter und Bauern bemüht war. Deshalb mussten Leitungspositionen vor allem auf unteren und mittleren Ebenen mit besonders loyal erscheinenden Parteilosen besetzt.

den Kreis der Einflussreichen und Gutsituierten auf keinen Fall zu verwechseln. Bereits Djilas (1957: 64) hat es deshalb abgelehnt, die Gesamtheit der Parteimitglieder oder alle Angehörige der sozialistischen „Bürokratie" als die „neue herrschende Klasse" anzusehen. Dieser Einsicht pflichteten sowohl Feher, Heller und Markus als auch Nove bei (siehe auch: Matthews 1972: 213ff; Rigby 1988: 524ff, Škaratan 2004a: 90f.). Aus diesem Grund ist jene soziale Gruppe näher zu betrachten, welche das ungarische Autorentrio als „the ruling elite proper" (Heller et al. 1983a: 118) bezeichneten. War sie mit Noves „Nomenklatura" deckungsgleich?

Der Aufstieg eines Parteimitglieds zu einer „Nomenklatura"-Position war ebenfalls vermittelt durch seine individuellen Leistungen. Zu den wichtigsten Leistungen zählte bereits um die Mitte der 1970er Jahre fast unabdingbar ein Hochschulabschluss. Diese Tatsache könnte als eine Bestätigung für Szelenyis (und Konrads) These von der „Klassenherrschaft der Intelligenzija" ausgelegt werden. Allerdings wies Nove (1975/1979: 197-198) darauf hin, dass der kompetitive Charakter der Zulassung zum Hochschulstudium (Aufnahmeprüfungen) durch solche Faktoren wie „persönliche Bekanntschaften und Beziehungen" wesentlich verfälscht wurde. Feher, Heller und Markus (1983a: 119f.) betonten ihrerseits, dass recht viele Mitglieder des partei-staatlichen Apparats erst nachträglich einen Hochschulabschluß erlangten, nachdem sie sich bereits im Sinne der Partei und des Staates bewährt hatten. Es existierten außerdem spezielle „Parteihochschulen", deren Diplome zunehmend zu einer notwendigen Voraussetzung für den Aufstieg in wirklich machtvolle Positionen innerhalb des partei-staatlichen Apparates wurden. Diese Hochschulen erfüllten Giddens (1979: 303) zufolge eine wichtige „Filterfunktion" bei der Rekrutierung für hochrangige Posten. So gab es also Wechselwirkungen zwischen der Hochschulbildung und Karrierechancen im Sowjetsozialismus, aber in letzter Instanz lag jede karriererelevante Entscheidung zunächst bei der zuständigen Parteibasisorganisation und später entsprechend bei den höheren Instanzen der Parteihierarchie, welche die Besetzung der „Nomenklatura"-Posten letztinstanzlich vornahmen bzw. absegneten. Die Parteimitgliedschaft war auch deshalb für den Aufstieg so wichtig und dem entsprechend für viele begehrt, weil man durch die Aufnahme Zugangsmöglichkeiten zu besonders wirksamen sozialen Beziehungen inoffizieller Art erlangte. Diese Problematik wird im nächsten Kapitel dieser Studie erörtert.

Mervyn Matthews (1978: 31 Tab 1.8) schätzte, dass es in den 1970er Jahren 227.000 Personen in der Sowjetunion gab, die einen „Nomenklatura"-Posten bekleideten und daher unmittelbar zur Elite des Landes zu zählen wären. Addierte man die jeweiligen Mitglieder der engsten Familienkreise hinzu, kam man auf etwa 750.000 Menschen. Für L.G. Churchward (1987: 52) stellte sich allerdings die Frage, ob wirklich all diejenigen, die „Nomenklatura"-Positionen bekleideten, als „regierende Elite" – wenn schon nicht als „regierende Klasse" – anzuse-hen waren. Er wies zum einen darauf hin, dass nicht alle Posten, deren Beset-zung von den Entscheidungen des zuständigen Parteikomitees abhing, mit einer signifikanten Machtbefugnis verbunden waren. Zum anderen habe es recht viele „Nomenklatura"-Positionen gegeben, die zwar durch Entscheidungen auf einer relativ niedrigen Ebene der Parteihierarchie besetzt wurden, aber dennoch mit einer beträchtlichen Macht verbunden waren. Als Beispiel nannte er die Posten der Betriebsdirektoren in bestimmten Regionen.

Churchward (1987: 53) machte ebenfalls darauf aufmerksam, dass die mate-riellen Privilegien der parteistaatlichen Funktionäre auf „Nomenklatura"-Posten nicht so groß gewesen seien, wie sie von Michail Voslensky (1980) in seinem viel beachteten Insiderbericht beschrieben wurden. Die Einkommen der sowjeti-schen Elitemitglieder lagen Churchward zufolge bei einem fünf- bis achtfachen des sowjetischen Durchschnittslohns, während der analoge Unterschied in den USA nach Berechnungen von Mervyn Matthews das Zwölffache betrug. Brežnew habe beispielsweise im Jahr 1970 etwa 900 Rubel verdient. Diese kriti-sche Anmerkung ignorierte allerdings zwei wichtige und eng miteinander ver-knüpfte Tatsachen: Viele Vorteile, welche Mitglieder der „Nomenklatura" ge-nossen, waren nicht durch Geldzahlungen vermittelt, sondern resultierten aus dem exklusiven Zugang zu bestimmten Güter- und Dienstleistungsangeboten. Ferner ließen sich die monetären Gehälter der sowjetsozialistischen Beschäftig-ten nicht direkt miteinander vergleichen, weil die Kaufkraft des „sozialistischen Geldes" von den Zugangsmöglichkeiten einer Person zu den einzelnen Betriebs-einheiten des zentralverwalteten Vertriebssystems abhing. So gab es z.B. spezie-le Verkaufsstellen, Kantinen etc. für Mitarbeiter der unterschiedlichen Ebenen des parteistaatlichen Apparates. Dort konnten berechtigte Personen zu offiziel-len, staatlich festgelegten Preisen Güter erwerben, die in allgemein zugänglichen Läden sehr selten oder gar nicht zu finden waren. Wer keinen Zugang zu dem „geschlossenen", in sich selbst hierarchisch strukturierten Verkaufs- und Distri-butionssystem hatte, mußte entweder viel Zeit für die Suche eines gewünschten Gutes aufwenden oder einen deutlich höheren Geldbetrag ausgeben, falls er sich für den illegalen Kauf bei einem „Spekulanten" auf dem „Schwarzmarkt" ent-schied. Dennoch konnte er nicht alle Güter und Dienstleistungen kaufen, die den Mitgliedern der „Nomenklatura" zugänglich waren.

4.4 Administrative Segmentierung und Schichtung

4.4.1 Die Atomisierungsthese

Die bisherigen Ausführungen haben eine Reihe von Argumenten für die Auffassung geliefert, der zufolge der Sowjetsozialismus nicht nur eine „klassenlose Gesellschaft" in der Zukunft anstrebte, sondern diese auch tatsächlich in der Gegenwart hervorgebracht hatte – allerdings in einem ganz besonderen Sinne, der sich von den diesbezüglichen offiziellen Verlautbarungen grundlegend unterschied. Die sowjetische Gesellschaft der Phase, die offiziell als „reifer Sozialismus" bezeichnet wurde, war demnach klassenlos nicht, weil es darin keine sozialen Ungleichheiten oder gar keine Differenzen zwischen gesellschaftlichen Gruppen gab und die „vollkommene soziale Homogenität" bereits tatsächlich erreicht worden wäre. Dies behauptete auch nicht die offizielle sowjetische Soziologie, aus deren Sicht dieser Zustand erst mit dem noch bevorstehenden Übergang zum „Kommunismus" eintreten sollte. Die sowjetsozialistischen Gesellschaften – und allen voran die sowjetische – waren jedoch in dem Sinne klassenlos, dass die sozialen Unterschiede sowie erhebliche sozio-ökonomische Ungleichheiten mit dem Begriff „soziale Klasse", wie er sowohl in der marxistischen als auch in der weberianischen Tradition der Analyse marktkapitalistischer Gesellschaften entwickelt wurde, nicht angemessen zum Ausdruck gebracht werden konnten (Lane 1982: 153).

Die bisherigen Erörterungen in diesem Kapitel haben sich vor allem auf die Problematik der obersten soziostrukturellen Makrogruppe und die angemessene begriffliche Fassung ihres Charakters konzentriert. Die Entstehung der genuin sowjetsozialistischen Machtverhältnisse, welche die gesellschaftliche Struktur neu prägten, stellte den wunden Punkt dieses System dar, weil seine Errichtung mit dem Ziel angegangen wurde, soziale Ungleichheiten nicht nur im Sinne von Unterschieden in der Versorgung mit materiellen Ressourcen, sondern vor allem in der Machtausstattung der einzelnen Gesellschaftsmitglieder endgültig zu überwinden. Deshalb zog diese Fragestellung ein besonders starkes Interesse kritischer Erforscher der sowjetsozialistischen Vergesellschaftungsform an. Interessanterweise waren es vor allem marxistisch inspirierte Gesellschaftstheoretiker, die dieser Problematik eine besondere Beachtung schenkten. Diesem Umstand war sicherlich auch die Tatsache geschuldet, dass viele von ihnen den neuartigen Machtverhältnissen im Sowjetsozialismus mit dem „vertrauten" Begriffsinstrumentarium der Klassenanalyse auf die Spur zu kommen versuchten.

Im zweiten Abschnitt dieses Kapitels wurde eine ganze Reihe von kritischen Einwänden gegen diese Auffassung der sowjetsozialistischen Gesellschaftsstruktur diskutiert. Dies erfolgte vor allem in Anlehnung an die Analyse von Heller, Feher und Markus. Aufgrund der Dominanz der „herrschenden korporativen Gruppe", die nicht nur eine enorme politische Macht im herkömmlichen Sinne[109], sondern zugleich auch eine geballte sozioökonomische Macht innehatte, sah das Autorentrio die gesamte Struktur der „Gesellschaften sowjetischen Typs" von ihrem Einfluß maßgeblich geprägt. Der Rest der Bevölkerung stellte in dieser Perspektive eine Masse von „völlig atomisierten Individuen" dar, die bloße Objekte der vom partei-staatlichen Apparat betriebenen, paternalistischen Wohlfahrtspolitik blieben und keine in Klassenkategorien zu begreifenden Strukturen bildeten (Heller et al. 1983b: 249f.). Sehr ähnlich sah es Katharine Verdery:

> "[T]he social space of most socialist societies consisted of a mass of atomized households at the bottom and a massive bureaucratic and repressive apparatus at the top, with near-vacuum in between." (Verdery 1991/2002: 382)

Der Begriff der sozialen „Atomisierung" spielt eine sehr wichtige Rolle auch in der „ontologischen" Analyse der Gesellschaftssysteme sowjetsozialistischen Typs, die in den späten 1980er Jahren von der polnischen Soziologin Jadwiga Staniszkis vorgelegt wurde. Sie vertrat die Auffassung, die soziale „Atomisierung" sei der Normalzustand sozialistischer Gesellschaften in den Phasen ihrer relativen sozio-ökonomischen und politischen Stabilisierung. In solchen Zeiten habe sich die Struktur dieser Gesellschaften als höchst kompliziert und deshalb als geradezu undurchschaubar dargestellt. Um sie angemessen aufzufassen, erschienen der Autorin Begriffe wie „Kaste" und „Stand" in dem Sinne, den sie in der indischen oder chinesischen Gesellschaft hätten, viel treffender als die der im kapitalistischen Kontext entwickelten Klassenanalyse. Jede soziale Makrogruppe innerhalb einer sowjetsozialistischen Gesellschaft habe demnach ihre eigene „essentielle Besonderheit [particular essence]" gehabt, weshalb auch ihre Beziehungen zu jeder der anderen Makrogruppen jeweils spezifischer Natur gewesen seien (Staniszkis 1992: 103). Es habe kein „universalisiertes Prinzip" gegeben, welches „die materielle Stellung aller Mitglieder der Gesellschaft reguliert[e], so wie es der Markt im Kapitalismus tut" (Staniszkis 1992: 99).

Der „soziale Raum" sowjetsozialistischer Gesellschaften sei deshalb als „diskontinuierlich" zu bezeichnen gewesen, und ihre Struktur habe an eine hierarchisch organisierte „Matrix" erinnert (Staniszkis 1992: 102-103). Angesichts dieser Komplexität ließen sich die spezifischen „Mechanismen der Ausbeutung" besonders schwer erkennen (Staniszkis 1992: 111). Die meisten Menschen, die im Sowjetsozialismus lebten, bewegten sich deshalb in ihrer Perzeption der eigenen gesellschaftlichen Umgebung zwischen dem Extrem einer Resignation ange-

---

[109] Setzung und Durchsetzung der Befolgung von zwingend geltenden Handlungsnormen.

sichts der undurchsichtigen „Kasten- beziehungsweise Ständestruktur" und dem einer simplizistisch-dichotomen Sichtweise „wir gegen die da oben". Letztere brach sich vor allem in Zeiten akuter politischer Krisen Bahn (Staniszkis 1992: 108). In diesen regelmäßigen Krisensituationen konnte die „Atomisierung" infolge der Entwicklung einer offenen Gegnerschaft zwischen der Bevölkerung und dem Regime überwunden werden. Die dafür konstitutive „schwarzweiße Sichtweise" der „Beziehung zwischen den [sozialen; RM] Segmenten ‚Machthaber' und ‚Gesellschaft'" war den entsprechenden Untersuchungen der öffentlichen Meinung zufolge weitgehend unabhängig von solchen Stratifikationsmerkmalen wie materieller Wohlstand, Berufsprestige oder Bildungsniveau (Staniszkis 1992: 105-106). Die Autorin bezeichnete diesen Prozess als eine „negative Vergesellschaftung [negative socialization]" (Staniszkis 1992: 14).

Staniszkis stellte in ihrer Argumentation eine Verbindung zwischen zwei verschiedenen Ebenen her: Der Ebene der „objektiven" Gesellschaftsstruktur und der Ebene der „subjektiven" Wahrnehmung der ersteren. Für die vorliegende Untersuchung ist vor allem die erstere von Bedeutung. Hier weist die Argumentation von Staniszkis eine wesentliche Inkonsistenz auf. Einerseits sieht sie die Bevölkerung während der Stabilisierungsperioden im Zustand der „sozialen Atomisierung". Andererseits beschreibt sie aber die Gesellschaftsstruktur derselben Stabilitätsphasen mit Begriffen wie „Kaste" oder „Stand" und hebt ihre Undurchsichtigkeit hervor, die der extrem hohen Komplexität geschuldet sei. Es hat also den Anschein, dass die menschlichen oder (wie bei Verdery) familiären „Sozialatome"[110] auch außerhalb der Krisenzeiten doch nicht so unorganisiert und unstrukturiert blieben. Umgekehrt schien gerade die krisenbedingte Konfrontationssituation die schlichte Dichotomie von „Gesellschaft versus Machthaber" hervorzubringen. Allerdings ist Staniszkis zuzustimmen, dass in der Krise die „Gesellschaft" trotz der scheinbar schlichten Bipolarität im Verhältnis zum Parteistaat nicht mehr als atomisiert erschien, da sie ihre autonomen Organisationsstrukturen entstehen ließ. Hier dachte die Autorin sicherlich vor allem an die regelmäßig aufkommenden Massenproteste in der Volksrepublik Polen. Sie fanden ihren Höhepunkt in den Jahren 1980-81 mit der Gründung der unabhängigen Gewerkschaft „Solidarność", die mit ca. 10 Mio. Mitgliedern zu einer der größten sozialen Massenbewegungen der europäischen Nachkriegszeit wurde (Eichwede 2000: 15).

Für die Diskussion über die Grundkategorien der Sozialstrukturtheorie sowjetsozialistischer Gesellschaften gilt es an dieser Stelle vor allem folgendes festzuhalten: Der Begriff der „sozialen Atomisierung" birgt erhebliche Probleme in sich, weil er eine vollkommene Unorganisiertheit all jener Bevölkerungsteile

---

[110]   Staniszkis bleibt in dieser Hinsicht unbestimmt.

suggeriert, die nicht zur herrschenden Machtelite („Nomenklatura") gehören. Im nachfolgenden Kapitel wird die Unangemessenheit dieser Auffassung dargelegt.

4.4.2 Sowjetsozialismus als „Etakratie" – eine aktuelle russische Diskussion

Inzwischen erfreuen sich Interpretationsansätze, die den Klassencharakter der sowjetsozialistischen Gesellschaftsstratifikation grundsätzlich in Frage stellen, auch in den sozialwissenschaftlichen Kreisen des postsozialistischen Russland einer beträchtlichen Popularität. Zu den wichtigsten Pionieren dieser Denkrichtung gehören Ovsej Škaratan und Vadim Radaev (1996: 265ff), die bereits Anfang der 1990er Jahre den von Marat A. Češkov (1988) zuerst verwendeten Begriff der „Etakratie [ėtakratija]" – d.h. wörtlich eines vom Staat dominierten Gesellschaftssystems[111] – aufgriffen und ihm zentrale Bedeutung für die Strukturanalyse der sowjetsozialistischen Vergesellschaftungsform verliehen. Die „Klassenlosigkeit" der sowjetsozialistischen Gesellschaften führten diese beiden Autoren sowie Vladimir Il'in (1996: 176) – ähnlich wie bereits Feher, Heller und Markus – auf die weitgehende Abwesenheit von Marktbeziehungen zurück. Die Verteilung des volkswirtschaftlichen Gesamtprodukts ergäbe sich darin nicht als Resultat des Zusammenspiels von Angebot und Nachfrage, sondern als Ergebnis von zentralisierten Verwaltungsprozessen (Škaratan 2004a: 99). Deshalb ließe sich jeder einzelne Ressourcenstrom der Novosibirsker Wirtschaftssoziologin Ol'ga Bessonova (1999a; 1999b: 246-247, 271) zufolge entweder als eine „Abgabe [sdača]" oder als eine „Zuteilung [razdača]" auffassen,[112] obwohl in den allermeisten Fällen keine physische Aneignung der einzelnen Allokationsgegenstände durch die höheren Funktionsstellen des Verwaltungsapparats stattfand. Die Aneignung des „Mehrprodukts" durch die oberste Stratifikationsgruppe sei vermittels des „außerökonomischen Zwangs" und nicht auf zivilrechtlicher Basis eines Beschäftigungsvertrags erfolgt (Il'in 1996: 174). Der Grad, indem ein jedes Individuum irgendwelche materiellen oder nicht-materiellen Vorteile („Privilegien") genießen konnte, hing wesentlich von seiner Stellung in der Ranghierarchie der zentralisierten Verwaltung ab. Ähnliches konstatierte Nove (1975/1979: 196) in seinem bereits zuvor diskutierten Aufsatz über die parteistaatliche „Nomenklatura".

---

[111]   Allerdings begreift Češkov die „Etakratie" als ein universalgeschichtliches Phänomen des 20. Jahrhunderts.
[112]   Diese Autorin verwendet zwar nicht den Begriff der „Etakratie", aber ihr zivilisationstheoretisches Konzept der „Zuteilungsökonomie" (razdatočnaja ėkonomika) weist grundlegende Parallelen mit der „Etakratie"-Theorie auf. Deshalb werden ihre Arbeiten in den neueren Schriften von Škaratan (2004a: 99 f.) zustimmend zitiert.

Die wichtigsten russischen Vertreter der „Etakratie"-Theorie wiesen auf die grundlegende Ähnlichkeit zwischen der Sozialstruktur sowjetsozialistischer Gesellschaften und der verwaltungshierarchischen Organisationsform („Bürokratie") hin (Radaev/Škaratan 1996: 232; Il'in 1996: 88; Škaratan 2004b: 107). Il'in (1996: 121) bot dabei die beste semantische Aufschlüsselung des zunächst rätselhaft erscheinenden Begriffs der „etakratischen Gesellschaft" an: Es handele sich dabei um ein soziales System, in dem der Staat als „der Hauptorganisator des sozialen Raumes [glavnyj organizator social'nogo prostranstva]" fungierte. Folglich stellten die realen Möglichkeiten der administrativen Machtausübung, die aus der Hierarchiestellung innerhalb der parteistaatlichen Organe resultierten, den dominanten Faktor der sozio-strukturellen Ausdifferenzierung dar (Il'in 1996: 88; Radaev/Škaratan 1996: 268 f.). Es handelte sich also primär um eine „Stratifikation gemäß der staatlichen Verwaltungsmacht [vlastno-administrativnaja stratifikacija]" (Il'in 1996: 121, 179). Mit einer ironischen Anspielung auf Lenins (1917/1981: 304-309) Begriff des „staatlich-monopolistischen Kapitalismus" und auf das Postulat, die gesamte sozialistische Volkswirtschaft sei wie eine einzige riesige Fabrik zu organisieren (Lenin 1918/1972a: 488), hieß es dann:

> „Der soziale Raum [social'noe prostranstvo] des staatlich-monopolistischen Sozialismus [gosudarstvenno-monopolističeskij socializm] wird genau so wie der Raum der kapitalistischen Fabrik strukturiert. Seine Struktur hat einen vor allem administrativen Charakter." (Il'in 1996: 174; Übersetzung RM)

Radaev und Škaratan (1992: 303; 1996: 260; siehe auch: Škaratan 2004a: 96f, 99) sprechen ihrerseits von der „staatlichen" oder „staatlich-monopolistischen" Produktionsweise [state mode of production bzw. gosudarstvennyj / gosudarstvenno-monopolističeskij sposob proizvodstva]".

Als „etakratisch" wird also demnach eine Gesellschaft bezeichnet, in der die partei-staatliche Verwaltungshierarchie die Beziehungen zwischen einzelnen Gesellschaftsmitgliedern wesentlich bestimmt und somit unterschiedliche soziale Makrogruppen hervorbringt, die sich in erster Linie durch den Umfang der administrativen Verfügungsbefugnisse ihrer Mitglieder – das heißt durch die jeweiligen Möglichkeiten, verwaltungshierarchische Allokationsprozesse zu beeinflussen – voneinander unterscheiden lassen (Il'in 1996: 88).

Diese Stratifikationsstruktur selbst kann als eine staatliche Verwaltungshierarchie im erweiterten Sinne aufgefaßt werden. Denn der sowjetsozialistische Staatsapparat bestand nicht nur aus Organen, die zumindest ihrer offiziell verkündeten Bestimmung nach denen der kapitalistischen Länder ähnelten, sondern umfasste zugleich den gesamten Bereich der sozioökonomischen Reproduktion.[113] Die Verwaltungsstränge der „Planökonomie" waren also ebenfalls als Teile des Staatsapparates im erweiterten Sinne anzusehen. Angesichts der bereits thematisierten Pflicht zur „gesellschaftlich nützlichen" Arbeit war fast[114] jede sozialistische Bürgerin und jeder sozialistische Bürger in irgendeiner Weise in diese gesamtgesellschaftlich konzipierte Verwaltungshierarchie eingebunden.

Radaev und Škaratan (1992: 308; siehe auch: Škaratan 2004a: 101f.) verliehen dem Begriff „Etakratie" noch eine weitere Bedeutung. Sie verwendeten ihn nicht nur, um das gesamte sowjetsozialistische Gesellschaftsmodell und das Grundprinzip seiner Stratifikation zu charakterisieren, sondern ebenfalls um die darin „herrschende Schicht" zu bezeichnen. Diese soziale Makrogruppe war selbst streng hierarchisch strukturiert. Je höher ein Individuum innerhalb der expliziten Hierarchie der partei-staatlichen Verwaltung stand, desto umfangreicher waren seine Befugnisse, um über die Verwendung eines in seinem administrativen Zuständigkeitsbereich befindlichen Segments des „volkseigenen" Produktionsvermögens zu bestimmen. Scharfe Trennlinien zwischen Eigentümern und Nichteigentümern ließen sich deshalb – so die Weiterentwicklung des Arguments der beiden Autoren – im Unterschied zu den marktkapitalistischen Ländern nicht ziehen. Eine ganze Reihe von Personen, die auf verschiedenen Hierarchieebenen dem Verwaltungsapparat angehörten, hatten abgestufte Verfügungsbefugnisse über einen und denselben Gegenstand. Deshalb charakterisierten die beiden Autoren die Form der „Aneignung der Produktionsmittel" im Sowjetsozialismus als „das graduelle Kontinuum [the continuum of degrees]".[115]

Ferner wurde dem Konzept des „Beziehungstyps Macht als Eigentum [otnošenija tipa vlast'-sobstvennost']" eine zentrale Bedeutung für das Verständnis der „etakratischen" Gesellschaftsordnung zugeschrieben.[116] Mit diesem Begriff brachten Radaev und Škaratan (1992: 308; 1996: 260; siehe auch: Škaratan 2004a: 88; 2004b: 107; 2004c: 3, 44) zum Ausdruck, dass die administrativen Machtbeziehungen einerseits vollkommen über den sozioökonomischen Rechts-

---

[113]   Siehe auch: „produzierender Staat" bei Staniszkis (1992: 68).

[114]   In der Praxis existierten selbstverständlich einige, aber eben nur sehr wenige Ausnahmen von dieser allgemeinen Regel. Auch in der UdSSR gab es „Landstreicher" und andere Personen, für die in der Sprache der offiziellen Verlautbarungen meistens der Ausdruck „antigesellschaftliche Elemente" gebraucht wurde. Sie vermochten über Jahre oder sogar Jahrzehnte lang, sich den vom „Arbeiter- und Bauernstaat" auferlegten Verpflichtungen weitgehend zu entziehen. Wurden sie allerdings gefasst, gerieten sie in das unterste Segment der „machtadministrativen Stratifikation", indem sie in ein offiziell als „Besserungs- und Arbeitskolonie" (ITK) bezeichnetes Zwangsarbeitslager eingewiesen wurden, wo sie „gesellschaftlich nützliche Arbeit" zu verrichten hatten.

[115]   Es steht auf einem anderen Blatt geschrieben, dass diese Abgrenzung in marktkapitalistischen Gesellschaften ebenfalls nicht immer so einfach in der Praxis zu bestimmen ist, wie es in einem abstrakten Modell erscheinen mag.

[116]   Der Begriff selbst wurde von L. S. Vasil'ev (1982; 1994: 13-48) im Rahmen seiner Untersuchungen über östliche (asiatische) Gesellschaften des Mittelalter entwickelt.

garantien für die einzelnen Gesellschaftsmitglieder standen und andererseits keinerlei wirksamer öffentlicher Kontrolle unterworfen waren. Dadurch ergaben sich vielfältige Möglichkeiten der Willkür der Vorgesetzten gegenüber ihren Untergebenen. Offizielle Verfügungsbefugnisse, die aus einer bestimmten Stellung innerhalb des parteistaatlichen Apparates resultierten, verwandelten sich so in eine Art frei verfügbares Eigentum in den Händen von denjenigen, die diesen Posten bekleideten. Angesichts der Tatsache, dass die Funktionäre selbst in ein hierarchisches Verwaltungssystem eingebunden waren, in ihren Funktionsstellen nur aufgrund der Anerkennung als Mitglieder des Apparats durch die Angehörigen der höheren Hierarchieebenen eingesetzt wurden und somit keine eigenmächtigen Entscheidungen treffen konnten,[117] erscheint es jedoch zweifelhaft, ob der Begriff des Eigentums hier überhaupt angemessen ist. Zumindest kann man nicht von Eigentum sprechen, wenn man sich, wie in der bisherigen Betrachtung der Fall, auf die Sphäre der offiziellen Beziehungen beschränkt. Auf diese Problematik wird noch näher im fünften Kapitel dieser Studie eingegangen.

Das Aufkommen der „Etakratie" in Russland beziehungsweise Sowjetunion betrachteten Radaev und Škaratan (1992: 302) als „einen besonderen, parallelen Zweig in der historischen Entwicklung der modernen Gesellschaft". In späteren Publikationen zu diesem Thema ist sogar explizit von „einem eigenen sowjetisch-postsowjetischen Zivilisationsmodell" die Rede, das sich von der als „europäisch" oder „atlantisch" bezeichneten und letztlich auf die antik-griechische Polis zurückzuführenden „Zivilisation" durch eine „andere institutionelle Struktur" und ein „anderes Wertesystem" unterscheide (Škaratan 2004a: 96; 2004d: 61). Auch andere russischen Autoren, die auf den Begriff der „Etakratie" Bezug nehmen, neigen dazu, die Gesellschaftsmodelle des westlichen Marktkapitalismus und des sowjetischen Staatssozialismus als zwei unterschiedliche „Zivilisationen" aufzufassen (Il'in 1996: 121).

Škaratan führte das „Zivilisationsmodell" der „Etakratie" vor allem auf die Tradition der „asiatischen Despotie" zurück. Der „Etakratismus" als solcher sei zwar ein modernes Phänomen, das im 20. Jahrhundert die Entwicklung aller nicht-kapitalistischen Gesellschaftssysteme geprägt habe (Radaev/Shkaratan 1992: 302), aber seine Entstehung sei vor allem in den Ländern zu beobachten gewesen, die auf die besagte Tradition zurückblicken konnten. Bis zum Aufkommen von „Etakratie" seien diese Gesellschaften meistens von der kapitalistischen Entwicklung unberührt geblieben und hätten der „europäisch-atlantischen Zivilisation" fern gestanden. In den Ländern hingegen, die vor der sowjetischen Eroberung bereits eine gewisse kapitalistische Gesellschaftstransformation durchlaufen haben und kulturell entweder protestantisch oder katholisch geprägt wa-

---

[117]　Darauf läuft das zuvor dargestellte Konzept der „Aneignung von Produktionsmitteln" in Form des „graduellen Kontinuums" hinaus.

ren, stießen die Etablierungsversuche der „etakratischen" Gesellschaftsordnung Škaratan (2004a: 96) zufolge auf größere Widerstände. Als Beispiele von Ländern, in denen sich sogar ein „indigener Etakratismus" aus den bereits genannten kulturell-zivilisatorischen Gründen habe entwickeln können, nannte dieser Autor explizit China, Vietnam, die Mongolei sowie Kuba.

Die Erwähnung des karibischen Inselstaates in dieser Aufzählung überrascht und bietet zugleich Anhaltspunkte für berechtigte Skepsis gegenüber dem Škaratanschen Versuch, das Konzept der „Etakratie" zivilisationstheoretisch bzw. „kulturologisch" zu fundieren. Denn von diesem Standpunkt aus wäre die kubanische Gesellschaft – zumindest bis zur Machtübernahme durch Fidel Castro – sicherlich nicht anders als katholisch und somit auch als „europäisch-atlantisch" geprägt anzusehen. Zweifel kommen ebenfalls auf, wenn geschichtlich, kulturell und soziostrukturell so unterschiedliche Gesellschaften wie die indische und die chinesische bei der Bestimmung von besonders günstigen Voraussetzungen für die Entstehung der „Etakratie" in einem Atemzug genannt werden. Die argumentative Verwirrung steigert zusätzlich die Tatsache, dass der Autor im gleichen Textabschnitt die relative Nähe Russlands zum Westen – im Vergleich zu den typischen Ländern mit der „despotisch-asiatischen" Tradition – hervorhebt und die Gesellschaftsveränderungen der Sowjetzeit sogar als einen „qualvollen Prozeß der Erweiterung und Festigung der Basis der europäischen Kultur, der Basis für die Bereitschaft zum Markt und zur bürgerlichen Gesellschaft" charakterisiert (Škaratan 2004a: 100-101). Auch in einem früheren Text von Radaev und Škaratan (1996: 260) heißt es wörtlich, „Russland [sei; RM] nach seiner psychologisch-historischen Lage [položenie] dem Westen weitaus näher als (...) China oder Indien". An all diesen argumentativen Verrenkungen[118] wird deutlich, dass sich das sowjetsozialistische Gesellschaftssystem nicht einfach als eine direkte Fortsetzung des soziohistorischen Evolutionspfades der russischen Variante der „asiatischen Despotie" im Zeitalter der industriellen Modernisierung adäquat auffassen läßt.

Dieser Einwand wird auch durch die Tatsache erhärtet, dass sich die neuen sowjetsozialistischen Machthaber in den ersten Jahren nach dem zweiten Weltkrieg in keinem anderen Land Mittelosteuropas auf eine so breite gesellschaftliche Zustimmung haben stützen können wie im tschechischen Teil der Tschechoslowakei. Dieses Gebiet gehörte damals zu den am stärksten industrialisierten und kann deshalb nicht als Region gelten, an der die marktkapitalistische Modernisierung bis dahin vorbeigegangen wäre. Ferner ließe sich die religiös-kulturelle

---

[118]   So heißt es andererseits bei Radaev/Škaratan (1996: 260), das sowjetsozialistische Regime habe „die asiatische Entwicklungslinie fröhliche Urstände feiern" lassen (privel k toržestvu azjatskoj linii razvitija), nachdem es die vor der Machtübernahme der Bolschewiken im Entstehen begriffene „bürgerliche Eigentümergesellschaft (buržuaznoe, sobstvenničeskoe obščestvo)" zerstört hatte.

Prägung der dortigen Bevölkerung vom „kulturologischen" Standpunkt aus nicht anders als „christlich-westeuropäisch" (d.h. „katholisch" und zum Teil sogar „protestantisch") charakterisieren. Allerdings hing die besagte Unterstützung vor allem damit zusammen, dass der tschechische Teil der ČSRS das einzige Gebiet in Mittelosteuropa gewesen ist, in dem eine kommunistische Partei zu den stärksten politischen Kräften bereits vor dem Zweiten Weltkrieg zählte. Dieser Befund relativiert zusätzlich Škaratans „kulturologische" Sichtweise, welche anscheinend nur religiös bzw. konfessionell begründete Traditionen im Blick hat und jene gesellschaftlichen Säkularisierungsprozesse gänzlich ignoriert, zu denen marxistisch-kommunistisch orientierte Sozialbewegungen zweifelsohne einen sehr wichtigen, wenn auch nicht unbedingt besonders ruhmreichen Beitrag geleistet haben.

Die Vertreterinnen und Vertreter der „Etakratie"-Theorie sahen eine starke Ähnlichkeit zwischen der Gesellschaftsstruktur des Sowjetsozialismus und dem entfalteten Feudalismus. Radaev und Škaratan (1996: 228; Škaratan 2004a: 89) sprachen mit Blick auf die UdSSR von einer „etakratischen Stände- und Schichtgesellschaft [soslovno-sloevoe ėtakratičeskoe obščestvo]" (siehe auch: Beljaeva 2001: 12). Diese habe aus einer sehr großen Anzahl von hierarchisch angeordneten „Korporationen" – d.h. aus einzelnen volkswirtschaftlichen Betriebseinheiten, Organisationen, Behörden, Komitees etc. – bestanden, die innerhalb der gesamtstaatlichen Verwaltungshierarchie des Sowjetsozialismus gebildet wurden, und funktionierte wie „das mittelalterliche Lehensystem" (Radaev/Škaratan 1996: 274).

Die Charakterisierung des Sowjetsozialismus als „industrialisierte Ständegesellschaft" geht auf die Untersuchung Wolfgang Teckenbergs (1977) zurück, die in den 1970er Jahren auf der Grundlage des neueren empirischen Materials aus der Sowjetunion entstanden ist. Eine ganze Reihe von Forschern – darunter auch die Vertreter der „Etakratie"-Theorie, die Teckenberg mehrfach zustimmend zitierten – sah es seitdem als angemessener an, die Sozialstruktur dieses Gesellschaftstyps in der theoretischen Tradition Max Webers mit dem Begriff des „Standes" und nicht dem der „Klasse" zu analysieren (Radaev/Škaratan 1996: 235; siehe auch: Starikov 1990: 192; 1994 87). (Starikov schwankt allerdings begrifflich – ähnlich wie Staniszkis (1992: 98) – zwischen „Stand" und „Kaste".) Sie wiesen auf die bereits mehrfach konstatierten grundlegenden Unterschiede zwischen der Stratifikationsordnung der „westlichen" d.h. marktkapitalistischen Gesellschaften einerseits und der sowjetsozialistischen andererseits hin.

Angesichts des verwaltungshierarchischen Charakters der sowjetsozialistischen Gesellschaftsstratifikation erscheint es zunächst tatsächlich naheliegend, auf Max Webers Konzept des „Standes" zu rekurrieren. Dieser Autor bezeichnete „als ‚ständische Lage'" bekanntlich „jede typische Komponente des Lebensschicksals von Menschen, die durch eine spezifische, positive oder negative, soziale Einschätzung der ‚*Ehre*' bedingt ist, die sich an irgendeine gemeinsame Eigenschaft vieler knüpft" (Weber 1922/1980: 534).

Zwischen dem sowjetsozialistischen Gesellschaftssystem und der feudalen Ständeordnung gab es zwar scheinbare Strukturähnlichkeiten. Der grundlegende Unterschied bestand jedoch darin, dass die primären sozioökonomischen Reproduktionseinheiten der letzteren – das heißt die Dorfgemeinschaften mit ihrer inneren Struktur aus bäuerlichen Großfamilien bestehend – weitgehend selbstgenügsam und deshalb auch nach einem hypothetischen Verschwinden der über ihnen aufgebauten feudalen Machthierarchie überlebensfähig wären. Ihre Einbindung in diese Machthierarchie erfolgte durch „außerökonomischen Zwang", das heißt durch Gewalt, im Falle der Verweigerung von verlangten Abgaben. Ausgeteilt wurde auf dieser Ebene hingegen recht wenig. Einzig die relative Befriedung eines Gebiets durch die Etablierung einer unangefochtenen Herrschaft kann als ein wichtiger Vorteil betrachtet werden, der den bäuerlichen Dorfgemeinschaften durch ihre Einbindung in das Feudalsystem entstand.[119] Durch die Befriedung wurden nämlich kontinuierliche landwirtschaftliche und händlerische Aktivitäten möglich. Allerdings waren die Abgabenlasten oft so drückend, dass der besagte Vorteil der Machtzentralisierung kaum mehr wahrnehmbar war. Im Feudalsystem wiesen also die Ressourcenströme, wie sie von Bessonova (1999b: 271) typologisiert wurden, eine sehr starke Asymmetrie auf. So besehen kann die feudale Ständeordnung als ein Ganzes kaum als ein „organisch" funktionierendes Sozialsystem im Sinne der Durkheimschen Unterscheidung zwischen „mechanischer" und „organischer Solidarität" betrachtet werden.

In der sowjetsozialistischen Gesellschaftsordnung waren hingegen alle einzelnen „korporativen" Einheiten der untersten Hierarchieebene („Unternehmen und Organisationen"[120]) auf einen sehr intensiven und kontinuierlichen Austausch untereinander existentiell angewiesen. Ohne geregelte Ressourcentransfers zwischen ihnen, ohne eine halbwegs präzise Abstimmung der einzelnen Gü-

---

[119]   „Schutz ist das Urphänomen von Herrschaft" (Horkheimer 1942/1995: 284).

[120]   So wurden diese Organisationseinheiten der materiellen und nichtmateriellen Produktion meistens in der offiziellen sowjetsozialistischen Fachliteratur bezeichnet. Diese Bezeichnung ist irreführend, weil sozialistische Produktionsbetriebe nicht als „Unternehmen" im strengen Sinne angesehen werden können. Sie waren nämlich keine eigenständigen ökonomischen Entscheidungseinheiten, die ihren Bestand durch gewinnbringendes Auftreten auf Märkten zu sichern hatten, sondern bildeten die unterste Organisationsebene einer gesamtwirtschaftlichen Verwaltungshierarchie, das heißt einer gesamtgesellschaftlichen Entscheidungsstruktur. Ihre Leitungspersonen genossen deshalb einen recht geringen Grad an Entscheidungsautonomie. Diese Aussage ist zumindest gültig, wenn man die Betrachtung auf offiziell anerkannte Beziehungen beschränkt und die inoffizielle Sphäre des sozioökonomischen Systems des Sowjetsozialismus vorerst außer Acht läßt. (Die letztere wird im nächsten Kapitel dieser Studie ausführlich analysiert.)

ter- und Dienstleistungsströme aufeinander, waren sie gar nicht überlebensfähig. Die gesamte über ihnen befindliche Verwaltungshierarchie bezog ihre Daseinsberechtigung vor allem aus der offiziell vertretenen Grundannahme, der zufolge diese Organisationsstruktur – d.h. die zentralisierte Verwaltung von sozio-ökonomischen Prozessen – weitaus besser die besagten Vermittlungsaufgaben zu bewältigen vermöge, als der andere, im Hayekschen (1989) Sinne „spontan" funktionierende Koordinationsmechanismus moderner, „organisch" verfaßter Gesellschaften – der Markt.

Die Konstatierung dieses grundlegenden Unterschieds zwischen der Feudalordnung und dem Sowjetsozialismus veranlasst zu einer genaueren Bestimmung, welche Faktoren für den sozialen Status von Individuen im Sowjetsozialismus ausschlaggebend und somit auch für die gesamte hierarchische Stratifikationsstruktur konstitutiv waren. Hier bietet Djilas' bereits diskutierter Versuch, Sowjetsozialismus als „Klassengesellschaft" zu interpretieren, einen interessanten Hinweis: Der Autor machte darauf aufmerksam, dass die besondere weil kollektive Form des „Eigentums", das sich in den Händen der „neuen (herrschenden) Klasse" befunden haben soll, nicht vererbt werden konnte. Dieses Argument läßt sich mit der Kritik des Konzepts des Sowjetsozialismus als „Ständegesellschaft" verknüpfen. Die Statuspositionen innerhalb der sowjetsozialistischen Verwaltungshierarchie konnten nicht direkt vererbt werden, was sie wesentlich von den ständischen Statuszuschreibungen unterschied. Zweifelsohne waren auch in Gesellschaften sowjetsozialistischen Typs indirekte Vererbungsprozesse zu beobachten, die Lebenschancen der Individuen im erheblichen Maße bestimmten (Lane 1985: 193, 304). Sie beruhten vor allem auf der intergenerationellen Weitergabe dessen, was Bourdieu (1983: 186-188) als „kulturelles Kapital" bezeichnete. Aber wie dieser Autor selbst hervorhebt, unterscheidet sich die Vererbung dieser Form des Kapitals von der intergenerationellen Übertragung des „ökonomischen Kapitals" wesentlich dadurch, dass sie in einem viel höherem Maße Eigenleistungen des „Erben" erfordert.

Im Falle der entfalteten feudalen Ständegesellschaft beruhte der wichtigste Reproduktionsmodus der sozialen Statushierarchie hingegen auf direkter Vererbung. Die meisten Menschen wurden in einen Stand hineingeboren. Leistungsvermittelte Statusveränderungen – vor allem die Aufnahme von „besonders Tapferen" in den Adelsstand – kamen zwar immer wieder vor, aber sie stellten stets Ausnahmefälle dar. Feudale Ständegesellschaften, vor allem in ihrer entfalteten Form, sind deshalb als relativ statisch zu charakterisieren – auch wenn die neuere Geschichtsforschung zur sozialen Mobilität in europäischen Ständegesellschaften die Auffassung der vollkommenen Starrheit in Frage stellt bzw. als ein nachträgliches Konstrukt der Moderne betrachtet. Es gab darin eine nur sehr geringfügige intragenerationelle und eine noch geringere intergenerationelle soziale

Mobilität zwischen den einzelnen, wesentlich durch Statuszuschreibungen definierten sozialen Makrogruppen („Ständen").

Die Gesellschaften sowjetsozialistischen Typs waren hingegen dynamisch. Intragenerationelle und vor allem intergenerationelle soziale Mobilität war keine Ausnahme, sondern – insbesondere in den frühen Jahren des „sozialistischen Aufbaus" – sehr weit verbreitet (Lane 1982: 115-116). Es fanden sehr intensive Prozesse der „Umschichtung" im Sinne Theodor Geigers (1955/1962: 139 ff.) statt. Dabei veränderten sich gleichzeitig die grundlegenden Strukturierungskriterien der Gesellschaft und Zugehörigkeit der einzelnen Individuen zu den sozialen Makrogruppen. Die sozialen Mobilitätsraten nahmen in der Phase des „reifen Sozialismus" ab. Dies kann jedoch nicht dahingehend interpretiert werden, dass sich der Charakter der sowjetsozialistischen Gesellschaft vom anfangs dynamischen hin zum statischen zu wandeln begann. Denn selbst wenn die Reproduktion der „Status"-Positionen in der sozialen Stratifikation gegenüber den „Status"-Veränderungen zugenommen hat, handelte es sich dennoch um Prozesse, die ohne genannte Eigenleistungen der Individuen nicht zu denken waren (Lane 1982: 159). In einer ihrem Wesen nach dynamischen Gesellschaft erfordert sowohl die intergenerationelle und als auch die intragenerationelle Reproduktion der sozialen Positionen Eigenleistungen. Ohne diese tritt eine soziale Abwärtsmobilität „wie von selbst" ein, weil sich andere Gesellschaftsmitglieder an dem im Mittelpunkt der Betrachtung stehenden Individuum vorbei in die begehrteren sozialen Positionen bewegen.

Diese Ausführungen treffen für alle in der Weberschen Tradition als „modern" bezeichnete Gesellschaftssysteme zu. Die hier kritisch erörterten Charakterisierungen der vom Sowjetsozialismus hervorgebrachten Vergesellschaftungsform als „industrialisierte Ständegesellschaft" (Teckenberg, Radaev / Shkaratan) bzw. „status-orientierte Gesellschaft" (Piirainen 1998: 321) veranlassten einige Autoren hingegen dazu, die sowjetische Gesellschaft als „traditionell" zu bezeichnen. Die Ausführungen in diesem Abschnitt sprechen gegen diese typologische Verortung. Im Rahmen dieser Studie wird die Auffassung vertreten, dass sowjetsozialistische Gesellschaften aufgrund ihres grundlegend dynamischen Charakters als eine besondere Form der „modernen" Vergesellschaftung anzusehen sind. Gleichwohl wird eine ganze Reihe von treffenden Bestimmungen der Vertreter der These von der „sozialistischen Ständegesellschaft" hinsichtlich der Unterschiede dieser Vergesellschaftungsform im Vergleich zum Kapitalismus als ein wichtiger gesellschaftstheoretischer Beitrag hervorgehoben. Der letzte argumentative Schritt – d.h. die grundsätzliche Infragestellung des modernen Charakters der sowjetsozialistischen Vergesellschaftungsform – wird jedoch abgelehnt.

4.5 Schlussfolgerungen

Die bereits genannte Hervorhebung des „korporativen" Charakters der sowjetsozialistischen Stratifikation gehört zweifelsohne zu den wichtigsten Beiträgen der Vertreter der „Etakratie"-Theorie. Obwohl Radaev und Škaratan (1996: 267) selbst auf den Begriff der „Atomisierung der Gesellschaft" zurückgriffen, kamen sie nicht umhin, die partiellen Organisationsstrukturen der von ihnen untersuchten Gesellschaften in die Betrachtung einzubeziehen. Diese Organisationsstrukturen bildeten aus ihrer Sicht ein ganzes „Netz von verstaatlichten Institutionen korporativen Typs [set' ogosudarstvlennych institutov korporativnogo tipa]" (Radaev/Škaratan 1996: 273). Die beiden Autoren wiesen ferner darauf hin, dass die individuelle Ungleichheitsdimension aufgrund der besonderen Bedeutung, die der korporativen Gliederung in der gesamtgesellschaftlichen Verwaltungshierarchie im Sowjetsozialismus zukam, weitgehend der kollektiven untergeordnet war (Radaev/Škaratan 1996: 275). Der Rang der Verwaltungseinheit, zu der ein Einzelner vor allem als „Werktätiger" gehörte, bestimmte im hohen Maße seine sozio-ökonomische Stellung innerhalb der gesamten Gesellschaft.

Eine so umfassende Verwaltungshierarchie, wie die sowjetsozialistische, musste notwendigerweise aus einer großen Zahl von einzelnen, in sich ebenfalls hierarchisch aufgebauten Organisationen bestehen. Deshalb ist es wichtig, die „etakratische" Stratifikation nicht auf die Stellung des Einzelnen innerhalb der gesamtstaatlichen Verwaltungshierarchie zu reduzieren. Diese Stellung läßt sich überhaupt nur dann angemessen bestimmen, wenn man die von den Theoretikern der „etakratischen" Gesellschaftsordnung als „korporativ" bezeichnete Stratifikationsdimension (Radaev/Škaratan 1996: 273 ff.) in die Betrachtung einbezieht. Die Stellung des Einzelnen in der Gesamthierarchie des sowjetsozialistischen Parteistaates ergab sich nämlich Radaev und Škaratan (1996: 276 Schema 2) zufolge aus dem Zusammenwirken der Stellung seiner Organisationseinheit (Betrieb, Einrichtung, Behörde, Komitee etc.) innerhalb der besagten Gesamthierarchie und der individuellen Rangstellung dieser Person innerhalb der Hierarchie seiner „korporativen" Einheit. Diese Konstatierung veranlaßt zu einer genauen Betrachtung des Aufbaus und der Funktionsweise der sowjetsozialistischen Verwaltungshierarchie. Dies wird der Gegenstand des nachfolgenden Kapitels sein.

5 Gordische Knoten: Verwaltungshierarchie und Netzwerkbeziehungen

5.1 Die staatssozialistische Gesellschaftstransformation

Der Begriff der „Transformation" kam zwar in bezug auf die Länder des einstigen „Ostblocks" erst mit dessen Auflösung auf, aber die eigentlich tiefgreifende Gesellschaftstransformation hatte bereits in der sowjetischen Epoche stattgefunden (Birle 1999: 206). Der Generalsekretär der KPdSU, Leonid Brežnev, hatte durchaus recht, als er Mitte der 1970er Jahre auf dem 25. Parteitag verkündete: „Wir haben eine neue Gesellschaft geschaffen, eine Gesellschaft, wie sie die Menschheit noch nicht gekannt hat" (Breshnew 1977: 604). Allerdings unterschied sich diese „neue Gesellschaft" grundlegend von den Zielvorstellungen mehrerer Generationen der sozialistischen Führungspersönlichkeiten – Brežnev eingeschlossen. Ihre Entstehung resultierte zwar aus dem Versuch, eine im marxistisch-leninistischen Sinne „rational organisierte" und „gerechte" Gesellschaft unter den spezifischen Bedingungen des Russländischen Zarenreiches zu schaffen, aber das Ergebnis entsprach nicht den ursprünglichen Absichten.

5.1.1 Die Grundidee der zentralisierten Planung und Verwaltung sozioökonomischer Prozesse

In seinem Grundsatzvortrag vor dem „Siebten Außerordentlichen Parteikongress der Russischen Kommunistischen Partei der Bolschewiken" (RKP-B) Anfang März 1918 (nach dem gregorianischen Kalender) nannte Lenin „die Umwandlung des ganzen staatlichen Wirtschaftsmechanismus in eine einzige große Maschine" als „die gigantische organisatorische Aufgabe", vor der die ganze russische Gesellschaft nun stünde. Die gesamte Volkswirtschaft sollte „in einen Wirtschaftsorganismus" verwandelt werden, der „so arbeitet, daß sich Hunderte Millionen Menschen nach einem einzigen Plan richten." (Lenin 1918/1972b: 77) Bereits vor der Machtübernahme durch die RKP-B verband ihr Anführer das tagespolitische Ziel der „Expropriation der Kapitalisten und Großgrundbesitzer" mit der Vision der „Umwandlung *aller* Bürger in Arbeiter und Angestellte *eines* riesigen ‚Syndikats', nämlich des ganzen Staates, und der völligen Unterordnung der gesamten Arbeit dieses ganzen Syndikats unter den wahrhaft demokratischen Staat, *den Staat der Sowjets der Arbeiter- und Soldatendeputierten*" (Lenin 1918/1972a: 484). Weiter heißt es in dieser Schrift:

> „Die gesamte Gesellschaft wird ein Büro und eine Fabrik mit gleicher Arbeit und gleichem Lohn sein." (Lenin 1918/1972a: 488)

Lenins Verhältnis zur sozialen Organisationsform des Staates war zutiefst ambivalent: Einerseits sah er im „Absterben des Staates" einen wesentlichen Aspekt der allmählichen Verwandlung einer postrevolutionär-sozialistischen in eine klassenlos-kommunistische Gesellschaft. Andererseits hielt er aber den von der „Avantgarde der werktätigen Massen" kontrollierten Staat für das zentrale Instrument dieser welthistorischen Gesellschaftstransformation (Lenin 1918/1972a: 488). Unter den Bedingungen der „Diktatur des Proletariats" sollte der Staat vorerst das einzige Subjekt des sozialen Wandels sein (Lenin 1918/1972a: 407–413; kritisch dazu: Staniszkis 1992: 2). Dieses „dialektisch" formulierte Postulat war an sich keine Erfindung Lenins oder der russischen Bolschewiken. Sein Ursprung ist in der frühen Kritik der kapitalistischen Gesellschaftsformation von Karl Marx und Friedrich Engels (1848/1971: 481f.) zu suchen. In *Staat und Revolution* hob Lenin diesen Bezug deutlich hervor. Da er aber an der Spitze des ersten und zugleich weitreichendsten Versuchs stand, diesen Pfad der soziopolitischen Entwicklung zu beschreiten, kann man mit Blick auf den gesamten Verlauf der sowjetsozialistischen Gesellschaftstransformation von einer Art Leninschen Verstaatlichungsdialektik sprechen.

Die zentrale Rolle des Staates in der sowjetsozialistischen Gesellschaftstransformation wurde durch die beiden Kernpunkte der entwickelten „Kritik der politischen Ökonomie" impliziert: Diese richtete sich sowohl gegen die Klassenspaltung der kapitalistischen Gesellschaft als auch gegen den „anarchisierenden" und folglich „irrationalen" Charakter ihrer makrosozialen Koordination – den Warentausch auf dem Markt. Das Rechtsinstitut des Privateigentums an „Produktionsmitteln" wurde dabei als die Hauptursache für diese beiden Grundprobleme der „kapitalistischen Produktionsweise" erachtet. Die ungleiche Verteilung von Eigentumstiteln unter den Gesellschaftsmitgliedern, die einen Großteil der Bevölkerung von der rechtlichen Verfügung über „Produktionsmittel" ausschloß, bildete aus marxistischer Sicht die zentrale Voraussetzung für den „ungleichen Tausch" zwischen „unmittelbaren Produzenten" und „Kapitalisten", somit auch für die „Abschöpfung" des „Mehrwerts" durch die letzteren (siehe erstes Kapitel). Die eigentumsrechtlich bedingte Fragmentierung dessen, was aus der geschichtsphilosophischen Vogelperspektive der marxistischen Kapitalismuskritik als der „gesamtgesellschaftliche Produktionsapparat" erschien, machte eine nachträgliche Abstimmung zwischen den hergestellten Mengen jeweiliger Produkte und dem Bedarf unumgänglich. Dieser Koordinationsmodus (Warentausch auf dem Markt) war mit Fehlkalkulationen einzelner Wirtschaftsakteure verbunden und erzeugte immer wieder „Überproduktionskrisen".[121]

Gleichzeitig ließen sich die beiden Grundprobleme der „kapitalistischen Produktionsweise" nur durch die Überführung aller Eigentumstitel an „Produktionsmitteln" in die Hände einer gesamtgesellschaftlich wirksamen Zwangsmacht – das heißt faktisch durch die Verstaatlichung der Kontrolle über den gesamten sozioökonomischen Reproduktionsprozess der Gesellschaft – wirksam überwinden.[122] Der Idee nach wurden dadurch alle „werktätigen" Gesellschaftsmitglieder zu Miteigentümern aller Produktionsmittel (Škaratan/Rukavišnikov 1977: 65). Die Legitimation dieses Wirtschaftsmodells fußte im Sowjetsozialismus auf dem offiziellen Dogma der „Volksdemokratie", in der die „werktätigen Massen" den gesamten Reproduktionsprozess ihrer Gesellschaft vermittels der staatlichen Verwaltungsorgane „bewußt" steuerten (Gladkov u.a. 1980: 29). Man sprach deshalb in den offiziellen Verlautbarungen und Wirtschaftshandbüchern von einer „höheren Form der sozialistischen Vergesellschaftung der Produktion [vysšaja forma socialističeskogo obobščestvlenija proizvodstva]" (Gladkov u.a. 1980: 26). Diese Vorstellung stand hinter den gängigen propagandistischen Bezeichnungen des sowjetsozialistischen Staatseigentums [gossobstvennost'] als „volkseigenes", „allnationales" oder „gesamtnationales" [vsenarodnaja oder obščenarodnaja sobstvennost']. (Zu den konträren Einschätzungen dieser Eigentumsform siehe: Rutkevič 2001b: 51 und Kornai 1995: 78.) In der zweiten Hälfte der 1970er Jahre befanden sich knapp neun Zehntel (88%) des gesamten Kapitalstocks der UdSSR als „gesamtnationales Eigentum" „in den Händen der Gesellschaft in Person des sozialistischen Staates" (Afanas'ev/Gvišiani/Popov 1978: 10, 41). Allerdings kann das Konzept des „volkseigenen Produktiveigentums" aufgrund des undemokratisch-kooptativen Charakters des sowjetsozialistischen Regimes zu keinem Zeitpunkt in der Geschichte als tatsächlich verwirklicht angesehen werden.

---

[121]   Karl Marx und Friedrich Engels (1848/1971: 468) betrachteten „die Epidemie der Überproduktion" als eine Besonderheit, die das Zeitalter der Bourgeoisie von allen anderen bisherigen Geschichtsepochen unterschieden habe. Sehr ähnlich: *Planung in der UdSSR:* 9f.; Zembatova 1990: 9.

[122]   Marx (1871/1971: 343) zufolge soll „die Gesamtheit der Genossenschaften die nationale Produktion nach einem gemeinsamen Plan regeln, sie damit unter ihre eigene Leitung nehmen und der beständigen Anarchie und den periodisch wiederkehrenden Konvulsionen, welche das unvermeidliche Schicksal der kapitalistischen Produktion sind, ein Ende machen". „Die Zentralisation der planmäßigen Führung ist eine notwendige und entscheidende Bedingung für den erfolgreichen Aufbau des Sozialismus und Kommunismus" (Tschistjakow/Morosow 1971: 7). Kritisch dazu: Kornai (1995: 121); Mises (1933/2002: 210).

5.1.2   Modernisierung in totalitärer Absicht

Die staatssozialistische Gesellschaftstransformation wurde unter Stalins Führung Ende der 1920er Jahre in Angriff genommen und binnen eines Jahrzehnts mit massiver Gewalt gegen Widerstände der Bevölkerung „in Grundzügen"[123] durchgesetzt. In diesem Prozess entstand die verwaltungshierarchische Grundstruktur des Sozialismus sowjetischen Typs. Das Ziel war die Errichtung einer gesellschaftlichen Produktionsstruktur, die nicht nur enorme Herstellungsleistungen – vor allem im Montan- und Rüstungsbereich – zu erbringen vermochte, sondern zugleich alle Gesellschaftsmitglieder in einen umfassenden Apparat der zentralisierten Verwaltung einspannen und alle Sphären des Sozialen regulierend durchdringen sollte (Carr/Davies 1969: 801). Aus diesem Grund kann von einer Modernisierung in totalitärer Absicht gesprochen werden.

Die Bestrebung, alle autonomen Formen gesellschaftlicher Organisation abzuschaffen, war die zentrale Implikation dessen, was im Rahmen dieser Studie als totalitärer Anspruch des Sowjetsozialismus bezeichnet wird.[124] Den Kern bildeten zunächst die Aufhebung des Privateigentums an bereits bestehenden „Produktionsmitteln" und später die Errichtung von zum Teil riesigen Industriebetrieben, die von Anfang an unter der staatlich zentralisierten Verwaltung standen.[125] Sowohl die Dimensionen als auch die innere Organisation dieser neuen Produktionsstätten wurden wesentlich von dem parallel zu ihrer Entstehung eingeführten Koordinationsmodus der gesamtgesellschaftlichen sozioökonomischen Reproduktion – d.h. von der „Zentralplanung" – geprägt.

Eric J. Hobsbawm (1998: 477) argumentierte, dass diese extreme Zentralisierungsbestrebung während der forcierten Industrialisierung vor allem durch den Mangel an qualifizierten Leitungskadern für die Wirtschaft bedingt gewesen sei. Angesichts der Überzeugung von der wachsenden Bedrohung der UdSSR durch äußere Gegner erschien es der sowjetischen Führung keine Alternative zu einem extrem schnellen Aufbau von großen Rüstungsproduktionsstätten samt ihrer montanindustriellen Basis zu geben. In der Kürze der Zeit war es nicht möglich, qualifizierte Wirtschaftsführungskräfte in ausreichender Zahl für dezentrale Steuerungsstrukturen auszubilden – selbst nicht im Rahmen von schmalspurigen Studiengängen an den „Arbeiterfakultäten [rabfaki]". Die Zentralisierung stellte demzufolge die einzige Organisationsform von Wirtschaft und Gesell-

---

[123]   Später hieß es in offiziellen Publikationen, dass ein „in den Grundzügen errichteter Sozialismus [postroenyj v osnovnom socializm]" seit den 1940er Jahren in der UdSSR existierte (Rutkevič 1987a: 14).

[124]   Zum Begriff „totalitarian ambition" siehe: Feldbrugge 1992: xvi; La Spina 1996: 61.

[125]   Das wohl bekannteste Industrialisierungsprojekt der Stalinzeit war die Errichtung des Stahlkombinats von Magnitogorsk im südlichen Uralgebiet (Kotkin 1995).

schaft dar, die eine optimale Nutzung von vorhandenen Führungs- und Verwaltungsressourcen im Hinblick auf das Ziel einer extrem schnellen Aufrüstung bot. „Stalins industrielle Revolution" (Kuromiya 1988) hatte sicherlich einen weltpolitisch-situativen Aspekt.[126] Aber der Aufbau eines sozio-ökonomischen Zentralverwaltungssystems korrespondierte deutlich mit den grundlegenden ideellen Zielsetzungen der Bolschewiken, die von Lenin (1918/1972b: 77) zu einer Vision der Gesellschaft als „einer einzigen riesigen Maschine" verdichtet wurde. Diese Vision wurde während der beiden ersten Fünfjahrespläne radikal konkretisiert hin zu einer Industrialisierung in totalitärer Absicht: Das Ziel dieses Prozesses war die (notfalls gewaltsame) Errichtung einer gesamtgesellschaftlichen Produktionsstruktur, die alle Gesellschaftsmitglieder in einen allumfassenden Apparat der zentralisierten Verwaltung einbinden und alle Sphären des Sozialen regulierend durchdringen sollte.[127] Sie sollte die Gesellschaft so reorganisieren, dass die Einzelnen keine andere Option hätten, als sich der zentralisierten Verwaltung zu fügen und ihre Befehle zu befolgen.

Die Tatsache, dass das Konzept der allumfassenden „planmäßigen" Koordination bis in die 1980er Jahre in seinen offiziellen institutionellen Grundzügen nahezu unverändert beibehalten und von Rutkevič (1986: 114 f.) noch im ersten Jahr der Gorbačevschen „Perestrojka" als „eine der wichtigsten wissenschaftlichen und sozialen Errungenschaften des 20. Jahrhunderts" angepriesen wurde, macht deutlich, dass es sich bei der anfangs extrem gewaltsamen Einführung der „Zentralplanung" um weitaus mehr handelte, als lediglich um eine Notwehrmaßnahme angesichts einer von der politischen Führung befürchteten Invasion aus dem Westen. In diesem Zusammenhang ist zu bedenken, dass die gesamte kapitalistische Welt zu dem Zeitpunkt, als der „Erste Fünfjahresplan" die postrevolutionäre Bauerngesellschaft gewaltsam auf den Pfad der Industrialisierung trieb, gerade von der wohl schwersten Wirtschaftskrise ihrer Geschichte erschüttert wurde. Von innen wie von außen erschien „der Kapitalismus" vielen endgültig dem Tode geweiht – und keinesfalls wie eine Raubkatze, die sich auf ihren nächsten Beutezug vorbereitet. Der Machtaufstieg der deutschen Nationalsozialisten, die nach weiteren acht Jahren tatsächlich zur tödlichen Bedrohung für die Sowjetunion werden sollten, erfolgte erst gegen Ende der ersten Planungsperiode.

---

[126]   Der britische Abbruch der diplomatischen Beziehungen zu der UdSSR im Jahr 1927 mag die Befürchtung genährt haben, dass eine Invasion der westlichen Mächte bevorstand (Baberowski 2003: 82).

[127]   Feher, Heller und Markus (1983b: 142) verorten die Phase des Aufbaus des totalitären Staates in Sowjetrussland / Sowjetunion zwischen dem zehnten Parteikongress im Jahr 1921 (Fraktionsverbot) und dem Abschluss der Kollektivierung der Landwirtschaft im Jahr 1932.

Fehér, Heller und Márkus (1983a: 253) zufolge wurde mit der Einführung der allumfassende Zentralverwaltung bewußt all das entwurzelt, was Hegel (1821/1995: 346-360) als „System der Bedürfnisse" bezeichnet hatte. Die damit verbundene Bestrebung, jegliche Autonomie der gesellschaftlichen Kräfte zu unterbinden, habe eine hochgradig „atomisierende" Wirkung gehabt (Heller et al. 1983a: 215; Verdery 1991/2002: 382), weil sie die Bevölkerung in ein bloßes Objekt paternalistischer Herrschaft des parteistaatlichen Apparats verwandelte (Heller et al. 1983a: S. 253f.; Staniszkis 1992: 3; Verdery 1991/2002: 373; Radaev/Shkaratan 1992: 307; Il'in 1996: 227; Reinprecht 1996: 96–99). Die weiteren Ausführungen in diesem Kapitel werden verdeutlichen, dass diese soziale Atomisierung bei weitem nicht vollkommen war und autonome soziale Strukturen auch unter diesen scheinbar so widrigen Bedingungen entstehen konnten. Zuvor gilt es aber den Aufbau der staatssozialistischen Verwaltungshierarchie zu betrachten.

5.2 Die Grundstruktur der Gesellschaft des „reifen Sozialismus"

5.2.1 Die hierarchische Makrostruktur

Die Makrostruktur der gesamtgesellschaftlichen Verwaltung bestand in ihrer entwickelten, „reifen" Form aus sechs miteinander verflochtenen Hierarchiesträngen.[128] Ihr „tragendes Gerüst" bildete der einheitliche Strang des „Partei"-Apparats (Radaev/Shkaratan 1992: 305; Škaratan 2004b: 90). Eine Basiszelle der „Kommunistischen Partei der Sowjetunion" (KPdSU) existierte in jedem Betrieb, in jeder Ortschaft, in jeder Militäreinheit – auch in allen Einzelorganisationen der anderen Hierarchiestränge, d.h. in den Ministerien, bei den Gerichten, in den Polizeiverwaltungen etc. (Holmes 1981: 250; Gill/Pitty 1997: 1; Afanas'ev 2000: 150). In den „Volksdeputiertenräten" (sovety narodnych deputatov) gaben Parteifunktionäre ebenfalls den Ton an[129] und saßen den Exekutivkomitees vor. Dadurch war die Parteihierarchie auf allen Ebenen mit den anderen Hierarchiesträngen verflochten (Matthews 1972: 225).

---

[128]   Das Grundkonzept des makrostrukturellen Aufbaus der sowjetsozialistischen Gesellschaft wurde durch die Arbeiten von Simon Kordonskij (2000: 33f.) sowie die Studien von Radaev und Škaratan (1996: 274) inspiriert. Die Unterscheidung zwischen einheitlichen und multiplen Hierarchiesträngen sowie Strangbündeln stellt eine Modifikation des Autors dieser Untersuchung dar. Die Bedeutung dieser Unterscheidung wird in der Erörterung der einzelnen Elemente expliziert.
[129]   Matthews (1972: 220 Tab. 84) gab folgende Anteile der Parteimitglieder an der Gesamtzahl der Volksdeputierten in der zweiten Hälfte der 1960er Jahre an: 75% der Abgeordneten im Obersten Sowjet der UdSSR, 67% der Abgeordneten der Sowjets der Unionsrepubliken und der Autonomen Republiken, 45% der Abgeordneten der lokalen Sowjets.

Die Hierarchie der „Volksdeputiertenräte" bildete den zweiten, als einheitlich zu bezeichnenden Strang des sowjetsozialistischen Parteistaates. Es handelte sich dabei um faktisch kooptativ gebildete Repräsentationsgremien, deren Zusammensetzung der Idee nach der sozialen, ethnischen, politischen, geschlechtlichen etc. Bevölkerungsstruktur der jeweiligen Territorialeinheit in etwa entsprechen sollte (Kordonskij 2000: 67-70). Formell wurden diese Räte durch „volksdemokratische" Abstimmungsakte über Kandidatenlisten konstituiert. Die Zusammenstellung dieser Listen wurde jedoch vom örtlichen Parteikomitee koordiniert und mit den Organen der Partei- und Rätehierarchie auf der übergeordneten Ebene abgestimmt (Kornai 1995: 39). Auf den Listen entfiel meist auf jeden der zu besetzenden Sitze im Volksdeputiertenrat nur ein einziger Kandidat bzw. eine einzige Kandidatin (Škaratan 2004a: 91). Die Zusammensetzung der Volksvertretungsgremien sollte zwar der Vielfalt der Interessenlagen in der Gesellschaft Rechnung tragen, aber die Entscheidung darüber, welche Interessen vertreten werden und welche Personen dies tun dürfen, fiel auf der jeweils übergeordneten Ebene des partei-staatlichen Apparates. Aufstrebende Parteifunktionäre mussten in der Rätehierarchie untergebracht werden, damit sie dann Führungsposten in den Exekutivkomitees der „Sowjets" bekleiden konnten. Dies brachte das Konzept der Quotenrepräsentation erheblich durcheinander. Die faktische Wirkungsmacht der „objektiven" Vertretungskriterien nahm deshalb deutlich ab, je weiter nach oben man sich in der Rätehierarchie bewegte (Kordonskij 2000: 67-70). Deshalb wird im Rahmen dieser Studie von kooptativer Repräsentation gesprochen.

Die sozioökonomische Verwaltung im engeren Sinne bestand aus Branchenministerien mit ihren Verwaltungsapparaten, die bis zu einzelnen „Unternehmen und Organisationen" reichten. Die Aktivitäten einzelner Branchenhierarchien, von denen es in der Sowjetunion Ende der 1970er Jahre knapp 50 gab (Nove 1980: 27), wurden sowohl auf der Unionsebene als auch auf der Ebene der einzelnen Unionsrepubliken von Ministerräten mit ihren „Staatlichen Planungskomitees" (Gosudarstvennyj planovyj komitet oder kurz Gosplan) koordiniert. Deshalb wird dieser Stützpfeiler der „Sowjetmacht" als ein multipler Strang bezeichnet. Er bestand zwar aus einer Vielzahl von parallel verlaufenden Verwaltungshierarchien, aber Aktivitäten der Einzelstränge waren im hohen Maße interdependent und bedurften deshalb einer institutionalisierten Koordination in Form von zentralisierter und direktiver „Wirtschaftsplanung".

Branchenministerien und damit auch die Gesamtheit der ihnen unterstehenden Betriebseinheiten waren in der UdSSR hierarchisch angeordnet. Ihre dreistufige Rangordnung reflektierte die gesamtwirtschaftliche Prioritätensetzung der parteistaatlichen Führung. Die als besonders wichtig angesehenen Wirtschaftsbereiche wurden von All-Unionsministerien (vsesojuznye ministerstva) verwaltet.

Dadurch hatten einzelne Betriebseinheiten eines auf der All-Unionsebene organisierten Wirtschaftszweiges einen direkten offiziellen Kontakt nach Moskau, was bei den administrativen Konkurrenzkämpfen um knappe Ressourcen innerhalb des gesamtgesellschaftlichen Verwaltungssystems einen erheblichen Vorteil bedeutete.

Branchen, deren volkswirtschaftliche Bedeutung von der parteistaatlichen Führung niedriger eingestuft wurde, waren als sogenannte Unions-Republiksministerien organisiert. Dies bedeutete, dass ein entsprechendes Branchenministerium sowohl auf der Unions- als auch auf der Republikebene existierte. Leitungen der einzelnen Funktionseinheiten der Basisebene hatten zwar keine direkte Verbindung zum Moskauer Ministerialapparat, sondern lediglich zur zuständigen Hauptverwaltung innerhalb des Ministeriums in der Hauptstadt ihrer Unionsrepublik. Aber Beamte im Republikministerium konnten die direkten Amtswege zum Unionsministerium nutzen, um Vorteile für einen Betrieb in ihrem Zuständigkeitsbereich zu erwirken (Nove 1980: 74f; Gregory/Stuart 1990: 168).

Diese Möglichkeiten bestanden nicht für Betriebe der Branchen, die auf der niedrigsten Stufe der Rangordnung, das heißt ausschließlich auf der Republikebene, organisiert waren und folglich kein „eigenes" Unionsministerium hatten. Paul R. Gregory und Robert C. Stuart (1990: 168) wiesen darauf hin, dass diese Einstufung für die Wirtschaftszweige charakteristisch war, die für den lokalen Gebrauch arbeiteten. Es handelte sich dabei meistens um Herstellung von Konsumgütern.

Die Institutionalisierung der volkswirtschaftlichen Prioritäten erzeugte eine besondere Starrheit und Modifikationsresistenz innerhalb des Gesamtsystems. In der Geschichte der UdSSR mangelte es nicht an Reformversuchen, die eine graduelle Veränderung der ursprünglichen Prioritätensetzung anstrebten. Oft ging es dabei um eine Statusanhebung jener Branchen, die vorwiegend für den Konsumbedarf produzierten. Aber trotz all dieser Reformbestrebungen blieb die Versorgung mit Gütern und Dienstleistungen des täglichen Massengebrauchs sowie dauerhaften Konsumprodukten stets die Achillesferse der sowjetsozialistischen Wirtschaft (Kornai 1995: 341-375). Die umrissene Festschreibung der ökonomischen Prioritätensetzung in der Organisationsstruktur des gesamtgesellschaftlichen Zentralverwaltungsapparates trug wesentlich dazu bei, dass tiefgreifende Reformen eine kostenträchtige und vor allem machtpolitisch ausgesprochen komplizierte Reorganisation der volkswirtschaftlichen Verwaltungshierarchie voraussetzten. Viele Versuche, die sozio-ökonomischen Prioritäten im Sinne der Konsumwünsche der breiten Bevölkerung zu verändern, fanden deshalb in einer eher kampagnenartigen Form statt und blieben ohne nachhaltige Erfolge.

Zum Strangbündel der „sozialistischen Massenorganisationen" zählten vor allem der Gewerkschaftsbund, die offiziellen Jugend- und Frauenorganisationen sowie zahlreiche Branchenbeschäftigten- bzw. Berufsgruppenverbände.[130] Ihre Hauptaufgabe bestand in der Übertragung der offiziellen Politik des sozialistischen Parteistaates in die jeweilige gesellschaftliche Makrogruppe. Jede dieser Organisationen hatte eine hierarchische Struktur, die von der gesamtstaatlichen Ebene bis zu lokalen Basiszellen reichte. Sie alle zusammengenommen hatten aber keine gemeinsame Koordinationsstruktur, wenn man von der allgemeinen „Führungsrolle" der KPdSU absieht. Deshalb bildeten die „gesellschaftlichen Organisationen" eher ein Strangbündel denn einen (multiplen) Strang innerhalb der gesamtgesellschaftlichen Verwaltungsstruktur. In ihrem jeweiligen Zuständigkeitsbereich hatten sie eine ähnliche Funktion („Transmissionsriemen"), aber ihre Aktivitäten wurden nicht im gleichen Maße laufend aufeinander abgestimmt, wie es zwischen den einzelnen Branchenhierarchien der zuvor beschriebenen, volkswirtschaftlichen Zentralverwaltung der Fall war.

Zu den Kontrollorganen waren die Hierarchien der Gerichte, der Staatsanwaltschaften, der Kontrollkomitees (z.B. das Volkskomitee für Kontrolle), des Innenministeriums mit seiner „Volkspolizei [milicija]" und der Staatssicherheit (KGB) zu zählen. Formell unterstanden alle Behörden mit Befugnis zur Ausübung organisierten Zwangs (silovye organy) der Aufsicht der Staatsanwaltschaft (Smith 1978), deren Angehörige in der UdSSR uniformiert waren und militärähnliche Grade verliehen bekamen (Shelley 1991: 74). Faktisch wiesen sie aber mit Ausnahme von Gerichten, die in der UdSSR eine ausgesprochen schwache Stellung hatten, eine hochgradige Eigenständigkeit auf. Zudem befanden sich die einzelnen Kontrollstränge untereinander oft in einem inoffiziellen Konkurrenzverhältnis. Bekannt sind die Rivalitäten zwischen dem Innenministerium und der Staatssicherheit – insbesondere bei der lukrativen „Bekämpfung" von „Veruntreuungen des sozialistischen Eigentums [chiščenija socialističeskoj sobstvennosti]" (Simis 1982: 138; Vaksberg 1991: 3-17). Aus diesen Gründen ist auch dieser Teil des partei-staatlichen Gesamtapparates eher als ein Bündel hierarchischer Einzelstränge zu betrachten.

Das Militär stellte eine eigene, in sich weiter (nach Waffengattungen usw.) untergliederte Hierarchie dar. Es war durch strenge Geheimhaltungsregeln und dank der höchsten Priorität bei der Ressourcenallokation, die ihm ein hohes Maß an wehrhafter Autarkie ermöglichen sollte, relativ stark von den anderen Hierarchiesträngen abgeschottet. Dennoch existierten vor allem auf der lokalen Ebe-

---

[130]   Viele Berufsgruppen – insbesondere diejenigen, die aufgrund ihrer hohen professionellen Qualifikationen über ein verhältnismäßig hohes (funktional begründetes) Autonomie- und Machtpotential verfügten – hatten keine eigenen Berufsverbände, sondern waren zu Organisationen von unterschiedlich qualifizierten Beschäftigten einer ganzen Branche zusammengeschlossen. So gab es in der UdSSR beispielsweise keinen Ärzteverband, sondern eine Organisation aller Beschäftigten des Gesundheitssektors (Field 1991: 46-50).

ne zahlreiche Verbindungen zwischen einzelnen Militäreinheiten und Organisationen der anderen Stränge des sowjetischen Staatssystems. Teilweise hatten diese Verbindungen bereits einen semioffiziellen oder gar gänzlich inoffiziellen Charakter, wie etwa die Einsätze von Wehrdienstleistenden bei der Kartoffelernte in Kolchosen und Sowchosen nahe ihrer Stützpunkte. Dadurch wurden die Geheimhaltungs- und Abschottungsvorschriften der Armee teilweise unterlaufen.

Die Partei nahm, wie bereits hervorgehoben, die zentrale Stellung innerhalb der gesamtgesellschaftlichen Verwaltungshierarchie sowjetsozialistischen Typs ein. Ihre Kontroll- und Entscheidungsmacht beschränkte sich nicht auf die allgemeine, strategische Koordination der Aktivitäten der anderen fünf Hierarchiestränge. Sie drang vermittels des Kapillarsystems ihrer eigenen Organisationshierarchie bis in den Alltag der Funktionseinheiten aller anderen Hierarchiestränge ein. Das Spitzenpersonal der einzelnen Funktionseinheiten zählte entweder selbst zu den Mitgliedern der Partei oder wurde gemäß dem im vorigen Kapitel bereits erörterten „Nomenklatura"-Prinzip mit expliziter Zustimmung des zuständigen Komitees eingesetzt. Außerdem existierte in jeder Funktionseinheit eine Basisorganisation, deren oft von hauptberuflichen „Parteibeschäftigten [partijnye rabotniki]" besetzte Spitze einerseits in die Entscheidungsprozesse dieser Funktionseinheit fest eingebunden war, andererseits aber ein Teil des Hierarchiestranges der KPdSU blieb. Einige Experten wiesen zwar darauf hin, dass die Mitsprache der Basisparteiorganisationen bei den operativen Entscheidungen der Leitungen der einzelnen Funktionseinheiten faktisch recht begrenzt blieb (S. Linz 1988: 190f.). Dennoch ergaben sich dadurch Möglichkeiten einer direkten Kontrolle und Informationsübermittlung an das lokale Parteikomitee.

Die gesamtgesellschaftliche Verwaltungshierarchie des Sowjetsozialismus stellte deshalb ein eigentümliches Hybridgebilde dar: Einerseits war sie nach funktionalen Kriterien in spezialisierte Teilhierarchien mit abgegrenzten Zuständigkeiten und entsprechenden Entscheidungsbefugnissen untergliedert, andererseits aber in all ihren Verästelungen vom einheitlichen Hierarchiestrang der Partei durchdrungen. Der letztere beanspruchte, zumindest im Zweifelsfalle, die Zuständigkeit für alle Entscheidungen – auch für die der alltäglich-operativen Art (Kornai 1995: 49). In den Parteikomitees auf allen Hierarchieebenen gab es Abteilungen, welche die Angelegenheiten der einzelnen Teilhierarchien der anderen Hierarchiestränge und Strangbündel beaufsichtigten. Auf den höchsten Ebenen der Unionsrepubliken und der Union standen „Aufsichtsfunktionäre" (kuratory) des ZK-Apparats in der Gesamtrangordnung über den jeweiligen Ministern (Škaratan 2004a: 90). Man kann deshalb von einer funktionalen und sogar von einer organisatorischen Duplikation der Zuständigkeiten sowie Entscheidungsbefugnisse innerhalb der gesamtgesellschaftlichen Verwaltungshierarchie sprechen, bei der die jeweiligen staatlichen Organe sowie offiziellen „Massenorganisationen" in letzter Instanz der Aufsicht des Parteiapparats unterstanden (Heller et al. 1983b: 161, 107). Dies verhinderte Feher, Heller und Markus (1983b: 109) zufolge die Verselbständigung der einzelnen Funktionsstränge der staatlich-volkswirtschaftlichen Hierarchie und integrierte die hochkomplexe Verwaltungsstruktur zu einem Ganzen. Zugleich fungierte es als eine parallele Informationsbeschaffungs- und Kommandostruktur, die eine zumindest partielle Überwindung der Dysfunktionalitäten innerhalb der staatlichen Hierarchiestränge ermöglichte (Kornai 1995: 108).

Daraus ergeben sich wichtige Einsichten für die Bestimmung des Verhältnisses zwischen dem Aufbau und der Funktionsweise der sowjetsozialistischen Verwaltungshierarchie: Während sie formal-organisatorisch betrachtet aus insgesamt sechs Hierarchiesträngen und Strangbündeln bestand, lässt sie sich unter funktionalen Gesichtspunkten in zwei Schichten unterteilen:

1. die spezialisierten Hierarchiestränge, die für die einzelnen Verwaltungsgebiete des gesellschaftlichen Gesamtsystems zuständig und verantwortlich waren;
2. die eigentümliche „innere" Hierarchie der Parteikomitees, die mit allen anderen Strängen verwachsen war und diese nicht nur von oben herab, sondern entlang ihrer gesamten Verläufe miteinander vernetzte.

Die gesamte partei-staatliche Verwaltungshierarchie kann deshalb mit einem Tragseil einer Seilbahn vergleichen werden, das aus einem Kern (Radaev/Shkaratan 1992: 305; Škaratan 2004a: 90) und seinem Mantel besteht. Die Staats- und Wirtschaftsverwaltung hat als Mantel die Aufgabe, den Kern, also die Partei, zu schützen.

Der Regierungsapparat und andere Organe der offiziellen Hierarchie konnten einer punktuellen Kritik in der ganz eigentümlich verfassten „Öffentlichkeit" der sowjetischen Gesellschaft unterzogen werden, wenn in einem besonderen Zuständigkeitsbereich ernsthafte Probleme aufgetreten waren. Die kritisierten Organisationen der „äußeren" Hierarchieschicht schirmten jedoch zugleich die eigentliche Entscheidungsstruktur des sowjetsozialistischen Systems – die Partei – ab. Da die Partei für das „demokratisch-zentralistische" Grundkonzept der sowjetsozialistischen Gesellschaftstransformation stand, wurde dieses Grundkonzept bis in die späten 1980er Jahre hinein keiner grundsätzlichen kritischen Prüfung unterzogen. Es waren immer einzelne Personen oder Organisationsstrukturen, denen in offiziellen Verlautbarungen die Schuld für „Verfehlung" oder „Mißstände" zugeschrieben wurde.

Die letztinstanzlichen Entscheidungsträger (*apparatčiki*) versteckten sich also gewissermaßen „hinter den Rücken" von Staatsbeamten (*činovniki*), Wirtschaftsverwaltern (*chozjajstvenniki*) und para-staatlichen Funktionsträgern (Gewerkschaftsfunktionären etc.). Wenn die Unzufriedenheit der Bevölkerung aufgrund bestimmter negativer Phänomene ein Maß erreichte, das aus Sicht der Parteiführung die Stabilität des Gesamtsystems und damit auch ihre eigene Machtposition bedrohte, wurden Ministerialbeamte oder andere Funktionäre im Rahmen einer „Kampagne" zur Bekämpfung von „Mißständen" an den Pranger gestellt. Die Spitze der „Partei" trat dann gegenüber den vermeintlichen Verantwortungsträgern auf als Kritikerin im Namen des „einfachen Volkes" (narod), das unter den verfehlten Maßnahmen oder „Mißbräuchen" zu leiden hatte. Sie wies die entsprechenden Organisationen des Kontrollstrangbündels an, gegen „die Schuldigen" vorzugehen. Man kann deshalb zugespitzt konstatieren, dass der partei-staatliche Apparat ein System der institutionalisierten Verantwortungslosigkeit war, weil die letztinstanzlichen Entscheidungsträger von den formalen Verantwortungsträgern getrennt blieben.

5.2.2 Die hierarchische Mesostruktur

Die ganze Bevölkerung eines sowjetsozialistischen Landes und nicht nur die leitenden Funktionsträger waren in eine gesamtgesellschaftliche Hierarchie eingebunden (Kornai 1995: 80, 106; Il'in 1996: 88, 174). Dies wird deutlich, wenn man die ebenfalls hierarchische Organisation all jener Funktionseinheiten (Betriebe, Behörden, Einrichtungen etc.) berücksichtigt, welche die einzelnen Knoten der oben umrissenen Makrostruktur bildeten. Diese einzelnen Organisationshierarchien stellten die Mesostruktur der sozialistischen Gesellschaft dar. Der Unterschied wird im Folgenden am Beispiel einer Parteiorganisation verdeutlicht.

Matthews (1972: 213 ff.) unterschied innerhalb eines Bezirkskomitees (rajkom) der KPdSU vier hierarchische Kategorien von Beschäftigten. An der Spitze befanden sich „Führungsfunktionäre", zu denen der „erste Sekretär", die weiteren „Sekretäre" sowie ihre Stellvertreter zu zählen waren. Die zweite mesostrukturelle Hierarchieebene bildeten „verantwortliche Funktionäre", d.h. Abteilungsleiter, Leiter von Sektionen, Kommissionen und anderen Einheiten, Stellvertreter dieser Leiter, Parteiinstrukteure, Berater, ferner eine ganze Reihe von Personen mit unterstützenden Fachaufgaben wie Archivare, Statistiker, Übersetzer etc. Die höheren Einzelgruppen der zweiten mesostrukturellen Ebene bestanden also vor allem aus Funktionsträgern, die im vorigen Abschnitt als „Aufsichtsfunktionäre" bezeichnet wurden. Auf der dritten Ebene befanden sich „Büromitarbeiter", die routinemäßige Aufgaben übernahmen. Die unterste Stufe der

Hierarchie eines Bezirkskomitees bildete das „Dienstpersonal", zu dem Telefonistinnen, Köche, Putz- und Wachleute etc. zu zählen waren.[131]

Nur die „Führungsfunktionäre" waren in dem Sinne „direkt" in die Makrohierarchie eingebunden, dass man ihre Stratifikationsposition innerhalb der „etakratischen" Basismatrix der gesamten Gesellschaft allein anhand der Information über ihre Stellung innerhalb dieser Struktur relativ präzise bestimmen konnte. Ähnliches traf auch für Abteilungsleiter und ihre Stellvertreter als die oberste Gruppe unter den „verantwortlichen Funktionären" zu. Im Falle eines „Parteisekretärs" des Gebietskomitees (obkom) oder seines Stellvertreters kann man tatsächlich mit Sicherheit sagen, dass er in der gesamtgesellschaftlichen Stratifikation höher als ein „Parteisekretär" eines „Stadtkomitees" (gorkom) oder eines „Bezirkskomitees" (rajkom) stand. Selbstverständlich war seine administrative Stratifikationsposition ebenfalls höher als die aller anderen Mitarbeiterinnen und Mitarbeiter der untergeordneten Komitees sowie aller anderen Funktionseinheiten der sowjetsozialistischen Verwaltungshierarchie, die sich im Zuständigkeitsbereich des besagten Komitees befanden.

Im Falle der Personen, die auf den niedrigeren Hierarchieebenen der Mesostruktur verortet waren, schwand jedoch die stratifikatorische Eindeutigkeit, die sich direkt aus der Rangstellung „ihrer" Funktionseinheit innerhalb der Makrostruktur ableiten ließ. Sicherlich war die Arbeit eines Archivars oder eines Statistikers bei einem untergeordneten „Partei"-Komitee mit mehr Verantwortung und Autonomie im Arbeitsprozess verbunden als die einer bei einem Gebietskomitee beschäftigten Schreibkraft. Aber eine relativ niedrige mesostrukturelle Rangposition innerhalb einer makrostrukturell höhergestellten Funktionseinheit eröffnete den Zugang zu ihren besser versorgten internen Güterverteilungssystemen (z.B. zu einer Komiteekantine mit Einkaufsmöglichkeiten für den häuslichen Konsumbedarf). Es ist deshalb unter Einbeziehung von allen stratifikationsrelevanten Faktoren sehr schwer zu sagen, ob die Stellung eines Archivars in einem „Bezirkskomitee" (zweithöchste mesostrukturelle Hierarchieebene nach Matthews) wirklich höher war in der sozioökonomischen Stratifikation als die einer Schreibsekretärin[132] (dritte mesostrukturelle Hierarchieebene) in einem „Gebietskomitee". Das Zusammenwirken von einzelnen Stratifikationsfaktoren ergab oft erhebliche „Statusinkonsistenzen" (Lenski 1973: 124-127, 539f.), und zwar insbesondere für die Personen, die aufgrund des Charakters ihrer Arbeits-

---

[131]   Die Informationen stammen aus: *Spisok abonentov leningradskoj telefonnoj seti* [Verzeichnis der Abonnenten des Leningrader Telefonnetzes], Leningrad 1965, S. 99-100 und *Spravočnik partijnogo rabotnika* [Handbuch des Parteifunktionärs], Moskva 1957, S. 406-407.

[132]   Da Spitzenfunktionäre der „Partei" als „Sekretäre" bezeichnet wurden (ein für sich interessantes, sprachliches Täuschungsmanöver), gilt an dieser Textstelle mit dem Zusatz „Schreib-" zu hervorzuheben, dass hier eine Büroangestellte mit ausführenden Aufgaben und nicht eine „Parteisekretärin" im Sinne eines weiblichen Führungsfunktionärs gemeint ist.

aufgaben als Angehörige der professionellen Mittelschicht angesehen werden konnten.

Erst die Verortung eines Individuums in diesen beiden Strukturen – d.h. die Situierung „seiner" Funktionseinheit in der gesamtgesellschaftlichen Makrostruktur („korporative" Situierung) und seine individuelle Position innerhalb der internen Hierarchie einer Funktionseinheit (mesostrukturelle Situierung) – ergab eine (vorläufige) Bestimmung seiner Position in der sozialen Stratifikation einer sowjetsozialistischen Gesellschaftsordnung. Um dieses Bild zu vervollständigen, müssen aber zusätzlich Ungleichheiten zwischen den einzelnen territorialen Verwaltungsentitäten im Rahmen des hierarchischen Ethnoföderalismus sowie die besondere stratifizierende Wirkung der noch zu thematisierenden, informellen Beziehungsnetze in die Betrachtung einbezogen werden.

5.2.3 Die kollektivistische Mikrostruktur

Die Funktionsweise von Verwaltungshierarchien ist grundsätzlich dadurch gekennzeichnet, dass Entscheidungen der Führungsspitze bei der Umsetzung durch Personen in untergeordneten Positionen aufgrund von deren partikularen Vorteilserwägungen verzerrt werden. Institutionenökonomen sprechen in diesem Zusammenhang von „Principal-Agent-Problemen" (Arrow 1964; S. Ross 1973; Stiglitz 1987). Diese erreichten im Sowjetsozialismus eine besondere Qualität, weil die Kommandoketten von der zentralstaatlichen Spitze bis hin zu den „gesellschaftlichen Basisorganisationen" außerordentlich lang waren. Zugleich stieg die Komplexität des Gesamtsystems im Fortgang seiner Entwicklung enorm an. Die Verwandlung (fast) aller Bürgerinnen und Bürger in „staatsabhängige Beschäftigte [state-dependent workers]" (Zaslavsky 1995b) schuf eine ganze Gesellschaft von „Agents" innerhalb einer einzigen, wenn auch komplexen Verwaltungshierarchie (Gregory/Stuart 1990: 169-172; Kornai 1995: 44, 71; Solnick 1999: 25f.).[133] Sie alle unterstanden in letzter Instanz einem und demselben „Principal" – der obersten Führung des sowjetsozialistischen Partei-Staates. Deshalb traten die für Principal-Agent-Beziehungen charakteristischen Probleme der „versteckten Information" (hidden information) und „verborgenen Handlungen" (hidden actions) besonders akut auf (Solnick 1999: 25–26; Kornai 1995: 71).

Diese Gefahr scheint auch den Führungsfiguren des sowjetsozialistischen Partei-Staates von Anfang an bewußt gewesen zu sein. Deshalb wurde parallel zum Aufbau einer gesamtgesellschaftlichen Verwaltungshierarchie eine besonde-

---

[133]   Solnick (1999: 26) weist darauf hin, dass eine Hierarchie als „eine Kette von verbundenen Principal-Agent-Beziehungen" angesehen werden kann. Bis auf die oberste Spitze und die untersten Funktionsträger sind darin alle Angehörigen „principals" und „agents" zugleich.

re mikrosoziale Organisationsform eingeführt: das „Kollektiv", dessen konzeptuelle Genese Oleg Kharkhordin[134] in Anton Makarenkos pädagogischen Experimenten in Erziehungslagern für Bürgerkriegswaisen in den 1920er Jahren aufspürte.[135]

Der rein hierarchische Kontrollmodus, als dessen Paradigma Kharkhordin, Michel Foucault (1975/1994: 256-292) folgend, Benthams „Panoptikon"-Konzept ansieht, hätte nicht die angestrebte administrative Durchdringung der gesamten Gesellschaft zu gewährleisten vermocht.[136] Im „sozialistischen Kollektiv" beaufsichtigte nicht nur der offizielle Vorgesetzte seine Untergebenen, sondern diese überwachten sowohl ihre Mituntergebenen als auch den „Kollektiv"-Vorsteher.[137] Die Gruppe entstand und bestand zwar als Teil eines größeren Ganzen, sollte aber vor allem mit eigenen Kräften die Einhaltung der offiziellen Normen sowie die Erfüllung der laufenden Aufgaben – d.h. der Kommandos von oben – implementieren. Zu diesem Zwecke wurde von den übergeordneten Instanzen die glaubhafte Androhung der kollektiven Bestrafung ausgesprochen und häufig wahr gemacht. Dadurch hatten die „Kollektiv"-Mitglieder allen Grund dazu, wechselseitig ihre laufenden Aktivitäten auf die Übereinstimmung mit den erhaltenen Anweisungen zu überprüfen. Denn im Falle des Versagens des „Kollektivs" aufgrund der Verfehlungen nur einiger seiner Einzelmitglieder hatten alle negative Konsequenzen zu befürchten.

Kharkhordin (1999: 110) selbst betonte, dass diese besondere disziplinarische Praxis nicht einfach als „ein schlauer institutioneller Trick" von der parteistaatlichen Führung ersonnen wurde, weil angesichts ihres totalitären Anspruchs „nichts anderes funktioniert" hätte. Vielmehr sei diese Praxis auf die Tradition der „öffentlichen Buße" (exomologesis) im russisch-orthodoxen Christentum (Kharkhordin 1999: 63f.) und auf die daraus entstandenen Grundideen des Klosterstatuts des Heiligen Josef Volotsky zurückzuführen gewesen (Kharkhordin 1999: 117ff.). Es handelte sich demnach um „den immer präsenten Felssockel

---

[134]   Nach den deutschen Regeln der wissenschaftlichen Transliteration müsste dieser Nachname mit Charchordin angegeben werden. Da jedoch das zitierte Buch in englischer Sprache erschienen ist und der Autor unter der englischsprachigen Transliterationsvariante international bekannt ist, wird die letztere auch im Rahmen der vorliegenden Studie verwendet.

[135]   Kharkhordin (1999: 202) bezeichnete Makarenko als „den sowjetischen [Henry; RM] Ford der Massenmontage von *ličnost* ". Dabei betrachtet er ličnost' (Persönlichkeit) als „den zentralen Begriff der russischen Kultur" (ebd. 184).

[136]   Der Titel der russischsprachigen Ausgabe des Buchs von Kharkhordin knüpft deutlicher an Foucault an: *Obličat' i licemerit': genealogija rossijskoj ličnosti* [Entlarven und heucheln: die Genealogie der russländischen Persönlichkeit], St. Petersburg und Moskau 2002.

[137]   „Soviet law dictates a strict observance of hierarchical order, and interviews confirm that the Soviet economic bureaucracy works according to channels. Individuals, however, can report a superior who is violating laws and rules to higher authorities" (Gregory 1989: 513).

[the ever-present rock bottom], den man erreicht, wenn man das Gebirge der Macht [mountains of power] abträgt" (Kharkhordin 1999: 110).

> "[T]he Bolsheviks, supposedly the most secular of revolutionaries, seem to have carried out what I, for lack of better designations, may call 'the Karamazov project': their organizations embodied and intensified the practices of the defunct ecclessiastical courts. The CCC [Central Control Commission of the Communist Party; RM] came to constitute one of the main features of the Soviet system in its early years: admonishing standards of saintly conscience in human behavior, it regulated a large portion of Party life and thus made it inaccessible to the non-Party state courts. But (...) this reformation of secular life according to saintly standards happened not only in the CCC, which perhaps was only its starkest manifestation. Other milieus in Soviet society—indeed, almost all factories, offices and schools—were to be remade as if in accordance with these practices of life in the ideal church congregation." (Kharkhordin 1999: 55)

Diese Argumentation wirft die grundsätzliche Frage auf, ob ein Verweis auf eine geschichtswissenschaftlich feststellbare Persistenz bestimmter Erscheinungen allein eine hinreichende Erklärung der späteren Phänomene zu leisten vermag oder ob diese historischen Kontinuitäten angesichts des mindestens ebenso oft beobachtbaren Vergehens und Wandels zugleich selbst etwas Erklärungsbedürftiges darstellen. Nach Auffassung des Autors dieser Studie kann die Konstatierung von Kontinuität alleine keine hinreichende Erklärung der Gegenwartserscheinungen leisten. Zweifelsohne erweist sie sich in vielen Fällen als erhellend und bewahrt die Gegenwartsanalysen vor dem anderen Extrem: Vor der Ausrufung jeder scheinbar überraschenden Entwicklung zu etwas Brandneuem und noch nie Dagewesenen. Aber nur eine Explikation jener gesellschaftlichen Vorgänge, welche die bereits dagewesenen Organisationsformen, Denkweisen etc. in der fortschreitenden Gegenwart – allerdings meistens deutlich modifizierend – reproduzieren, statt sie im Dunkeln der Vergangenheit und Vergessenheit verschwinden zu lassen, vermag demnach eine angemessene Erklärung der Gegenwartsphänomene zu leisten. So waren es auch im Falle der „sozialistischen Kollektive" die im Fortgang der staatssozialistischen Gesellschaftstransformation auftretenden Gegenwartsprobleme, welche die tradierten Formen der sozialen Organisation und Normdurchsetzung auf den Plan riefen, ohne dass dabei ein expliziter Traditionsbezug von den Bolschewiken heraufbeschworen wurde.

Die Einführung der „Kollektive" betraf in den 1920er Jahren zunächst die „Partei" und die von ihr kontrollierten Staatsorgane. Sie erfolgte als Reaktion auf Probleme, die mit Ausdrücken wie „Karrierismus" oder „VerNÈPung"[138] um-

---

[138]   Die Wortschöpfung „oNÈPivanie" entstand in den 1920er Jahren als eine kritische Bezeichnung für den Aufbau von engen Beziehungen zwischen einzelnen Mitgliedern des partei-staatlichen

schrieben wurden. Als es im Laufe des revolutionären Bürgerkriegs und im Zuge der anschließenden Entmachtung der Arbeiter- und Soldatenräte zunehmend deutlich wurde, dass die „Allrussische Kommunistische Partei der Bolschewiken" (VKP-B) im Begriff war, die Position der einzig legalen politischen Organisation im Lande zu erobern, schwollen ihre Reihen erheblich an. Dafür waren allerdings kommunistische Überzeugungen der Neumitglieder in den meisten Fällen weitaus weniger ausschlaggebend als partikulare Erwägungen, die sich unter den Stichworten „Opportunismus" und eben „Karrierismus" zusammenfassen ließen. Diese Tendenz lief den Gestaltungs- und Kontrollansprüchen der Parteispitze zuwider: Autonome gesellschaftliche Interessen verschafften sich dadurch einen direkten Zugang zu den lokalen wie regionalen Entscheidungszentren, was nicht nur die Wirkungsweise des „Apparats" erheblich zu stören, sondern sogar seine erst im Aufbau befindliche Grundstruktur soziogenetisch zu verformen drohte.

In dieser Zeit funktionierte das „Kollektiv" in erster Linie als kontrollierende Sozialisationsinstanz ähnlich wie in Makarenkos Kinderkolonien. Die „Entlarvung" und „Ermahnung" eines „Karrieristen" oder eines „VerNÈPten" in einer Parteizelle sollte seiner Besserung und seiner anschließenden Verwandlung in einen „guten Bolschewiken" dienen. Von der Ausschlussmöglichkeit wurde nur in Extremfällen einer sich durch „Wiederholungstäterschaft" manifestierenden „Unverbesserlichkeit" Gebrauch gemacht. Um die Mitte der 1930er Jahre wurde die Praxis der im Organisationsrahmen des „sozialistischen Kollektivs" betriebenen „Säuberungen" (čistki) jedoch radikalisiert. Die „pädagogische Komponente" verschwand. Auf die „Entlarvung" im Rahmen einer „Säuberungssitzung" folgte nicht mehr die Ermahnung, die dem Einzelnen noch eine Chance für eine „Besserung" gegeben hätte, sondern der unmittelbare Ausschluß. Das Opfer des Verfahrens war damit meistens für weitere „Ermittlungen" der Staatssicherheit freigegeben (Kharkhordin 1999: 154f.).

Während in den Anfangsjahrzehnten diese eigentümliche Organisationsform mit all ihren beschriebenen Implikationen vor allem unter den Parteiaktivisten und den Angehörigen der Staatsorgane eingeführt wurde, sei sie erst nach Stalins Tod effektiv auf die gesamte Gesellschaft ausgeweitet worden. Damit ging allerdings eine deutliche Abmilderung der ultimativen Konsequenzen einher: „Der chaotische Terror" der Stalin-Zeit sei gegen Ende der 1950er Jahre durch „ein fein abgestimmtes und ausbalanciertes System der totalen Überwachung" ersetzt worden, in dem jeder jeden „auf eine geordnete und relativ fried-

---

Apparates und „NÈP-meny", d.h. Geschäftsleuten der NÈP-Phase (Kharkhordin 1999: 36). Dieser Ausdruck macht deutlich, dass die im normativen Rahmen der „Neuen Ökonomischen Politik" entstandene privatwirtschaftliche Sphäre als ein vorübergehend notwendiges „Übel" von der damaligen sowjetischen Führung zwar toleriert wurde, aber ihr dennoch im hohen Maße suspekt war.

liche Weise" beaufsichtigte (Kharkhordin 1999: 300). Erst zu dieser Zeit habe sich „die totale Kollektivierung des Lebens" vollzogen (Kharkhordin 1999: 303). Von nun an „[konstituierte] [d]as Netzwerk der Kollektive den gesamten Bereich des sozialen Lebens" (Kharkhordin 1999: 87).

Susan E. Reid (2004: 155) wandte gegen diese These ein, dass damit „der alte Irrtum der Totalitarismus-Schule" wiederholt werde: Indem Kharkhordin die Existenz „eines perfekt funktionierenden, allgegenwärtigen Disziplinierungsnetzes [disciplinary grid] der wechselseitigen Überwachung" behaupte, gebe er „Zielsetzungen für Tatsachen [achieved facts]" aus und ignoriere damit „die Elemente des Chaos, Widersprüche und Dysfunktionalität in der Alltagspraxis [on the ground]". Zur Begründung ihrer Kritik verwies die Autorin auf eine Entwicklungstendenz, die für die Chruščev-Zeit prägend war, zugleich aber der Kharkhordinschen These von der Ausweitung der „kollektivistischen Überwachung" zuwiderlief: Dank der großen Wohnungsbauprojekte konnten immer mehr Familien aus „Kommunalwohnungen" (komunalki) in eigene Einfamilienwohnungen umziehen. Dadurch verringerten sich erheblich die Möglichkeiten der nachbarschaftlichen Überwachung am Wohnort (Reid 2004: 163). Mit der Errichtung von Plattenwohnblocks, die im Russischen bis heute umgangssprachlich als „chruščëvki" (Chruščëv-Häuser) bezeichnet werden, wurden die „Wälle der Kleinfamilie", an denen der totalitäre Anspruch des Sowjetsozialismus nach der Auffassung von Feher, Heller und Markus (1983b: 295) sein „Stalingrad" erlebt habe, deutlich höher gezogen. Gleichwohl bestreitet auch Reid (2004: 165) nicht die Bedeutung der „informellen nachbarschaftlichen Überwachung" und der „freiwilligen Organisationen", welche die Implementierung der neuen Konsumstandards der Chruščev-Zeit wesentlich beförderten.

5.3   Die schattenhafte Gesellschaftstransformation

Die staatssozialistische Gesellschaftstransformation, die in der UdSSR forciert wurde, hatte einen doppelten Charakter: Sie schuf eine komplexe Struktur der hierarchischen Verwaltung, die von unzähligen „Kollektiven" durchsetzt war. Jedes Gesellschaftsmitglied hatte sich in diese beiden interdependenten Organisationsformen einzufügen. Parallel vollzog sich allerdings noch ein anderer Gesellschaftswandel, der von den parteistaatlichen Führungsgremien nicht intendiert war (Bunce 1999a: 131).

Entgegen den Einwänden von Reid reflektierte Kharkhordin durchaus die Tatsache, dass zwischen dem totalitären Anspruch der allumfassenden wechselseitigen Kontrolle im „gesamtgesellschaftlichen" Auftrag der partei-staatlichen Führung und der sowjetischen Wirklichkeit eine erhebliche Kluft bestand. Hinter der „Fassade der monolithischen Einheit" (Kharkhordin 1999: 279) verwandelte sich „das Kollektiv von Heiligen" während der Phase des „reifen Sozialismus" nach und nach in ein „Kollektiv von Komplizen, die lediglich einen Schein der eigenen Heiligkeit erzeugten" (Kharkhordin 1999: 277). Dadurch trat eine „völlige Ritualisierung des Lebens" des offiziellen „Kollektivs" ein, das seinen Mitgliedern kaum mehr abverlangte als die bloße Loyalitätsbekundung. Auf dieser Grundlage entstanden vielfältige Möglichkeiten für einzelne „Kollektiv"-Mitglieder, gegen die „heiligen Ideale" des offiziellen „sozialistischen Diskurses" zu verstoßen, allerdings unter der Bedingung, dass dabei das konstitutive Prinzip des „Kollektivs" – d.h. das Prinzip der „wechselseitigen Überwachung" – nicht unterlaufen wurde. Kharkhordin sah darin das zentrale Moment der allmählichen Desintegration des sowjetsozialistischen Gesellschaftssystems und brachte diese Entwicklung mit einer Metapher zum Ausdruck:

"In the grand mass called the Soviet Union, a rigid surface covered—as with the planet itself—a fluid core. Within the deeper levels, practices that created unity at the surface advanced aims different from the official ones. (...) These practices interconnected in new and strange ways, which finally led to the reabsorbtion and implosion of the surface into an all-melting core." (Kharkhordin 1999: 279)

Der Autor bestimmt allerdings nicht näher, was genau unter „diesen Praktiken" zu verstehen ist, die den glühend heißen Kern des Sowjetsozialismus bildeten und schließlich seine „Fassade monolithischer Einheit" von innen heraus gänzlich zum Schmelzen brachten. Er deutet es nur abstrakt an, wenn er an einer anderen Stelle seiner Studie von der „Schaffung informeller Kollektive innerhalb formeller *kollektivy*" sowie von der „Schaffung informeller Kollektive gänzlich außerhalb des offiziellen Terrains" spricht (Kharkhordin 1999: 303, russisch im englischen Original).

Gegenüber Kharkhordins Ausführungen ist hervorzuheben, dass das offizielle „Kollektiv" gerade in der Phase des „reifen Sozialismus" weitaus mehr war als ein Gremium, dem jedes einzelne Mitglied lediglich „diskursiv" seine Loyalität in ritualisierten Sitzungen scheinheilig zu bekunden hatte. Als „Grundeinheit" der sowjetsozialistischen Gesellschaft war es von entscheidender Bedeutung für den Zugang seiner einzelnen Mitglieder zu existentiell wichtigen Ressourcen, die im Rahmen der offiziellen sozioökonomischen Verwaltung mangelhaft verteilt wurden (Kornai 1995: 257-339; Heller et al. 1983a: 84f.).

Die Hauptursache dieser Entwicklung ist in der Dysfunktionalität der offiziellen Verwaltungshierarchie zu suchen. Vor allem war die zentralisierte Wirtschaftsadministration von Anfang an nicht in der Lage, den hochgesteckten Zielen der Prozessrationalität und des Produktionsvolumens gerecht zu werden. Joseph Berliners (1957; 1988) und David Granicks (1951; 1960) Untersuchun-

gen über das sowjetische Betriebsmanagement ergaben, dass verantwortliche
Funktionäre auf den untersten Ebenen der sozioökonomischen Verwaltungshierarchie („Unternehmen und Organisationen") bereits vor dem Zweiten Weltkrieg, also in der Anfangsphase der „Wirtschaftsplanung" unter Stalin, vielfältige
dezentrale Transaktionspraktiken entwickeln mussten, um Outputvorgaben für
ihre Betriebe erfüllen zu können. Spätere Studien zeigten, dass es auch mit der
„Reifung" des Sozialismus nicht zu einer größeren Übereinstimmung von offizi-
ellem Anspruch der „planmäßigen Rationalität" und der Wirklichkeit kam, sondern das Gegenteil eintrat (Andrle 1976; Ledeneva 1998).[139]

Im Laufe der Zeit durchsetzten informelle Beziehungsnetze immer stärker
die höheren Ebenen der Verwaltungshierarchien, insbesondere ihren sozioökonomischen Strang. Sie nahmen teilweise semioffizielle Formen komplexer Ab-
stimmungen an, in denen detaillierte Planvorgaben für einzelne Betriebe, genaue
Verteilung der zugewiesenen Ressourcen und Bewertungen der Produktionser-
gebnisse zwischen Funktionsträgern verschiedener Hierarchieebenen ausgehan-
delt wurden (Kornai 1995: 134, 125, 156–157, 165; Heller et al. 1983a: 79f.;
Kerblay 1983: 180; Sapir 1992: 63ff.; Afanas'ev 2000: 155). Auch in der Vorbe-
reitung der Planvorgaben spielten diese Aushandlungen eine immer wichtigere
Rolle (Kornai 1995: 134ff; Nove 1980: 109f.).[140] Damit fand de facto eine starke
Dezentralisierung von sozioökonomischen Entscheidungen innerhalb des offiziell nach wie vor streng zentralisierten Verwaltungsapparats statt (Najšul' 1990).
Zugleich förderten diese Praktiken die Herausbildung personalisierter Beziehungen zwischen den jeweils beteiligten Funktionären. So entstanden gefestigte
Verbindungen zwischen „Patronen" und „Klienten" (Tarkowski 1981; Eisens-
tadt/Roniger 1984: 157–159, 186–191). Der russische Soziologe Leonid Kosals
(1995) bezeichnete diese Art von Netzwerken als „Clans" und sprach sogar vom
„Clan-Sozialismus". Diese „Clans" beruhten nicht auf Verwandtschaft der Beteiligten, sondern auf einer langwierigen Sozialisation innerhalb eines hierarchisch
strukturierten Sozialverbands, in dem die einzelnen allein schon funktionsbe-
dingt aufeinander angewiesen waren und darüber hinaus einen beträchtlichen
Teil ihres Alltags miteinander verbrachten.[141]

Die lokalen Strukturen der Partei spielten eine zentrale Vermittlungsrolle in
den administrativen Aushandlungsprozessen (Beissinger 1989: 9). Sie waren
dafür besonders prädestiniert, weil es praktisch in jedem Betrieb, in jeder Behör-

---

[139]   Analoge Erscheinungen waren auch in anderen Gesellschaft sowjetischen Typs zu beobachten;
siehe dazu beispielsweise Literatur aus Polen: Bednarski 1992; Sowa (Hg.) 1990.
[140]   Nove zitiert Imre Vajda, der in diesem Zusammenhang zugespitzt von „von ihren Empfängern
geschriebenen Befehlen" sprach.
[141]   Zum Begriff des „Clans" in nicht-verwandtschaftlich begründeten Zusammenhängen von
Verwaltungshierarchien siehe: Ouchi 1980.

de und Ortschaft eine Basiszelle gab. Dadurch konnten die leitenden Funktionäre der Parteikomitees und die Mitarbeiter der Parteibüros leichter Verbindungen zwischen potentiellen Transaktionspartnern in unterschiedlichen Organisationen ihres territorialen Zuständigkeitsbereichs und sogar darüber hinaus herstellen (Burawoy/Lukács 1985: 730; Staniszkis 1992: 127). Nicht selten vermochten sie sogar einen erheblichen Kooperationsdruck auf einzelne Betriebseinheiten auszuüben. Außerdem bot sich die Parteihierarchie als ein besonders effizienter Kanal an, um Konflikte zum eigenen Vorteil zu lösen, indem sie auf eine höhere hierarchische Ebene verwiesen wurden („administrative Konkurrenz") (Staniszkis 1992: 86, 127; Gregory/Stuart 1990: 217). So entwickelten sich Parteikomitees zu „Fokuspunkten" semioffizieller und gänzlich inoffizieller Beziehungen (Kordonskij 2000: 56). Auch kooptative Repräsentationsgremien („Volksdeputiertenräte") mit ihren Exekutivkomitees, die auf niedrigeren Hierarchieebenen unmittelbar in die soziökonomische Verwaltung einbezogen waren, verfügten über Möglichkeiten einer dezentralen Koordination. Sie waren aber viel stärker (vor allem auf ihren jeweiligen geographischen Zuständigkeitsbereich) eingeschränkt als der Parteiapparat.

Einige Autoren bezeichnen diese eigentümlichen soziökonomischen Beziehungsgeflechte, die sich innerhalb der sowjetischen Verwaltungshierarchie entwickelt hatten, als „bürokratische" bzw. „administrative Märkte" (Najšul' 1990; Il'in 1996: 191; Kordonskij 2000: 11; Radaev/Škaratan 1996: 227; Škaratan 2004c: 12; Zaslavskaja 2004: 48). Diese Interaktionsformen wiesen jedoch eine Reihe von Besonderheiten auf, die sie von den herkömmlichen Waren- und Dienstleistungsmärkten wesentlich unterschieden. Die verhandelnden und tauschenden Akteure hatten meistens einen ungleichen juristisch-administrativen Status, weil sie unterschiedlich hohe Positionen in der offiziellen Hierarchie besetzten. Außerdem wurden auf den „administrativen Märkten" auch „Güter" gehandelt, die auf herkömmlichen Märkten gar nicht zu erwerben gewesen wären. Vor allem sind in diesem Zusammenhang offizielle Positionen in der Administration sowie der faktische Umfang der damit verbundenen Verfügungsbefugnisse zu nennen. Diese Unterschiede stärken deshalb das Argument von Jurij Latov (2000: 142), dem zufolge die eigentümlichen semioffiziellen Transaktionen innerhalb der sowjetischen Verwaltungshierarchien mit dem Begriff „Markt" nicht angemessen zu beschreiben sind.[142]

Drei weitere Merkmale der Transaktionen, die zwischen verschiedenen Funktionsträgern und -einheiten der sowjetischen Verwaltungshierarchie stattfanden, legen es nahe, sie nicht als marktförmig im Sinne von Kirzner (1973: 5–29), Hayek (1989) oder Levačić (1998), sondern als netzwerkartig (Mitchell

---

[142] Diese Kritik trifft ebenfalls auf viele der Phänomene zu, die Katsenelinboigen (1977) als „bunte Märkte" bezeichnete.

1969: 5; Schenk 1984: 1–108; Powell 1990) zu begreifen: Erstens handelte es
sich um nichtöffentliche und häufig sogar geheim gehaltene Tauschakte (Srubar
1991: 422). Zweitens stand der qualitative und nicht der quantitative Aspekt im
Vordergrund. Verschiedene Leistungen wurden von den Transaktionspartnern
vor allem als „Gefälligkeiten" und „Hilfeleistungen" aufgefaßt, die sich nur
begrenzt in quantitativen Kategorien gegeneinander aufrechnen ließen (Simis
1982: 77f; Jowitt 1992: 131; Wedel 1986: 109f; Chłopecki 1990: 196; Srubar
1991: 422; Ledeneva 1998: 142). Drittens fanden derartige Transaktionen auf der
Grundlage persönlicher Beziehungen und des damit verbundenen Vertrauens
statt (Srubar 1991: 422). Deshalb konnte nicht jeder mit jedem solche Tauschakte vollziehen (Najšul' 1990). Obwohl die inoffiziellen und semioffiziellen
Transaktionsstrukturen als Mittel gegen die Starrheit der offiziellen Institutionen
entstanden waren, wiesen sie spezifische Rigiditäten auf.

Diese Charakteristik trifft sowohl für „vertikale" Aushandlungspraktiken
entlang der verschiedenen Hierarchiestränge als auch für „horizontale" Austauschbeziehungen zu, die zwischen Inhabern vergleichbarer Statuspositionen
stattfanden. Letztere waren mit der zunehmenden Entfaltung der semioffiziellen
„Aushandlungs- und Konsensökonomie [ékonomika soglasovanij]" (Najšul'
1990) innerhalb der offiziellen Apparate keineswegs verschwunden, weil diese
nie die Probleme der zentralisierenden Verwaltung gänzlich zu beheben vermochte. Über unzählige Koordinationssitzungen war ein gesamtwirtschaftlich
ausgeglichener Produktionsplan in einem realistischen Zeitrahmen nicht annä-
hernd zu erreichen (Najšul' 1990; Kornai 1995: 140). Außerdem erodierten die
fortwährenden Aushandlungsprozesse und das Wirken „administrativer Clans"
auf niedrigeren Hierarchieebenen die zuvor von höheren Verwaltungsstellen
ausgehandelten Planungsdirektiven. So mussten Betriebsleitungen nicht nur um
„außerplanmäßige" Zuteilungen von Ressourcen konkurrieren, sondern oft auch
um die Liefermengen, die ihnen gemäß dem offiziellen Plan zustanden. Wer seine Forderungen in den vertikal ausgerichteten Beziehungen nicht ausreichend
geltend zu machen vermochte („administrative Konkurrenz"), war folglich auf
horizontale Kontakte zu anderen Betrieben angewiesen.

Angesichts der grundsätzlichen Koordinationsdefizite des hierarchischen
Zentralverwaltungssystems konkurrierten inoffizielle Zusammenschlüsse von administrativen Funktionsträgern untereinander vor allem um die Möglichkeiten,
sich der systemgenerierten Probleme auf eine Art zu entledigen, die es den übergeordneten Instanzen nicht mehr möglich machte, sie als Verursacher zu erkennen. Die Folge war, dass ein heimliches Verscheiben von Problemen häufig an
die Stelle von genuinen Lösungsversuchen trat. Viele von den Innovationen, die
Solnick (1999: 26–28) als „verborgen" bezeichnete, hatten gerade die Vermeidung von Verantwortung durch korporative Akteure und nicht eine tatsächliche

Verbesserung von Produktions- oder Distributionsverfahren zum Ziel. Als Beispiel ist die weit verbreitete, „einfallsreiche" Praxis der Herstellung von mangelhaften Produkten aus minderwertigen oder nicht in hinreichender Quantität vorhandenen Ressourcen zu nennen. Dies hatte auf eine Art und Weise zu erfolgen, die ein sofortiges Erkennen von Mängeln durch Konsumenten erschwerte beziehungsweise einem Abnehmerbetrieb die Möglichkeit bot, die Vorleistungsgüter relativ leicht weiter zu verarbeiten, ohne dass den Weiterverarbeitungsprodukten die Mängel sofort anzusehen wären. So konnte eine ganze Fertigungskette entstehen, in der Qualitätsmängel wie ein „Schwarzer Peter" weitergegeben wurden.

Unweigerlich wurde jedoch irgendein Einzelakteur irgendwann mit den negativen Konsequenzen konfrontiert, obwohl er nicht alleine für ihre Entstehung verantwortlich war. Im Falle der Verschiebung von Problemen zwischen einzelnen Betriebseinheiten, die allesamt Teile einer wirtschaftsverwaltenden Hierarchie waren, gaben zum einen das Geschick der Beteiligten beim Aufbau von überlegenen Beziehungsnetzen, zum anderen aber auch ihre aus der Stellung innerhalb der offiziellen Hierarchiestruktur abgeleiteten Machtressourcen („administratives Gewicht" im Sinne von Kordonskij und Najšul') den Ausschlag für Erfolg oder Mißerfolg.

An den Ergebnissen dieser „Ökonomie des Schwarzen Peters" wird die stratifikationsrelevante Bedeutung der Verflechtung zwischen offiziellen und inoffiziellen Sozialbeziehungen deutlich. Besonders häufig wanderte der „Schwarze Peter" durch die verästelten Stränge sowjetsozialistischer Wirtschaftsverwaltung in den Bereich des privaten Konsums. Der Grund für diesen Allgemeintrend war darin zu suchen, dass private Haushalte den verhältnismäßig am schwächsten organisierten Bereich innerhalb des sozioökonomischen Verwaltungssystems bildeten. Was ihnen vor allem fehlte, war eine direkte, offiziell anerkannte („korporative") Einbindung in die administrative Hierarchie. Alle anderen Abnehmer von Produkten funktionierten als Teile irgendeines verwaltungshierarchischen Strangs des parteistaatlichen Gesamtapparats. Zwischen diesen einzelnen Branchenhierarchien bestanden zwar erhebliche Rangunterschiede, die ihre Einfluß- und Durchsetzungsmöglichkeiten im Rahmen der administrativen Aushandlungsprozesse wesentlich differenzierten. Private Endverbraucher verfügten aber über gar keine direkte Vertretung innerhalb des gesamten multiplen Stranges der sozioökonomischen Verwaltung. Die Ministerien, die für die Distribution von Gütern und Dienstleistungen an Privatpersonen zuständig waren, können nicht als Repräsentanten von Verbraucherinteressen angesehen werden. Aufgrund der Tatsache, dass diese Verwaltungsstränge trotz wiederholter Bestrebungen zur Hebung ihrer Stellung in der volkswirtschaftlichen Prioritätsrangordnung stets ein geringes „administratives Gewicht" aufwiesen, waren sie von der Zuschiebung der Probleme aus anderen Wirtschaftszweigen besonders häufig betroffen. Deshalb nutzten sie dankbar die noch größere Organisationsschwäche der privaten Endverbraucher aus, um den „Schwarzen Peter" des qualitativen und auch quantitativen Mangels wieder loszuwerden. Die Verschiebung von „unlösbaren" Problemen innerhalb des volkswirtschaftlichen Verwaltungsapparates fand also am häufigsten entlang der Linien des abnehmenden administrativen Widerstandes statt. Diese führten in den Gesellschaftsbereich, der den verhältnismäßig höchsten Atomisierungsgrad aufwies.

Gemeint ist mit dem Begriff der „sozialen Atomisierung", wie im vierten Kapitel dargelegt, nicht eine totale Vereinzelung der Menschen, sondern eine relative Organisationsschwäche im Vergleich zu anderen korporativen Einheiten des sozioökonomischen Gesamtsystems. Vertreter von Familienhaushalten konnten im Prinzip nur mit Zurückhaltung beim Arbeitskraftangebot drohen. Damit hätten sie aber eine Artikulationsform für ihre Interessen gewählt, die als explizit systemoppositionell eingestuft worden wäre. Die Wahrscheinlichkeit, dass Zwangsmaßnahmen statt Zugeständnisse seitens des partei-staatlichen Apparates erfolgt wären, lag deshalb sehr viel höher als im Falle eines durch Anhäufung von „objektiven", „technischen" Problemen bedingten Produktionsstillstands.

Individuellen Arbeitsverweigerungen begegnete der partei-staatliche Apparat routinemäßig mit den repressiven Mitteln zur Bekämpfung des „anti-gesellschaftlichen Verhaltens" und „sozialen Parasitentums". Meistens erfolgte eine Einweisung in ein offiziell als „Arbeits- und Besserungskolonie" bezeichnetes Zwangsarbeitslager. Kollektive Arbeitsniederlegungen, die erst überhaupt ein Potential für wirkliche Veränderungen in sich bargen, wurden noch weniger toleriert. Denn ein Streik, ein expliziter Arbeitskampf stellte die ideologische Legitimationsgrundlage des sowjetsozialistischen „Arbeiter- und Bauernstaates" grundsätzlich in Frage. Genau darin bestand die besondere Brisanz der gewerkschaftlichen Organisationsform der polnischen Protestbewegung „Solidarność" am Anfang der 1980er Jahre.

Angesichts dieser extrem hohen Schwelle zur offenen Artikulation von sozioökonomischen Interessen entwickelten Privatpersonen alternative inoffizielle Formen sozialer Organisation, die es ihnen ermöglichten, ihre Konsumwünsche trotz der verbreiteten Mangelphänomene zumindest partiell zu realisieren. Deshalb war ihre „Atomisierung" in der sowjetischen Gesellschaft nur eine relative. Sie schufen vielfältige und zum Teil weit verzweigte Netzwerke von interpersonellen Beziehungen, die es ihnen immer wieder ermöglichten, die offiziellen Distributionsregeln zu unterlaufen.

Für diese Praktiken war von entscheidender Bedeutung, dass viele Mitglieder der sowjetischen Familienhaushalte gleichzeitig irgendwelche Funktionen innerhalb des gesamtgesellschaftlichen Wirtschaftsapparats zu übernehmen hatten. Die meisten von ihnen waren zwar nicht in Führungspositionen beschäftigt und hatten deshalb keine administrativen Verfügungsbefugnisse im strengen Sinne. Aber dennoch war die Ausführung von den ihnen zugewiesenen Arbeitsaufgaben mit dem physischen Zugriff auf irgendwelche Gegenstände des „sozialistischen Eigentums" verbunden. Daraus resultierte die sehr weit verbreitete Praxis des „Kleindiebstahls" (melkie chiščenija) am Arbeitsplatz (Holtbrügge 1991: 51f; Lewada 1993: 93). Beschäftigte in der Distributions- und Dienstleistungssphäre konnten im Rahmen ihrer nie vollkommen zu unterbindenden Autonomie am Arbeitsplatz faktisch darüber entscheiden, wer irgendwelche besonders begehrten Güter oder Leistungen erhielt. Die meisten von ihnen verstanden diese offiziell untergeordneten, aber faktisch besonders wirklichkeitsmächtigen Verfügungsbefugnisse zu ihrem Vorteil zu nutzen (Andrle 1994: 200-202).

Interpersonelle Netzwerke verbanden Menschen, die an verschiedenen funktionalen Stellen in die partei-staatliche Verwaltungshierarchie der Gesellschaft eingebunden waren. Sie ermöglichten einen inoffiziellen Tausch von den materiellen oder immateriellen Gütern, über die die jeweils Beteiligten qua ihrer offiziellen Funktion faktisch verfügen konnten. Diese Aktivitäten waren im Sowjetsozialismus zwar sehr weit verbreitet, aber trotzdem illegal. Deshalb war die Einbindung in schützende, vertrauensbasierte Beziehungsgeflechte für das Funktionieren dieses sozioökonomischen Interaktionsmodus von konstitutiver Bedeutung. Sie hatten die zuvor beschriebene schattenhafte Transformation des „Kollektivs" zu ihrer unabdingbaren Voraussetzung.

5.4 Erosionskräfte der dezentralisierenden Zentralisierung

Über eine Zeitspanne von gut einem halben Jahrhundert war die Entwicklung der inoffiziellen Beziehungsnetze innerhalb der parteistaatlichen Verwaltungshierarchie nicht gleichbedeutend mit einem völligen Kontrollverlust des Zentrums zugunsten dezentraler schattenhafter Strukturen. Die tatsächliche Funktionsweise der sozioökonomischen Reproduktion im Sowjetsozialismus kann als ein fortwährender Prozess der dezentralisierenden Zentralisierung charakterisiert werden. Einerseits benötigte das verwaltende Zentrum die dezentralen Allokationen, damit seine Vorgaben am Ende einer Planungsperiode zumindest annäherungsweise erreicht werden konnten (Tarkowski 1981: 186; Dallago 1986: 793; Ledeneva 1998: 79). Aber die dafür notwendigen Netzwerke waren ihrerseits auf die offizielle Verwaltungshierarchie aus folgenden Gründen angewiesen:

1. Ein Großteil der Ressourcen wurde tatsächlich im Rahmen des offiziellen zentralisierten Allokationssystems verteilt. Es war vor allem die sozioökonomische Mikrosteuerung, die über netzwerkartige Strukturen zu erfolgen

hatte, weil dieser Aspekt in einem von „gesamtgesellschaftlichen Zielsetzungen" dominierten Verwaltungskonzept keine hinreichende Berücksichtigung fand. Im übrigen erscheint es auch mehr als fraglich, ob „gesamtgesellschaftliche" Allokationsmechanismen überhaupt geeignet gewesen wären und sich auf hinreichende Informationsgrundlagen hätten stützen können, um Probleme der Feinverteilung wirklich zufriedenstellend für den
Großteil der Bevölkerung zu lösen (Hayek 1945: 528-529).

2. Die offizielle Verwaltungshierarchie bot eine sehr wichtige Orientierungs-
hilfe in einem sonst äußerst undurchsichtigen „Gewühl" von informellen
Beziehungen.[143] Die wechselseitige Kenntnis des offiziellen Status einzelner Akteure half ihnen, im Notfall gezielt nach informellen „Zugängen" zueinander zu suchen und ihr Potential als schattenhafte Transaktionspartner
gegenseitig einzuschätzen. (In diesem Zusammenhang ist auf das Konzept
des „administrativen Gewichts [administrativnyj ves]" von Kordonskij
[2000: 48f.] hinzuweisen.) Ohne diese informationsökonomischen Ressourcen der offiziellen Organisationen hätten alle Versuche, informelle Tausch-
partner zu finden, noch mehr einem „Tappen im Dunkeln" gleichen müssen,
als die Bestrebungen der Zentralplaner, die Bedürfnisse der Bevölkerung zu
ergründen ohne ihre transaktionswirksame Artikulation auf dem Markt zu-
zulassen (Heller et al. 1983a: 244).

Die Folgen der schattenhaften Transformation waren also für das sowjetsozialistische Gesellschaftssystem ambivalent: Einerseits ließen erst die inoffiziellen
Beziehungsnetze diese Gesellschaft funktionieren und trugen wesentlich zu ihrer
relativen sozioökonomischen Stabilisierung in der Phase des „reifen Sozialismus" bei (Heller et al. 1983b: S. 85f.; Dallago 1986: 793; Andrle 1994: 200–
201; Ledeneva 1999: 124; Šanin 1999: 12, 28; Afanas'ev 2000: 164f.). Sie bildeten die soziale Grundlage für die dezentrale Lösung von Problemen, auf welche
die schwerfällige Verwaltungshierarchie nicht in der Lage war, schnell und angemessen zu reagieren (Srubar 1991: 421). Andererseits hatten diese Beziehungen doch eine längerfristige Erosion des sowjetsozialistischen Institutionengefüges zur Folge. Sie ließen nämlich eine wachsende Sphäre sozioökonomischer
Interaktionen entstehen, die sich der zentralisierten Verwaltung faktisch entzog
(Heller et al. 1983b: 85f; Holtbrügge 1991: 55).

In diesem Zusammenhang sprachen einige Autoren sogar von einer „schattenhaften Privatisierung", die lange vor der postsozialistischen „Raubprivatisie-

---

[143]   Feher, Heller und Markus (1983b: 132) erklärten die Macht des parteistaatlichen Apparates
über die Gesellschaft damit, dass dieser Apparat den einzigen Mechanismus darstellte, der unter
gegeben institutionellen Bedingungen (Abwesenheit von Marktbeziehungen) eine gewisse soziale
Kohärenz dieses hochkomplexen Gebildes herzustellen vermochte.

rung" begonnen haben soll. Insbesondere Lev Timofeev (2000: 78) argumentiert, dass Funktionsträger auf den unteren Ebenen der sozioökonomischen Verwaltungshierarchie bereits in den 1970er Jahren unter Brežnev „schattenhafte Eigentumsrechte [tenevye prava sobstvennosti]" an Teilen des Staatseigentums hätten erlangen können. „Die allgemeine Revolte der Eigentümer" sei der Hauptgrund für „die Krise des sozialistischen Systems" gewesen. Als die offizielle Eigentumstransformation in den 1990er Jahren angegangen werden sollte, habe sich deshalb herausgestellt, dass inzwischen „nichts zu privatisieren übrig" war, weil „die faktische Privatisierung längst stattgefunden hat und es kein herrenloses Eigentum mehr gibt".

Demgegenüber ist hervorzuheben, dass die faktischen Nutzungs- und Verfügungsmöglichkeiten der rangniedrigen Funktionsträger der sozioökonomischen Zentralverwaltungshierarchie nicht als Eigentumsrechte zu interpretieren sind, weil damit keine individuellen Rechtsgarantien für vermeintliche Eigentümer verbunden waren.[144] Wer aus der Verwaltungshierarchie ausgeschlossen wurde, verlor sein „administratives Eigentum" ohne jeglichen Entschädigungsanspruch (Heller et al. 1983b: 68f; Simis 1982: 33). Im Gegenteil, ein solcher Ausschluß konnte noch weitere Strafen wie den Entzug des tatsächlichen „persönlichen" Eigentums oder sogar eine Inhaftierung wegen Korruption nach sich ziehen.[145]

Ein weiterer wesentlicher Unterschied zwischen den individuellen bzw. dezentralisierten Nutzungs- und Verfügungsmöglichkeiten auf der Grundlage administrativer Verfügungsbefugnisse einerseits und dem Eigentumsrecht andererseits bestand in der Abhängigkeit aller zentral nicht explizit erlaubten Handlungen einzelner Akteure (d.h. der eigentlichen Akte der vermeintlichen Eigentümersouveränität) vom Geflecht informeller sozialer Beziehungen, in das diese Akteure in ihrer jeweiligen Betriebseinheit eingebunden sein mussten (Daroszewski 1976: 66, 69, 72). Um autonom über „seinen" Anteil an dem „volkseigenen Produktionsvermögen" verfügen zu können, hatte ein Funktionsträger immer die Haltung jener zu beachten, die von diesen Aktivitäten unausweichlich erfuhren und zur Mitsprache bei der offiziellen Beurteilung seines Handelns oder seiner Person insgesamt befugt waren. Mit anderen Worten: Er durfte sich auf

---

[144]   Den Unterschied zwischen „ownership" und „control" in der UdSSR diskutiert O'Hearn (1981: 98). Siehe dazu auch die Ausführungen von Staniszkis (1992: 30) und Beljaeva (2001: 43).

[145]   Ein besonders tragisches Beispiel dafür bietet das Schicksal von Vachab Usmanov. Der usbekische Minister für Baumwollverarbeitung wurde nach der Aufdeckung der „usbekischen Baumwollaffäre" Mitte der 1980er Jahre wegen „massiver Korruption" zum Tode verurteilt und hingerichtet (Timofeev 2000: 175–203). Hinrichtung als Höchststrafe für „Veruntreuung des sozialistischen Eigentums in besonders großem Ausmaß" wurde 1962 im Zusammenhang mit dem Prozess zweier sowjetischer „Untergrundmillionäre", Šakerman und Rojfman, eingeführt, um ein abschreckendes Exempel zu statuieren (Andrle 1994: 231; Il'in 1996: 195).

keinen Fall gegen sein „Kollektiv" stellen. Sein Handeln unterschied sich des-halb wesentlich von dem eines Eigentümers.[146]

Die „kollektivistische" Mikrostruktur der sowjetsozialistischen Gesellschaft spielte die Schlüsselrolle in der Entstehung und Entwicklung inoffizieller Bezie-hungsnetze innerhalb der offiziellen Verwaltungshierarchien. Erst die Dysfunktionalität der Makrostruktur verhalf dem „Kollektiv" zur Wirklichkeit als „der Basiseinheit der sowjetischen Gesellschaft" (Kharkhordin 1999: 75), indem sie die Notwendigkeit informeller Aktivitäten hervorbrachte. Nicht so sehr der offizielle „kollektivistische Diskurs" (Kharkhordin 1999: 204), sondern informelle Praktiken schufen und stärkten interpersonelle Beziehungen unter den Mitgliedern einer regelmäßig mit scheinbar unerfüllbaren Aufgaben konfrontier-ten Gruppe. Diese Beziehungen waren Quelle des gegenseitigen Vertrauens zwi-schen Menschen, denen immer wieder nichts anderes übrigblieb, als sich aufei-nander zu verlassen (Gill/Pitty 1997: 12f.), denn ein Versagen der offiziellen Allokationsmechanismen galt auf den höheren Hierarchieebenen nicht als hinrei-chend, um das Verfehlen der Planvorgaben durch einen Betrieb zu entschuldigen (Granick 1951: 195; Simis 1982: 95; Timofeev 2000: 113; Gregory 1989: 516, 524 En. 22). Umgekehrt hingegen konnte die Erfüllung eines Plansolls gewisse Regelverstöße rechtfertigen oder zumindest deren Verfolgung abwenden (Gill/Pitty 1997: 160).

Auf der Erfahrungsgrundlage des gemeinsamen informellen Handelns, „um den Plan zu retten", verselbständigten sich diese Mikrostrukturen teilweise ge-genüber der makrosozialen Ordnung. Zusätzlich wirkte sich die wechselseitige Erpressbarkeit der einzelnen „Kollektiv"-Mitglieder aufgrund ihres akkumulier-ten Wissens um wiederholte Normverletzungen der anderen konsolidierend nach innen und abschottend nach außen aus. Dadurch erwuchs und verfestigte sich die Trennung zwischen „Binnenmoral" und „Außenmoral" (Weber 1957: 303f.) der einzelnen, informell agierenden Gruppen.

Trotz seiner wesentlich gesteigerten Adaptationsfähigkeit im Vergleich zu einer idealtypischen Verwaltungshierarchie, die übrigens weder in der Sowjet-union noch in einem sozialistischen Land Ostmitteleuropas je wirklich als der ausschließliche gesamtgesellschaftliche Koordinationsmodus funktioniert hat-te,[147] wurde das Interaktionssystem der dezentralisierten Zentralisierung mit der steigenden Komplexität der sozioökonomischen Reproduktion zunehmend dys-funktional (Chłopecki 1990: 211). Mit jedem Planungszyklus rückten die „Reali-

---

[146]   Den Anstoß zu diesen Ausführungen gab dem Autor der vorliegenden Studie ein Gespräch mit Vadim Volkov, das am 21. August 2003 an der Europäischen Universität in St. Petersburg stattfand. Vgl. auch: Škaratan (2004a: 98).

[147]   Es erscheint zweifelhaft, ob eine Verwaltungshierarchie, die der Idealvorstellung Max Webers entspräche, jemals funktionieren könnte (Crozier 1964: 145-208; Granovetter 1985: 502).

tät", wie sie von den planenden Spitzen der Verwaltungshierarchie wahrgenommen wurde, und die Wirklichkeit, in der die Basiseinheiten sowie ihre einzelnen Funktionsträger zu operieren hatten, ein Stück weiter auseinander. Diese auf den ersten Blick unmerklich, aber unaufhaltsam wachsende Kluft musste durch eine Ausweitung und Intensivierung der inoffiziellen Beziehungsnetze überbrückt werden (Birman 1978; Grossman 1984: 29). Dadurch wurde die Kluft aber zugleich weiter vergrößert (Tarkowski 1981: 187; Sowa 1990; Gumuła 1990: 235).[148] Schließlich zehrte das Wuchern informeller Beziehungen die regulative Substanz der offiziellen Institutionen gegen Ende der 1980er Jahre weitgehend auf. 1991 kam die Leninsche Verstaatlichungsdialektik zum Abschluss, und so errang der Sowjetsozialismus seinen welthistorischen Pyrrhussieg: Das „Absterben des Staates" ist angesichts der Fragmentierung der politischen und sozioökonomischen Vollzugsapparate in gewissem Sinne Wirklichkeit geworden. Sie setzte sich im postsozialistischen Russland während der 1990er Jahre fort (Bunce 1999b: 776-777; Volkov 2002: 167-181).

5.5 Schlussfolgerungen

Der Sozialismus sowjetischen Typs hatte eine weltgeschichtlich neue Vergesellschaftungsform hervorgebracht (Heller et al. 1983a: 230; Staniszkis 1992: 2; Radaev/Shkaratan 1992: 302; Bunce 1999a: 130; Šlapentoch 2000: 115; Škaratan 2004a: 88). Ihre Besonderheit bestand in der Verflechtung einer *gesamtgesellschaftlichen* Verwaltungshierarchie mit informellen Beziehungsnetzen, die sich vor allem innerhalb der offiziellen Strukturen herausbildeten (Gill/Pitty 1997; Geiß 2004: 26). Diese beiden sozialen Interaktionssphären waren interdependent. Die Prozesse, die innerhalb dieses komplexen Beziehungsgeflechts abliefen, können auf den Begriff der dezentralisierenden Zentralisierung gebracht werden. Die zentralisierte Struktur vermochte nur dank dezentraler Prozesse zu funktionieren. Aber dezentrale Interaktionen waren ihrerseits in die zentralisierte Gesamtstruktur integriert und auf sie ausgerichtet. Das Ziel der meisten dezentral handelnden Akteure war die Verbesserung ihrer Statusposition in der offiziellen Hierarchiestruktur (Nove 1975/1979: 209; Latov 2000: 141).

Für die Betrachtung der Sozialstruktur der sowjetischen Gesellschaft hat dieser Befund eine wichtige Implikation. Es handelte sich um eine Art schattenhafte Kehrseite der „etakratischen" Stratifikationsordnung. Diese eigendynamische Schattenseite wurde jedoch von Škaratan, Radaev und Il'in nicht hinreichend berücksichtigt. Sie betrachteten inoffizielle, schattenhafte Netzwerkbezie-

---

[148] Zur erodierenden Wirkung von Korruption in „leninistischen Regimen" siehe: Jowitt (1992: 121).

hungen als ein Derivat der Positionen innerhalb der offiziellen Hierarchie. Demnach waren die Möglichkeiten einer Person, sich an inoffiziellen Transaktionen zu beteiligen, um so größer, je höher die Position war, die diese Person innerhalb eines der Stränge der partei-staatlichen Hierarchie bekleidete, und je umfangreicher die damit verbundenen administrativen Verfügungsbefugnisse waren. Aus den Ausführungen in diesem Kapitel geht allerdings hervor, dass inoffizielle Transaktionen, die sich in Netzen interpersoneller Beziehungen abspielten, ein notwendiges Moment der sozioökonomischen Praxis im Sowjetsozialismus darstellten. Somit wäre der erfolgreiche Aufstieg eines Funktionsträger innerhalb der offiziellen Hierarchie nicht möglich gewesen, wenn er auf seinem Weg nach oben auf die Einbindung in inoffizielle Beziehungsnetze verzichtete. Das Verhältnis zwischen offiziellen, hierarchischen und inoffiziellen, netzwerkartigen Beziehungen war also von einer hochgradigen Interdependenz geprägt. Die Position innerhalb der offiziellen verwaltungshierarchischen Gesellschaftsordnung stellte ebenso eine Voraussetzung für bestimmte Formen der inoffiziellen Beziehungen dar, wie sich diese ihrerseits als Vorbedingung des Aufstiegs in die offizielle Position mit erstrebenswerten Verfügungsbefugnissen erwiesen.

Im nachfolgenden, letzten Kapitel dieser Studie werden deshalb die Implikationen der faktischen Funktionsweise der sowjetsozialistischen Ökonomie für die Bestimmung der Mittelschicht erörtert.

6 Sozialstruktur des „reifen Sozialismus" und die Mittelschicht

In den bisherigen Ausführungen dieser Studie wurde bereits dargelegt, dass der Sowjetsozialismus als eine spezifische Form der modernen Vergesellschaftung anzusehen ist. Mit der regulierten Marktvergesellschaftung hatte er gemeinsam, dass sozioökonomische Austauschbeziehungen sein „inneres Band" (Ritsert 1987: 34) darstellten. Allerdings wies dieses „innere Band" systemische Besonderheiten auf: Die gesamtgesellschaftliche Koordination der arbeitsteiligen Reproduktion erfolgte in sowjetsozialistischen Gesellschaften – so zumindest die offiziell verkündete Vorstellung – nach dem Prinzip der „planmäßigen" Allokation.[149] Deshalb wurde eine gesamtgesellschaftliche Verwaltungshierarchie errichtet, die eine warenförmig funktionierende Marktkoordination tatsächlich weitgehend abschaffte. Sie rief jedoch – wie im vorigen Kapitel dargestellt – andere soziale Organisationsformen des dezentralen Tausches auf den Plan. Diese verformten ihre offiziell-intendierte Funktionsweise grundlegend.

---

[149]   Ken Jowitt (1992: 289f.) zweifelt hingegen daran, dass eine Strukturhomologie zwischen marktkapitalistischen und staatssozialistischen Gesellschaften in dieser Hinsicht bestand. „Unlike liberal capitalist democracies, Leninist regimes ‚parcel' rather than ‚divide' labor. In Leninist regimes, the factory was (is) less a specialized institution and school of modernity than a functionally diffuse neo-patriarchal provider: of homes, vacations, medical attention, food, and to some extent social activity for its workers. The net effect was a division of labor that in important respect resembled Durkheim's *mechanical* division of labor, a ‚ringworm' division of labor in which each institution attempted to replicate the self-sufficiency of all the others. (...) One corporate autarchic political entity, THE Party hierarchically dominated and connected a set of semi-autarchic socioeconomic entities whose only common bond was a distant, different, and dominant official realm – the Party, THEM." Diese Ausführung enthält jedoch eine wesentliche Inkonsistenz. Einerseits werden einzelne sozialistische Betriebe als „selbstgenügsam" und deshalb als „mechanisch-solidarisch" charakterisiert. Anderseits aber wird zur Begründung dieser Charakterisierung auf die zentrale Rolle der Betriebe bei der Verteilung von unterschiedlichen Gütern und Dienstleistungen an ihre Belegschaftsmitglieder verwiesen. Der Großteil dieser über den Betrieb zu verteilenden Güter und Dienstleistungen wurde jedoch nicht in der jeweiligen Betriebseinheit selbst hergestellt, sondern durch – sei es offizielle, sei es inoffizielle – Tauschakte erlangt. Dies macht deutlich, dass es doch eine stark ausgeprägte „organische Arbeitsteilung" in staatssozialistischen Gesellschaften gab. Diese Form der Arbeitsteilung war trotz aller Subsistenzphänomene dominant, aber anders institutionalisiert als dies im organisierten Marktkapitalismus der Fall war. Die Grundzüge dieser besonderen Organisationsform wurden im vorigen Kapitel der vorliegenden Studie analysiert.

Das für marktkapitalistische Unternehmen und den „öffentlichen Dienst" (public service) charakteristische Organisationsprinzip der hierarchischen Verwaltung wurde in der UdSSR auf die Sphäre der gesamtgesellschaftlichen Arbeitsteilung ausgeweitet. Dadurch wurde die Unterscheidung zwischen der gesamtgesellschaftlichen und der innerbetrieblichen Sphäre der Arbeitsteilung weitgehend aufgehoben. Zwar bestanden weiterhin Einzelbetriebe sowie größere Betriebseinheiten, die eine gewisse Entscheidungsautonomie aufwiesen, aber sie waren in ihrem Funktionieren offiziell an die Weisungen der übergeordneten Funktionsträger gebunden. Man könnte sie in dieser Hinsicht mit einzelnen Abteilungen oder Werken eines kapitalistischen Großunternehmens vergleichen. Der offizielle Aufbau des sowjetsozialistischen Gesellschaftssystems entsprach also in etwa der Idealvorstellung Lenins von der gesamten Gesellschaft als „einer einzigen riesigen Fabrik". Berücksichtigt man zusätzlich, dass informelle interpersonelle Beziehungen eine große Bedeutung auch im Alltag von privatwirtschaftlichen und staatlichen Verwaltungshierarchien der marktkapitalistischen Gesellschaften haben (Blau 1956; Blau/Meyer 1956; Dalton 1959; Crozier 1964), dann kann man sogar sagen, dass das sowjetsozialistische Gesellschaftssystem tatsächlich wie „eine einzige riesige Fabrik" funktionierte. Die sowjetsozialistische Systembesonderheit bestand jedoch darin, dass das Geflecht aus offiziell-hierarchischen und inoffiziell-netzwerkartigen Beziehungen die Marktverhältnisse weitestgehend zu verdrängen vermochte und folglich den Charakter einer – so könnte man sagen – allumfassenden (totalen) Realbürokratie erlangte.

Die im vierten Kapitel ausführlich erörterte Theorie der „etakratischen Gesellschaft" stellt einen Versuch dar, diese grundlegende Veränderung des gesamtgesellschaftlichen Koordinationsmodus im Hinblick auf den Charakter der sozioökonomischen Differenzierung und somit auch auf das Wesen der Sozialstruktur zu reflektieren. Sie lehnt explizit die Übertragung des Klassenbegriffs in seiner marxistischen wie weberianischen Prägung auf Gesellschaften sowjetsozialistischen Typs ab und verweist zur Begründung auf deren systemische Besonderheit: Die Lebenschancen eines jeden Individuums, das in einer solchen Gesellschaft lebte, hingen wesentlich von seiner Rangstellung innerhalb der allumfassenden staatlichen Verwaltungshierarchie ab. Diese Rangstellung war die systemspezifische Verbindung zwischen jedem einzelnen Gesellschaftsmitglied und dem „inneren ökonomischen Band" der sowjetsozialistischen Gesellschaft. Nun soll erörtert werden, welche Implikationen diese Besonderheiten für die Möglichkeit hatten, innerhalb der sowjetischen Gesellschaft Schichten als kohärente soziale Makrogruppen zu bestimmen.

6.1 Das Bestimmungsproblem der sozioökonomischen Schichtung

In marktkapitalistischen Gesellschaften ist das Einkommen ein zentrales Kriterium der sozioökonomischen Stratifikation. Es handelt sich um eine monetäre Vergütung, welche einzelne Gesellschaftsmitglieder für ihren jeweiligen Arbeitseinsatz in der Sphäre der innerbetrieblichen Arbeitsteilung erhalten, damit sie auf Ergebnisse von gesamtgesellschaftlich-arbeitsteiligen Produktionsprozessen legaler weise zugreifen können. In manchen Fällen kommen noch diverse Konsumgegenstände oder Nutzungsbefugnisse hinzu, welche aufgrund der erbrachten Arbeitsleitungen gewährt werden und die materielle Situation des Empfängers zusätzlich verbessern. Es kann sich dabei beispielsweise um eine bestimmte Menge von Wurstprodukten als eine Zusatzgratifikation für Beschäftigte einer Fleischverarbeitungsfabrik handeln, oder um einen Firmenwagen, der von einem Angestellten auch privat genutzt wird. Zentral ist aber auf jeden Fall das Geldeinkommen, weil es seinem Inhaber eine qualitativ selbstbestimmte Aneignung von Produkten und Dienstleistungen im Rahmen von Tauschakten auf frei zugänglichen Märkten ermöglicht. Ohne Geldeinkommen ist der Einzelne von der primären Teilhabe an den Ergebnissen der gesamtgesellschaftlichen Arbeitsteilung abgeschnitten. Dies bedeutet für die meisten Menschen, die in zeitgenössischen Arbeitsteilungssystemen sozialisiert wurden und im Laufe dieses Prozesses die gesellschaftlich konstituierten Konsumstandards weitgehend verinnerlicht haben, einen schwer erträglichen Zustand. Deshalb werden tatsächliche Ausfälle von Geldeinkommen in vielen Ländern bis zur Höhe eines politisch anerkannten „Grundbedarfs" durch staatliche Transferzahlungen aus dem Steueraufkommen substituiert.

Gesellschaften sowjetsozialistischen Typs hatten mit den marktkapitalistischen gemeinsam, dass sie auf einer hochgradig ausdifferenzierten Arbeitsteilung beruhten. Diese erweiterte den sozioökonomischen Interaktionsradius ihrer einzelnen Mitglieder sehr weit über den Kreis der unmittelbar bekannten Personen hinaus. Dadurch wurde eine analoge Veränderung der Bedürfnisstrukturen in Gang gesetzt. Allerdings erfolgte die makrosoziale Koordination auf eine andere Weise, die im vorigen Kapitel analysiert wurde. Unter diesen Bedingungen funktionierte das Geld nicht gleichermaßen reibungslos als das universelle Medium des sozioökonomischen Tausches, wie dies in marktkapitalistischen Gesellschaften der Fall ist. Diese Tatsache hat sehr gewichtige Implikationen für die Bestimmung der sozioökonomischen Stratifikation in der Sowjetunion und in anderen sozialistischen Ländern.

Die materielle Einkommens- und Vermögensstratifikation ist in marktkapitalistischen Gesellschaften viel leichter – wenn auch gewiß nicht problemlos – zu bestimmen, weil das Geld als Maßstab des Realeinkommens und Realvermögens tatsächlich ein universelles Tauschmittel ist: Zum gegebenen Zeitpunkt und an einem bestimmten Ort hat der gleiche Geldbetrag in der Hand von jedem Menschen den gleichen Wert. Es reicht deshalb aus, die Höhe der Geldeinkommen bzw. der monetarisierbaren Vermögen mit den Preisen von Gütern und Dienstleistungen in Beziehung zu setzen, um die realen Möglichkeiten von Individuen und familiären Mikrogruppen hinsichtlich der Befriedigung ihrer materiell vermittelten Bedürfnisse zu bestimmen. Für eine Momentaufnahme der materiellen Differenzierung reichen sogar zunächst nur bloße Nominalbeträge, weil man davon ausgehen kann, dass Geldeinheiten in den Händen von allen Gesellschaftsmitgliedern die gleiche Kaufkraft haben. Will man jedoch unterschiedliche sozioökonomische Schichten der Bevölkerung bestimmen, die mehr als durch bloß willkürliche Grenzziehungen innerhalb des Einkommenskontinuums zusammengefügte Menschengruppen sind, muss man monetäre Größen des Einkommens bzw. Vermögens in ein Verhältnis zu Warenpreisen und zu gesellschaftlich gültigen Konsumstandards setzen, um den Umfang zu bestimmen, in dem verschiedene Teile der Gesamtbevölkerung ihre materiell vermittelten Bedürfnisse tatsächlich befriedigen können.

Die zentrale Bedeutung der in variierendem Maße regulierten, aber dennoch grundsätzlich frei zugänglichen Märkte für die Allokation von den allermeisten Gütern und Dienstleistungen in kapitalistischen Gesellschaften sorgt für den wirklich universellen Charakter des Geldes als Tauschmittel und folglich für die verhältnismäßig hohe Transparenz der sozioökonomischen Schichtung. Es wird nicht behauptet, dass diese Transparenz perfekt sei. Die Unvollkommenheiten der Stratifikationsmodelle resultiert allerdings in erster Linie aus den Erhebungsproblemen, die vor allem auf den Unwillen mancher Befragten zurückzuführen sind, ihre tatsächliche Einkommens- oder Vermögenssituation mitzuteilen. In dieser Hinsicht ist das postsozialistische Rußland kein Sonderfall, wenn auch die institutionelle Volatilität, welche diese Gesellschaft bis zum heutigen Zeitpunkt charakterisiert, die Bereitschaft zu wahrheitsgemäßen Angaben gerade bei den Fragen nach der materiellen Situation besonders stark hemmt.

Bei der Konstruktion eines Stratifikationsmodells der sowjetsozialistischen Gesellschaft stellt hingegen der Unterschied zwischen dem administrativ festgelegten und dem faktisch realisierbaren Einkommen ein zusätzliches und wesentliches Problem dar. Es handelt sich um eine andere Differenz als die zwischen Nominal- und Realeinkommen. Die Ursache des Problems liegt in der anderen Form der gesamtgesellschaftlichen Koordination von sozioökonomischen Aktivitäten. Aufgrund der im vorangestellten Kapitel thematisierten Dysfunktionalitäten der sozioökonomischen Zentralverwaltung ergaben sich weit verbreitete, quantitative und qualitative Mängel hinsichtlich des allgemeinen Zugangs zu materiellen Produkten sowie Dienstleistungen. Entweder waren diese gar nicht zu erwerben, oder ihre Qualität erschien den Verbraucherinnen und Verbrauchern nicht zufriedenstellend (Kornai 1995: 257-294). Im Rahmen der als „operative Planung" bezeichneten ad-hoc-Eingriffe des wirtschaftsverwaltenden Apparats in laufende Produktions- und Distributionsprozesse wurde zwar versucht, diese Mangelprobleme zumindest in den als besonders wichtig geltenden Bereichen der Ökonomie zu minimieren. Eine gänzliche Beseitigung der Mangelphänomene war aber unmöglich. Allerdings ergab sich aufgrund der genannten Maßnahmen eine deutliche Ungleichverteilung von Problemen.[150] Dies hatte wiederum zur Folge, dass Personen, die in verschiedenen Bereichen und auf verschiedenen innerbetrieblichen, innerministerialen und gesamtgesellschaftlichen Hierarchiestufen in das Verwaltungssystem eingebunden waren, über sehr stark divergierende Möglichkeiten des faktischen Austauschens ihrer Geldbestände gegen Güter und Dienstleistungen verfügten.[151] Beispielsweise hatten zehn Rubel in der Hand eines Kollektivbauers einen deutlich geringeren Realwert als der gleiche Geldbetrag im Portemonnaie eines Ingenieurs, der in einer Großstadt lebte und in einem militärisch relevanten Betrieb arbeitete. Die beiden Personen verdienten unterschiedlich nicht nur in dem Sinne, dass der Kollektivbauer deutlich weniger Geldeinheiten für seine Arbeitsleistungen bekam als der Ingenieur. Der Bauer konnte auch für das, was er als Arbeitseinkommen erhielt, viel weniger kaufen, weil ihm der Zugang zu besser versorgten Verkaufseinrichtungen fehlte (Il'in 1996: 140f, 209; Flemming/Micklewright 2000: 846). Deshalb waren die monetären Ersparnisse der ländlichen Bevölkerung besonders hoch im Vergleich zu anderen Teilen der sowjetischen Population (Lane 1985: 172 Tab. 5.5).

Der zuletzt genannte Einkommensunterschied existiert in marktkapitalistischen Gesellschaften nicht (zumindest nicht im signifikanten Maße). Zehn Euro in der Hand eines bundesrepublikanischen Langzeitarbeitslosen sind genauso viel wert wie der gleiche Geldbetrag in der Hand eines erfolgreichen Managers. Der wesentliche Einkommensunterschied zwischen den beiden Personen besteht darin, dass der Arbeitslose nur 345 EUR monatlich zur Verfügung hat[152] und der Manager zum Beispiel 25.000 EUR. Für 345 EUR können aber beide nur die Güter und Dienstleistungen käuflich erwerben, die zu entsprechenden Preisen auf allgemein zugänglichen Märkten angeboten werden. Es steht auf einem anderen Blatt geschrieben, dass sie sich aufgrund der Differenz in der Gesamtsumme der verfügbaren Einkünfte für zwei sehr unterschiedlich zusammengesetzte „Waren-

---

[150]   Siehe die Ausführungen über die „Ökonomie des Schwarzen Peters" im fünften Kapitel.
[151]   Zum Phänomen der „Ungleichheit des Rubels" siehe Shlapentokh (1989: 209). Louise Shelley (1984: 45) macht ebenfalls darauf aufmerksam, dass der Zugang zu bestimmten Gütern in der UdSSR viel wichtiger als die Höhe des Geldeinkommens war.
[152]   Dies war der Leistungssatz des „Arbeitslosengeld II" im Jahr 2006.

körbe" entscheiden werden, die für den besagten Betrag zum gegebenen Zeitpunkt erhältlich sind.

Der kapitalistische Markt ist in diesem Sinne ein universeller Allokationsmechanismus. Die administrative Allokation in den Gesellschaften des sowjetsozialistischen Typs war zwar (beinahe) allumfassend und strebte ihrem Anspruch nach eine andere, „rationalere" Form der Tauschuniversalität an, aber in Wirklichkeit vermochte sie es nicht, ein universell gültiges Äquivalenz- und Austauschprinzip tatsächlich zu konstituieren (Staniszkis 1992: 99f.). Folglich war das „sozialistische Geld" kein wirklich universelles Tauschmittel, sondern täuschte nur aufgrund seiner äußeren Erscheinungsform vor, ein solches zu sein. Die massenhaften Ersparnisverluste nach der „schocktherapeutischen" Preisfreigabe durch die Reformregierung von Egor Gajdar im Jahr 1992 waren ein für Millionen von russisch-postsowjetischen Bürgerinnen und Bürgern äußerst schmerzhaftes Ende einer großen Illusion, die das sozialistische Geld trotz anhaltender Mangelprobleme bis zum Anfang der 1990er Jahre erzeugte. Über Jahrzehnte wurden Arbeitsleistungen mit Wertzeichen vergütet, für die es im Rahmen des sie beschäftigenden Systems keine hinreichende Deckung mit Gütern und Dienstleistungen gab. Mit der endgültigen Desintegration der sozio-ökonomischen Institutionsordnung, die das sozialistische Geld hervorbrachte und am Leben erhielt, schwand auch seine verkündete Kaufkraft, die in Wirklichkeit nie in vollem Umfang eingelöst werden konnte (Holtbrügge 1991: 47).

Das sozialistische Geld war ein soziökonomisches Ungetüm, das die ihm der Form nach zugewiesene Funktion aus eigener Kraft nicht zu erfüllen vermochte. Es war gewiß kein bloß spezielles Tauschmittel, das ausschließlich zum Erwerb eines bestimmten Gutes oder einer bestimmten Güterart berechtigt (Bezugsschein). Deshalb transzendierte das sozialistische Geld den Allokationsmodus der zentralisierten Verwaltung, für die gerade der Bezugsschein die eigentlich adäquate Form des Tauschmittels wäre. Das sozialistische Geld berechtigte zum Erwerb von verschiedenen, durch seinen Inhaber (im Rahmen des gegebenen Angebots) beliebig bestimmbaren Gütern und nicht nur von solchen, die durch das Allokationszentrum im Voraus zugeteilt wurden. An sich setzte es also dem Konsumverhalten von Einzelnen nur quantitative, aber keine qualitativen Schranken, wie es auch die Eigenschaft des Geldes in marktkapitalistischen Gesellschaften ist.

Aufgrund dieser Tatsache brachte das sozialistische Geld das verwaltungshierarchische System der gesamtgesellschaftlichen Koordination von soziökonomischen Aktivitäten unausweichlich durcheinander. Denn das administrative Wirtschaftszentrum hat nie in hinreichendem Maße vorhersehen können, für welche konkreten Güter oder Dienstleistungen und in welchem Umfang die einzelnen Empfängerinnen und Empfänger von Geldeinkommen ihre Scheine und

Münzen ausgeben werden. Daraus ergab sich die faktische Notwendigkeit des Rückgriffs auf alternative Distributionsmaßnahmen, die als genuin administrative Zuteilungsversuche aufzufassen sind. Eine zentrale Rolle in diesen Prozessen der hierarchisch stratifizierten Distribution von Gütern und Dienstleistungen erfüllten Betriebe sowie andere Funktionseinheiten des volkswirtschaftlichen bzw. parteistaatlichen Verwaltungsapparates. Das Geld spielte dabei eine untergeordnete Rolle. Zwar mußte es in vielen Fällen ausgegeben werden, aber seine Quantität stellte aufgrund der administrativen Preis- und Lohnsetzungen kein ausschlaggebendes Erwerbshindernis dar. Entscheidend für derartige Allokationsprozesse war das tatsächliche Vorhandensein von Gütern bzw. Dienstleistungen (Białecki 1995: 49).

Für die breite Bevölkerung bestand folglich eine erhebliche, negative Diskrepanz zwischen dem administrativ festgelegten und dem tatsächlich realisierbaren Geldeinkommen. Sie war durch einen verstärkten Einsatz der einzelnen Gesellschaftsmitglieder in der Sphäre der innerfamiliären Arbeitsteilung nicht zu überwinden. Denn die sowjetsozialistische Gesellschaftstransformation hatte die Bevölkerungsmehrheit nicht nur mit Zwang in ein zentralverwaltetes System der gesamtgesellschaftlichen Arbeitsteilung eingebunden, sondern sie hatte auch ihre Bedürfnisstrukturen durch explizite Verweise auf die enormen Herstellungspotentiale dieses Systems tiefgreifend verändert (Lane 1985: 167; Kwaśniewicz 2003: 394). Die konkrete Größe dieser (auch zeitlich und räumlich variierenden) Diskrepanz hing wesentlich von Zugängen einzelner Personen sowie ihrer mikrosozialen Gruppen zu faktischen Möglichkeiten des käuflichen Erwerbs von (vor allem industriell hergestellten) Gütern zu offiziell festgelegten Preisen ab. Diese administrativ regulierte Diskrepanz und die vielfältigen inoffiziellen Praktiken zu ihrer zumindest partiellen Reduktion waren die eigentlich konstitutiven Momente der real existierenden Einkommens- und Vermögensstratifikation in Gesellschaften sowjetsozialistischen Typs. Die Versuche, Einkommensungleichheiten nur anhand der Gegenüberstellung von ausgezahlten Geldeinkommen und administrativ festgelegten Preisen zu bestimmen, griffen deutlich zu kurz (Askanas/Zieba 1987: 2-3).

Die oberste Stratifikationsgruppe („Nomenklatura", „Etakraten") stellte in diesem Zusammenhang einen besonderen Fall dar, weil sich für einen beträchtlichen Teil ihrer Mitglieder die Situation wesentlich anders präsentierte: Sie genossen, wie im vierten Kapitel bereits erörtert, zahlreiche materielle und immaterielle Vorteile, die der Bevölkerungsmehrheit sehr selten oder gar nicht zugänglich waren, und sie mussten kaum ihr offizielles Geldeinkommen dafür einsetzen (Simis 1982: 25ff.; Askanas/Zieba 1987: 3). Auf den unteren Hierarchieebenen der „Nomenklatura"-Makrogruppe bestand hingegen das „Privileg" lediglich in der Möglichkeit, das Einkommen ohne lange Such- und Wartezeiten für Güter oder Dienstleistungen zu offiziellen Preisen auszugeben (Il'in 1996: 117). Dies war also die einzige Schicht, von der man im strengen Sinne sagen konnte, dass sie ein mit den üblichen Berechnungsmethoden bestimmbares Realeinkommen erhielt. Unterhalb dieser Schicht nahm die Diskrepanz zwischen dem faktisch realisierbaren Einkommen und dem administrativ festgelegten Arbeitsentgelt einen eindeutig negativen Wert an. Dieser variierte erheblich in Abhängigkeit von der Position des Einzelnen innerhalb der komplexen verwaltungshierarchischen Struktur der Gesellschaft und von seiner jeweiligen Einbindung in Beziehungsnetze, die eine große Bedeutung für die Eröffnung von inoffiziellen Zugängen zu Erwerbsmöglichkeiten hatten (Ledeneva 1998: 35).

Der erste Aspekt der realen sozioökonomischen Stratifikation lässt sich als eine Bestätigung der Kernthese der „Etakratie"-Theorie deuten (Il'in 1996: 146, 151). Der zweite bleibt hingegen in der „Etakratie"-Theorie unterbeleuchtet. Ihre Vertreter betrachteten inoffizielle netzwerkartige Beziehungen als ein bloßes Derivat der Stellung in der offiziellen (hierarchischen) Gesellschaftsstruktur. Sie gingen davon aus, dass die Möglichkeiten der vorteilhaften Teilnahme an inoffiziellen Beziehungen mit dem offiziellen Status stiegen, weil der letztere in einer direkt proportionalen Weise mit den administrativen Verfügungsbefugnissen korrelierte (Il'in 1996: 121). Dies trifft allerdings nur für die Vertreter der kleinen Verwaltungselite, der „Nomenklatura", zu. Der Großteil der sowjetischen Bevölkerung besetzte Funktionsstellen an der Basis des gesamtwirtschaftlichen Produktions- und Distributionsapparates, die nicht mit administrativen Verfügungsbefugnissen im strengen Sinne verbunden waren. Dennoch eröffneten diese Positionen – wie im fünften Kapitel bereits dargestellt – vielfältige Möglichkeiten des Zugriffs auf verschiedene Güter. Da die private Aneignung von solchen Ressourcen gegen die Nutzungsgrundsätze des „sozialistischen Eigentums" verstieß, war die Einbindung in schützende interpersonelle Netzwerke eine unabdingbare Voraussetzung für derartige Praktiken (Mrowczynski 2005: 42-43).

Die besondere Bedeutung, die verwaltungshierarchisch regulierte und zugleich netzwerkartige Zugänge zu faktischen Erwerbsmöglichkeiten von Gütern und Dienstleistungen in der sowjetischen Gesellschaft hatten, veranlaßt zu einem erneuten Blick auf die bereits im vierten Kapitel thematisierte Problematik der Allokation von Arbeitskräften. Entgegen der Auffassung, der zufolge es im Sowjetsozialismus keinen Arbeitsmarkt gab, konstatierte Kornai (1995: 253) in diesem Bereich das Wirken von „starken Markteinflüssen", und zwar aus den folgenden Gründen:

1. Das wirtschaftsverwaltende Zentrum suchte durch Anpassungen von administrativ festgelegten Geldeinkommen und Güterpreisen die sozioprofessionelle Mobilität der Bevölkerung zu steuern.

2. Einzelne Betriebseinheiten konkurrierten um bestmögliche Arbeitskräfte untereinander.
3. Die meisten „Werktätigen" waren nicht an bestimmte Arbeitsplätze gebunden, sondern orientierten sich bei ihrer Arbeitsplatzwahl an den genannten Anreizen und stimmten im Zweifelsfalle „mit den Füßen" für oder gegen bestimmte Beschäftigungskonditionen ab.

Das zuerst genannte Set von Praktiken ist nicht als ein wirklicher Marktprozeß zu charakterisieren, sondern als seine Emulation, die vom sozioökonomischen Verwaltungsapparat mit administrativen Mitteln betrieben wurde. Das, was Kornai als „starke Markteinflüsse" bezeichnete, resultierte – wenn überhaupt – aus dem Ineinandergreifen von Aktivitäten, die in den Punkten 2 und 3 genannt wurden. Allerdings gilt es zu berücksichtigen, dass diese „Markteinflüsse" im Grenzbereich zwischen der offiziellen verwaltungshierarchischen und der inoffiziellen netzwerkartigen Sphäre entstanden. Die nominelle Höhe der Arbeitseinkommen und Preise im offiziellen Distributionssystem wurden administrativ festgelegt. Das betriebliche Führungspersonal hatte nur sehr begrenzte Möglichkeiten, im Rahmen der vertikalen Aushandlungen die Geldeinkommen im Sinne von seinen partikularen Erwägungen zu beeinflussen. Deshalb spielte sich die Konkurrenz zwischen einzelnen Betriebseinheiten um die bestmöglichen Beschäftigten vor allem vermittels glaubhafter Aussichten auf nichtmonetäre Zusatzvergütungen und auf eine Verminderung der zuvor beschriebenen Realeinkommenskluft ab. Um diese Aussichten zumindest gelegentlich Wirklichkeit werden zu lassen und dadurch ihre Glaubhaftigkeit nach innen sowie nach außen aufrecht erhalten zu können, mussten Betriebsleitungen defizitäre Güter und Dienstleistungen, die sie dann an ihre Beschäftigten verteilten beziehungsweise intern zu offiziellen Preisen – z.B. in Betriebskantinen – verkauften, zuerst selbst in hinreichender Quantität und Qualität erlangen. Den vertikalen und horizontalen Beziehungen der Betriebsleitungen kam dabei die zentrale Bedeutung zu (Flemming/Micklewright 2000: 874f.).

So besehen war das Moment des genuinen Marktprozesses in der Allokation von Arbeitskräften auf der „Nachfrageseite" sehr eng in das Geflecht von verwaltungshierarchischen und netzwerkartigen Beziehungen eingebunden. Die Höhe der in Aussicht gestellten Vergütungen wurde in erster Linie von der Wirksamkeit dieser Verbindungen und nicht von der Absatzperspektive der von den Beschäftigten hergestellten Produkte bestimmt. Der administrative Status und das Geschick verschiedener Funktionsträger in ihren inoffiziellen Beziehungen bildeten die Grundlage, auf der die Konkurrenz der Betriebseinheiten und der Branchen um die bestmöglichen Beschäftigten stattfand.

Interpersonelle Beziehungen spielten ebenfalls eine wichtige Rolle auf der „Angebotsseite", das heißt bei der Suche der einzelnen Beschäftigten nach Arbeitsplätzen, die eine verhältnismäßig geringe Diskrepanz zwischen dem administrativ festgelegten und dem tatsächlich realisierbaren Einkommen in Aussicht stellten (Gregory/Stuart 1990: 272; Ledeneva 1998: 32). Dadurch wurde die faktische Funktionsweise dessen, was Kornai (1995: 245, 253) als „sozialistischen Arbeitsmarkt" bezeichnete, erheblich verändert. Feher, Heller und Markus (1983a: 95f.) haben treffend auf die Abschottung der einzelnen marktähnlichen Interaktionsfelder des dezentralen Tausches in Gesellschaften sowjetsozialistischen Typs hingewiesen und diese Interaktionsfelder deshalb „Pseudo-Märkte" genannt. Was sie allerdings nicht untersuchten, waren die netzwerkartigen Strukturen, welche die einzelnen dieser „Pseudo-Märkte" eng umschlossen und an die Verwaltungshierarchie fesselten. Auch für Vertreter von Stratifikationsgruppen unterhalb der „Nomenklatura"-Elite war eine spezifische Wechselwirkung zwischen der offiziellen Position innerhalb der Verwaltungshierarchie und der Einbindung in inoffizielle Beziehungsnetze ein wesentliches Bestimmungsmoment für die Verortung innerhalb der sozioökonomischen Struktur.

Die thematisierten Unterschiede in der Funktionsweise des jeweiligen sozioökonomischen Systems sind wichtig für den Versuch, die im spezifischen Kontext der Untersuchungen von marktkapitalistischen Gesellschaften entstandene Konzeption der Einkommens- und Vermögensstratifikation bei der Betrachtung der Sozialstruktur von Gesellschaften sowjetsozialistischen Typs zu übernehmen. Aufgrund der weitgehenden Abwesenheit von Marktbeziehungen und der sehr starken Einschränkung des universellen Charakters des Geldes ließen sich kaum horizontal verlaufende Stratifikationsgrenzen bestimmen, welche die gesamte Gesellschaft in kohärente Schichten nach sozioökonomischen Kriterien unterteilten könnten. Es war viel mehr die Verschränkung von verschiedenen Hierarchiedimensionen und die besonders schwer quantifizierbaren Einbindungen in inoffizielle Beziehungsnetzwerke, die für die tatsächliche sozioökonomische Stellung von einzelnen Personen ausschlaggebend waren. Wenn man als Hauptkriterium für die Bestimmung der sozialistischen Mittelschicht ihre sozioökonomische Lage heranzieht, war diese aus einer Vielzahl von kleineren Gruppen zusammengesetzt. Den Mitgliedern dieser verschiedenen Gruppen war gemeinsam, dass sie aufgrund ihrer jeweils spezifischen Einbindung in das „gordische" Geflecht aus hierarchischen Verwaltungssträngen und inoffiziellen Netzwerken im Endeffekt ein vergleichbares Niveau von Versorgung mit materiellen und immateriellen Gütern zu erreichen vermochten. Die konkreten Beziehungskonfigurationen, die im Endeffekt ähnliche Ergebnisse in dieser Hinsicht erbrachten, waren aber oft sehr unterschiedlich.

6.2 Sozioprofessionelle Schichtung der sowjetischen Gesellschaft

Eine klare Bestimmung der Mittelschicht innerhalb der sowjetischen Gesell-schaft scheint nur anhand der beruflich-funktionalen Kriterien möglich. Eine so verstandene Mittelschicht deckte sich weitgehend mit der im dritten Kapitel beschriebenen Makrogruppe der „Spezialisten", wie sie von der offiziellen sow-jetischen Soziologie bestimmt wurde. Sie ähnelte auf den ersten Blick der „pro-fessionellen Mittelklasse" in den marktkapitalistischen Gesellschaften. Ihre Ver-treterinnen und Vertreter besetzten aufgrund ihrer fachlichen Qualifikationen die vermittelnde Stellung zwischen der Führungsgruppe der parteistaatlichen und volkswirtschaftlichen „Nomenklatura" einerseits und der Masse der Beschäftig-ten andererseits, die im Rahmen ihrer Arbeitstätigkeit physische Kraft veraus-gabten („Arbeiter") oder routinemäßige Aufgaben mentaler Art („Angestellte-Nichtspezialisten") ausführten. Im Unterschied zu kapitalistischen Gesellschaf-ten der zweiten Hälfte des 20. Jahrhunderts ließ sich allerdings in den Reihen der sozialistischen professionellen Mittelschicht keine Unterscheidung zwischen Be-schäftigten im privatwirtschaftlichen und im öffentlichen Sektor ausmachen, weil in der UdSSR beinahe die gesamte sozioökonomische Reproduktion, wenn man von ihrem innerfamiliären Aspekt absieht, innerhalb des Organisationsrah-mens der staatlich-zentralisierten Verwaltung stattfand. Auch landwirtschaftliche Genossenschaften unterlagen der direktiven Planung. Ihre formale Eigenständig-keit machte sich nur ex negativo in Form der niedrigsten Zuteilungspriorität bei offiziellen Ressourcenallokationen bemerkbar. Legal funktionierende Privatun-ternehmen waren in der Sowjetunion kaum existent. Deshalb fehlte auch das soziale Segment, das der unternehmerischen Mittelklasse in marktkapitalisti-schen Gesellschaften entsprochen hätte.

Anhand eines von den sowjetischen Soziologen Gordon und Nazimova (1986b: 48-50) konstruierten Strukturmodells der sozioprofessionellen Makro-gruppen in der sowjetischen Gesellschaft (siehe: Anhang III.1) ließ sich für das Jahrzehnt des „reifen Sozialismus" (1970er Jahre) ein Anteil der professionellen Mittelschicht von knapp einem Fünftel (18,1%) aller Beschäftigten errechnen. Seit „Stalins industrieller Revolution" kam es nach dieser Datenzusammenstel-lung zu einer Verdreifachung dieses Anteils. In den 1930er Jahren lag er nämlich bei gerade 6,1% und stieg dann im Laufe der beiden nachfolgenden Jahrzehnte auf 10,1%. Am schnellsten sind die Reihen der professionellen Mittelschicht jedoch in den 1960er Jahren gewachsen. Bereits am Ende dieses Jahrzehnts er-reichte ihr Anteil 15,1% aller Beschäftigten. Diese Veränderung war auf eine zahlenmäßige Expansion um 73,2% innerhalb eines Jahrzehnts zurückzuführen. In den 1970er Jahren verlangsamte sich dieses Wachstum recht deutlich. Die Zahl der Beschäftigten, die zu der hier betrachteten Makrogruppe zu zählen waren, ist um lediglich 40,7% gestiegen. In absoluten Zahlen umfaßte die professionelle Mittelschicht in den 1970er Jahren 24,4 Mio. Menschen. Im Rahmen dieser Berechnung wurde die enge Fassung der professionellen Mittelschicht gewählt, die dem sowjetischen Konzept der „Spezialisten" bzw. der „Intelligenzija im engeren Sinne" entspricht.

Fünf weitere, von Gordon und Nazimova bestimmte sozio-professionelle Makrogruppen (I.3, II.3, III.1, III.2, IV.2 im Anhang III.1) können aufgrund der von ihnen wahrgenommenen Arbeitsaufgaben zur Peripherie der sozialistischen Mittelschicht nach sozioprofessionellen Kriterien zusammengefaßt werden. Es ergeben sich folgende Anteile an der Gesamtheit der sowjetischen Beschäftigten: 7,9% in den 1930er Jahren, 6,4% in den 1950er Jahren, 9,8% in den 1960er Jahren und 10,8% in den 1970er Jahren. Fasst man die Mittelschicht und ihre Peripherie zu einer Art „aggregierter" Mittelschicht der sowjetischen Gesellschaft nach sozioprofessionellen Kriterien zusammen, dann ergeben sich folgende Anteile: 14% in den 1930er Jahren, 16,5% in den 1950er Jahren, 24,8% (also knapp ein Viertel) in den 1960er Jahren und 28,9% in den 1970er Jahren. In den vier Jahrzehnten der sowjetsozialistischen Gesellschaftstransformation kam es also zur Verdopplung des Anteils dieser Schicht an der Gesamtheit der Beschäftigten. Nach etwa einem halben Jahrhundert sowjetsozialistischer Gesellschaftstransformation waren zwar deutlich mehr als ein Viertel, aber weniger als ein Drittel aller erwerbstätigen Personen in beruflich-funktionalen Positionen beschäftigt, die im weitesten Sinne zwischen den gesellschaftlichen Sphären der Entscheidungsfindung und der physischen Ausführung vermittelten.

Die bisherigen Ausführungen in dieser Studie haben bereits deutlich gemacht, dass die Eingrenzung der Mittelschicht innerhalb der sowjetischen Gesellschaft anhand von rein sozio-professionellen Kriterien erhebliche Probleme aufwirft. Vor allem gelingt es dabei nicht, die zuvor beschriebene Differenzierung der sozioökonomischen Lagen aufgrund von unterschiedlichen Einbindungen der einzelnen, ein ähnliches sozio-professionelles Profil aufweisenden Individuen in das „gordische" Beziehungsgeflecht der sowjetsozialistischen Produktionsweise hinreichend zu berücksichtigen.

In der „Perestrojka"-Zeit entwickelten Rozalina Ryvkina und Tat'jana Zaslavskaja (1991: 228-378), die zum damaligen Zeitpunkt an der sibirischen Abteilung der Wissenschaftsakademie der UdSSR als Wirtschaftssoziologinnen tätig waren, eine mehrdimensionale Stratifikationsmatrix der sowjetischen Gesellschaft. Dabei stellten sie zunächst die Bedeutsamkeit von fünf „Substrukturen [podstruktury]" – man könnte auch sagen: Strukturierungsdimensionen – fest: (1) die „ethnodemographische Substruktur", (2) die „sozioterritoriale Substruktur", (3) die „beruflich-funktionale Substruktur [professional'no-dolžnostnaja podstruktura]", (4) die „sozial-arbeitsmäßige Substruktur [social'no-trudovaja podstruktura]" und (5) die „familiär-wirtschaftliche Substruktur [semejno-chozjajstvennaja podstruktura]". Im weiteren Verlauf der Argumentation kamen die beiden Autorinnen zum Schluss, dass die „professionell-funktionalen" und die „sozial-arbeitsmäßigen" Strukturierungsdimensionen die wichtigste Rolle in der sowjetischen Gesellschaft spielten. Die eine weist eine deutliche Analogie mit der mesostrukturellen und die andere mit der makrostrukturellen Dimension der Stratifikation im Sinne der vorliegenden Studie auf. Denn die Verortung einer Person in diesen beiden „Substrukturen" erfolgte aufgrund der Antworten auf die Fragen nach der beruflichen Funktion dieser Person in einer Betriebs-einheit (d.h. in der hierarchischen Mesostruktur) und nach der Stellung der ge-samten Betriebseinheit innerhalb der gesamtgesellschaftlichen Hierarchiestruktur (Makrostruktur) (Zaslavskaja/Ryvkina 1991: 397).

Ryvkina und Zaslavskaja (1991: 407-409) kombinierten die Positionen in der Mesostruktur („die professionell-funktionale Substruktur") mit den makro-strukturellen Stellungen und erhielten so insgesamt 72 verschiedene soziale Makrogruppen. Darunter waren fünf Makrogruppen, die sich aus „Beschäftigten in Kooperativen oder in familiären Betrieben" zusammensetzten. Sie sind größ-tenteils erst in der „Perestrojka"-Zeit (d.h. nach der Zulassung von „Kooperati-ven") zu einer soziostrukturellen Relevanz gelangt. So besehen ergab sich bis zur Mitte der 1980er Jahre eine Stratifikationsstruktur, die aus 67 Makrogruppen bestand. Sie alle existierten als Teil der gesamtgesellschaftlichen Verwaltungs-hierarchie, weil ihre Mitglieder entweder in Betrieben arbeiteten, die unmittelbar Bestandteil des wirtschaftsverwaltenden Staatsapparates waren, oder trotz der formellen Eigenständigkeit fest in das Planungs- und Verwaltungssystem einge-bunden waren (Mitglieder in landwirtschaftlichen Genossenschaften). Zusätzlich listeten die beiden Autorinnen noch sechs weitere Makrogruppen auf, die sich in der durch den verwaltungshierarchischen Aufbau des Wirtschafts- und Staatsap-parats bestimmten Basismatrix nicht unterbringen ließen. Es handelte sich u.a. um Vertreter der sibirischen Kleinstvölker, die sich aus traditionellen Erwerbs-quellen ernährten, oder um „deklassierte Elemente" wie Obdachlose, Alkohol- und Drogenabhängige etc.

Alle einzelnen Makrogruppen wurden von den Novosibirsker Soziologin-nen zu neun Kategorien gruppiert: (A.) politische Führungspersonen (drei Mak-rogruppen) – man könnte sie auch als die partei-staatliche Führungsspitze be-zeichnen; (B.) politische Führungspersonen der großen Bereiche des gesell-schaftlichen Lebens (fünf Makrogruppen); (C.) Führungspersonen der Partei- und der Rätehierarchie auf mittleren Positionen in verschiedenen gesellschaftli-chen Sphären (fünf Makrogruppen); (D.) niedrigere parteistaatliche Funktionäre in allen diesen Sphären (fünf Makrogruppen); (E.) Führungspersonen an den Spitzen von Organisationen und Organisationsabteilungen (zehn Makrogruppen); (F.) Spezialisten (zehn Makrogruppen); (G.) qualifizierte Angestellte (fünf Makrogruppen); (H.) Arbeiter mit hohen und mittleren Qualifikationen (18 Makrogruppen); (I.) Unqualifizierte Arbeiter und Angestellte (sechs Makrogruppen).

Ryvkina und Zaslavskaja zogen horizontale Linien quer zu den verwaltungshierarchischen Strängen und grenzten damit die Makrogruppen ab, deren Angehörige sich durch eine bestimmte Position in der Hierarchie von Funktionen auszeichnen. Dann unterteilten sie diese Gruppenkategorien nach der Zugehörigkeit ihrer Vertreter zu verschiedenen Organisationsbereichen des staatlichen und des volkswirtschaftlichen Apparates. Die Unterteilungen der Gruppenkategorien in einzelne Makrogruppen entsprechen den vertikal verlaufenden Trennlinien der Branchenbündel und den Strängen der parteistaatlichen Hierarchie im engeren Sinne. Diese Einteilung, sofern die Reihenfolge der Aufzählung als eine Rangbestimmung innerhalb der gesamtgesellschaftlichen Stratifikation interpretiert wird, stellt implizit doch das Primat der Makrostruktur wieder her – zumindest partiell. Die obersten Kategorien und ihre einzelnen Makrogruppen bestehen aus Personen, die den makrostrukturellen Funktionseinheiten der verschiedenen Hierarchiestufen vorstehen: Die parteistaatlichen Führer der Unions-, Republik- und Regionalebene, die Führungspersonen der einzelnen Hierarchiestränge, das Leitungspersonal auf niedrigeren Ebenen der Hierarchien einzelner Stränge, schließlich das Führungspersonal der einzelnen Basisorganisationen und der Organisationsabteilungen. All diese Personen lassen sich direkt in der makrostrukturellen Hierarchie verorten – vom Politbüro-Mitglied der KPdSU bis zum Ersten Sekretär des Ortskomitees und einem Direktor einer einzelnen Betriebseinheit (z.B. einer Fabrik). Vertreterinnen und Vertreter der Makrogruppen, die zu den Gruppenkategorien A, B, C, D und (zum Teil zumindest) E zusammengefaßt wurden, bildeten zusammengenommen die „regierende Gruppe" der „Nomenklatura". Die Tatsache, dass dieses anteilig sehr kleine Segment der sowjetischen Gesamtbevölkerung von Ryvkina und Zaslavskaja in 18-28 verschiedene Makrogruppen unterteilt wurde, verdeutlicht den besonders hohen Grad der hierarchischen Organisation in diesem Bereich und unterstreicht den anderen als klassenmäßigen Charakter dieser sozialen Makrogruppe insgesamt.

Die Vertreterinnen und Vertreter der professionellen Mittelschicht sind in der von Ryvkina und Zaslavskaja konstruierten Stratifikationsmatrix vor allem in den Makrogruppen der Kategorie F, d.h. unter den „Spezialisten" in verschiedenen „Sphären" der sowjetsozialistischen Volkswirtschaft, zu finden. Es handelt sich um insgesamt zehn Makrogruppen: Spezialisten in der Verwaltung; Spezialisten in der Sphäre der internationalen Beziehungen; Spezialisten im Bereich des Militärs und der Staatssicherheit; Spezialisten in nichtlandwirtschaftlichen Zweigen der Volkswirtschaft; Spezialisten in der Landwirtschaft; Spezialisten in der Sphäre der Bildung; Spezialisten in der Sphäre der Wissenschaft, Technik, der höheren und mittleren Bildung; Spezialisten in der Sphäre der Kultur und Kunst; Spezialisten in der Gesundheitsfürsorge; Spezialisten in der Sphäre der Religion (Zaslavskaja/Ryvkina 1991: 408). Allerdings kann auch ein beträchtlicher Teil von Personen aus den Makrogruppen der Kategorie E zum obersten Segment der Mittelschicht gezählt werden. Diese Kategorie setzte sich aus „Führungspersonen an den Spitzen der Organisationen und Abteilungen" zusammen und wurde von den beiden Autorinnen in analoge zehn Makrogruppen wie die Schichtungskategorie der Spezialisten (F) unterteilt. Bei den Führungspersonen an den Spitzen von einzelnen Organisationen handelte es sich um die unterste Hierarchieebene der „Nomenklatura". Aber das Führungspersonal unterhalb dieser Ebene wurde nicht mehr nach expliziter Abstimmung mit den zuständigen Parteigremien eingesetzt. Ähnlich wie im Falle der Makrogruppe V im Stratifikationsmodell von Gordon und Nazimova handelte es sich bei der Kategorie E von Ryvkina und Zaslavskaja um Makrogruppen, die aus Vertretern sowohl der „Nomenklatura" als auch des obersten Segments der professionellen Mittelschicht bestanden.

Ryvkina und Zaslavskaja gingen mit ihrer Sozialstrukturmatrix über das rein sozioprofessionelle Schichtungskonzept – d.h. die Bestimmung der Schichten anhand der Ähnlichkeiten der beruflich-funktionalen Stellung der Gesellschaftsmitglieder innerhalb der verschiedenen Organisationseinheiten – hinaus. Sie berücksichtigten ebenfalls die Unterschiede, die sich für Personen in ähnlichen beruflich-funktionalen Positionen abhängig von der Verortung ihrer jeweiligen Betriebseinheit innerhalb des gesamten Verwaltungssystems ergaben. Aber auch diese zusätzliche Einteilung konnte nicht hinreichend die Unterschiede einfangen, die zuvor im Hinblick auf die tatsächliche Einkommens- und Vermögensdifferenzierung expliziert wurden.

Berücksichtigt man ferner die sozio-ökonomisch stratifizierende Wirkung von inoffiziellen, durch interpersonelle Netzwerke vermittelten Ressourcenallokationen, die durch bestimmte beruflich-funktionale Positionen innerhalb des verwaltungshierarchischen Systems möglich wurden, gerät das Gesamtbild der Schichtung nach sozioprofessionellen Kriterien noch stärker durcheinander. Diese Problematik kann unter Rückgriff auf das bereits diskutierte Stratifikationsmodell von Gordon und Nazimova verdeutlicht werden. Dieses Autorenduo nannte als Beispiele für Berufsgruppen, die gewisse Qualifikationen voraussetzende, manuelle oder nicht-manuelle Arbeit im Dienstleistungsbereich leisteten (Makrogruppe IV.2), Verkaufspersonal, Kellner, Friseure etc. Betrachtet man ausschließlich die offiziell verkündete Funktionsweise der sowjetsozialistischen Wirtschaft, dann fallen die Vertreterinnen und Vertreter dieser Berufsgruppen eindeutig aus der Mittelschicht heraus. Sie wurden deshalb zuvor der Peripherie der Mittelschicht zugerechnet. Bezieht man jedoch die inoffiziellen Aspekte der sowjetsozialistischen Wirtschaftsweise in die Betrachtung ein, verändert sich das Bild sehr gravierend. Denn es handelte sich um Personen, die im Rahmen ihrer Berufsaktivitäten begehrte, aber oft sehr knappe Güter verteilten bzw. begehrte und deshalb ebenfalls knappe Dienstleistungen erbrachten. Dadurch erhielten sie faktisch weitreichende Möglichkeiten, ihre geringen nominellen Löhne und die Nachteile im Zugang zum offiziellen Distributionssystem dadurch wettzumachen, dass sie höhere Preise als die administrativ festgelegten für einen Teil der zu verkaufenden Güter bzw. für die zu erbringenden Leistungen verlangten. Die so entstandene Preisdifferenz behielten sie für sich.

Das, was hier als ein höherer, über dem administrativ festgelegten liegender Preis bezeichnet wurde, mußte nicht notwendigerweise eine monetäre Form haben. Es konnte sich auch um andere Güter („Geschenke") oder Gegenleistungen („Gefälligkeiten") handeln. Diese inoffiziellen Transfers von Ressourcen veränderten auf jeden Fall die faktische materielle Versorgungssituation der Beschäftigten von vielen Dienstleistungsbetrieben. Der gesamte Dienstleistungsbereich rangierte weit unten in der Statushierarchie der Branchen, weil die Endabnehmer dieses Sektors (private Haushalte) kein „administratives Gewicht" hatten. Dennoch ergaben sich aufgrund der faktischen Kontrolle über begehrte Ressourcen erhebliche Möglichkeiten für die Mitarbeiter, die besonders nachteilig für sie ausfallende Diskrepanz zwischen dem administrativ festgelegten und dem tatsächlich realisierbaren Geldeinkommen deutlich zu verringern. Aus diesem Grund ist diese sozioprofessionelle Makrogruppe zumindest zur Peripherie der sozialistischen Mittelschicht zu zählen, wenn das rein beruflich-funktionale Schichtungskonzept im Zuge der Approximation an die sowjetsozialistischen Wirklichkeit transzendiert wird. Ihr faktisches Realeinkommen ist deutlich höher zu schätzen, als es das Nominaleinkommen bei der Korrelation mit den offiziellen Preisen erwarten läßt. Entweder haben Beschäftigte der Dienstleistungssphäre zusätzliche Geldeinkommen erzielt, die wesentlich über dem Niveau der für ihre Berufsgruppen festgelegten Löhne lagen, weil zu den offiziellen Auszahlungen noch „Schmiergelder" für den Verkauf „durch die Hintertür" hinzukamen. Oder diese Personen nahmen zahlreiche „Geschenke" in Empfang oder wurden zu Nutznießern von verschiedenen „Gefälligkeiten", was ihre reale materielle Situation wesentlich verbesserte. Auf jeden Fall konnten sie sich direkt mit den von ihnen verkauften Gütern zu offiziellen Preisen versorgen, während andere die Unannehmlichkeiten und Unsicherheiten des Schlangestehens auf sich nehmen mußten.

6.3 Die Mittelschicht in der sowjetsozialistischen Gesellschaft

Die Existenz einer sowjetsozialistischen Mittelschicht – in den Debatten oft als „Mittelklasse" (srednij klass) bezeichnet – war unter den russisch-postsowjetischen und ausländischen Experten ähnlich umstritten wie die Existenz von Mittelschichten in der postsozialistischen Gesellschaft. In der Zeit „Perestrojka" ließ sich bereits die gesamte Bandbreite an möglichen Positionen finden: Während A. Kustyrev (1990: 130) die „Mittelklasse" als das eigentliche „Rückgrat" der sowjetischen Gesellschaft betrachtete, hielt Evgenij Starikov (1990: 193) die Entstehung einer derartigen sozialen Makrogruppe unter den spezifischen Bedingungen des sowjetischen Sozialismus für unmöglich. Zur Begründung seiner These verwies Starikov vor allem auf den beträchtlichen Anteil von Einkünften aus illegalen Quellen. Eine Bevölkerungsgruppe, die in solch einem hohen Maße ihren materiellen Status der Teilnahme an gesetzwidrigen Aktivitäten verdanke, könne seiner Ansicht nach gar nicht als Hoffnungsträgerin der Demokratisierung und des Wandels hin zu Rechtsstaatlichkeit gelten. Auch Il'in (1996: 174, 182) hielt die Existenz von „alten" ebenso wie von „neuen Mittelklassen" in der Gesellschaft des „staatlich-monopolistischen Sozialismus" für grundsätzlich ausgeschlossen. Er begründete diese Auffassung mit dem grundsätzlich anderen, nämlich verwaltungshierarchisch-„etakratischen" Charakter der sowjetischen Gesellschaft. Folglich sah er die Ansätze der „Mittelklasse" erst in der Zeit der „Perestrojka" entstehen – und zwar nur im Zusammenhang mit der Gründung von „Kooperativen", d.h. der ersten, legal funktionierenden Privatunternehmen in der UdSSR seit Stalins „Großem Durchbruch". Eine ähnliche Position vertraten Gurova und Fadeev (2000: 271), wobei sie die Anfänge der russischen Mittelklasse erst in den frühen 1990er Jahren zeitlich verorteten.

Zwischen diesen extremen Positionen gab es eine Bandbreite von Auffassungen, welche die Frage nach der Existenz einer sozialistischen Mittelschicht grundsätzlich bejahten, aber ihren Anteil an der sowjetischen Gesamtbevölkerung für relativ bescheiden hielten. A. Zajčenko (1989), der ähnlich wie Starikov erhebliche Zweifel an der Rechtschaffenheit des Großteils der potentiellen Mittelschichtsangehörigen hegte, sah nur etwa ein Zehntel der Gesamtbevölkerung in den Reihen dieser sozialen Makrogruppe. Als das wichtigste Kriterium für seine Schätzung benutzte er den Privatbesitz von PKWs. (Es gab Ende der 1980er Jahre nach seinen Angaben 11,2% von Personen, die privat einen PKW besaßen.) Manche Autoren der „Perestrojka"-Zeit waren hingegen viel optimistischer. Sie verorteten zwischen einem Fünftel und einem Drittel der sowjetischen Bevölkerung in dieser soziostrukturellen Makrogruppe (N. Naumova 1990; Tichonova 1999: 12; Zaslavskaja 2004: 160). Meistens wurden für die Bestimmung der Personen, die als Angehörige dieser Stratifikationsgruppe in Frage kamen, Einkommens- und vor allem Vermögenskriterien angewendet. Die grundsätzliche Berechtigung einer solchen Abgrenzung wurde bereits ebenso wie die sich bei der praktischen Schätzung ergebenden Probleme thematisiert.

Zajčenkos Vorschlag, den privaten Besitz eines PKWs zu einem zentralen Bestimmungskriterium der sowjetischen Mittelschicht zu erheben, kann als ein Versuch gedeutet werden, das bereits ausführlich erörterte Problem der Diskrepanz zwischen den administrativ festgelegten und den faktisch realisierbaren Geldeinkommen bzw. –vermögen zu überwinden, indem das Wohlstandsniveau am Besitz eines nicht nur teuren, sondern vor allem sehr prestigeträchtigen und knappen Konsumgutes festgemacht wird. Trotz hoher Preise gemessen an den monatlich ausgezahlten Löhnen und Gehältern waren Autos in den 1970er und 1980er Jahren sehr begehrt und deshalb schwer zu bekommen (Shlapentokh 1989: 162). Der Erwerb eines Automobils innerhalb des offiziellen Distributionssystems erforderte im Normalfall eine mehrjährige Wartezeit (Kornai 1995: 266 Tab. 11.4). Diese konnte verkürzt werden zum einen durch Anstellung in einem in der wirtschaftsverwaltenden Hierarchie hoch rangierenden Betrieb und zum anderen dank inoffizieller Kontakte zu denjenigen Funktionsträgern, die mit der Distribution von Fahrzeugen für den Privatgebrauch beauftragt waren. Der PKW-Besitz eignet sich deshalb als ein aufschlußreicher Indikator, der das Zusammenwirken von offiziellen, verwaltungshierarchisch und inoffiziell d.h. netzwerkartig organisierten Beziehungen im Hinblick auf die reale und nicht bloß nominelle Einkommens- und Vermögenshöhe abschätzen läßt.

Dies ist im Falle eines anderen sehr wichtigen Vermögensgegenstandes, nämlich der Einfamilienwohnung[153], nicht im vergleichbaren Maße möglich. Hier wirkte die zentralisierte Distribution weitaus weniger stratifizierend, weil der seit der Chruščev-Zeit bestehende Anspruch der Allgemeinversorgung vor allem durch viel schwieriger erfassbare, qualitative Mängel eingeschränkt wurde. Selbst im postsozialistischen Russland, in dem offenkundige sozioökonomische Differenzierungen gegenüber der UdSSR deutlich zugenommen haben, sind die Unterschiede in den quantitativ meßbaren Wohnverhältnissen von Familienhaushalten – wie im zweiten Kapitel bereits dargestellt wurde – verhältnismäßig gering. In der Sowjetunion des „reifen Sozialismus" waren diese Unterschiede – zumindest seitdem in größeren städtischen Zentren des europäischen Teils die Barackensiedlungen weitgehend verschwanden und die riesigen Siedlungen der Plattenwohnblocks entstanden waren – noch geringer.

Sicherlich ließen sich auch in diesem Bereich mehr oder weniger „feine Unterschiede" ausmachen, die vor allem qualitativer Natur waren und deshalb von den gängigen Indikatoren, wie Wohnfläche pro Kopf eines Haushaltsmitglieds,

---

[153]   In den 1980er Jahren betrug die Wartezeit auf eine Einfamilienwohnung in der UdSSR zehn bis fünfzehn Jahre (Kornai 1995: 264 Tab. 11.2).

nicht erfasst werden konnten. Gewiß unterschieden sich auch einzelne Siedlungen und sogar einzelne Häuser in vielerlei Hinsicht voneinander. Die Bauweise des jeweiligen Wohnblocks, die Verkehrsanbindung, das Vorhandensein ausreichender Dienstleistungsinfrastruktur (Verkaufseinrichtungen, Schulen, Krankenhäuser und Polikliniken) oder geeigneter Plätze für die Aufstellung von Garagen spielten eine wichtige Rolle bei der realen Bewertung von Wohnungen und wirkten sich auf die Austauschverhältnisse auf dem inoffiziell existierenden, stark von Netzwerken geprägten Markt für Wohnungstausch aus. Dennoch war das Gut Wohnraum relativ gleichmäßig verteilt und eignet sich deshalb nicht so gut für die Bestimmung der verschiedenen Stratifikationsgruppen.

Die Selbstverortung der Befragten im mittleren Bereich einer Skala der sozialen Stratifikation gilt – wie dies bereits ausführlich im zweiten Kapitel der vorliegenden Studie dargelegt wurde – neben der sozioökonomischen Lage und beruflichen Stellung innerhalb des Systems gesamtgesellschaftlicher Arbeitsteilung als ein zentrales Kriterium für die Eingrenzung der Mittelschicht bzw. „Mittelklasse" (Maleva et al. 2003: 145-190; Gorškov et al. 1999: 87-90). Allerdings wurde ein solches multifaktorales Schichtungskonzept von der offiziellen sowjetischen Sozialwissenschaft als Hervorbringung der „bürgerlichen Soziologie" grundsätzlich abgelehnt. Deshalb hat es in der Phase des „reifen Sozialismus" keine Versuche gegeben, den Anteil der Bevölkerung zu ermitteln, der sich subjektiv im mittleren Bereich der gesellschaftlichen Stratifikation verortete. Manche sowjetische Autoren sprachen zwar in den 1970er Jahren von „städtischen Mittelschichten" (Stepin 1975), legten dieser soziostrukturellen Abgrenzung jedoch ausschließlich berufliche Kriterien zugrunde.

Die ersten Daten zur stratifikatorischen Selbstverortung wurden in Russland in den frühen 1990er Jahren erhoben. Aus der vergleichenden Auswertung der Umfrageergebnisse von „International Social Survey Programme" (ISSP) geht hervor, dass die Verteilung der subjektiv wahrgenommenen Stratifikationspositionen der russischen Befragten in der Anfangsphase der postsozialistischen Systemtransformation relativ wenig von dem Durchschnitt der insgesamt 17 Länder abwich, in denen die zweite Runde der ISSP-Befragung „Social Inequality II" durchgeführt wurde (Siehe Anhang I.1). Fast die Hälfte der russischen Teilnehmer (48,8%) und knapp drei Fünftel (58,9%) der aggregierten internationalen Stichprobe verorteten sich damals auf Stratifikationsstufen 4 bis 6, die eindeutig der Mittelschicht zugeordnet werden konnten. Rechnet man noch die Befragten von der Skalenstufe 7 hinzu, kommt man in der russischen Gesellschaft auf zwei Drittel (66,1%) und im internationalen Durchschnitt auf fast drei Viertel (72,4%) der jeweiligen Stichprobe. So besehen verließ die Bevölkerung der RSFSR das kollabierende Staatsgefüge der UdSSR mit einer Selbstwahrnehmung als Mittelschichtsgesellschaft.

Beljaeva (2001: 150-151) hat allerdings die grundsätzliche Frage nach der Aussagekraft von soziostrukturellen Vergleichen auf der Basis derartiger Datenaggregate gestellt. In ihrer Kritik an dieser Vorgehensweise wies sie auf wesentliche Funktionsunterschiede einzelner Gesellschaftssysteme hin, die unter der Oberfläche einer ähnlichen Verteilung der Befragungsergebnisse zur subjektiven Stratifikationsverortung verborgen bleiben. Die Ergebnisse der vorliegenden Studie, die den Blick auf die Besonderheiten des sowjetsozialistischen Systems der sozioökonomischen Reproduktion richtete, bekräftigen diese Kritik. Die Erhebungsergebnisse aus den 1990er Jahren haben deutlich gemacht, wie instabil sich diese Selbsteinschätzungen im Transformationsprozess erwiesen haben. Zwar gaben fast drei Viertel (72%) derjenigen, die sich im Jahr 1999 in der Mittelschicht verortet haben, an, dass sie auch acht Jahre zuvor etwa die gleiche Stratifikationsposition eingenommen hatten. Aber unter denjenigen Befragten, die sich 1999 unterhalb der gesellschaftlichen Mitte sahen, gab es eine absolute Mehrheit, die von sich behauptete, 1991 noch der Mittelschicht angehört zu haben (Tichonova 1999: 31 Abb. 8; siehe auch Anhang I.6.).

6.4 Die Mittelschicht an der Schwelle des Systemwandels

Vladimir Shlapentokh (1989: 11ff.) betrachtete die Gesamtheit der sozialen Interaktionsstrukturen, die dezentrale Tauschakte innerhalb sowjetsozialistischen Institutionengefüges und parteistaatlich nicht sanktionierte Kommunikation ermöglichten, als eine besondere Ausprägung von „civil society". In der deutschen Sprache existieren zwei Möglichkeiten, diesen englischen Terminus zu übersetzen: „bürgerliche Gesellschaft" oder „Zivilgesellschaft". Beide Begriffe haben einen Bereich, in dem sich ihre Bedeutungen überlappen, aber sie sind miteinander nicht identisch. Die erste Übersetzungsvariante verweist auf Hegels kritische Auseinandersetzung mit der „politischen Ökonomie" der schottischen Spätaufklärung und insbesondere mit Adam Smiths Grundideen aus *The Wealth of Nations*. Die „bürgerliche Gesellschaft" umfaßt Hegel (1821/1995: 346-398) zufolge die Totalität der vielfältigen sozialen Beziehungen, die zwischen den eng gezogenen Kreisen der einzelnen Familien und dem Staat entstanden waren. In den *Grundlinien der Rechtsphilosophie* werden drei wesentliche Sphären derartiger Beziehungen bestimmt: (a) die marktförmig vermittelten, sozioökonomischen Interaktionen, die er als „das System der Bedürfnisse" bezeichnet, (b) „die Rechtspflege" und „die Polizei" als die normativ-regulativen Voraussetzungen des Warentausches, und (c) die „Korporationen", d.h. verschiedenartige Vereinigungen von Menschen jenseits ihrer Verwandtschaftsbeziehungen.

Unter „Zivilgesellschaft" wird hingegen nur die Sphäre der von Menschen freiwillig gegründeten Organisationen verstanden, wobei meistens ausschließlich solche Strukturen hinzugezählt werden, deren Ziele über die Verfolgung von eng verstandenen Erwerbsinteressen ihrer Mitglieder hinausgehen. Sie behaupten zumindest, dass die Verwirklichung ihrer Ziele einen Bezug zum „Allgemeinwohl" habe, auch wenn es in vielen Fällen konkret um die Bereitstellung bzw. Erhaltung von „kollektiven Gütern" für Angehörige einer bestimmten Organisation geht. Deshalb werden gruppenpartikulare Anliegen von derartigen Organisationen sehr häufig mit Verweisen auf Grundrechte verknüpft, deren Verletzung im Einzelfall zugleich das normative Regulierungssystem mit universellem Geltungsanspruch aushöhle. Ein Beispiel dafür sind Gewerkschaften, die sich zwar primär für Vorteile ihrer Mitglieder einsetzen, aber oft den Anspruch formulieren, für die Rechte aller abhängig Beschäftigten einzutreten. Private Wirtschaftsunternehmen, obwohl sie ebenfalls freiwillig gegründete und in ihren Entscheidungen vom Staat unabhängige Organisationen sind, werden hingegen nicht als Teil der so verstandenen „Zivilgesellschaft" aufgefaßt. Sie stellen jedoch ein konstitutives Element der „bürgerlichen Gesellschaft" im Hegelschen Sinne dar, weil sie die Hauptakteure im „System der Bedürfnisse" sind.

In den heutigen politikwissenschaftlichen Debatten – insbesondere in denen, die Demokratisierungsperspektiven in der postsozialistischen Weltregion zum Gegenstand haben – steht die enge Bedeutung des Wortes „Zivilgesellschaft" sehr stark im Vordergrund (Cohen/Arato 1992: ix-x.; J. Linz/Stephan 1996; Morjé Howard 2003: 32-42; kritisch hierzu: Fine/Vázquez 2006: 248-249). Allerdings kommen die gedanklichen Spuren von Hegels „bürgerlicher Gesellschaft" immer wieder in den definitorischen Einleitungen zum Vorschein.[154] Shlapentokhs (1989: 190) Auffassung dessen, was unter „civil society" zu verstehen ist, tendiert hingegen deutlich zum Hegelschen (d.h. breiten) Begriff der „bürgerlichen Gesellschaft": „Civil society" sei demnach „eine Sphäre des sozialen Lebens, in der Menschen miteinander als Privatbürger interagieren und dabei diverse Organisationen entstehen lassen, welche nicht vom Staat kontrolliert werden". Einer alternativen, aber inhaltlich sehr nahe verwandten Definition dieses Autors zufolge handle es sich um „eine Domäne, in der es dem Individuum frei stand, seine eigenen Interessen zu verfolgen und keinen ihm fremden Zwecken zu dienen" (Shlapentokh 1989: 7). Beide Definitionen schließen die Verfolgung von eng gefaßten, individuellen oder gruppenpartikularen („korporativen") Erwerbsinteressen mit ein. Sie bleiben nicht ausschließlich auf die „zivilgesellschaftliche" Sphäre von Organisationen beschränkt, die Ziele mit

---

[154] Exemplarisch dafür ist die folgende Formulierung von Morjé Howard (2003: 1): "[T]his book focuses on civil society – conceived of as a crucial part of the public space between the state and the family, and embodied in voluntary organizations..."

einem „Allgemeinwohl"-Bezug anstreben. Die Sphäre der inoffiziellen netzwerkartigen Beziehungen, die Gegenstand des fünften Kapitels dieser Studie war, konstituierte Shlapentokh (1989: 11) zufolge den Kern dessen, was er als „illegal civil society (or second society)"[155] bezeichnete. Seine zentrale These lautete:

> "Since the late 1950s the Soviet people have gradually but unswervingly diverted their interests from the state to their primary groups (family, friends, and lovers) and to semilegal and illegal civil society as well as to illegal activity inside the public sector. (...) The withdrawal of human energy and emotion from work for the state and the absorption of people in their private interests and the desire to improve their life by illegal means has led to the stagnation of the Soviet economy, the decline of its growth rate, and (...) to the slackening of technological progress and the deterioration of the quality of goods and services. (...) With the strong deviation of real Soviet life from the official model, the Soviet people have developed a mentality that allows them to ignore public interests and to absorb themselves in private or illegal activity in their workplace while preserving a surface allegiance to the Soviet system." (Shlapentokh 1989: 13)

Diese Zeitdiagnose des sowjetischen Niedergangs hat wesentlich zu dem in der vorliegenden Studie präsentierten Konzept der institutionellen Erosion des sowjetsozialistischen Gesellschaftssystems beigetragen. Zweifelhaft bleibt jedoch die begriffliche Auffassung der inoffiziellen, netzwerkartig verfassten Interaktionssphäre als „illegal civil society". Dieser Ausdruck erscheint geradezu als eine *contradictio in adjecto*. Denn für das Hegelsche Konzept der „bürgerlichen Gesellschaft", zu dem Shlapentokhs Verständnis der „civil society" aufgrund der konstitutiven Bedeutung von Partikularinteressen in der damit bezeichneten Interaktionssphäre eindeutig tendiert, ist die gesetz- und justizförmige Regulierung von Konflikten, die sich zwischen einzelnen gesellschaftlichen Akteuren bei der Interessenverfolgung ergeben, ebenfalls konstitutiv. Mit anderen Worten: Die Beilegung oder Vermeidung von solchen Konflikten habe im Rahmen des Hegelschen Modells auf der Grundlage von universell (für alle Gesellschaftsmitglieder gleichermaßen) geltenden Handlungsnormen zu erfolgen. Gerade dieser zentrale Aspekt ist jedoch in den institutionellen Interaktionssettings, deren Totalität Shlapentokh als „illegal civil society" bezeichnet, nicht gegeben. Der illegale Charakter von Handlungen außerhalb des engen normativen Rahmens der zentralisierten Verwaltung veränderte ihre soziale Organisationsform wesentlich. Sie wurden durch interpersonelle Vertrauensbeziehungen vermittelt und strebten die Unsichtbarkeit für „Fremde" an (Mrowczynski 2008). Während ein sozio-

---

[155]   Der Ausdruck „second society" könnte eine Anspielung auf die Analyse des ungarischen Sozialwissenschaftlers Elemér Hankiss (1988) sein.

ökonomisches Interaktionssystem, das mit Hegel als „System der Bedürfnisse" bezeichnet werden kann, vor allem auf öffentlichen Akten des dezentralen Tausches (Warenhandel auf Märkten) beruht, hatten dezentrale Tauschakte in Gesellschaften sowjetsozialistischen Typs größtenteils einen nichtöffentlichen und netzwerkartigen Charakter, wie im fünften Kapitel ausführlich dargestellt wurde.

In Shlapentokhs widerspruchsvoller Begriffswahl scheint die Hoffnung der „Perestrojka"-Zeit zum Ausdruck zu kommen, dass die genuin autonome Interaktionssphäre, die es in der spätsozialistischen Gesellschaft der UdSSR tatsächlich gegeben hat, nach ihrer Befreiung aus dem repressiven Gefüge des sowjetsozialistischen Staates eine Entwicklung zu „Markt und Demokratie" wesentlich begünstigen werde, weil sie der Hort von Eigeninitiative und Eigensinn gewesen sei.[156] Im zeitgeschichtlichen Kontext der späten 1980er Jahre erscheint diese Hoffnung trotz aller zuvor geäußerten ex-post-Kritik als nachvollziehbar. Sie betonte eine hochgradige Interessenautonomie und -pluralität innerhalb einer Gesellschaft, die zum damaligen Zeitpunkt von nicht wenigen Beobachtern noch als eine „totalitäre" und außerhalb der integrierten Führungsspitze als eine „atomisierte" betrachtet wurde. Sie reflektierte ebenfalls die in der damaligen sowjetischen Bevölkerung selbst verbreitete Erwartung, dass diese real existierende Interessenautonomie und –pluralität im Rahmen des grundlegenden „Umbaus" von Institutionen anerkannt wird, damit sie dann auch zum Gegenstand einer angemessen normativen Regulierung mit universellem Geltungsanspruch und „Erzwingung durch einen Dritten [third-party enforcement]" (North 1992: 41) werden kann.

In den früher 1990er Jahren kam außerdem die bereits ausführlich thematisierte Erwartung hinzu, dass Vertreterinnen und Vertreter der im Sowjetsozialismus entstandenen „professionellen Mittelschicht" im Sinne von Perkin sich im Prozess der postsozialistischen Transformation direkt in den Entstehungskern einer „professionellen Mittelklasse" verwandeln und zur treibenden Kraft der demokratisch-marktwirtschaftlichen Reformen werden würden. Die Ausführungen im zweiten Kapitel der vorliegenden Studie haben jedoch deutlich gemacht,

---

[156] Auch Jowitt (1992: 226) stellte einige Jahre später die These auf, der zufolge es zwischen Stalins und Brežnevs Tod zur Entstehung einer „civil society" in der UdSSR gekommen sei. Allerdings habe diese „civil society" innerhalb der Partei existiert und nicht der Hegelschen, sondern der Marxschen Vorstellung aus dem Aufsatz „Zur Judenfrage" (Marx 1843/1970: 347-377) entsprochen: „unrestarained ego, selfishness and greed" (Jowitt 1992: 252). Gleichzeitig verwandelte sich die gesamte sowjetische Gesellschaft in eine „Aasfresser-Gesellschaft [scarvenger society]". Auf dieser Überlegung basierte Jowitts Kritik der Idee, der zufolge es eine spezifische Form des „Gesellschaftsvertrags" in der UdSSR der Brežnev-Zeit gegeben habe (Heller/Nekrich 1982 II: 386f.; Afanas'ev 1994: 124; 2000: 156; Zaslavsky 2000: 86-87): "Far from being a social contract, the nexus between the Brezhnev regime and Soviet society was that of a *protection racket*. Members of Soviet society were rewarded for, and punished for not, acting like scavengers." (Jowitt 1992: 226-227) Es handelte sich mit anderen Worten eher um einen Herrschafts- als um einen Gesellschaftsvertrag.

dass sich diese Erwartungen im Laufe des ersten russischen Transformations-jahrzehnts nur sehr begrenzt erfüllten. Besonders kritische Beobachter sprachen von einer „Polarisierung der Gesellschaft" (Rutkevič) oder vom Entstehen eines „schwarzen Lochs" im mittleren Bereich der sozioökonomischen Stratifikation (Rimaševskaja). Selbst die Autorinnen und Autoren, die einen signifikanten An-teil der „Mittelklasse" innerhalb der russländischen Transformationsgesellschaft bestimmen konnten, machten auf die beträchtlichen, vor allem sozioökonomi-schen Unsicherheiten der Vertreterinnen und Vertreter dieser Makrogruppe auf-merksam.

Die Ursachen für diese krisenhafte Entwicklung sind aber nach der Auffas-sung des Autors der vorliegenden Studie nicht ausschließlich in der „neoliberalen" Reformpolitik von El'cins Administration zu suchen (insbesondere der Regierung unter Egor Gajdar), sondern liegen viel mehr in der Desintegration der sozioökonomisch-institutionellen Ordnung, in der die spezifische sowjetsozi-alistische Mittelschicht entstanden war und sich etwa zwei Jahrzehnte lang ent-wickelt hatte. Der postsozialistische Transformationsprozess stellte deshalb in Bezug auf die Sozialstruktur eine qualitative „Umschichtung" in Geigers (1955/1962: 139ff.) Sinne dar: eine Veränderung von „Schichtdeterminanten" infolge eines grundlegenden Wandels in der Funktionsweise des sozioökonomi-schen Systems.[157] Es handelte sich dabei jedoch nicht um einen simplen Wechsel vom planwirtschaftlichen hin zum marktwirtschaftlichen „Modell", sondern um die zunehmende Fragmentierung eines hochkomplexen Verwaltungsapparats. Dieser funktionierte bereits in den Zeiten, in denen sein langfristiger Fortbestand noch kaum angezweifelt wurde, in Wirklichkeit nicht so, wie es offiziell verkün-det wurde. Gerade die institutionelle Persistenz der „Zentralplanung" trotz aller offenkundigen Dysfunktionalitäten trug wesentlich zur Entstehung einer sehr weiten Sphäre von äußerst intransparenten sozialen Beziehungen bei. Diese hal-fen zwar, die offizielle Institutionsordnung kurz- bis mittelfristig aufrechtzuer-halten, untergruben aber diese Ordnung zugleich längerfristig – ein Prozess, der für die allermeisten Beteiligten selbst so gut wie unbemerkbar vonstatten ging. Erst in der zweiten Hälfte der 1980er Jahre erreichte diese unterschwellige Ent-

---

[157]   Geiger (1930/1962: 207 f.) benutzt den Begriff „Schicht" als die allgemeine Bezeichnung von verschiedenen sozialen Makrogruppen, die sich innerhalb einer Gesellschaft bestimmen lassen. So verstandene Schichten müssen nicht hierarchisch (übereinander) angeordnet sein, sondern können auch nebeneinander bestehen. Unter Geigerscher „Umschichtung" im qualitativen Sinne – das heißt einer Veränderung der „Schichtdeterminanten" und keinem bloßen Übergang einer großen Zahl von Personen aus den Reihen einer „Schicht" in die einer anderen – ist deshalb im Kontext dieser Studie ein Wandel der Kriterien zu verstehen, welche die Abgrenzungen aller bestimmbaren sozialen Mak-rogruppen der sowjetsozialistsichen Gesellschaft und nicht nur der sozio-ökonomischen Schichten betreffen.

wicklung einen kritischen Punkt, ab dem die Systemdesintegration zunehmend offensichtlich wurde.

Gorbačevs „Perestrojka" ist als ein grundsätzlich konzipierter Versuch zu sehen, die verwaltungshierarchische Institutionsordnung des Sowjetsozialismus so umzubauen, dass sie im höheren Maße als bis dahin den Interessen der breiten Bevölkerungsschichten dienen kann. Allerdings berücksichtigte diese Politik nicht in hinreichendem Maße die Tatsache, dass diese hochgradig ausdifferenzierten und sehr oft zueinander kompetitiven Interessen bereits alternative Organisationsstrukturen ihrer Verfolgung innerhalb des zentralisierten Apparats hervorgebracht hatten. Gorbačevs „Umbau" lockerte zusätzlich den sowieso schon deutlich geschwächten Koordinationsdruck der verwaltungshierarchischen Struktur und eröffnete zahlreiche Freiräume für die zunehmende, unkontrollierte Entfaltung von Partikularinteressen. Diese Partikularinteressen sind jedoch keineswegs, wie die moralisierenden Kritiker behaupten, erst zu diesem Zeitpunkt entstanden.

Das Resultat war eine Desintegration anstelle einer flexibilisierenden Rekonfiguration der gesamtgesellschaftlichen Verwaltungshierarchie. Das für die verhältnismäßige Stabilität des „reifen Sozialismus" entscheidende Interaktionsprinzip, das im fünften Kapitel als dezentralisierende Zentralisierung bezeichnet wurde, verlor zunehmend an Bedeutung. Steven Solnick (1999: 7) sprach in diesem Zusammenhang von einem „collosal bank run"[158], der in den späten 1980er Jahren das Schicksal der sowjetsozialistischen Ordnung besiegelt habe: Weil immer weniger Menschen an die Funktions- und Regulationsfähigkeit der offiziellen sowjetsozialistischen Institutionen glaubten, entwickelten sie in immer größerem Umfang alternative, vor allem netzwerkartige Organisationsformen, um ihre Partikularinteressen zu verfolgen. Dadurch wurden die offiziellen Normen noch häufiger unterlaufen und ihre Regulationskraft zunehmend geschwächt, was wiederum immer mehr Menschen in der Überzeugung bestätigte, dass von dieser Institutionsordnung sowieso nichts Positives zu erwarten sei. Die „Prophezeiung" bewahrheitete sich zunehmend (Solnick 1999: 223-233). Sie blieb allerdings sehr lange unausgesprochen und drückte sich eher in einem impliziten Glaubensmangel aus. Dieser war erfahrungsgesättigt und stellte kein bloßes Resultat einer unzureichenden Verinnerlichung der sowjetsozialistischen Ideale oder eines poststalinistischen „Sittenverfalls" dar.

Solnick verfolgte in seiner Analyse einen von der Spieltheorie und Property-Rights-Theorie inspirierten, institutionalistisch-individualistischen Ansatz (siehe auch: Solnick 1996). Dem gegenüber nahm die vorliegende Studie im fünften Kapitel vor allem die sozialen Strukturen in den Blick, die den „bank

---

[158] Damit stellte dieser Autor eine Verbindung zu Robert K. Mertons (1949/1995: 399-413) berühmter Analyse der „self-fulfilling prophecy".

run" vorbereitet und ermöglicht haben. Die tagtägliche Anreicherung der für sich genommen dysfunktionalen, gesamtgesellschaftlichen Verwaltungshierarchie mit inoffiziellen Netzwerkbeziehungen erzeugte bei den meisten Beteiligten den Eindruck der Stabilität im unmittelbar wahrgenommenen, lebensweltlichen Bereich.[159] Die systemerodierende Wirkung der eigenen Alltagspraktiken blieb in den allermeisten Fällen unreflektiert, weil sie sich erst auf einem hohen „Aggregationsniveau" und deutlich zeitversetzt bemerkbar machte. Deshalb entstand nachträglich der oft in Alltagsgesprächen artikulierte Eindruck, dass „der Fisch vom Kopf an begonnen hat zu verderben"[160]. Dabei wurde übersehen, dass den angeprangerten Praktiken von „denen da oben" die gleiche Handlungslogik zugrunde lag, die den „kleinen Leuten" im eigenen Alltag als selbstverständlich erschien: die faktische Nutzung von noch so geringfügigen Verfügungsbefugnissen über irgendwelche Bestandteile des „allnationalen Vermögens" zu partikular bestimmten Zwecken.

Die Fähigkeit des sowjetsozialistischen Systems, die staatsabhängige Mittelschicht zu kooptieren, sie in eine Art „Staatsklasse" (Elsenhans 1997) zu verwandeln, schwand damit zusehends. Die Vertreterinnen und Vertreter dieser sozialen Makrogruppe haben deshalb Gorbačevs Umbauversuch und das anfängliche Reformprogramm der russischen Führung unter El'cin tatsächlich besonders zahlreich unterstützt (Simonjan 2008: 44). Zum einen wurden gerade innerhalb dieser sozialen Makrogruppe die politisch-kulturellen Restriktionen der sowjetsozialistischen Gesellschaftsordnung – vor allem die fehlende öffentliche Äußerungsfreiheit – als besonders drückend empfunden. Zum anderen hofften viele auf eine Verbesserung ihrer sozioökonomischen Situation durch eine Stärkung der Korrelation zwischen dem beruflich erforderlichen Qualifikationsniveau und der materiellen Vergütung. Im sowjetsozialistischen Gesellschaftskontext schien sich damit Huntingtons (1968: 289) Einschätzung zu bestätigen, der zufolge aufstrebende Mittelschichten einen eher destabilisierenden als stabilisierenden Einfluß auf politische Regime hätten. Weil aber die zuerst von der „Perestrojka" und dann von der „Schocktherapie" faktisch katalysierte Gesellschaftstransformation entgegen allen Beteuerungen der entsprechenden Führungspersönlichkeiten kein bewußt gesteuerter Prozess war, kann diese Mittelschicht nicht als ein wirklich kohärenter sozialer Träger dieses Systemwandels angesehen werden.

Diese Tatsache wird von einem zentralen Befund der empirischen Sozialstrukturforschung in der postsozialistischen Periode verdeutlicht: Nur etwa ein

---

[159]   Siehe dazu Ausführungen zum „Nicht-Erkennen" (misrecognition) von „blat"-Beziehungen bei Ledeneva (1998: 59f.).
[160]   Im Russischen sagt man: „Ryba gniët s golovy." Das heißt wörtlich übersetzt: „Der Fisch fängt an vom Kopf an zu verderben" (Bovt 2006: 9). In der analogen, deutschen Redewendung beginnt der Fisch zu stinken.

Drittel jener Personen, die aufgrund ihrer Hochschulbildung nach sozio-professionellen Kriterien zur „Mittelklasse" zählten, konnte zugleich nach einem Transformationsjahrzehnt ein materielles Wohlstandsniveau erreichen, das eine Stratifikationsverortung in der qualitativ definierten „Mitte" der Gesellschaft rechtfertigte. Der Großteil der höheren Qualifikationen, die in der Sowjetzeit erworben wurden, ließ sich im Rahmen des gewandelten Systems sozioökonomischer Interaktionen nicht in einen Lebensstandard konvertieren, der den Aspirationen und Wünschen der betrachteten Personen entsprach. Bezieht man, von dem sowjetischen Konzept der „sozialistischen Volksintelligenzija" ausgehend, auch Personen mit einer mittleren spezialistischen Fachausbildung in den Kreis der Mittelschicht ein, wird das krisenhafte Ausmaß der durch den zunächst erodierend-evolutionären Systemwandel in Gang gesetzten „Umschichtung" noch deutlicher. Diese Erkenntnis trägt entscheidend zur Beantwortung der Frage bei, warum die Vertreterinnen und Vertreter der postsozialistischen Mittelschicht die hochgesteckten Demokratisierungserwartungen bisher nicht zu erfüllen vermochten.

7 Literatur

Adorno, Theodor W. (1954/1979): „Beitrag zur Ideologienlehre" (1954). In: Adorno, Theodor W.: *Soziologische Schriften I*, Frankfurt am Main: Suhrkamp, S. 457-477.

Afanas'ev, Michail N. (1994): „Klientela v Rossii včera i segodnja". In: *Polis*, Nr. 1, S. 121-126.

Afanas'ev, Michail N. (2000): Klientelizm i rossijskaja gosudarstvennost'. Issledovanie klientarnych otnošenij, ich roli v ėvolucii i upadke prošlych form rossijskoj gosudarstvennosti, ich vlijanija na političeskie instituty i dejatel'nost' vlastvujuščich grupp v sovremennoj Rossii, Moskva.

Afanas'ev, V. G. / Gvišiani, D. M. / Popov, G. Ch. (Hrsg.) (1978): *Upravlenie socialističeskim proizvodstvom. Voprosy teorii i praktiki*, Moskva: Izdatel'stvo Ėkonomika.

Aitov, Nariman A. (1979): „O nekotorych diskussionnych voprosach izučenija sovetskoj intelligencii". In: *Sociologičeskie issledovanija*, Nr. 3, S. 29-34.

Aitov, Nariman A. / Nasibullin, R. T. (1980): „Professionalnaja mobilnost' intelligencii". In: *Sociologičeskie issledovanija*, Nr. 2, S. 106-111.

Al'terman, Georgij (2003): „Molodoj srednij klass". In: *Ėkspert Severo-Zapad*, Nr. 38 vom 13. Oktober, Internetquelle: http://www.middleclass.ru/articles/young.shtml, Ausdruck vom 03.11.2004.

Andrjanov, K. N. (2004): "Srednij klass v sovremennych uslovijach rossijskoj ėkonomiki". In: *Ėkonomičeskij žurnal*, Nr. 8, S. 5-19.

Andrle, Vladimir (1976): *Managerial Power in the Soviet Union*, Westmead, Lexington.

Andrle, Vladimir (1994): A Social History of Twentieth-Century Russia, London u.a.

Anurin, Vladimir F. (2006): „Kontury provincial'nogo srednego klassa Rossii". In: *Sociologičeskie issledovanija*, Nr. 10, S. 3-15

Anurin, Vladimir F. (2008): "Contours of the Middle Class in the Provinces of Russia". In: *Sociological Research*, vol. 47, no. 1 (Jan.-Feb.), S. 41-63.

Aristoteles (1994): *Politik*, nach der Übersetzung von Franz Susemihl; mit Einleitung, Bibliographie und zusätzlichen Anmerkungen von Wolfgang Kullmann, Reinbek bei Hamburg.

Arrow, Kenneth J. (1964): "Control in Large Organisations". In: *Management Sciences*, no. 3, S. 397–408.

Askanas, Benedykt / Zieba, Jolanta (1987): *Die Verteilung der Arbeitseinkommen in den RGW-Ländern und Jugoslawien mit einem Vergleich zu Österreich*, Wiener Institut für Internationale Wirtschaftsvergleiche, Nr. 131, August

Atkinson, John (1984): "Manpower strategies for flexible organizations". In: *Personnel Management*, August, S. 28-31

Avraamova, Elena M. (2008): „Srednij klass epochi Putina". In: *Obščestvennye nauki i sovremennost'*, Nr. 1, S. 28-36.

Avraamova, Elena / Ovčarova, Lilija (2000): „Finansovyj krizis avgusta 1998 g.: Vyderžal li udar srednij klass Rossii?" in: *Voprosy ėkonomiki*, Nr. 2, S. 54-66.

Åslund, Anders (1999): „Has the Financial Collapse Saved Russia?". In: *Nezavisimaja Gazeta*, 28. Juli.

Baberowski, Jörg (2003): *Der rote Terror. Die Geschichte des Stalinismus*, München.

Bailes, Kendall E. (1996): „Reflections on Russian Professions". In: Balzer, Harley D. (ed.): *Russia's Missing Middle Class. The Professions in Russian History*, Armonk u.a., S. 39-54.

Bakštanovskij, Vladimir I. / Sogomonov, Jurij V. (2000): Ėtos srednego klassa: Normativnaja model' i otečestvennye realii. Naučno-publicisticeskaja monografiia, Tjumen'

Bakštanovskij, Vladimir I. / Kiričuk, Stepan M. (red.) (1999): Gorodskie professionaly: Cennosti i pravila igry srednego klassa. 20 refleksivnych biografii, Tjumen'.

Balobanova, Elena G. (2008): „Srednij klass kak ob-ekt issledovanij rossijskich sociologov". In: *Obščestvennye nauki i sovremennost'*, Nr. 1, S. 50-55.

Balzer, Harley D. (1998): "Russia's Middle Classes". In: *Post-Soviet Affairs*, vol. 14, no. 2, S. 165-186.

Balzer, Harley D. (2001): „The Self-Denying Middle Class in the Global Age". In: Segbers, Klaus (ed.): *Explaining Post-Soviet Patchworks, Vol. 1 „Actors and sectors in Russia between accommodation and resistance to globalization"* Burlington: Ashgate Publishing Company, S. 366-384.

Bauman, Zygmunt (1974): "Officialdom and Class: Bases of Inequality in Socialist Society". In: Frank Parkin (ed.): *The Social Analysis of Class Structure*, London, S. 129-147.

Becker, Bert / Rüland, Jürgen / Werz, Nikolaus (1999): „Vorwort" in: dieselben (Hg.): *Mythos Mittelschichten. Zur Wiederkehr eines Paradigmas der Demokratieforschung*, Bonn, S. 7-13.

Bednarski, Marek (1992): Drugi obieg gospodarczy. Przesłanki, mechanizmy i skutki w Polsce lat osiemdziesiątych, Warszawa

Beissinger, Mark R. (1989): *Transformation and Degeneration: The CPSU under Reform*, Soviet Interview Project. University of Illinois at Urbana Champaign, Working Paper #59, August.

Belen'kij, Vladimir Ch. (2004): „Ešče raz ob intelligencii" in: *Sociologičeskie issledovanija*, Nr. 4, S. 94-102.

Beljaeva, Ljudmila A. (1999): „V poiskach srednego klassa". In: *Sociologičeskie issledovanija*, Nr. 7, S. 72-77.

Beljaeva, Ljudmila A. (2001): *Social'naja stratifikacija i srednij klass v Rossii: 10 let postsovetskogo razvitija*, Moskva.

Beljaeva, Ljudmila A. (2007): "I vnov o srednem klasse Rossii". In: *Sociologičeskie issledovanija*, Nr. 5, S. 3-13.

Bell, Daniel (1973/2001): "The Coming of Post-Industrial Society" (1973, Auszüge). In: Grusky, David B. (ed.): *Social Stratification. Class, Race, and Gender in Sociological Perspective*, Boulder 2001, S. 805-817.

Berezin, Igor S. (1997): „Formirovanie srednego klassa kak kriterij zaveršenija social'no-ėkonomičeskoj transformacii". In: *Biznes i politika*, Nr. 3, S. 56-61.

Berger, Peter A. (2005): „Deutsche Ungleichheiten – eine Skizze". In: *Aus Politik und Zeitgeschichte*, Nr. 37, S. 7-16.

Berliner, Joseph S. (1957): *Factory and Manager in the USSR*, Cambridge, Mass.

Berliner, Joseph S. (1988): "The Informal Organization of the Soviet Firm". In: ders.: *Soviet Industry from Stalin to Gorbachev. Essays on Management and Innovation*, Ithaca, N.Y., S. 21–46.

Bessonova, Ol'ga Ė. (1999a): *Razdatok: institucional'naja teorija chozjajstvennogo razvitija Rossii*, Novosibirsk.

Bessonova, Ol'ga Ė. (1999b): „Institucional'naja teorija chozjajstvennogo razvitija Rossii" in: Zaslavskaja, Tat'jana I. / Kalugina, Z. I. (red.): *Social'naja traektorija reformiruemoj Rossii. Issledovanija Novosibirskoj ėkonomiko-sociologičeskoj školy*, Novosibirsk, S. 245-278.

Beyrau, Dietrich (1993): *Intelligenz und Dissidenz. Die russischen Bildungsschichten in der Sowjetunion 1917-1985*, Göttingen.

Białecki, Ireneusz (1995): „Inteligencja i klasy średnie" in: *Res Publica Nowa*, Nr. 12, S. 48-55.

Bieling, Hans-Jürgen / Dörre, Klaus / Steinhilber, Jochen / Urban, Hans-Jürgen (Hg.) (2001): *Flexibler Kapitalismus: Analysen. Kritik. Politische Praxis. Frank Deppe zum 60. Geburtstag*, Hamburg: VSA-Verlag.

Birle, Peter (1999): „Politische Transformation und die Rolle der Mittelschichten in Polen". In: Bert Becker, Jürgen Rüland und Nikolaus Werz (Hg.): *Mythos Mittelschichten. Zur Wiederkehr eines Paradigmas der Demokratieforschung*, Bonn, S. 204-227.

Birman, Igor (1978): „From the Achieved Level". In: *Soviet Studies*, no. 2, S. 153–172.

BEA / Bjuro Ėkonomičeskogo Analiza (2000): *Srednij klass v Rossii: Količestvennye i kačestvennye ocenki*, Moskva: TEIS.

Blau, Peter M. (1956): "The Dynamics of Bureaucracy" in: William Petersen (ed.): *American Social Patterns. Studies of Race Relations, Popular Heroes, Voting, Union Democracy, and Government Bureaucracy*, Garden City, N.Y., S. 219-259.

Blau, Peter M. / Meyer, Marshall W. (1956): *Bureaucracy in Modern Society*, New York.

Blaženkova, Olesja / Gurova, Tat'jana (2000): „Klass: Vse, čto vy uže znali o srednem klasse, no bojalis' proizvesti vsluch". In: *Ėkspert*, Nr. 34 (245), 18.09.2000.

Borucki, Andrzej (1980): „Inteligencja polska – dylemat nadal aktualny". In: Borucki, Andrzej (red.): *Polska inteligencja współczsna. Z problematyki samowiedzy*, Warszawa, S. 7-17.

Bourdieu, Pierre (1983): „Ökonomisches Kapital, kulturelles Kapital, soziales Kapital". In: Kreckel, Reinhard (Hg.): *Soziale Ungleichheiten. Soziale Welt*, Sonderband 2, Göttingen, S. 183-198.

Bovt, Georgy (2006): „The Paradox of Corruption". In: *The Moscow Times*, January 19, (Issue 3334), S. 9.

Bracher, Karl Dietrich (1970): *The German Dictatorship*, New York.

Breshnew, Leonid I. (1972/1975): „Zum 50. Jahrestag der Bildung der Union der Sozialistischen Sowjetrepubliken", (gehalten am 21. Dezember 1972) in: ders., *Auf dem Wege Lenins. Reden und Aufsätze*, Bd. 4, Berlin.

Breshnew, Leonid I. (1977): „Rechenschaftsbericht des Zentralkomitees der KPdSU und die nächsten Aufgaben der Partei in der Innen- und Außenpolitik. Bericht an den XXV. Parteitag der KPdSU", 24. Februar 1976. In: ders.: *Auf dem Wege Lenins. Reden und Aufsätze*, Bd. 5, (Apr. 1974 – März 1976). Berlin.

Buhbe, Matthes (2007): *Russlands städtische Mittelschicht. Eine Umfrage im Auftrag der Friedrich-Ebert-Stiftung. Kommentierte Auswahl einiger Ergebnisse*, Moskau: Friedrich-Ebert-Stiftung.

Bunce, Valerie (1999a): *Subversive Institutions. The Design and the Destruction of Socialism and the State*, Cambridge.

Bunce, Valerie (1999b): "The Political Economy of Postsocialism". In: *Slavic Review*, vol. 58, no. 4 (Winter), S. 756-793.

Burawoy, Michael (1985): *The Politics of Production: Factory Regimes under Capitalism and Socialism*, London.

Burawoy, Michael / Lukacs, János (1985): „Mythologies of Work: A Comparison of Firms in State Socialism and Advanced Capitalism". In: *American Sociological Review*, vol. 50, no. 6 (December), S. 723-737.

Burris, Val (1986): „The discovery of the new middle class". In: *Theory and Society*, vol. 15, S. 317-349.

Butenko, Irina A. (1998): „Intelligencija, intellektualy, narod". In: *Sociologičeskie issledovanija*, Nr. 12, S. 131-133.

Butler, Tim (1995): „The debate over the middle classes"; in: Butler, Tim / Savage, Mike (eds.): *Social change and the middle classes*, London: UCL Press, S. 26-36

Byzov, Leontij G. (2000): „Uroven' potreblenija i imuščestvennye charakteristiki srednego klassa". In: *Sociologičeskie issledovanija*, Nr. 3, S. 42-48.

Carchedi, G. (1975): "Reproduction of social classes at the level of production relations". In: *Economy and Society*, vol. 4, no. 4, S. 361-417.

Carr, Edward H. / Davies, Robert (1969): *A History of Soviet Russia*, Bd. 9. *Foundations of a Planned Economy, 1926–1929*, Vol. 1, Part 1: London.

Chachulina, Ljudmila (1999): „Sub-ektivnyj srednij klass: dochody, material'noe položenie, cennostnye orientacii" in: *Monitoring obščestvennogo mnenija: Ėkonomičeskie i social'nye peremeny*, Nr. 2 (40), S. 24-33.

Chłopecki, Jerzy (1990): „Państwowe przedsiębiorstwo w szarej gospodarce". In: Sowa, Kazimierz Z. (red.): *Gospodarka nieformalna. Uwarunkowania lokalne i systemowe*, Rzeszów, S. 109-233

Churchward, L.G. (1987): *Soviet Socialism. Social and Political Essays*, London and New York.

Claussen, Detlev (1994): „Mißglückte Befreiung. Zur ethnisierenden Auflösung des Realsozialismus". In: Stefanov, Nenad / Werz, Michael (Hrsg.): *Bosnien und Europa. Die Ethnisierung der Gesellschaft*, Frankfurt am Main: Fischer Taschenbuch Verlag, S. 60-75.

Claussen, Detlev (2000): „Das Verschwinden des Sozialismus. Zur ethnonationalistischen Auflösung des Sowjetsystems". In: Claussen, Detlev / Negt, Oskar / Werz, Michael

(Hrsg.): *Kritik des Ethnonationalismus. Hannoversche Schriften 2*, Frankfurt am Main: Verlag Neue Kritik, S. 16-41.

Clegg, Stewart R. (1990): *Modern Organizations: Organization studies in the postmodern world*, London: Sage.

Cohen, Jean L. / Arato, Andrew (1992): *Civil Society and Political Theory*, Cambridge, MA: MIT Press

Crozier, Michel (1964): *The Bureaucratic Phenomenon*, Chicago

Černomyrdin, Viktor (1999): „Vstupitel'noe slovo". In: A.V. Frolov (red., Exekutivkomitee der Partei „Unser Haus Russland"): Rossijskij srednij klass v obščestvennoj žizni i istoričeskoj perspektive. Po materialam zasedanija ‚kruglogo stola' ot 11 avgusta 1999 goda, Moskva, S. 4-5.

Češkov, Marat A. (1988): „Koncepcija bjurokratii: neobchodimost' i vozmožnost' pereformulirovki". In: *Rabočij klass i sovremennyj mir*, Nr. 5, S. 184-196.

Dahrendorf, Ralf (1959): *Class and Class Conflict in Industrial Society*, London u.a.

Dallago, Bruno (1986): „Economic System and the Causes of Irregular Economy. Some preliminary questions for an East-West comparison". In: *Rivista Internazionale di Scienze Economiche e Commerciali*, vol. 33, no. 8, S. 777-796.

Dalton, Melville (1959): *Men Who Manage. Fusions of Feeling and Theory in Administration*, New York & London.

Daroszewski, Zenon (1976): *Socjologiczne aspekty przestępczości gospodarczej w przedsiębiorstwach przemysłowych*, Warszwa: Departament Szkolenia i Doskonalenia Zawodowego MSW („Do użytku służbowego").

Davydov, Jurij N. (1990): „Gorkie istiny ‚vech' (tragičeskij opyt samopoznanija rossijskoj intelligencii)". In: *Sociologičeskie issledovanija*, Nr. 10, S. 67-81.

Davydova, Nadežda M. / Sedova, Natal'ia N. (2004): „Material'no-imuščestvennye charakteristiki i kačestvo žizni bogatych i bednych". In: *Sociologičeskie issledovanija*, Nr. 3, S. 40-50.

Diligenskij, German G. (2002): *Ljudi srednego klassa*, Moskva: Institut Fonda „Obščestvennoe mnenie".

Djilas, Milovan (1957): *Die neue Klasse. Eine Analyse des kommunistischen Systems*, München.

Domański, Henryk (1990a): „Czy jest w Polsce klasa średnia?". In: *Kultura i społeczeństwo*, Bd. XXXIV, Nr. 2, S. 119-138.

Domański, Henryk (1990b): „W oczekiwaniu klasy średniej". In: *Więź*, no. 7-8, p. 11-18.

Dreyfuss, Carl (1933): Beruf und Ideologie der Angestellten, München.

Dunleavy, Patrick (1980): „The political implications of sectoral cleavages and the growth of state employment: Part 2, Cleavage structures and political alignment". In: *Political Studies*, vol. XXVIII, no. 4, S. 527-549.

Egorova, Elena (1998): „Okončatel'nyj analiz: Žertvy aborta". In: *Moskovskij komsomolec*, Nr. 188 (17.948), 2. Oktober, S. 2.

Eichwede, Wolfgang (2000): „Archipel Samizdat". In: Forschungsstelle Osteuropa (Hg.): *Samizdat. Alternative Kultur in Zentral- und Osteuropa: Die 60er bis 80er Jahre*, Bremen: Edition Temmen, S. 8-19.

Eisenstadt, S.N. / Roniger, Luis (1984): *Patrons, Clients and Friend. Interpersonal Relations and the Structure of Trust in Society*. Cambridge.

Elbakjan, Ekaterina S. (2003): „Rossijskaja intelligencija kak sociokul'turnyj fenomen". In: *Obščestvennye nauki i sovremennost'*, Nr. 3, S. 82-95.

Elsenhans, Hartmut (1997): „Staatsklassen". In: Schulz, Manfred (Hg.): *Entwicklung: Die Perspektive der Entwicklungssoziologie*, Opladen, S. 161-186.

Feldbrugge, Ferdinand J.M. (1992): „The Emancipation of Soviet Law: A Foreword" in: Feldbrugge, Ferdinand J.M. (ed.): *The Emancipation of Soviet Law*, Dordrecht / Boston / Lancaster, S. xiii-xvii.

Felice, Renzo de (1977): *Interpretations of Fascism*, Cambridge, Mass.

Field, Mark G. (1991): „The Hybrid Profession: Soviet Medicine". In: Jones, Anthony (ed.): *Professions and the State. Expertise and Autonomy in the Soviet Union and Eastern Europe*, Philadelphia, S. 43-62.

Filippov, Fridrich R. (1977): „Antisovetizm pod vyveskoj ‚sociologii intelligencii'". In: *Sociologičeskie issledovanija*, Nr. 4, S. 156-162.

Fine, Robert / Vázquez, Rolando (2006): "Freedom and Subjectivity in Modern Society: Re-reading Hegel's *Philosophy of Right*". In: Freeman, Michael (ed.): *Law and Sociology. Current Legal Issues 2005*, Oxford / New York, S. 241-253

Flemming, J.S. / Micklewright, John (2000): „Income Distribution, Economic System and Transition". In: Anthony B. Atkinson and Francois Bourguignon (eds.): *Handbook of Income Distribution*, Vol. 1, Oxford et al., S. 843-918.

Foucault, Michel (1975/1994): *Überwachen und Strafen. Die Geburt des Gefängnisses*, Frankfurt am Main: Suhrkamp.

Fromm, Erich (1941): *Escape from Freedom*, New York: Avon Books.

Fruchtmann, Jakob (2004): „Arme in Russland". In: *Russlandanalysen*, Nr. 44, Bremen: Forschungstelle Osteuropa, S. 6-9.

Gajdar, Egor (1995): *Gosudarstvo i évoljucija*, Moskva

Geiger, Theodor (1930): „Panik im Mittelstand". In: *Die Arbeit*, Nr. 7, S. 637-654.

Geiger, Theodor (1955/1962): „Typologie und Mechanik der gesellschaftlichen Fluktuation" (Erstveröffentlichung 1955), Nachdruck in: ders.: *Arbeiten zur Soziologie*, (Soziologische Texte, Bd. 7), Neuwied und Berlin 1962, S. 114-150.

Geiger, Theodor (1930/1962): „Zur Theorie des Klassenbegriffs und der proletarischen Klasse" (Erstveröffentlichung 1930), Nachdruck in: ders.: *Arbeiten zur Soziologie*, Neuwied und Berlin, S. 206-259.

Geiß, Paul Georg (2004): „Regionalismus und Staatlichkeit in Turkmenistan". In: *WeltTrends*, Nr. 45 (Winter) 12. Jg., S. 25-37.

Geißler, Rainer (1985): „Die Schichtungssoziologie von Theodor Geiger. Zur Aktualität eines fast vergessenen Klassikers". In: *Kölner Zeitschrift für Soziologie und Sozialpsychologie*, 37. Jahrgang, S. 387-410.

Gerth, Hans (1940): „The Nazi Party: Its Leadership and Composition". In: *American Journal of Sociology*, vol. 45, no. 4, S. 517-541.

Giddens, Anthony (1979): *Die Klassenstruktur fortgeschrittener Gesellschaften*, Frankfurt am Main: Suhrkamp.

Gill, Graeme / Pitty, Roderick (1997): *Power in the Party. The Organisation of Power and Central-Republican Relations in the CPSU*, Houndmills.

Gladkov, I. A. / Vinogradov, V. A. / Vorobev, Ju. F. / Kapustin, E. N. / Nekrasov, N. N. / Paškov, A. I. / Fedorenko, N. P. / Černovec, V. N. / (Hrsg.) (1980): *Istorija socialis-*

tičeskoj ėkonomiki SSSR, Band 7: *Ėkonomika SSSR na etape razvitogo socializma (1960-1970-e gody)*, Moskva: Izdatel'stvo Nauka.

Glassman, Ronald M. (1995): *The Middle Class and Democracy in Socio-Historical Perspective*, Leiden, New York, Köln.

Goldthorpe, John (1982): "On the service class, its formation and future"; in: Giddens, Anthony /MacKenzie, Gavin: *Social class and the division of labour*, Cambridge u.a.: Cambridge University Press, S. 162-185.

Goldthorpe, John (1995): „The service class revisited". In: Butler, Tim / Savage, Mike (eds.): *Social change and the middle classes*, London: UCL Press, S. 313-329.

Golenkova, Zinaida T. (2003): "Predislovie". In: Golenkova, Zinaida T. (red.): *Social'naja stratifikacija rossijskogo obščestva*, Moskva: Institut Sociologii RAN, S. 5-12.

Golenkova, Zinaida T. / Igitchnjan, Elena D. (1998a): „Srednie sloi v sovremennoj Rossii (opyt analiza problemy)". In: *Sociologičeskie Issledovanija*, Nr. 7, S. 44-53.

Golenkova, Zinaida T. / Igitchanjan, Elena D. (1998b): "Glava 4: Sotsial'naja struktura i stratifikacija" in: Jadov, V. A. (red.): *Sociologija v Rossii*, Moskva, S. 104-129.

Golenkova, Zinaida T. / Igitchnjan, Elena D. / Orechova, I. M. / Ucholova, N. K. (2003): "Novye tendencii v formirovanii processov social'noj differenciacii i integracii rossijskogo obščestva". In: Golenkova, Zinaida T. (red.): *Social'naia stratifikacija rossijskogo obshchestva*, Moskva: Institut sociologii RAN, S. 69-97.

Gołębiowski, Bronisław (1998): „Inteligencja: od genealogii szlacheckiej przez ludową do klasy średniej". In: *Kultura i społeczeństwo*, Jg. XLII, Nr. 4, S. 121-126

Gordon, Leonid A. (1968): *Problemy izmenenija struktury sovetskogo obščestva*, Moskva.

Gordon Leonid A. / Klopov, Ėduard V. (1972): „Social'noe razvitie rabočego klassa SSSR". In: *Voprosy filosofii*, Nr. 2, S. 3-18.

Gordon, Leonid A. / Nazimova, A. K. (1986a): „The Socio-occupational Structure of Contemporary Soviet Society: Typology and Statistics". In: Yanovitch, Murray (ed.): *The Social Structure of the USSR*, Armonk, N.Y., S. 3-32.

Gordon, Leonid A. / Nazimova, A. K. (1986b): „The Socio-occupational Structure of Contemporary Soviet Society: The Nature and Direction of Change". In: Yanovitch, Murray (ed.): *The Social Structure of the USSR*, Armonk, N.Y., S. 33-61.

Gorškov, Michail K. (2000): „Nekotorye metodologičeskie aspekty analiza srednego klassa v Rossii". In: *Sociologičeskie Issledovanija*, Nr. 3, S. 4-12.

Gorškov, Michail K. / Tichonova, Natal'ja E. / Čepurenko, Aleksandr Ju. (Hrsg.) (1999): *Srednij klass v sovremennom rossijskom obščestve*, Rossijskij Nezavisimyij Institut Social'nych i Nacional'nych Problem (RNISiNP), Moskva: ROSSPEN.

Gorškov, Michail K. / Tichonova, Natal'ja E. (red.) (2004): *Rossija – novaja social'naja struktura. Bogatye. Bednye. Srednij klass*, Moskva: Nauka.

Gorškov, Michail K. / Tichonova, Natal'ja E. et al. (2006): *Gorodskij srednij klass v sovremennoj Rossii. Analitičeskij doklad*, Moskva: Rossijskaja Akademija Nauk, Institut Sociologii.

Gouldner, Alvin W. (1979/1980): *Die Intelligenz als neue Klasse. Sechzehn Thesen zur Zukunft der Intellektuellen und der technischen Intelligenz*, Frankfurt am Main & New York (Originalausgabe 1979).

Granick, David (1951): "Initiative and Independence of Soviet Plan Management". In: *The American Slavic and East European Review*, no. 10, S. 191–201.

Granick, David (1960): *Der rote Manager. Ein Blick hinter die Kulissen der russischen Wirtschaft*, Düsseldorf.

Granovetter, Mark S. (1985): "Economic Action and Social Structure: The Problem of Embeddedness". In: *American Journal of Sociology*, vol. 91, no. 3 (Nov.), S. 481-510.

Greenfeld, Liah (1991): „The 'Purposeful Science' of Soviet Sociology: Will It Become Profession?". In: Jones, Anthony (ed.): *Professions and the State. Expertise and Autonomy in the Soviet Union and Eastern Europe*, Philadelphia, S. 119-151.

Gregory, Paul R. (1989): „Soviet Bureaucratic Behaviour: Khozyaistvenniki and Apparatchiki". In: *Soviet Studies*, vol. XLI, no. 4 (October), S. 511-525.

Gregory, Paul R. / Stuart, Robert C. (1990): *Soviet Economic Structure and Performance*, (4th edition) New York.

Grigor'ev, Leonid M. / Maleva, Tat'jana M. (2001): „Srednij klass v Rossii na rubeže etapov transformacii" in: *Voprosy ėkonomiki*, Nr. 1, S. 45-61.

Gromova, Regina G. / Zaslavskaja, Tat'jana I. (1998/2002): „K voprosu o 'srednem klasse' rossijskogo obščestva" in: *Mir Rossii*, Nr. 4, S. 3-22 (Nachdruck in Zaslavskaja 2002a: 468-494).

Grossman, Gregory (1984): *Die „zweite Wirtschaft" und die sowjetische Wirtschaftsplanung*, Berichte des Bundesinstituts für ostwissenschaftliche und internationale Studien, Nr. 6-1984.

Gudkov, Lev D. (1998): „Krizis vysšego obrazovanija v Rossii: konec sovetskoj modeli". In: *Monitoring obščestvennogo mnenija*, Nr. 4 (36) Juli-Aug., S. 32-45.

Gudkov, Lev D. (1998a): „Kto sostavljaet kategoriju respondentov s vysšim obrazovaniem?". In: *Monitoring obščestvennogo mnenija*, Nr. 5 (37) Sept.-Okt., S. 28-32.

Gudkov, Lev D. (1998b): „Neotraditionalism as the Ideological Programm of the Well-Educated in Russian Society" (Vortragsmanuskript; PDF-Datei unter der Internet-Adresse: www.stanford.edu/group/Russia20/volumepdf/Gudkov.pdf)

Gumuła, Wiesław (1990): „Kilka uwag o transformacjach ustrojowych w Polsce w świetle 'gospodarki cienia'" (Rozdział V). In: Sowa, Kazimierz Z. (red.; praca zbiorowa): *Gospodarka nieformalna. Uwarunkowania lokalne i systemowe*, Towarzystwo Naukowe Organizacji i Kierownictwa. Oddział Rzeszów, Rzeszów, S. 235-249.

Gurova, Tat'jana / Fadeev, Valerii (2000): „Putin i srednij klass" in: *Ėkspert*, No. 13, 03.04.2000; Reprint in: *Dvesti pjat'desiat nedel' razvitija kapitalizma v Rossii (1995-2000). Lučšie materialy žurnala 'Ekspert'*, Moskva, S. 270-272.Hain, Sabine (2006): *Partei und Staat in der Sowjetunion 1985-1991*, Baden-Baden

Hankiss, Elemér (1988): „The 'Second Society': Is There an Alternative Social Model Emerging in Contemporary Hungary?" in: *Social Research*, Vol. 55, no. 1-2 (Spring/Summer), S. 13-42.

Hanlon, Gerard (1998): „Professionalism as enterprise: service class politics and the redefinition of professionalism". In: *Sociology*, vol. 32, no. 1 (February), S. 43-63.

Hayek, Friedrich A. (1945): „The Use of Knowledge in Society". In: *The American Economic Review*, vol. 35, no. 4 (September), S. 519-530.

Hayek, Frederick von (1989): "Spontaneous ('grown') order and organized ('made') order". In: N. Modlovsky (ed.): *Order – With or Without Design?*, London, S. 101–123.

Hegel, Georg Wilhelm Friedrich (1821 / 1995): *Grundlinien der Philosophie des Rechts oder Naturrecht und Staatswissenschaft im Grundrisse* (Erstausgabe 1821), Werke Bd. 7, Frankfurt/Main: Suhrkamp.

Heller, Agnes / Fehér, Ferenc / Márkus, György (1983a): *Dictatorship over Needs. An Analysis of Soviet Societies*, Oxford.

Heller, Agnes / Fehér, Ferenc / Markus, György (1983b): *Der sowjetische Weg. Bedürfnisdiktatur und entfremdeter Alltag*, Hamburg.

Heller, Michail / Nekrich Alexander (1982): *Geschichte der Sowjetunion*, 2 Bde., Königstein: Athenäum Verlag.

Hildermeier, Manfred (1998): *Geschichte der Sowjetunion 1917-1991. Entstehung und Niedergang des ersten sozialistischen Staates*, München.

Hirschman, Albert O. (1992): „Exit and Voice: An Expanding Sphere of Influence". In: ders.: *Rival Views of Market Society and Other Recent Essays*, Cambridge, Massachusetts, S. 77-101.

Hobsbawm, Eric. J. (1998): *Das Zeitalter der Extreme*, München.

Holmes, Leslie (1981): "Conclusions: Whither the Party and State?". In: Leslie Holmes (Ed.): *The Withering Away of the State? Party and State under Communism*, London, Beverly Hills, S. 245–280.

Holtbrügge, Dirk (1991): „Ursachen, Ausmaße und Ausprägungen der Schattenwirtschaft in der UdSSR". In: *Osteuropa*, Nr. 1, S. 46-55.

Horkheimer, Max (1942/1995): „Vernunft und Selbsterhaltung" (Erstpublikation 1942), Nachdruck in: ders.: *Traditionelle und kritische Theorie. Fünf Aufsätze*, Frankfurt am Main, S. 271-301.

Hradil, Stefan (2004): *Die Sozialstruktur Deutschlands im internationalen Vergleich*, Wiesbaden: VS – Verlag für Sozialwissenschaften.

Hradil, Stefan / Schmidt, Holger (2007): „Angst und Chancen. Zur Lage der gesellschaftlichen Mitte aus soziologischer Sicht". In: Herbert-Quandt-Stiftung (Hg.), *Zwischen Erosion und Erneuerung. Die gesellschaftliche Mitte in Deutschland. Ein Lagebericht*, Bad Hombung v. d. Höhe, S. 163-226.

Huntington, Samuel P. (1968): *Political Order in Changing Societies*, New Haven.

Huntington, Samuel P. (1991): *The Third Wave: Democratization in the Late Twentieth Century*, Norman.

Il'in, Vladimir (1996): *Gosudarstvo i social'naja stratifikatsija sovetskogo i postsovetskogo obščestv 1917-1996 gg. Opyt konstruktivistsko-struktural'nogo analiza*, Syktyvkar.

Jedlicki, Jerzy (2004): „Inteligencja w demokratycznym teatrze", gazeta.pl <http://serwisy.gazeta.pl/kraj/2029020,34314,2471426.html>, 30.12.2004.

Jowitt, Ken (1992): *New World Disorder. The Leninist Extinction*, Berkeley u.a.: University of California Press.

Kalimullin, Tagir R. (2003): „O čem mečtajut sociologi…" in: *Ėkonomičeskaja sociologija*, Bd. 4, Nr. 5 (Nov.), S. 118-136.

Kara-Murza, Sergej (2004): *Sovetskaja civilizacija: ot načala do velikoj pobedy*, Moskva

Kara-Murza, Sergej (2002): *Sovetskaja civilizacija: ot velikoj pobedy do našich dnej*, Moskva.

Katsenelinboigen, Aron (1977): „Coloured Markets in the Soviet Union". In: *Soviet Studies*, Vol. XXIX, no. 1 (January), S. 62-85.

Kautsky, Karl (1899): *Bernstein und das sozialdemokratische Programm*, Stuttgart.

Kerblay, Basile (1983): *Modern Soviet Society*, London u.a.

Kharkhordin, Oleg (1999): *The Collective and the Individual in Russia. A Study of Practices*, Berkeley.

Kirzner (1973): *Competition and Entrepreneurship*, Chicago / London.

Kivinen, Markku (1989a): *The New Middle Classes and the Labour Process. Class Criteria Revisited*, (University of Helsinki, Department of Sociology, Research Reports No. 223) Helsinki

Kivinen, Markku (1989b): "The New Middle Classes and the Labour Process". In: *Acta Sociologica*, vol. 32, no. 1, S. 53-73.

Kivinen, Markku (2004): „Srednij klass v sovremennoj Rossii". In: *Mir Rossii*, Jg. 13, Nr. 4, S. 143-170.

Kocka, Jürgen (1974): „Organisierter Kapitalismus oder Staatsmonopolistischer Kapitalismus? Begriffliche Vorbemerkungen". In: Winkler, Heinrich August (Hg.): *Organisierter Kapitalismus. Voraussetzungen und Anfänge*, Göttingen: Vandenhoeck & Ruprecht, S. 19-35.

Kondakov, I.V. (1997): *Vvedenie v istoriju russkoj kul'tury*, Moskva.

Koo, Hagen (1991): „Middle classes, democratization, and class formation. The case of South Korea." in: *Theory and Society*, vol. 20, S. 485-509.

Kordonskij, Simon (2000): *Rynki vlasti. Administrativnye rynki SSSR i Rossii*, Moskva.

Kormer, Vladimir F. (1989): „Dvojnoe soznanie intelligencii i psevdokul'tura". In: *Voprosy Filosofii*, Nr. 9, S. 65-79.

Kornai, Janos (1995): *Das sozialistische System. Die politische Ökonomie des Kommunismus*, Baden-Baden: Nomos.

Kosals, Leonid Ja. / Ryvkina, Rozalina V. (1998): *Sociologija perechoda k rynku v Rossii*, Moskva.

Kosals, Leonid (1995): „Razvitie klanovogo kapitalizma v Rossii" in: *Znanie – Sila*, Nr. 3, S. 5-12.

Kotkin, Stephen (1995): *Magnetic Mountain. Stalinism as a Civilization*, Berkeley, Los Angeles und London.

Kozińska-Bałdyga, Alina (1996): „Klasa średnia czy inteligencja?". In: *Więź*, listopad-grudzień, S. 79-87.

Kracauer, Siegfried (1929/1971): *Die Angestellten. Aus dem neusten Deutschland*, Frankfurt am Main (Erstausgabe 1929).

Kreckel, Reinhard (2004): *Politische Soziologie der sozialen Ungleichheit*, 3. Auflage, Frankfurt am Main/New York: Campus Verlag.

Kuromiya, Hiroaki (1988): *Stalin's Industrial Revolution. Politics and Workers, 1928-1932*, Cambridge u.a.

Kustyrev, A. (1990): „Načalo russkoj revoljucii: versija Maksa Vebera". In: *Voprosy filosofii*, Nr. 8, S. 119-130

Kwaśniewicz, Władysław (2003): „Between a Post-Feudal and a Post-Industrial Model: Polish Society in the 20th Century". In: *Polish Sociological Review*, No. 4 (144), S. 387-397.

Lane, David (1982): *The End of Social Inequality? Class, Status and Power under State Socialism*, London u.a.

Lane, David (1985): *Soviet Economy and Society*, Oxford.

Lash, Scott / Urry, John (1987): *The End of Organized Capitalism*, Cambridge: Polity Press

Lash, Scott / Urry, John (1994): *Economies of Signs and Space*, London: Sage

La Spina, Antonio (1996): "Modes of Legal Intervention and Totalitarian Effectiveness". In: Adam Podgorecki / Vittorio Olgiati (eds.), Totalitarian and Post-Totalitarian Law, Aldershot / Brookfield / Singapore / Sydney, S. 39-69.

Lasswell, Harold (1933): „The Psychology of Hitlerism". In: *The Political Quarterly*, vol. 4., no. 2 (April) S. 373-384.

Latov, Jurij (2000): „'Dlinnye teni' obščestva 'svetlogo buduščego': dva opyta interpretacii (o knigach L. Timofeeva i S. Kordonskogo)" in: *Voprosy ėkonomiki*, Nr. 8, S.131-145.

Ledeneva, Alena (1998): *Russia's Economy of Favours: Blat, Networking and Informal Exchange*, Cambridge.

Ledeneva, Alena (1999): „Blat i rynok: transformatsiya blata v postsovetskom obščestve". In: Šanin, Teodor (Hg.): *Neformal'naja ėkonomika. Rossija i mir*, Moskva, S. 111-124.

Lenin, Wladimir I. (1917/1981): „Der Imperialismus als höchstes Stadium des Kapitalismus. Gemeinverständlicher Abriß" (Erstveröffentlichung 1917). In: ders.: *Werke*, Bd. 22, Berlin: Dietz Verlag, S. 189-309.

Lenin, Wladimir I. (1918/1972a): *Staat und Revolution. Die Lehre des Marxismus vom Staat und die Aufgaben des Proletariats in der Revolution*, (Erstveröffentlichung 1918), Nachdruck in: ders.: *Werke*, Bd. 25, Berlin: Dietz Verlag 1972, S. 393-507.

Lenin, Wladimir I. (1918/1972b): „Politischer Bericht des Zentralkomitees. 7. März [1918]". In: ders.: *Werke*, Bd. 27, Berlin: Dietz Verlag.

Lenin, Wladimir I. (1919/1969): „Ökonomik und Politik in der Epoche der Diktatur des Proletariats" (Erstveröffentlichung 1919). In: ders.: *Werke*, Bd. 30, Berlin 1969, S. 91-101.

Lenin, Wladimir I. (1919/1971): „Die große Initiative (Über das Heldentum der Arbeiter im Hinterland. Aus Anlaß der ‚kommunistischen Subbotniks'" (Erstveröffentlichung 1919). In: *Werke*, Bd. 29, Berlin: Dietz Verlag, S. 397-424.

Lenski, Gerhard (1973): *Macht und Privileg. Eine Theorie der sozialen Schichtung*, Frankfurt am Main.

Leszkowicz-Baczyński, Jerzy (1997): *Inteligencja na rozdrożu. Młodzi specjaliści na progu zmiany ustrojowej*, Zielona Góra.

Levačić, Rosalind (1998): "Markets and government: an overview". In: Grahame Thompson, Jennifer Frances, Rosalind Levačić, Jeremy Mitchell (Eds): *Markets, Hierarchies and Networks. The Coordination of Social Life*, London u.a S. 35–47.

Lewada, Juri (1993): *Die Sowjetmenschen 1989-1991. Soziogramm eines Zerfalls*, München.

Lewin, Moshe (1991): *The Gorbachev Phenomenon. A Historical Interpretation*, Berkeley/Los Angeles.

Linz, Juan J. / Stephan, Alfred (1996): *Problems of Democratic Transition and Consolidation: Southern Europe, South America and Post-Communiust Europe*, Baltimore.

Linz, Susan (1988): "Managerial Autonomy in Soviet Firms". In: *Soviet Studies*, vol. 40, no. 2 (April), S. 175-195.

Lipset, Seymour Martin (1959): „Some Social Requisites of Democracy: Economic Development and Political Legitimacy" in: *The American Political Science Review*, vol. 53, S. 69-105.

Lockwood, David (1995): „Introduction. Making out the middle class(es)" in: Butler, Tim / Savage, Mike: *Social change and the middle classes*, London: UCL Press, S. 1-12.

Machonin, Pavel (1969): *Československá společnost: sociologičká analýza sociální stratifikace*, Bratislava.

Machonin, Pavel (1970): „Social Stratification in Contemporary Czechoslovakia". In: *American Journal of Sociology*, Vol. 75, S. 725-741.

Magaril, Sergej A. (2001): „Graždanskaja otvetstvennost' intelligencii". In: *Sociologičeskie Issledovanija*, Nr. 2, S. 51-57.

Maleva, Tat'jana M. et al. (2003): *Srednie klassy v Rossii: Ėkonomičeskie i social'nye strategii*, Carnegie Moscow Center, Moskva: Gendal'f.

Marx, Karl (1843/1970): „Zur Judenfrage" (geschrieben 1843). In: *Marx-Engels-Werke*, Bd. 1, Berlin: Dietz Verlag 1970, S. 347-377

Marx, Karl / Engels, Friedrich (1848/1971): *Manifest der Kommunistischen Partei*, (Erstveröffentlichung 1848) in: *Marx-Engels-Werke*, Bd. 4, Berlin: Dietz Verlag, 1971, S. 459-493.

Marx, Karl (1867/1962): *Das Kapital. Kritik der politischen Ökonomie*, 1. Band (Erstveröffentlichung 1867). In: *Marx-Engels-Werke*, Bd. 23, Berlin: Dietz Verlag 1962.

Marx, Karl (1871/1971): Der Bürgerkrieg in Frankreich. Adresse des Generalrats der Internationalen Arbeiterassoziation (Erstveröffentlichung 1871). In: Marx-Engels-Werke, Bd. 17, Berlin: Dietz Verlag, S. 313-365.

Marx, Karl (1894/1988): *Das Kapital*, 3. Band (Erstveröffentlichung 1894). In: *Marx-Engels-Werke*, Bd. 25, Belin: Dietz Verlag.

Marx, Karl (1862-1863/1972): *Theorien über den Mehrwert* (geschrieben 1862-1863). In: *Marx-Engels-Werke*, Bd. 26.2, Berlin: Dietz Verlag, 1972.

Marx, Karl (1857-58/1983): „Grundrisse der Kritik der politischen Ökonomie" (geschrieben 1857-58). In: *Marx-Engels-Werke* Bd. 42, Berlin: Dietz Verlag.

Matthews, Mervyn (1972): *Class and Society in Soviet Russia*, London.

Matthews, Mervyn (1978): *Privilege in the Soviet Union: A Study of Elite Life-Styles under Communism*, London, Boston, Sydney: George Allen & Unwin.

Mills, C. Wright (1953): White Collar. The American Middle Classes, New York.

Mises, Ludwig von (1933 / 2002): „Planned Economy and Socialism" (Erstveröffentlichung 1933) in: *Selected Writings of Ludwig von Mises. Between the Two World Wars: Monetary Disorder, Interventionism, Socialism, and the Great Depression*, ed. by Richard M. Ebeling, Indianapolis: Liberty Fund.

Mitchell, J. Clyde (1969): "The Concept and Use of Social Networks". In: ders. (ed.): *Social Networks in Urban Situations. Analyses of Personal Relationships in Central African Towns*, Manchester, S. 1–50.

Mokrzycki, Edmund (1995): "Is the Intelligentsia Still Needed in Poland?" in: *Polish Sociological Review*, no. 4 (112), S. 341-348.

Mokrzycki, Edmund (1996): „A New Middle Class?". In: Richard Kilminster und Ian Varcoe (eds.): *Culture, Modernity and Revolution. Essays in Honour of Zygmunt Bauman*, London, S. 184-200.

Morjé Howard, Marc (2002): „The Weakness of Postcommunist Civil Society". In: *Journal of Democracy*, Vol. 13, No. 1, S. 157-169.

Morjé Howard, Marc (2003): *The Weakness of Civil Society in Post-Communist Europe*, Cambridge: Cambridge University Press.

Mrowczynski, Rafael (2005): „Gordische Knoten. Verwaltungshierarchien und Netzwerke in der UdSSR" in: *Osteuropa*, 55. Jg., Nr. 10, Sonderband „Schattenspiele", S. 31-46.

Mrowczynski, Rafael (2008): „‚NEtakratie'? Sozialstrukturtheorien der sowjetischen Gesellschaft und das Problem der inoffiziellen Netzwerkbeziehungen". In: Annette Schuhmann (Hg.): *Vernetzte Improvisationen. Gesellschaftliche Subsysteme in Ostmitteleuropa und der DDR*, Köln, Weimar, Wien: Böhlau Verlag, S. 157-177.

Najšul', Vitalij A. (1990): „Vysšaja i posledniaja stadija socializma"; im Internet unter http://www.inme.ru/brez.htm (18.07.2003).

Naumova, N. (1990): „Perechodnyj period. Mirovyj opyt i naši problemy". In: *Kommunist*, Nr. 8 (1360; Mai, S. 3-14.

Naumova, Tat'jana V. (1996): „The Intelligentsia and Paths of Development of Russian Society". In: *Sociological Research*, Vol. 35, no. 1, Jan.-Feb. , S. 81-94.

Neumann, Franz (1951): „Introduction". In: Lerner, Daniel: *The Nazi Elite*, Stanford: Stanford University Press, S. iii-vii.

Nisbet, Robert (1959): „The decline and fall of the concept of social class". In: *Pacific Sociological Review*, No. 2 (Spring), S. 11-17.

North, Douglass C. (1992): *Institutionen, institutioneller Wandel und Wirtschaftsleistung*, Tübingen: J.C.B. Morh (Paul Siebeck).

Nove, Alec (1975/1979): „Is There a Ruling Class in the USSR?" in: ders.: *Political Economy and Soviet Socialism*, London, Boston, Sydney 1979, S. 195-218; Erstveröffentlichung in: *Soviet Studies*, Vol. 27, No. 4 (Oct. 1975).

Nove, Alec (1980): *Das sowjetische Wirtschaftssystem*, Baden-Baden: Nomos.

O'Donnell, Guillermo (1973): *Modernization and Bureaucratic Authoritarianism: Studies in South American Politics*, Berkeley.

O'Donnell Guillermo / Schmitter, Philippe C. (1986): *Transitions from Authoritarian Rule: Tentative Conclusions about Uncertain Democracies*, Baltimore.

Orlov, Sergei B. (2001): „Intelligencija kak mifologičeskij fenomen. Istorikosociologičeskij analiz". In: *Sociologičeskie Issledovanija*, Nr. 11, S. 51-58.

Osokina, Elena (1998a): "Predprinimatel'stvo i rynok v povsednevnoj žizni pervych pjatiletok: Na primere rynka potrebitel'skich tovarov". In: *Social'naja istorija: ežegodnik*, Institut Vseobščej Istorii / Gruppa po Social'noj Istorii (Hg.), Moskva, S. 339-365.

Osokina, Elena (1998b): *Raspredelenie i rynok v snabženii naselenija SSSR v gody pervych pjatiletok, 1928-1941*, („Avtoreferat") Moskau.

Osokina, Elena (2000): "1936-1941: Predprinimatel'stvo i rynok v period 'svobodnoj torgovli' (chast' II)". In: *Social'naja istorija: ežegodnik*, Institut Vseobščej Istorii / Gruppa po Social'noj Istorii (Hg.), Moskva, S. 151-168

Osokina, Elena (2001): *Our Daily Bread. Socialist Distribution and the Art of Survival in Stalin's Russia, 1927-1941*, Armonk, London.

Ouchi, William G. (1980): "Markets, bureaucracies and clans". In: *Administrative Science Quarterly*, Vol. 25, S. 129-141.

Ovčarova, Lilija N. / Turuncev, E. / Korčagina, I. (1998): „Bednost': gde porog?". In: *Voprosy ėkonomiki*, No. 2, S. 61-72.

Palska, Hanna (1994): *Nowa inteligencja w Polsce Ludowej. Świat przedstawień i elementy rzeczywistości*, Warszwa.

Pantin, Vladimir I. (1999): "Silnyj srednij klass – osnova utverždenija graždanskogo obščestva". In: A.V. Frolov: *Rossijskij srednij klass v obščestvennoj žizni i istoričeskoj perspektive. Po materialam zasedanija ,kruglogo stola' ot 11 avgusta 1999 goda*, Moskva, S. 65-69

Parkin, Frank (1979): *Marxism and Class Theory: A Bourgeois Critique*, London.

Perkin, Harold (1990): *The Rise of Professional Society: England since 1880*, London.

Perkin, Harold (1996): *The Third Revolution. Professional Elites in the Modern World*, London / New York

Petuchov, Vladimir V. (2000): „Političeskie cennosti i povedenie srednego klassa". In: *Sociologičeskie Issledovanija*, Nr. 3, S. 23-33.

Piirainen, Timo (1998): „From Status to Class: The Emergence of a Class Society in Russia". In: Kivinen, Markku (ed.): *The Kalamari Union: Middle Class in East and West*, Adershot & Brookfields: Ashgate Publishing, S. 314-341.

Plaggenborg, Stefan (2003): „Kapitel VIII: Lebensverhältnisse und Alltagsprobleme". In: ders. (Hg.): *Handbuch der Geschichte Russlands. Band V: 1945-1991. Vom Ende des Zweiten Weltkrieges bis zum Zusammenbruch der Sowjetunion*, Stuttgart: Anton Hiersemann, II. Halbband, S. 787-848.

Plaggenborg, Stefan (2006): *Experiment Moderne. Der sowjetische Weg*, Frankfurt am Main / New York: Campus Verlag.

Pollock, Friedrich (1975): „Staatskapitalismus" in: ders., *Stadien des Kapitalismus*, München, S. 72-100.

Powell, Walter W. (1990): "Neither market nor hierarchy: network forms of organisation". In: *Research in Organizational Behavior*, S. 295–336.

Radaev Vadim V. (1998): „Formirovanie mifa o srednem klasse v postkommunističeskoj Rossii"; in: Institut Ėkonomičeskich Problem Perechodnogo Perioda (Hg.): *Srednij klass v Rossii. Problemy i perspektivy*, Moskva, S. 22-29.

Radaev, Vadim / Shkaratan, Ovsey (1992): „Etacratism: Power and Property—Evidence from the Soviet Experience". In: *International Sociology*, vol. 7, No. 3 (Sept.), S. 301-316.

Radaev, Vadim V. / Škaratan, Ovsej I. (1996): *Social'naja startifikacija*, Moskva.

Reid, Susan E. (2004): "Women in the Home". In: Ilič, Melanie / Reid, Susan E. / Attwood, Lynne (eds.): *Women in the Khrushchev Era*, Houndmills und New York: Palgrave Macmillan, S. 149-176.

Reinprechet, Christoph (1996): *Nostalgie und Amnesie. Bewertungen von Vergangenheit in der tschechischen Republik und in Ungarn*, Wien.

Renner, Karl (1953): „Arbeit und Kapital". In: ders.: *Wandlungen der modernen Gesellschaft. Zwei Abhandlungen über die Probleme der Nachkriegszeit*, Wien.

Rigby, T. H. (1988): „Staffing USSR Incorporated: The Origins of the Nomenklatura System"; in: *Soviet Studies*, vol. XL, no. 4 (October), S. 523-537.

Rimaševskaja, Natal'ja M. (1997): „Social'nye posledstvija ėkonomičeskich transformacij v Rossii". In: *Sociologičeskie issledovanija*, Nr. 6, S. 55-65.

Rimaševskaja, Natal'ja M. (2004): „Bednost' i marginalizacija naselenija" in: *Sociologičeskie issledovanija*, Nr. 4, S. 33-44.

Ritsert, Jürgen (1987): „Braucht die Soziologie noch den Begriff der Klasse? – Über Max Webers Klassentheorie und neuere Versuche, sie loszuwerden" in: *Leviathan*, Heft 1, S. 4-38.

Rogovin, V. Z. (1984): *Obščestvo zrelogo socializma. Socialnye problemy*, Moskau.

Ross, George (1978): „Marxism and the New Middle Classes: French Critiques" in: *Theory and Society*, Vol. 5, S. 163-190.

Ross, Stephen A. (1973): "The Economic Theory of Agency: The Principal's Problem". In: *American Economic Review*, no. 2, S. 134–139.

Rossides, Daniel W. (1990): *Social Stratification. The American Class System in Comparative Perspective*, Englewood Cliffs, N.J.: Prentice Hall.

Rutkevič, Michail N. (red.) (1976): *Social'naja struktura razvitogo socialističeskogo obščestva v SSSR*, Moskva.

Rutkewitsch [Rutkevič], Michail / Filippow, Frierdich u.a. (1979): *Klassen und Schichten in der Sowjetunion*, Berlin (Hauptst. d. DDR).

Rutkevič, Michail N. (1980): „Sovetskaja intelligencija: struktura i tendencii razvitija na sovremennom etape". In: *Sociologičeskie Issledovanija*, Nr. 2, S. 63-74.

Rutkevič, Michail N. (1986): *Soveršenstvovanie social'no-klassovych otnošenij socializma v SSSR na sovremennom etape*, Moskva

Rutkevič, Michail N. (1987a): *Soveršenstvovanie social'nych otnošenii v sovetskom obščestvie*, Moskva.

Rutkevič, Michail N. (1987b): „Izmenenija v social'no-klassovoj strukture sovetskogo obščestva v uslovijach perestrojki". In: *Sociologičeskie Issledovanija*, Nr. 5, S. 34-47.

Rutkevič, Michail N. (1992): „Social'naja poljarizacija" in: *Sociologičeskie Issledovanija*, Nr. 9.

Rutkevič, Michail N. (1997): „Transformacija social'noj struktury rossijskogo obščestva". In: *Sociologičeskie Issledovanija*, Nr. 7, S. 3-19.

Rutkevič, Michail N. (1999): „O social'noj strukture sovetskogo obščestva". In: *Sociologičeskie Isseldovanija*, Nr. 4, S. 19-28.

Rutkevič, Michail N. (2001a): „Konsolidacija obščestva i social'nye protivorečija". In: *Sociologičeskie Issledovanija*, Nr. 1, S. 24-34.

Rutkevič, Michail N. (2001b): „Osnovnoe socialnoe protivorečie sovremennogo rossijskogo obščestva". In: *Sociologičeskie Issledovanija*, Nr. 4, S. 49-60.

Ryvkina, Rozalina V. (2001): *Drama peremen. Ėkonomičeskaja sociologija perechodnoj Rossii*, Moskva.

Sapir, Jacques (1992): *Logik der sowjetischen Ökonomie oder die permanente Kriegswirtschaft*, Münster, Hamburg.

Saposs, David J. (1935): „The Rôle of the Middle Class in Social Development: Fascism, Populism, Communism, Socialism" in: *Economic Essays in Honor of Wesley Claire Mitchell*, New York, Columbia University Press, S. 393-424.

Savage, Mike / Barlow, James / Dickens, Peter / Fielding, Tony (1992): *Property, bureacracy and culture: middle class formation in contemporary Britain*, London and New York.

Schenk, Michael (1984): *Soziale Netzwerke und Kommunikation*, Tübingen.

Schmoller, Gustav (1897): „Was verstehen wir unter dem Mittelstande? Hat er im 19. Jahrhundert zu- oder abgenommen?". In: *Verhandlungen des Achten Evangelisch-Sozialen Kongresses abgehalten in Leipzig am 10. und 11 Juni 1897*, Göttingen, S. 132-186.

Schrader, Heiko / Glagow, Manfred / Gavra, Dmitri / Kleineberg, Michael (Hg.) (2000): *Russland auf dem Weg zur Zivilgesellschaft? Studien zur gesellschaftlichen Selbstorganisation in St. Petersburg*, Hamburg: LIT

Schröder, Hans-Henning / Harter, Stefanie / Grävingholt, Jörn / Pleines, Heiko (2003): *Geschäfte mit der Macht. Wirtschaftseliten als politische Akteure im Rußland der Transformationsjahre 1992-2001*, Bremen.

Schulus, Alexei / Wolkow, Juri (1999): „Das Schicksal des Mittelstandes in Rußland. Zerschlagene Hoffnungen und sichtbare Zeichen des sozialen Abstiegs". In: *Neue Züricher Zeitung*, 9./10. Januar, S. 67

Shelley, Louise I. (1984): *Lawyers in Soviet Work Life*, New Brunswick, N.J.

Shelley, Louise I. (1991): „Lawyers in the Soviet Union". In: Jones, Anthony (ed.): *Professions and the State. Expertise and Autonomy in the Soviet Union and Eastern Europe*, Philadelphia, S. 63-90.

Shkaratan [Škaratan], Ovsei I. (1989): „Social Structure: Illusions and Reality". In: *Soviet Sociology*, vol. 28, no. 4 (July-Aug.), S. 24-41.

Shlapentokh, Vladimir (1989): *Public and Private Life of the Soviet People. Changing Values in Post-Stalinist Russia*, Oxford and New York.

Silverman, Bertram / Yanovitch, Murray (1997): *New Rich, New Poor, New Russia. Winners and Losers on the Russian Road to Capitalism*, Armonk/London: M. E. Shape.

Simis, Konstantin M. (1982): *USSR: secrets of a corrupt society*, London / Melbourne / Toronto.

Simonjan, Renal'd Ch. (2008): "Srednij klass v sovremennoj Rossii: mif ili real'nost'". In: *Obščestvennye nauki i sovremennost'*, Nr. 1, S. 37-49.

Slezkine, Yuri (2004): *The Jewish Century*, Princeton/Oxford.

Slomczynski, Kazimierz M. (1998): „Formation of Class Structure under Conditions of Radical Social Change: An East European Experience". In: Kivinen, Markku (ed.): *The Kalamari Union: Middle Class in East and West*, Adershot, Brookfields: Ashgate Publishing, S. 89-117.

Smith, Gordon B. (1978): *The Soviet Procuracy and the Supervision of Administration*, Alphen aan den Rijn.

Solnick, Steven L. (1996): "The Breakdown of Hierarchies in the Soviet Union and China: A Neoinstitutionalist Perspective". In: *World Politics*, vol. 48, no. 2 (January), S. 209-238.

Solnick, Steven (1999): *Stealing the State. Control and Collapse in Soviet Institutions*, Harvard University Press, Cambridge Mass.

Sowa, Kazimierz Z. (1990): „Gospodarka Zachodu i Wschodu – Wprowadzenie". In: Kazimierz Z. Sowa (Hg.): *Gospodarka nieformalna. Uwarunkowania lokalne i systemowe*. Rzeszów, S. 5–22.

Speier, Hans (1939): *The Salaried Employee in German Society*, New York: Department of Social Science, Columbia University.

Srubar, Ilja (1991): „War der reale Sozialismus modern? Versuch einer strukturellen Bestimmung". In: *Kölner Zeitschrift für Soziologie und Sozialpsychologie*, Jg. 43, Heft 3, S. 415-432.

Stalin, Josef W. (1930-1934): „Unterredung mit dem deutschen Schriftsteller Emil Ludwig" in: *Werke*, Band 13 (Juli 1930 – Januar 1934), S. 93-109

Staniszkis, Jadwiga (1992): *The Ontology of Socialism*, Oxford

Starikov, Evgenij (1990): „'Ugrožaet' li nam pojavlenie 'srednego klassa'?". In: *Znamia*, Oktober, S. 192-196

Starikov, Evgenij N. (1994): „Socialnaja struktura perechodnogo obščestva (opyt 'inventarizacii')". In: *Polis*, Nr. 4, S. 87-97.

Starikov, Evegnij N. (1995): „Social'naja struktura perechodnogo obščestva: 'gorizontal'nyj srez'". In: *Polis* Nr. 5, S. 97-105.

Stark, David (1996): „Recombinant Property in Eastern European Capitalism" in: *American Journal of Sociology*, Vol. 101, S. 993-1027.

Steiner, Helmut (2000): „Die Herausbildung neuer Sozialstrukturen im gegenwärtigen Russland". In: *Sitzungsberichte der Leibniz-Sozietät*, Bd. 41, H. 6, S. 5-72.

Stepanova, Ol'ga K. (2003): „Ponjatie 'intelligencija': sud'ba v simvoličeskom prostranstve i vo vremeni". In: *Sociologičeskie Issledovanija*, Nr. 1, S. 46-52.

Stepin, Anatolij P. (1975): *Socialističeskoe pereobrazovanie obščestvennych otnošenii gorodskich srednich sloev*, Moskva.

Stiglitz, Joseph E. (1987): "Principal and Agent". In: John Eatwell, Murray Milgate, Peter Newman (Eds.): *The New Palgrave. A Dictionary of Economics*, London, New York, Vol. 3, S. 966–972.

Suhr, Otto (1928a): *Die Lebenshaltung der Angestellten. Untersuchungen auf Grund statistischer Erhebungen des Allgemeinen freien Angestelltenbundes*, Berlin: Freier Volksverlag.

Suhr, Otto (1928b): "Die Angestellten in der deutschen Wirtschaft". In: Allgemeiner Freier Angestelltenbund (Hg.): *Angestellte und Arbeiter. Wandlungen in Wirtschaft und Gesellschaft*, Berlin: Freier Volksverlag, S. 13-38.

Szelenyi, Ivan (1978/9): „The Position of the Intelligentsia in the Class Structure of State Socialist Societies". In: *Critique*, No. 10-11, S. 51-75.

Šanin, Teodor (1999): „Ėkspoljarnye struktury i neformal'naja ėkonomika sovremennoj Rossii". In: Šanin, Teodor (Hg.): *Nieformalnaja ėkonomika. Rossija i mir*, Moskva: Logos, S. 11-32.

Šankina, Alina Ju. (2003): „Srednij klass v Rossii: Ochota na Nessi" in: *Polis*, Nr. 1, S. 103-111

Škaratan, Ovsej I. (1970): *Problemy socialnoj struktury rabočego klassa SSSR*, Moskva, S. 100.

Škaratan, Ovsej I. (2003): „Social'nye realii Rossii načala 2000-ch gg. Predvaritel'nye itogi predstavitel'nogo oprosa rossijan". In: *Mir Rossii*, Nr. 2, S. 46-63.

Škaratan, Ovsej I. (2004a): *Rossijskij porjadok: vektor peremen*, Moskva: Vita Press.

Škaratan, Ovsej I. (2004b): „Gosudarstvennaja social'naja politika i položenie srednich sloev v sovremennoj Rossii". In: *Sociologičeskij žurnal*, Nr. ½, S. 106-128.

Škaratan, Ovsej I. (2004c): „Social'noe rassloenie v sovremennoj Rossii: drama raskolotogo obščestva" in: *Mir Rossii*, Nr. 1, S. 3-48.

Škaratan, Ovsej I. (2004d): „Etakratizm i rossijskaja societal'naja sistema" in: *Obščestvennye nauki i sovremennost'*, Nr. 4, S. 49-62.

Škaratan, Ovsej I. (2005): *Gosudarstvennaja social'naja politika i strategii povedenija srednich sloev*, Moskva: Gosudarstvennyj Universitet – Vysšaja Škola Ėkonomiki.

Škaratan, Ovsej I. / Rukavišnikov, V. O. (1977): „Social'nye sloi v klassovoj strukture socialističeskogo obščestva". In: *Sociologičeskie issledovanija*, Nr. 2, S. 62-73.

Tarkowski, Jacek (1981): „Poland: Patrons and Clients in a Planned Economy". In: Eisenstadt, S. N. / Lemarchard, René (eds.): *Political Clientelism, Patronage and Development*, Beverly Hills, London, S. 173-188.

Tarusin, Michail et al. (2006): *Real'naja Rossija. Social'naja stratifikacija sovremennogo rossijskogo obščestva*, Moskva: Ėkspert.

Teckenberg, Wolfgang (1977): *Die soziale Struktur der sowjetischen Arbeiterklasse im internationalen Vergleich. Auf dem Wege zur industrialisierten Ständegesellschaft?* (mit Vorwort von Erwin K. Scheuch), München und Wien: R. Oldenbourg Verlag.

Teckenberg, Wolfgang (1989): „The Stability of Occupational Structures, Social Mobility, and Interest Formation: The USSR as an Estatist Society in Comparison with Class Societies" in: *International Journal of Sociology*, vol 19, no. 2, S. 28-75.

Thompson, Mark (1999): „Mittelschichten und Demokratie: Soziale Mobilität und Politische Transformation" in: Bert Becker, Jürgen Rüland und Nikolaus Werz (Hg.): *Mythos Mittelschichten. Zur Wiederkehr eines Paradigmas der Demokratieforschung*, Bonn, S. 14-40.

Tichonova, Natal'ja (1999): *Rußlands Sozialstruktur nach acht Jahren Reformen*, Berichte des Bundesinstituts für ostwissenschaftliche und internationale Studien, Nr. 31.

Tichonova, Natal'ja E. (2000): „Rossijskij srednij klass: osobennosti mirovozzrenija i faktory social'noj mobil'nosti". In: *Sociologičeskie issledovanija*, Nr. 3, S. 13-23.

Ticktin, Hillel (1978): „The Class Structure of the USSR and the Elite". In: *Critique*, No. 9, S. 37-61.

Timofeev, Lev M. (2000): *Institucional'naja korrupcija. Očerki teorii*, Moskva.

Touraine, Alain (1972): *Die postindustrielle Gesellschaft*, Frankfurt am Main.

Trusova, Alina I. (2001): „Dinamika srednego klassa v Rossii 1990-ch gg." in: *Ėkonomičeskaja sociologija*, Bd. 2, Nr. 5, S. 79-111.

Tschistjakow, M. J. / Morosow, P. T. (1971): *Planung in der UdSSR. Organisation und Methoden*, Berlin.

Urnov, Mark (1998): „Stimulirovanie razvitija srednego klassa v Rossii kak upravlenčeskaja i političeskaja zadača" in: Institut Ėkonomičeskich Problem Perechodnogo Perioda (Hg.): *Srednij klass v Rossii. Problemy i perspektivy*, Moskva, S. 45-52. Internet-Quelle: www.iet.ru/archiv/zip/sred.zip Download: 03.11.2004, 13:15 CET

Vaksberg, Arkadij (1991): *The Soviet Mafia*, London.

Vasil'ev, L. S. (1982): „Fenomen vlasti-sobstvennosti". In: L.B. Alaev (ed.): *Tipy obščestvennych otnošenij na Vostoke v Srednie veka*, Moskva.

Vasil'ev, L. S. (1994): *Istorija Vostoka*, T. 1 (Vvodnaja čast'. Suščnost' problematiki), Moskva.

Verdery, Katharine (1991/2002): „Theorizing Socialism: A Prologue to the 'Transition'". In: *American Ethnologist*, vol. 18, no. 1, pp. 419-34, 437-9; Nachdruck in: Joan Vincent (ed.): *The Anthropology of Politics. A Reader in Ethnography, Theory, and Critique*, Malden, Mass., S. 366-386.

Verdery, Katherine (1996): *What Was Socialism, and What Comes Next?* Princeton, N.J.

Vester, Michael et al. (1993): *Soziale Milieus im gesellschaftlichen Strukturwandel. Zwischen Integration und Ausgrenzung*, Köln.

Volkov, Vadim (2002): *Violent Entrepreneurs. The Use of Force in the Making of Russian Capitalism*, Ithaca / London.

Voslensky, Michail S. (1980): *Nomenklatura: die herrschende Klasse der Sowjetunion*, Wien.

Weber, Max (1922 / 1980): *Wirtschaft und Gesellschaft. Grundriß der verstehenden Soziologie*, Tübingen (fünfte Ausgabe herausgegeben von Johannes Winckelmann, Erstausgabe 1922).

Weber, Max (1957): *Wirtschaftsgeschichte. Abriß der universalen Sozial- und Wirtschaftsgeschichte*, Berlin.

Wedel, Janine (1986): *The Private Poland*, New York / Oxford.

Wegzeichen. Zur Krise der russischen Intelligenz (1990), Essaysammlung eingeleitet von Karl Schlögel, Frankfurt am Main.

Wesołowski, Włodzimierz (1977): *Klasy, warstwy i władza*, Warszawa.

Wesołowski, Włodzimierz (1996): „Czy inteligencja ma przyszłość?". In: *Więź*, listopad-grudzień, S. 89-104

Westen, Klaus (1988): „Die sozialistischen Rechtsordnungen" in: *Einführung in die großen Rechtssysteme der Gegenwart*, München, S. 221-429.

Wright, Eric Olin (1976): "Class Boundaries in Advanced Capitalist Societies". In: *New Left Review*, no. 8, S. 3-41.

Wright, Eric Olin (1997): *Classes*, London.

Yablokova, Oksana (2006): „$7,000 Buys Dissertation and Flashy Degree". In: *The Moscow Times*, 04.04.2006, Issue 3385, p. 1

Zajčenko, A. (1989): „Imuščestvenno neravenstvo". In: *Argumenty i fakty*, Nr. 27.

Zaslavskaja, Tat'jana / Ryvkina, Rozalina (1991): *Sociologija ėkonomičeskoj žizni. Očerki teorii*, Novosibirsk.

Zaslavskaja, Tat'jana I. (1994): „Biznes-sloj rossijskogo obščestva: ponjatie, struktura, identifikacija". In: *Ėkonomičeskie i social'nye peremeny: Monitoring obščestvennogo mnenija*, Nr. 5, S. 7-15.

Zaslavskaja, Tat'jana I. (1996): „Stratifikacija sovremennogo rossijskogo obščestva" in: *Ėkonomičeskie i social'nye peremeny: Monitoring obščestvennogo mnenija*, Nr. 1 (21), S. 7-15.

Zaslavskaja, Tat'jana I. (2004): *Sovremennoe rossijskoe obščestvo. Social'nyj mechanizm transformacii*, Moskva: Izdatel'stvo "Delo".

Zaslavsky, Victor (1982): *In geschlossener Gesellschaft. Gleichgewicht und Widerspruch im sowjetischen Alltag*, Berlin.

Zaslavsky, Victor (1995a): „From Redistribution to Marketization: Social and Attitudinal Change in Post-Soviet Russia". In: Lapidus, Gail (ed.): *The New Russia. Troubled Transformation*, Boulder, S. 115-142.

Zaslavsky, Victor (1995b): „Contemporary Russian Society and its Soviet Legacy: The Problem of State-Dependent Workers". In: Grancelli, Bruno (ed.): *Social Change and Modernization: Lessons from Eastern Europe*, Berlin, S. 45-62.

Zaslavsky, Victor (2000): „Die Erbschaft der sowjetischen Nationalitätenpolitik"; in: Claussen, Detlev / Negt, Oskar / Werz, Michael (Hg.): *Kritik des Ethnonationalismus. Hannoversche Schriften 2*, Frankfurt am Main: Verlag Neue Kritik, S. 81-107.

Zaslavsky, Victor (2001): „The Russian Working Class in Times of Transition". In: Victoria Bonnell and George Breslauer: *Russia in the New Century: Stability or Disorder?*, Boulder, S. 201-230.

Zdravomyslov, Grigorij A. (2001): „Rossiiskij srednij klass – problema granic i čislennosti". In: *Sociologičeskie Issledovanija*, Nr. 5, S. 76-85.

Zembatova, B.V. (1990): Planirovanie: prostye i složnye istiny, Moskva.

Zezina, Marija R. (1986): „Rol' intelligencii v formirovanii i razvitii sovetskogo naroda kak novoj istoričeskoj obščnosti ljudej" in: Seniavskij, C. L. (ed.): *Razvitie sovetskogo obščestva v uslovijach zrelogo socializma. Nekotorye voprosy metodologii i istorii*, Moskva, S. 128-146.

Zürcher, Christoph (1998): *Aus der Ostmoderne in die Postmoderne. Zum Wandel in der früheren Sowjetunion*, Osteuropa-Institut der Freien Universität Berlin, Arbeitspapiere des Bereichs Politik und Gesellschaft, Heft 16.

Żuk, Piotr (1999): „Biznesmen kontra inteligent". In: *Bez Dogmatu*, Nr. 42, S. 6-8.